公共治理与公共政策丛书

◎ 全国公共管理硕士专业学位综合改革试点项目成果
◎ 2012年吉林大学优秀研究生教材出版资助计划支持

公共治理理论与实践

Theory and Practice of
Public Governance

麻宝斌 等 ◎ 著

社会科学文献出版社
SOCIAL SCIENCES ACADEMIC PRESS (CHINA)

总　　序

在全球化背景下，世界范围内各级政府所面对的内外部行政环境发生了深刻的变化，传统的地方性公共事务也变得日趋复杂，需要通过建立多种治理主体的合作机制加以处理。同时，公共事务的管理过程通常表现为一个动态的政策制定与实施过程。如何通过体制创新与政策创新来解决不断涌现出来的公共服务与社会管理难题，是今后相当长一段时期内各国亟待加强研究的问题。

与此相应，中国也悄然进入了"治理时代"，并面临着前所未有的管理创新与政策变革。随着改革策略从"效率至上"向"公平至上"的转变，我国在处理地方公共事务过程中，将以公平正义为政策导向，进而谋求促进地区经济、社会协调和可持续发展；随着市场经济体制的完善和市民社会的不断发展，我国将重新界定政府与市场、社会的关系，进一步明确政府的权限，推进行政体制改革；随着社会矛盾的产生和不断激化，我国将不断加强和创新社会管理体制，完善社会政策的制定和执行；随着公民需求日益的复杂化和多样化，我国公共服务将由"政府单一供给"向"多元主体合作供给"转变；等等。可以说，治理之变革适应了全球化时代我国地方政府发展的需要，也符合我国社会转型和现代化建设的要求，对于提高执政党和政府的执政能力具有重要的现实意义。

与此同时，我国以公共治理为主题的相关论著日益增多，已经形成了一个方兴未艾的新兴研究领域。然而，公共治理理论是一个"舶来品"，其在具有中国特色的政治社会环境中需要一个本土化的过程。根据本土化程度的不同，我国关于公共治理的研究可以分为三种倾向：公共治理理论的引介，公共治理理论的解析和公共治理理论的中国应用。其中，公共治理理论的中国应用部分，学者们主要进行了公共治理理论的中国适用性研究，适合中国语境的公共治理理念和思路研究，中国公共服务供给、公共危机管理等领域的应用研究，等等。比较而言，对公共管理理论的引介比较多，对公共治理理论中国适用性的研究比较少；对公共治理理论的解析比较多，对适合中国语境的公共治理理念和思路研究比较少，特别是创新性理论少之又少；关于公共治理理论在不同领域应用的研究中，现状宏观概括的比较多，提出规范性建议的比较多，将公共治理理论与中国现行法规政策、事实过程相结合，并进行深入分析的比较少。因此，有必要在充分理解和创新公共治理理论的基础上，立足中国公共治理事实，努力完成公共治理理论本土化的过程。

本丛书是吉林大学行政学院行政管理专业全体同仁共同努力的结晶。早在1987年，吉林大学就开始招收行政管理专业本科生，是我国首批开设该专业的三所高校之一。1993年12月，学校正式成立行政管理系；1997年开始招收行政管理专业硕士研究生。2000年吉林大学行政学院成为全国首批24所公共管理硕士（MPA）教学试点单位，2002年获得行政管理博士授予权，2003年开始招收行政管理专业博士研究生，2005年获得公共管理一级学科博士授予权。2006年被批准成为吉林省十一五期间省级重点学科。2008年，在原有行政管理博士点之外，又增设公共治理与公共政策博士点。2009年9月，国家人力资源与社会保障部组织开展了第七批博士后科研流动站的申报工作，经全国博士后管委会专家组评审，国家人力资源与社会保障部、全国博士后管委会批准，吉林大学公共管理一级学科获准设立博士后科研流动站。至此，吉林大学公共管理学科形成了本科生、硕士研究生、博士研究生、博士后齐全的人才培养层次。经过不断的努力，公共管理学科已经确立了以社会公正为价值取向，规范研究和实证研究相结合，以东北地区地方治理为重点的研究方向和特色，在此基础上构建了结构合理的教学与学术研究团队，注重理论研究与公共管理实践的有机结合，科学研究水平显著提高，人才培养能力进一步提高，同时在为各级政府提供决策咨询、干部培训、学位教育、合作研究等方面也发挥着越来越大的作用。

我们的研究团队选择在地方公共事务治理这一中观研究层次，着力于公共治理体制建构和区域发展政策创新，谋求公共利益的促进和区域协调发展。经过多年的积累，在原有行政管理的研究基础上不断拓宽空间，加强研究力量，形成了一批有特色的研究成果，也为今后更为深入的研究奠定了坚实基础。本丛书的特点在于：（1）在结构安排上，本丛书主要围绕公共治理与公共政策领域的重点内容展开，各项研究成果各有侧重，相互联系，形成了一个比较完整的学科体系。（2）在研究取向上，本丛书遵循"全球视野、本土问题、现实取向、合作研究"的原则,在深化基础理论研究的基础上,追踪我国实践中的热点和难点问题,努力回应地方政府管理和科学决策的现实需要。(3)在研究的方法上,每部著作都坚持规范研究与实证研究相结合,宏观研究与微观研究相结合,综合研究与个案研究相结合,理论研究与对策研究相结合,尤其注重调查研究和实证分析。(4)在写作风格和文字表述上,每部著作都尽量做到准确、简明、生动、通俗易懂,具有较强的可读性。

这套丛书不仅适合作为公共管理专业的本科生和硕士生教学用书,也适合于从事公共管理实务的各级领导干部和公务员阅读。随着公共治理与公共政策实践的不断发展,会有越来越多的热点、焦点和难点问题涌现,公共治理与公共政策的学术研究会日益深入,公共治理与公共政策的学科体系会不断发展和完善,本丛书也会根据现实需要和理论的新近发展增加新的内容,希望能够通过所有关心公共事务的同行和朋友的共同努力,促进理论界与实务界的良性互动,早日迎来中国的"善治"时代。

目 录
CONTENTS

前　言 ··· 001

第一章　西方的治理运动 ··· 001
　第一节　治理的兴起背景 ··· 002
　第二节　治理的概念解析 ··· 007
　第三节　治理的研究视角 ··· 022
　第四节　治理模式与工具 ··· 031
　第五节　治理的双重评价 ··· 037

第二章　21世纪的中国治理 ··· 043
　第一节　变革社会与中国治理 ··· 044
　第二节　中国治理变革的实践 ··· 054
　第三节　中国治理模式与前景 ··· 067

第三章　全球治理 ··· 083
　第一节　全球治理的兴起与要义 ··· 085
　第二节　全球治理的实践及评价 ··· 098
　第三节　中国参与全球治理的现状与未来 ····································· 103

第四章　国家治理 ··· 113
　第一节　国家治理的兴起 ··· 114

第二节　国家治理的实践 ··· 123
　第三节　中国国家治理兴起的背景和实践 ······························ 126
　第四节　中国国家治理的评价和展望 ····································· 139

第五章　区域治理 ·· 145
　第一节　区域治理的现实意义及理论阐释 ······························ 147
　第二节　全球视野中的区域治理：类型与特点 ························ 153
　第三节　中国的区域治理——以府际合作为视角 ····················· 168

第六章　地方治理 ·· 179
　第一节　地方治理兴起的背景 ·· 181
　第二节　西方国家地方治理实践与特点 ································· 187
　第三节　地方治理的理论分析 ·· 194
　第四节　中国地方治理实践与评价 ······································· 201

第七章　社区治理 ·· 210
　第一节　社区治理的兴起 ·· 211
　第二节　西方社区治理的实践 ·· 214
　第三节　中国社区治理的实践 ·· 218
　第四节　中国社区治理的思考 ·· 226

第八章　组织治理 ·· 239
　第一节　组织治理的兴起 ·· 240
　第二节　组织治理的学理分析 ·· 245
　第三节　中国公共组织治理改革的历程 ································· 255
　第四节　中国公共组织治理成效与未来 ································· 260

第九章　电子治理 ·· 272
　第一节　电子治理的兴起 ·· 274
　第二节　电子治理的理论分析 ·· 277

第三节　电子治理的发展状况 ………………………………………… 286
　第四节　中国电子治理实践 …………………………………………… 292

第十章　共享型领导 ……………………………………………………… 299
　第一节　治理时代呼唤新型领导 ……………………………………… 300
　第二节　共享型领导模式 ……………………………………………… 306
　第三节　共享型领导与治理时代的契合 ……………………………… 317
　第四节　走向共享型领导 ……………………………………………… 327

参考文献 …………………………………………………………………… 334

索　引 ……………………………………………………………………… 346

前 言

21世纪以来,"治理"一词不仅成为中国社会科学领域内的流行语,更上升为一种分析工具,成为推进政府改革、壮大社会力量,促进社会和谐发展的重要理论。我所工作的吉林大学行政学院,在改革开放以后较早地开展了行政管理学的研究工作,也比较早地关注到治理对公共管理学界和政府改革实践的影响。2007年,吉林大学在国内率先设立了"公共治理与公共政策"博士点和硕士点。应该说,这一新兴学科适应了全球化时代中国经济与社会协调发展的需要,适应了社会管理体制创新的需要,也符合深化公共管理学科发展,提高公共管理者公共政策水平的内在要求。不断深化公共治理与公共政策领域的研究,对于提高执政党和政府的执政能力,推进中国社会事业发展都具有重要的现实意义。

在学科点设立之后的几年中,我们一直致力于撰写一部对公共治理理论与实践进行系统分析的著作,不仅关注治理在国外的兴起与发展,也回应中国目前的改革实践,关注治理理论中国化、本土化的发展过程。目前呈现在读者面前的这部著作,就是我们近几年努力的一个成果。我们希望本书能够做到理论联系实际,兼顾西方与中国,既可以为专业研究者提供基本参考,也可以为实践从业者提供理论借鉴。

从研究内容来看,本书共分为十章,前两章为总论,分别介绍西方各国和中国的治理理论与实践状况,后面八章则分层次介绍治理的理念与实践,每一层面的治理又分别从中国与西方、静态与动态、历史与未来等方面予以阐述,各章都贯穿着治理的四维分析框架:治理主体、治理对象、治理方式和治理效果。第一章"西方的治理运动"集中探讨治理的兴起背景、概念解析、理论渊源、实践模式和双重评价等问题,核心内容是对西方治理概念的理论分析。第二章"21世纪的中国治理"探讨当前中国所处的社会变革状况、中国治理变革的方向与历程、中国治理模式的特点与发展前景等问题。"全球治理"一章从国际关系学视角探讨治理问题，内容包括全球治理的兴起背景、理论流派、基本要义、分析框架、发展现状，中国参与全球治理的现状与未来等问题。"国家治理"一章着眼于政治学视角对治理的考察，探讨国家治理的挑战与变革、治理能力的国家比较、中国国家治理变革的历程与前景等问题。"区域治理"一章主要探讨跨域治理的必要性、西方国家区域治理的类型与特点、中国地方政府间合作的进程、策略与路径，中国区域治理的现状与前景等。"地方治理"一章从行政学视角考察治理问题，探讨全球化背景下的地方治理，西方国家地方治理变革的层次与模式，中国地方治理创新的议题与案例等问题。"社区治理"一章从社会学视角考察治理问题，探讨社区治理变革的兴起背景、社区治理的结构、社区治理的过程、社区治理的前景等问题。"组织治理"一章从管理学视角考察治理问题，核心是公司治理与公共组织治理的结构、存在的问题与未来的发展方向。"电子治理"一章以电子政务为研究对象，探讨信息与技术对治理的影响。关注西方各国电子治理的发展历程与方向，关注中国电子政务建设的成就与不足。"共享型领导"一章以个人治理能力变化为焦点，探讨领导者转型的必要性，共享型领导的特点、实现条件与实现路径等问题。

  本书是我们研究团队集体合作的成果，虽然由我提出总体写作框架并统稿，但在每章的实际写作过程中，都经过了大家的反复讨论和多次修改，可以说，每一章中都渗透了团队成员的集体智慧和努力。各章撰写分工如下：第一、二章，麻宝斌；第三章，吴昊；第四章，严明明；第五章，韩兆坤；第六章，钱花花；第七章，任晓春；第八章，杜平；第九章，李国梁；第十章，麻宝斌、马晓杰。此外，杜平、钟震等同学协助我做了细致的统稿工作。

  在写作过程中，我们参考了国内外学者的相关研究成果，未能全部以注释等形式标注出来，但对所有前辈和同人，我们都要致以最真诚的感谢！同时，我要感谢吉林大学研究生院、社会科学处、国际合作与交流处和社会公正与政府治理研究中心的领导与同事，他们以不同的形式为本书出版作出了贡献，使本书得以作为"公共治理与公共政策"的系列丛书出版，并获得了吉林大学优秀研究生教材出版计划的资助。在此，向所有关心和支持本书出版的朋友们献上我们最深切和真诚的谢意。最后，我也要向负责本书编校工作的袁卫华先生致以深深的谢意。我们已经合作多年，我们之间的情谊也早已超越了编辑与作者的关系。

  由于研究能力和水平所限，书中一定存在不少错漏之处。真诚地希望得到各位学界同行和读者朋友的批评与指正。相信各位方家的不吝赐教，会使本书在今后的修改过程中更加完善。

麻宝斌
2013 年 3 月于长春枫树园

第一章 西方的治理运动

引 例:① 1992年，英国约克郡创立了邻里公民论坛，作为公民表达自我意见、进行观点沟通的重要场所。在随后的数年中，这种论坛组织在各个城市发展起来，达到21个，每个论坛的规模为3000~8000人。论坛采取开放的会员制。会员们将他们关心的事情和认为需要讨论的社区事务，以书面方式写成信件，投到论坛的信箱中，由论坛志愿工作者收集、整理、形成专题，然后，定期由论坛成员讨论、对话，以协调利益，达成共识。论坛活动的形式多种多样。为了便于公民参与，论坛经常以一个专题为中心，召开"旅行会议"。他们经常在街道的广场上或学校的礼堂里召开会议。论坛还有培训方案，教会人民怎样就某个公共问题展开讨论。邻里论坛讨论的事情大到社区的公共政策，如社区公立学校的教育品质，社区犯罪青年的社会工作开展；小到邻里间的事务处理或冲突协调，如有关设置狗秽物垃圾箱或安装家用栅栏等。官方给予公民论坛的评价是："80年代以来，分权的趋势更多的不是权力下放，而是赋予公民以权利。在这种背景下，我们不能再让行政官僚从事和把持每一件事情，我们必须认同自下而上的运作形式。我们需要更多的组织参与设计公共事务管理，而不是强制推行。当然，我们得花一定的时间去努力推动这个过程。"约克郡的公民论坛只是20世纪末以来席卷全球的公共治理浪潮中的一朵浪花。在本章中，我们将以全景的方式概括性地介绍西方治理运动。

1989年，世界银行在讨论非洲发展时首次提出了"治理危机"（crisis

---

① 资料来源：S. Gross, *Making Local Governance Work: Networks, Relationships, and the Management of Change* (New York: Palgrave, 2001), pp. 205 - 207。

in governance），此后，"治理"这一概念风行于学术界。20世纪90年代以来，在西方学术界，特别是政治学、行政学、经济学、管理学和国际关系学等领域，治理理论成为学者们探讨的热点，以治理为研究对象的著述大量涌现。有越来越多的政府部门、非政府组织和学术机构频繁使用并依赖于治理这一词汇。如今，治理理论在国际学术界已获得承认，并日渐成为一个颇具潜力的新兴研究领域。

本章首先分析治理兴起的现实背景与理论渊源，继而探讨治理的相关理论内容，涉及治理的内涵、特征、目标与本质等问题，以治理为研究对象，需要明确其研究层次和学科视角，作为客观现象，又需要探讨治理的不同模式和工具，最后，我们从理论和实践两个层面对治理作出较为完整的评价。

第一节 治理的兴起背景

人类政治历史经历了从"统治"到"管理"再到"治理"的过程。在阶级社会中，政治是一部分社会成员借助国家机器对另一部分社会成员实行统治的现象与行为，此为"统治"时代的根本特征。近代以后，政治国家与市民社会分离，政治以国家权力为中心，各类组织和个人凭借它对社会实施控制、支配、影响和规制。在这一阶段，政治国家成为主宰一切公共事务的力量，要依靠官僚制管理公共事务，并由此获得统治的合法性。但政治总是伴随着公民权利和公民精神的成长，或者说，公民权利与公民理性的发展不是政治之外在条件，它本身就是公共政治的基本内容和根本目的。全球化拓展和后工业经济的出现，将人类社会带入生态危机和社会危机交织的风险社会，治理危机、权威危机、信任危机和合法性危机相互交织，标志着以工业经济活动的原则和特征为基础的官僚制管理方式面临巨大挑战。正如埃尔夫斯特罗姆所言，日益兴起的全球经济强烈冲击着政府的合法性和与此相关的结构、功能与过程。[①] 后工业社会也被称为"知识经济社会"或"循环经济社会"。不管称谓如何，当代社会越来越呈现出整体性、系统性、不确定性等复杂性的特点，由此而进入新的治理时代。在这一新的时代中，核心命题是如何从系统论、非线性复杂系统的角度来看待管理，如何改变传统发展

---

① Gerard Elstrom, *New Challenges for Political Philosophy* (London: Malmillan Press Ltd, 1997), p.6.

观指导下的管理行为失衡，如何实现经济、社会和自然环境的协调和可持续发展。

一　治理兴起的现实背景

每一种思潮的产生都有其深刻的错综复杂的历史背景和原因。治理作为20世纪90年代西方国家兴起的新理念，其产生的历史背景和原因也是多方面的。从外部环境来看，经济全球化和信息社会的来临，对传统的公共行政方式提出了挑战；从内部的发展来看，官僚体制的弊端日益凸显，公共行政的运作效率日益低下，变革势在必行；从内外部的关系来看，政府与市场在社会资源配置过程中的失效，呼唤新型的治理模式。

1. 西方福利国家出现管理危机是治理兴起的根本原因

第二次世界大战后，在民族国家内部，政府被视为"超级保姆"，职能扩张、机构臃肿、服务低劣、效率低下，财政危机遍布各国，社会分裂和文化分裂同时出现。在国际市场上，随着全球化、区域一体化的逐步深入，联合国的安全机制和国际社会的和平力量也无法拯救世界一些地区大规模的无政府状态，尤其是毒品、跨国犯罪、核武器扩散、科技风险、环境保护等问题已对国际社会的管理提出了严重的挑战。在此背景下，治理理论作为既重视发挥政府的功能，又重视社会组织集团相互合作、共同管理的理念和方式登上了历史舞台。

2. 治理的兴起与市场和等级制的调节机制发生危机有关

市场机制在发展和提高资源配置效率方面有巨大优势，但它也会造成分配不公、外部化、失业、市场垄断等"市场失灵"现象。传统公共行政强调以国家为中心，但依靠等级制调节机制会造成政府过度增长，机构效率低下，行政信息受阻与失真等"政府失灵"的弊端。同样，新公共管理虽然挑战了传统公共行政，但本身在管理知识、工具及技术上过于狭窄，不足以解决性质日趋复杂、范畴日益广泛的政府问题。因此，有必要从更为宏观的治理途径来推动公共部门的改革任务，建立新的调节机制。这个新的调节机制就是治理理论的网络管理体系。

3. 治理的兴起也与众多社会组织集团的迅速成长密切相关

随着自由民主制度的全面推行，市场经济的迅速发展，社会开始出现大幅度的深层分工与整合，大批代表经济与政治利益的社会组织集团开始快速成长。社会组织集团是治理网络管理体系中不可或缺的重要因素，它为网络管理的全面运作提供了动力基础和体制化支援。

4. 经济全球化直接推动了公共治理模式的产生

1945年成立的联合国是目前解决跨国性问题的主要官方机构，但由于采取自上而下的模式，会议程序与规则过于严谨，已经难以独力承担维护世界和平与安全的任务。而且，随着科技的日新月异和经济全球化的深入发展，人们的活动跨越国家疆域的限制，国家与地区之间的相互依赖日趋增强，同时产生了一批国际性的跨国经济、社会组织，直接导致新的管理领域和管理主体的产生，全球治理代替传统的国际治理，成为更广泛的治理模式，同时也打破了全球事务与国内事务的界限，将全球性和国际性事务带入国家和地方治理领域。

5. 治理理论的产生受惠于现代信息技术的发展

现代信息技术的发展和应用对管理有革命性的影响。一方面它使信息的收集、处理和传播更为便利，缩短了政府、组织和公民个人之间的相对距离，密切了管理主体和客体之间的沟通、反馈，从而加强了彼此之间的回应性和依赖性。另一方面，信息技术也增强了公民和社会在信息和知识方面的拥有量，从而削弱了传统政府的优势地位，对于传统垂直型单向度的权力运作方式提出了挑战，公民要求更多地参与治理过程。

二 治理的理论渊源

作为最新发展的公共管理理论范式，治理理论的产生有多种直接理论渊源，比如，新公共管理、新公共服务、公共选择和自组织理论等。而从更宏大的视野来看，治理理论的出现则与20世纪七八十年代社会科学出现的某些范式危机有关，而最主要的危机在于各个学科领域原有的范式已经没有足够的能力描述和解释现实世界。治理理论强调民间社会之间、民间社会与国家政府之间的良性互动网络机制和体系，关注的是社会政治、管理系统的复杂性机制。因而有学者主张，从现代科学范式向后现代科学范式发展的角度看，其本质应属于后现代复杂科学范式。[1]

20世纪六七十年代，随着信息技术革命和知识经济、循环经济的形成，以"现代科学革命"中形成的原子结构理论、量子力学、相对论为理论前提，形成了研究系统复杂性、非线性的后现代"复杂性科学"。这种以研究

---

[1] 张连国：《治理理论：本质是复杂科学范式》，《学术论坛》2002年第2期。

系统复杂性和非线性关系为对象的整体性科学，试图改变经典科学的还原论、原子论、决定论的世界图景，对经典科学范式构成了根本挑战。与经典科学注重世界的简单性和原子的构成性相对照，整体的观念、非决定论的观念、复杂性的观念、不可逆的观念被凸显出来，与自然界生命的原则、有机的原则相衔接。[①] 从经典科学到生态整体科学的转变，是根本的科学范式的转变：20世纪六七十年代科学界掀起了探索复杂性的热潮，普里戈金的耗散结构理论、哈肯的超循环理论等自组织理论，托姆的突变论、混沌学理论，标志着"复杂性科学"的形成。

耗散结构理论、协同学和超循环理论属于具体的经验科学。耗散结构理论是20世纪六七十年代由普里戈金创立的，其学科基础是物理化学，其依据的几个典型实验是：贝纳德流体实验，激光和化学振荡反应，这些实验现象与生物体相似，发现有序结构的形成维持需要耗散能量物质，故称为耗散结构。耗散结构理论是研究耗散结构形成、稳定和演化等过程和性质。普里戈金把耗散结构理论推广到经济社会领域。协同学是由德国学者哈肯在同一时期创立的。协同学研究有序结构的形成和演化机制，通过研究贝纳德流体和激光非平衡相变，阐明系统子系统协同作用形成有序结构的条件和规律，并推广到社会科学领域，如舆论的形成、人口动力学、投资模型、经济模型、经济系统分析、社会管理以及战争与和平问题。超循环理论由德国学者艾根创立于20世纪70年代，是以生命科学为基础的研究分子自组织进化现象的自组织理论。艾根认为，在传统科学认为的生命起源和进化的两个阶段，化学进化和生物进化阶段之间，还有一个分子自组织的进化阶段，此阶段完成从生物大分子到原生分子细胞的进化。

突变理论、混沌理论、分形理论和元胞自动机理论属于形式科学，这些形式科学利用数学对复杂系统的演化过程进行描述，如利用相空间的奇怪吸引子描述系统演化的状态。奇怪吸引子表示系统无序与有序混合混沌运动。元胞自动机是离散的动力系统，它和连续的动力系统有着类似的演化行为和吸引子，可以用来模拟生命现象，研究系统整体性质。

20世纪80年代至今，复杂科学进入打破学科界限的综合研究阶段，以圣塔菲研究所（SFI）的复杂性理论和中国的钱学森为学科带头人的复杂巨系统

[①] 〔比〕伊·普里戈金：《从混沌到有序：人与自然的新对话》，曾庆宏等译，上海译文出版社，1987，第553页。

理论为代表，形成较为系统的理论范式。1984年5月诺贝尔物理学奖获得者盖尔曼、安德逊和诺贝尔经济学奖获得者阿诺等人，联合一批从事物理、经济、理论生物、计算机等多学科、多国家的科技人员成立圣塔菲研究所。其基本理念是促进知识的统一和消除两种文化（科学文化和人文文化）之间的对立。其研究课题涉及生命产生前的化学演化和产生后的生物演化、哺乳动物的免疫形成系统理论、人类与动物的个体学习、适应和思维、人类文化和语言的演变、全球经济作为复杂系统的演化、计算机和程序设计的战略等。

把复杂性思想引入管理，既是当今时代社会经济发展的需要，也是当代管理理论和实践发展的必然要求。管理学专家比尔说："旧世界的特点是管理事务，新世界的特点需要处理复杂性。"[①] 把复杂性理论引入管理，就是"复杂性管理"或"以复杂性为基础的管理方法"（complexity-based approaches to management）。复杂科学理论与治理理论，都反映了后工业社会日益复杂的社会系统。治理理论认为，现代福利国家管理危机的根本原因是传统自上而下的单方面的国家政治管理，违反了现代社会政治系统的动态性、多样性和复杂性的现实，不得不从社会政治系统的实际出发，向国家与社会的公私部门之间的互动主义的治理模式转变。因此，治理本质上属于复杂管理范式，其产生得益于复杂科学范式的发展。

对新公共管理的反思是治理理论兴起的重要原因。新公共管理以企业途径研究政府，关注公共部门的微观经济问题。但公共管理要改革的并非仅是新公共管理者宣称的管理性问题，它是政治和社会背景下的利益分配问题；它追求的目标不仅仅是经济、效率和效益，合法性、民主、法治和公正等价值尺度也是它关注的重点；改革途径也不仅仅是在公共部门引入竞争机制，在社会合意日趋式微的今天，确立合作机制尤为重要。在吸收新公共管理"掌舵"思想的基础上，治理理论试图超越这一理论，去关注上述问题，尤其关注政府的基本特质和国家—社会的互动关系。

公共选择理论也为治理理论的发展提供了养分。公共选择理论是在对传统市场理论和凯恩斯经济学批判的过程中发展起来的。它坚持"经济人"理论假设，对政治市场上的供求双方行为进行了深刻分析，得出了"政府失灵"的原因及矫正对策。"政府失灵"体现在四个方面：一是因为公共决

---

① 〔美〕W. E. 哈拉尔：《新资本主义》，冯韵文等译，社会科学文献出版社，1991，第119页。

策过程本身的复杂性以及现有公共决策体制和方式的缺陷而导致的政策失效；二是因为缺乏竞争和监督机制而导致的公共物品供给效率的低下；三是由于利益集团的存在、官僚机构的自利性和财政幻觉等原因而导致的政府膨胀；四是由于政府干预自由市场经济而导致的寻租和腐败。既然政府组织和政府官员都是理性的经济人，他们行为的基本出发点是要追求自身效用的最大化，不会不折不扣地代表公共利益，那么，将所有期望系于唯一的权力中心则是危险的。与这样的行为假设和理论主张类似，治理理论倡导发展以公民社会为中心的、重视分权与参与的管理模式。

治理理论也吸收了自组织理论的有益成分。从广义上讲，"治理可以指诸多方式中任何一种独立活动的协调方式"，从狭义上说，"治理指的是heterachy 或自由组织"。[①] 埃莉诺·奥斯特罗姆关于"公共池塘"资源的开拓性研究表明，一群相互依赖的人可以"把自己组织起来，进行自主治理，从而能够在所有人都面对搭便车、规避责任或其他机会主义行为诱惑的情况下，取得持久的共同利益。"公民社会的自组织网络是一种"没有政府的统治"，由个人组成的多元且自主治理的领域。

第二节 治理的概念解析

一 治理的内涵

历史上，"治理"（governance）和"统治"（govern）一直是同义词。20世纪90年代以来，西方政治学家和经济学家赋予governance以新的含义，不仅其涵盖的范围远远超出了传统的经典意义，而且其含义也与government相去甚远。以"governance"为题材的理论著作大量涌现，反映社会科学界对与统治不同的方式具有越来越强烈的兴趣。在越来越多的讨论治理的著作中，"治理"的用法和内涵都转移了方向，它意味着"统治的含义有了变化，意味着一种新的统治过程，意味着统治的条件已经不同于前，或是以新的方法来统治社会"[②]。

---

① 〔英〕鲍勃·杰索普：《治理的兴起及其失败的风险：以经济发展为例的论述》，俞可平主编《治理与善治》，社会科学文献出版社，2000，第53页。
② Rhodes, *Understanding Governance: Policy Networks, Governance, Reflexivity and Accountability* (Buckingham: Open University Press, 1997), pp. 1-2.

治理理论的主要创始人之一詹姆斯·N. 罗西瑙（James N. Rosenau）强调指出，治理与政府统治不是同义词，它们之间有重大区别。他将治理定义为一系列活动领域里的管理机制，它们虽未得到正式授权，却能有效发挥作用。与统治不同，治理指的是一种由共同的目标支持的活动，这些管理活动的主体未必是政府，也无须依靠国家的强制力量来实现。换句话说，与政府统治相比，治理的内涵更加丰富。它既包括政府机制，同时也包括非正式的、非政府的机制。①

罗伯特·罗茨（R. A. W. Rhodes）列举了六种关于治理的不同定义：（1）作为最小国家（the minimal state）的管理活动的治理，它指的是国家削减公共开支，以最小的成本取得最大的效益。（2）作为公司管理（corporate governance）的治理，它指的是指导、控制和监督企业运行的组织体制。（3）作为新公共管理（the new public management）的治理，它指的是将市场的激励机制和私人部门的管理手段列入政府的公共服务。（4）作为善治（good governance）的治理，它指的是强调效率、法治、责任的公共服务体系。（5）作为社会—控制体系（social-cybernetic system）的治理，它指的是政府与民间、公共部门与私人部门之间的合作互动。（6）作为自组织网络（self-organizing networks）的治理，它指的是建立在信任与互利基础上的社会协调网络。②

另一位研究治理理论的权威学者格里·斯托克（Gerry Stoker）将目前流行的治理理论概括为五种主要观点：（1）治理意味着一系列来自政府但又不限于政府的社会公共机构和行为者。（2）治理意味着在为社会和经济问题寻求解决方案的过程中存在着界限和责任方面的模糊性。（3）治理明确肯定了在涉及集体行为的各个社会公共机构之间存在着权力依赖。（4）治理意味着参与者最终将形成一个自主的网络。（5）治理意味着办好事情的能力并不仅限于政府的权力，不限于政府的发号施令或运用权威。③

在众多定义中，联合国全球治理委员会的治理定义具有代表性和权威

---

① 〔美〕詹姆斯·N. 罗西瑙：《没有政府的治理——世界政治中的秩序与变革》（以下简称《没有政府的治理》），张胜军等译，江西人民出版社，2001，第5页。
② 〔英〕罗伯特·罗茨：《新的治理》，俞可平主编《治理与善治》，社会科学文献出版社，2000，第86~96页。
③ 〔英〕格里·斯托克：《作为理论的治理：五个论点》，俞可平主编《治理与善治》，社会科学文献出版社，2000，第34~47页。

性:"治理是个人和公共或私人机构管理其公共事务的诸多方式的总和。它是使相互冲突的或不同的利益得以调和并采取联合行动的持续的过程。它既包括有权迫使人们服从的正式制度和规则,也包括人民和机构同意的或以为符合其利益的各种非正式的制度安排。它有四个特征:治理不是一整套规则,也不是一种活动,而是一个过程;治理过程的基础不是控制,而是协调;治理既涉及公共部门,也包括私人部门;治理不是一种正式的制度,而是持续的互动。"①

国内学者俞可平教授认为,"治理一词的基本含义是指官方的或民间的公共管理组织在一个既定的范围内运用公共权威维持秩序,满足公众的需要。治理的目的是在各种不同的制度关系中运用权力去引导、控制和规范公民的各种活动,以最大限度地增进公共利益。所以,治理是一种公共管理活动和公共管理过程,它包括必要的公共权威、管理规则、治理机制和治理方式。"②

简言之,公共治理就是一定范围内的多元主体基于多元目标,运用多样化手段对公共事务进行协同管理的过程和活动。治理的含义十分丰富,至少可做五个层面的理解,这也构成了治理的基本特征。

1. 治理主体是多元的,包括政府、公共部门、第三部门(Third Sector)或非政府组织(NGO)、企业和社会志愿者

政府不再是社会公共事务管理的唯一或当然主体。例如,在美国政府对"棕色地块"的治理过程中,就有包括联邦政府、州政府、地方政府和社区、非政府组织等在内的全面参与。

2. 治理主体之间结成了相互依赖的网络关系,也由此造成了权责的模糊化

治理理论明确肯定涉及集体行为的各个社会公共机构之间存在着权力依赖,同时指出在为社会和经济问题寻求解答的过程中存在界限和责任的模糊,而且这不是一个暂时的现象。具体体现为六重模糊的边界:(1)政策制定者与政策执行者;(2)公共部门与私营和非营利部门;(3)官僚组织内部不同层级;(4)管理者与工作人员之间的层级;(5)不同部门之间的关系;(6)政府与公民之间的关系。

---

① 全球治理委员会:《我们的全球伙伴关系》,香港:牛津大学出版社,1995,第23页。
② 俞可平:《全球治理引论》,中国人民大学复印报刊资料《政治学》2002年第3期,第4页。

3. 治理的目标函数是多元的，最终是为了社会的协调发展和全面进步

一般来说，治理的目标体系中包含着经济的可持续增长，稳定的社会秩序，广泛的公民参与和社会正义与福利等多项要素。多元一体的治理目标体系，要求人们不能以一个目标否定另一个目标，而要根据实际的发展需要确定特定时期的核心价值，在不同的条件和环境下，这些目标的主从顺序会发生转变。

4. 治理的手段是多样化的，并且不再是以强制和压迫为主，而是演变为主要依靠民主协商、合作互助及网络化管理等

治理理论认定，办好事情的能力并不在于政府的权力，不在于政府下命令或运用其权威。政府可以动用新的工具和技术来指引和控制，而政府的能力和责任均在于此。

5. 治理的对象或内容是公共事务或公共问题，即"公共治理"意味着对公共事务或公共问题的治理，在这个意义上，"公共治理"可简称为"治理"

21世纪初，英国、欧洲直到世界其他部分在处理"疯牛病"和"口蹄疫"时发现，整个世界的传统边界已经无法包容这样的问题，每个国家都需要学会通过合作来应对日益复杂的公共事务。

二　治理与相关概念之区别

1. "治理"与"统治"

首先应该说明的是，Government 一词，可以作两种理解，作为一个角色或行动者（actor），government 应作"政府"解释；作为一套特定的制度结构或政策过程，government 可作"统治"解释。在中国，学者习惯上都将 government 作政府解，而忽略了其作为"统治"的含义。统治是指公共权力机构的结构与功能，而治理则是政府履行其职能的方式。传统上，政府承担着大多数的公共服务供给责任，而进入21世纪以来，政府却越来越依赖于非政府的伙伴来提供公共服务。尽管人们对以政府为中心的公共行政有了较为丰富的认识，但对以政府和社会伙伴关系为中心的治理理论的发展还很不充分。[①] 总体上看，统治与治理的区别主要体现在以下几个方面。

---

① Donald F. Kettl, *The Transformation of Governance: Public Administration for Twenty-First Century America* (Baltimore and London: The Johns Hopkins University Press, 2002), preface xi.

（1）从主体上说，传统官僚制理论主张存在一个具有终极权威的权力中心，它通过一种与市场交易特质不同的公共行政体制输送服务，以纠正市场在公共经济中的失灵。治理虽然需要权威，但这个权威并非一定是政府机关；而统治的权威则必定是政府。统治的主体一定是社会的公共机构，治理的主体既可以是公共机构，也可以是私人机构，还可以是公共机构和私人机构的合作。这可以说是治理与统治最基本的，也是本质性的区别。

（2）从范围来看，治理是一个比统治更宽泛的概念，从现代的公司到大学以及基层的社区，如果要高效有序地运行，可以没有政府的统治，但却不能没有治理。

（3）从手段上说，统治的手段和方法主要以具有强制性的行政、法律手段为主，而治理的手段更多的是强调各种机构之间自愿平等合作。

（4）从结构上看，传统官僚制在纵向关系上通过等级划分构建集中的命令结构，在横向关系上以"鸽笼式"的部门划分塑造专业化的分工体系，两者相互耦合而出一幅"精密仪器"的图像。治理的实质是建立在市场原则、公共利益和认同之上的合作。

（5）从权威基础看，统治的权威主要源于政府的法规命令，治理的权威则主要源于公民的认同和共识。前者以强制为主，后者以自愿为主。即使没有多数人的认可，政府统治照样可以发挥其作用；治理则必须建立在多数人的认可和共识之上，没有多数人的同意，治理就很难发挥真正的效用。

（6）从权力上看，政府统治的权力运行方向总是自上而下的，它运用政府的政治权威，通过发号施令，制定政策和实施政策，对社会公共事务实行单一向度的管理。与此不同，治理则是一个上下互动的管理过程，它主要通过合作、协商、伙伴关系、确立认同和共同的目标等方式管理公共事务。

（7）传统的官僚制以"非人格化""中性"和"缺乏激情"的文官作为公共服务提供的规划者、组织者和承办者，以文官的声音而非使用者的愿望、要求和利益作为反馈的回路。

（8）从目标上看，与统治相联系的理想政治管理模式为"善政"，而治理所追求的目标是"善治"。善治就是使公共利益最大化的社会管理过程。善治的基本要素包括合法性、法治、透明性、责任性、回应性、有效性、参与、稳定、廉洁、公正。①

---

① 俞可平主编《全球化：全球治理》，社会科学文献出版社，2003，第6~13页。

2. 治理与管理

治理也可以看作是一种管理方式，但不同于人们通常所理解的管理工作。因为治理约定着多个管理主体，治理意味着管理机制和管理环境。可以说，治理在很大程度上与管理有关，但又与管理不同。有国内学者把"统治""管理"和"治理"分别看作是公共管理发展的几个不同历史阶段。在表1-1中，我们列出了市场机制、科层制与网络治理的主要区别；在表1-2中，则着眼于领导者的角度，比较了统治者、管理者和调解者（适合于治理背景）的主要不同。就管理与治理的区别来说，主要表现在以下表格中所列的几个方面。

表1-1 市场、科层制与网络治理的区别

	市场	科层制	网络治理
关系基础	合同与财产权	雇佣关系	资源交换
依赖程度	独立	依赖	相互依赖
交换媒介	价格	权威	信任
冲突解决与协调方式	讨价还价/法庭	规则与命令	外交手段
文化	竞争	服从	互惠

表1-2 统治者、管理者与调解者的区别

统治者	管理者	调解者
通过恐吓、威胁以及逼迫来进行领导	基于"我们"这个独有的、有局限性的概念进行经营	代表整体利益而不是局部利益而努力奋斗
将对手变成替罪羊	根据他或她所在的组织自身的利益来界定目标	系统地思考问题并且致力于前进中学习
用谎言和宣传手段对异类采取反人类的做法	不能或者不愿意处理超越自己职权的问题或争端，不能或者不愿意超越自己的职权作决策	通过架设跨越分界线的桥梁来建立彼此的信任
凭借暴力手段统治或者消灭异类	仅仅在其所管辖的范围内显示出具有生产率和效力	为了转化冲突寻求创新和机会

3. "治理"与"新公共管理"

（1）管理属性不同。管理一般指组织的管理行为，因此，管理与组织紧密相系。根据组织性质不同，一般可以把管理分为两大类：以政府为主体的行政管理和以企业为主体的工商管理。治理则是组织间的管理，比管理更为复杂。对组织而言，管理所追求的是单中心秩序和权力自上而下的一维性,与"统治"比较接近。而治理的主体是多元的,既包括政府、企业,也包括各种社会组织和公民个人,治理所追求的是多中心秩序,力图实现多元主体的参与、互动与合作。

(2)运行逻辑不同。政府官僚系统的运行逻辑是权力的逻辑,上下级之间命令和服从的层级节制关系支配着政治交往。企业经营系统遵循的是商业逻辑,经济交往原则是等价交换的原则,利益最大化是经济行为的主要驱动力。治理系统的运行逻辑是平等沟通、信任互惠的交往逻辑。就政府管理与政府治理二者来说,政府管理受制于高度集权的管理体制,所以,其管理方式是反应式的、消极的、问题解决型的;而治理是以目标和价值为导向的,因而体现出明显的回应性、主动性、前瞻性和预防性特征。

(3)价值基点不同。管理以分工为基础,有助于提高组织绩效,但也有很大局限性。管理者通常把注意力放在"我们"身上,管理者常说"我们的市民""我们的客户""我们的学生",指的是"我们的人",管理者并不关心那些在其管辖范围或者工作范围以外的"他们"。当管理者面对超出其职责范围的问题时,经常变得非常自我保护、好斗或者使问题陷于瘫痪的境地。治理的价值追求则是合作,意在重新构建"我们"价值观,通过编织跨越组织和部门的网络,打破原有的界限,经由协商与合作来增进人们之间的理解与信任。

(4)利益取向不同。行政管理的目的是社会公共利益最大化,工商企业管理的目的是利润最大化,治理的目的是为了社会成员和社会团体追求各自的私人利益、特殊利益(局部利益)提供平等的机会,同时调节利益冲突,增强公民权利和社会公益。治理的目标则是"善治",包含着道德层面的含义。

(5)产品性质不同。一般来说,政府提供的产品主要是非竞争性、非排他性的纯粹意义上的公共产品和公共服务;企业生产的最终产品是具有竞争性和排他性的私人产品和服务;社会组织参与提供的产品是介于这二者之间的准公共产品或服务即各种互益性和公益性产品或服务。

20世纪以来,随着以信息技术为核心的知识经济的兴起,市场交易的网络化发展,社会和经济环境产生了深刻而持续的变迁,而以19世纪工业生产技术特质为基础建立起来的官僚化政府,由于其在提供公共服务方面日益显露出效能问题、腐败问题而遭到广泛质疑。相反,私人部门在市场环境的磨炼下孕育了一系列追求高效率、高质量的理念和市场工具。因此,20

世纪70年代末以来出现的公共管理运动,成为公共部门改革的主导范式。但如何使市场模式有效地契合到公共部门中,又不消解公共部门自身的特性却成了一个疑问。随着新公共管理模式的推行,人们纷纷批评它的一些改革措施是放弃政府的公共服务职能,逃避政府责任,破坏了政府与市民社会的关系,背离了民主社会的基本价值。而关注国家—社会关系调整和市民社会价值,以多元、平等、宽容、互惠互利为鲜明特征的治理理论则为调和新公共管理中的市场化倾向,修正公共行政中的管理主义弊端,以及整合公私部门之间的差异提供了理论资源和实践途径。

如果说新公共管理是要建立一个"市场化的政府",通过引入市场和竞争机制提高公共服务效率,治理就是要建立"社会共同治理的政府",不仅要促进公共服务的市场化提供,还要激励公共的、私人和自愿的部门为解决他们社群中存在的问题而共同努力。治理通过增强政府与公众的互动性,实现公共领域和私人领域的相互渗透,使公共服务在合作、竞争、冲突以及冲突解决的复合程序中运作。因此,治理与新公共管理的要求有明显差别:治理的要义在于参与主体之间的谈判与协调,而新公共管理中公私部门之间的关系是商业性的,公共部门仍依赖于居于中心的行政控制。新公共管理认可甚至强化政治与行政之间的区隔,此为纵向模式的核心特征;相反,政策网络中的治理则认识到政策发生在网络之中,公私部门之间的关系是模糊的,在其中,政府无法成为单边实施其意图的单一的主导者。纵向的、自上而下的"掌舵"方式在网络中难以发挥作用,因为网络主体处于平等地位,没有上级可言。因此,网络并不支持政治与行政之间的区别。[1] 从价值层面看,新公共管理追求企业价值和技术理性,有忽视社会合意性和合法性等政治价值之虞,治理则把民主、法治、合法性、责任性等价值考量与效率价值融合起来,为技术理性与公共理性的共赢奠定了基础。

三 治理的目标

对于治理要达到的基本目标,存在多种认识。最通常的看法是把"善治"视为治理的目标。善治涉及"一种有效率的公共服务,一种独立的司法体制以及履行合同的法律框架;对公共资金进行负责的管理;一个独立的、代议制的立法机构负责公共审计机关;所有层次的政府都要遵守法律、

---

[1] Anne Mette Kjaer, *Governance* (Cambridge: Polity Press, 2004), p.45.

尊重人权；多元化的制度结构以及出版自由"。来福特维奇（Leftwich）进一步把善治区分为三个组成部分：系统意义的、政治意义的和行政管理意义的。从系统的观点来看，善治的范围广于政府，同时涵盖内部政治、经济权力的分配；从政治的观点来看，善治是指一个国家享有民主政体下的合法性及权威；从行政的观点来说，善治则是指一种有效率、公开、可课责及受监督的公共服务，公共官僚有能力去协助设计和执行适当的政策及管理公共部门。① 应该说，这是基于"政治—行政"视角所形成的对治理目标的认识，并没有把社会（组织）置于观察视野的中心。

还有一种常见的看法是，治理的目标在于追求公共利益的最大化。其主要特点在于强调政府和社会对公共事务的共同治理。它不仅关注将市场的激励机制和私人部门的管理手段引入政府公共部门，而且重视公共政策与社会资本的相互联结，强调非市场力量的凝聚（如公民和非营利部门的参与）。也可以说，治理在公共管理的语境下，是以企业精神重塑政府，以社会资本的力量来应对政府合法性危机的公私合作的结构和过程，其目标在于提高公共管理的水平及公共服务的质量。这可以看作是一个"社会—政治"的治理认识框架。

对公共利益内涵的界定过程，必然要经由公民对话的渠道，也必然是公民价值共享的诠释过程。因此，公共治理就包含着"以人为本"和"以社会为本"的价值追求。可以说，公共治理的目的和意义就在于通过构建一套可以建立共享价值的对话与合作机制，达成政治精英、公共官僚以及公民社会和公民个人对共享意义的理解。透过健全和良好的对话与合作机制，可以从政府与社会两个层面强化责任意识，一方面，公民会积极课责于公共官僚，同时也会对自己的行动负责；另一方面，公共官僚不仅会勇于承担消极责任，也会将追求良序的社会生活而非形式上遵循法令规章视为内在的积极责任。

或者说，统治的目标是秩序；管理的目标是效率，但二者都追求单一目标，治理的目标却是多元的、整合性的。莫汉·莫纳辛（Mohan Munasinghe）曾以可持续发展的概念，分析过去50多年来世界各国经济发展的经验与教训，他同时提出了一个可持续发展的整合性框架（参见图1-1）：一个国家的发

---

① A. Leftwich, "Governance, Democracy and Development in the Third World," *Third World Quarterly* 14 (1993): 611.

展,理应包括经济、社会和环境三个面向的目标。经济面向追求效率、成长、稳定等价值;社会面向处理贫穷、授权、文化等议题;环境面向则需要重视生物多样性、自然资源、污染防治等问题。三个面向之间常存在相互抵换(tradeoff)的运作关系。经济成长与社会公平目标的关联在于世代内的公平性问题,即同一世代的社会阶层之间的所得分配问题,通过消除贫穷与增加就业等方法可促进世代内的公平;经济成长与生态稳定的目标关联在于经济政策对环境影响的评估,及外部成本内部化的问题,亦即须降低资源利用对生态环境的不当负荷;而社会公平与生态稳定的目标关联在于世代间的公平性,亦即必须保留后代子孙享受与使用资源及环境的权利,这需要通过社会大众的政策参与来达成。① 也有人把可持续发展概括为三个"E":Ecological integrity(生态协调)、Economical efficiency(经济效率);Equity(社会公平)。

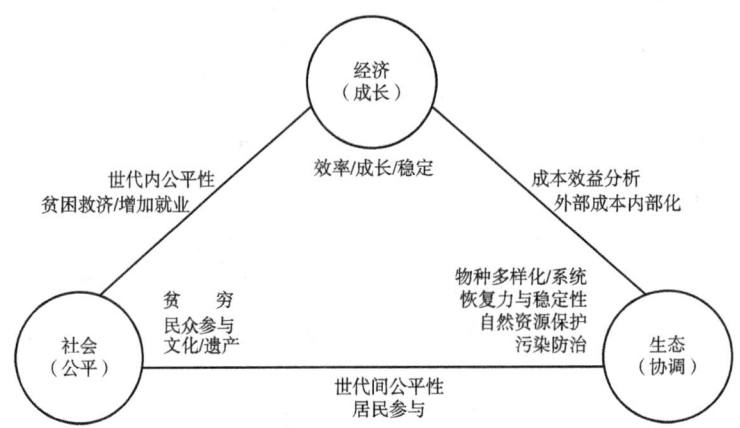

图 1-1 莫纳辛的可持续发展分析架构图

资源来源:Mohan Munasinghe, *Environmental Economics and Sustainable Development* (Washington, D. C.: World Bank, 1993), p. 2。

如何思考并处理上述三个面向之间的价值矛盾呢?目前有四种思考模式:(1)天平模式:用社会正义的天平,探讨经济与生态的平衡,但这是从人类发展的角度思考,可能忽略环境承载能力。(2)鸟巢模式:通过"覆巢之下,安有完卵"的理念,强调经济发展与环境保护的完整性,但事

---

① 转引自廖俊松《地方21世纪永续发展之策略》,《中国行政评论》2004年第2期,第186页。

实上，经济发展未必会破坏生态环境。（3）子宫模式：借喻母体孕育婴儿，比喻生态环境与经济发展二者之间的寄生与繁衍关系；只要胎儿不过大，就不会造成对母体的危害或死亡。（4）同心圆模式：就实际推行政策来说，追求价值"平衡"难以有效解决三者的潜在冲突，唯有厘清三者之间的层级与依赖关系，才能作出适当的政策选择；具体而言，环境、社会、经济是大、中、小三个圆圈的"同心圆"关系。也就是说生态环境的可持续发展强调的是长期，对象为全人类，政治经济的可持续性却经常只强调眼前，而且只是针对特定地方或某些社群的需求。①

总之，治理过程必然包含着多重价值困境，有些选择相对容易，有些选择非常困难。决定价值选择难易程度的因素是价值之间是否相容（compatible）、可否比较（comparable）以及能否用同一标准衡量（commensurable）。较为容易的选择是在可比较、可衡量和相容的价值间进行的；难度适中的选择是指虽然包含着不同的价值，但价值之间依然可比较、可用同一标准衡量，因而可以进行交易；难度较大的选择是在具有不可比较性的价值间进行的，这些价值相互冲突，彼此因为缺乏统一的"货币"而无法进行"交易"。② 当然，也有人倾向于认为任何价值都是可以比较的，正是基于价值之间的可比较性，才能运用损益分析等工具来简化价值冲突，才能实现功用最大化，才能运用理性能力来达到好的结果。

四 治理的本质

20世纪90年代以来，罗伯特·罗茨、格里·斯托克等西方学者对治理的本质作了许多探讨。综合这些有价值的研究成果来看，学界对治理的本质大概有八种不同认识。

（1）治理即最低限度的国家（Governance as the minimal state）。这种治理观以公共选择理论为主轴，主张尽量缩小国家职能，重新界定公共干预的范围和形式，通过削减公共开支（spending cuts），实行民营化（privatization）和精简（downsizing）等措施，不断缩小政府规模，以最小的成本取得最大的效益。

---

① 参见江大树《迈向地方治理：议题、理论与实务》，台北：元照出版公司，2006，第345~346页。
② Jan Kooiman and Svein Jentoft, "Meta-governance: Values, Norms and Principles, and the Making of Hard Choices," *Public Adminstration* 87 (2009): 818-836.

（2）治理即公民治理（Governance as citizen governance）。此观念以公民参与理论为主轴，主张社会优先于国家，将国家的部分控制机制转移到公民社区，赋予社区成员及社区组织相当程度的权责，从而自行解决社区的相关问题。

（3）治理就是新公共管理（Governance as the new public management）。这一观念源自公共行政，又是在反思传统公共官僚体制导致政府失灵现象的基础上，寻求改造政府运作方式过程中所产生的。这种治理观强调将政策决定与服务供给相分离，让政府仅扮演导航（steering）角色，而不是划桨的角色。作为新公共管理的治理过程，其努力构建一种重视竞争、市场、顾客和结果导向的企业型政府，试图将市场的激励机制和私人部门的管理手段纳入政府公共服务领域。

（4）治理就是全球治理（Governance as global governance）。这种观念源自国际关系，为了增进国家利益，就需要促进国与国之间的合作以及国际组织的功能发挥。目前，全球治理的重要性日益突出，焦点问题在于，既要强化现存全球和区域的机构之功能，促进现有的国际法及国际规则适应新的形势，更要探讨国际公共财产（如环保、空间、矿产或海洋等）的保护与增进。

（5）治理是社会控制系统（Governance as social-cybernetic system）。这是一种以政府和社会互动关系为主轴所建立的理论，强调任何单一行动者，都没有足够充分的知识和资源能力来处理问题，为此，需要政府与民间、公共部门与私人部门之间的合作互动，由此，政策安排就不再是中央政府行动的产物，而是受此政策影响的团体彼此协商互动的结果。政府的任务就在于增进社会与政治的行动，促进多种安排方式来解决社会问题，并在许多不同行动者间进行服务的分配。

（6）治理就是善治（good governance）。这是世界银行在帮助形塑第三世界国家政策发展时所提出的一种治理形态。来福特维奇从系统、政治和行政三个角度对"善治"的解读，则使人们对善治的理解更为丰富。

（7）治理就是自组织网络（Governance as self-organizing networks）。自组织网络是以多中心途径为主轴来看待统治问题，由此，政府机构只是众多治理主体之一，它必须高度重视由多元行动者所形成的、建立在信任与互利基础上的社会协调网络。

（8）治理就是公共治理（Governance as public governance）。北欧学者凯

克特（W. J. M. Kickert）以"公共治理"来界定治理的本质。在对自组织网络的信任方面，公共治理理论与自组织网络观念异曲同工。公共治理理论试图超越公共管理主义（public manageralism），否认政府是社会的导航系统，相信社会具有自我导航和自我组织的能力，在复杂且动态的公共政策网络下，社会的自我组织能力能达到改善政府导航的不足和缺失。公共治理是复杂网络的管理，政府已经无法成为唯一的统治者，它必须与民众、私人部门共同治理（cogovernance）、共同管理（comanagement）、共同生产（coproduction）和共同配置（coallocation）。① 因此，公部门、私部门与公民三者所构成的关系，已经成为当代重要的治理模式。也有学者进一步阐释了公私伙伴策略，以落实民间社会与国家机构共同治理的合作关系；公私合伙关系的形成开始于公私的互赖关系与共同目标，其次通过中间人或掮客等连锁性机制的运作，发展出合伙关系。由此看来，公私伙伴关系成功的要件应该是互利互信、目标清晰、责任明确、分工确实，否则很容易产生冲突。

上述观点都有一定道理，分别从不同角度出发，在一定程度上揭示治理的本质。但我们认为，唯有"合作"这个关键词可以概括治理的本质。合作是治理的灵魂，治理的精神追求，治理的核心价值。公共治理的本质在于："它是政府与公民对公共生活的合作管理，是政治国家与公民社会的一种新型关系，是两者的最佳状态。"② "治理的实质在于建立在市场原则、公共利益和认可之上的合作。它所拥有的管理机制主要不依靠政府的权威，而是合作网络的权威。其权力向度是多元的、相互的，而不是单一的和自上而下的。"③ 或如哈贝马斯所说："各个平行主体就某项共同关切的公共利益或公共事务彼此协商对话与合作，在公开、公平、平等、开放的原则下参与和管理公共事务，以期达成共识。"④ 卡蓝默认为："以职能分配、按部门设置机构和规则为标志的传统意义上的治理让位于一种以目标、伦理原则和具体工作机制为主要内容的全新治理模式。"⑤ 在这里，目标代替了职能，伦理原

---

① Kooiman, "Governance and Governability: Using Complexity, Dynamics, and Diversity," in J. Kooiman, ed., *Modern Governance* (London: Sage, 1993), pp. 35–48.
② 俞可平主编《治理与善治》，社会科学文献出版社，2000，第8~9页。
③ 俞可平主编《治理与善治》，社会科学文献出版社，2000，第6页。
④ 〔德〕尤根·哈贝马斯：《公域的结构性变化》，童世骏译，邓正来、J. C. 亚历山大主编《国家与市民社会》，中央编译出版社，2002，第121~172页。
⑤ 〔法〕皮埃尔·卡蓝默：《破碎的民主：试论治理的革命》，高凌瀚译，三联书店，2005，第77页。

则代替了规则,具体工作机制代替了机构。职能、规则和机构属于存在物和手段的范畴,这是需要限定和划分的空间。而目标、标准和具体机制属于意图、终极目的、判断和过程的范畴,这是关系、对话和个案的空间。这是治理的另一种算术,另一种组合。以职能、规则和机构为内容的治理适用于稳定的世界,因为存在规律性,所以一切都可以被纳入规则。但规则无法将早已摆脱规范的现实纳入规范化的范畴,因此,必须探索建立适合不断变化的世界的新的治理模式。

首先,治理意味着思维方式的彻底转变。无论是传统的统治,还是20世纪30年代以来被凯恩斯主义所强化的管制性行政,都造就出脱离于社会之上的"大政府",也伴生了僵化、无效和高成本等问题。而20世纪70年代以公共选择为指导的地方分权化改革,努力建造"小而美"政府,形塑出以市场为中心的竞争导向型公共管理,试图通过市场化、企业化方法提升公共服务的品质,却在追求效率的过程中丧失了公平与责任。各国曲折的历史选择表明,问题并不在于政府与市场孰优孰劣,而在于非此即彼的思维方式。离开思维方式的变革,就不会有公共管理的出路。治理不仅要在形式和功能上超越以政府为本位的层级导向型治理和以市场为中心的竞争导向型治理,克服政府和市场的双重失灵,更重要的是在思维上超越"国家—社会""政府—市场""中央—地方""公共—私人"的二分法,从整体性、前瞻性、长远性和动态性的角度重新确立问题的思考方向。简而言之,治理内在地要求系统的思维方式,这正是其能够适应高度复杂、动态的信息社会、风险社会的根本原因。

其次,治理意味着价值观念的根本变革。"统治"所隐含的意义是通过建立一个粗糙的、过分简单化的"我们—与—他们"结构来解释现实,必然造就仇视他人的惯常行为策略。因此,在统治结构中,人无法被当作人来看待。"管理"则把观察视角聚焦于事务,见物不见人,而且其建立在分工、规则、程序基础上的管理工具也无法真正解决综合、复杂、多变的公共事务。"治理"则以人为价值核心,且主张彻底打破统治者与被统治者、管理者与被管理者的界限,将参与公共事务管理的各方置于平等的交往平台。治理并不否定政府的作用,但更为强调公民社会的发展。应该说,治理不是一个制度性、行政性的概念,而是一个社会性的概念,它不仅反映在适当场合的广泛运用,如公司需要治理、政府需要治理、社区需要治理、地方需要治理,甚至全球需要治理,也反映社会自主地位的提升,从更深层次来看,则是人的主体地位的提升。

最后，治理意味着社会关系的重新塑造。一般而论，社会组织（及成员）之间的互动关系可以依据行动合作与否和目标是否一致区分为"合作、支配、互补、竞争、对立"等五种类型（参见图1-2）①。目标一致且行动合作即为"合作"模式；彼此尊重且相互支持即为"互补"模式；目标有差异情况下的单方主导即为"支配"模式；目标一致但行动不合作为"竞争"模式；彼此间目标与行动皆冲突为"对立"模式。统治以纵向分层、横向分科的官僚体系为基础，官僚体系的运作则奉行因循守旧、按部就班的基本准则，以自上而下的垂直控制为主要方式，由此造就了公共管理的割裂和人际关系的疏离。受新自由主义思维和意识形态的影响，政府不再被看作解决问题的好手，而是被看作问题本身。在这一背景下，人们开始寻求市场化的解决途径。新公共管理运动从此盛行，力主塑造"掌舵"的政府，致力于改善政府管理效率和推进治理变革。但却遗憾地引发了参与价值的隐去、社会公平的缺失以及治理易于失灵等诸多问题，人际关系因普遍的逐利和竞争行为而趋于紧张。治理则是一个以公共利益为目标的社会合作过程，试图通过构筑国家机关与公民社会合作、政府与非政府组织合作、公部门与私部门合作、强制和自愿合作，以及正式与非正式合作的治理机制，来弥补政府能力的不足与市场机能的缺陷，解决政府失灵与市场失灵，这也有助于社会成员通过积极的公民参与和社区营造，回归"我们"观念，实现整体、合作、和谐的社会关系，增进社会资本。可以说，从实践来看，治理标志着一个新时代的到来，同时，从理论上看，治理则意味着一个全新的范式革命。

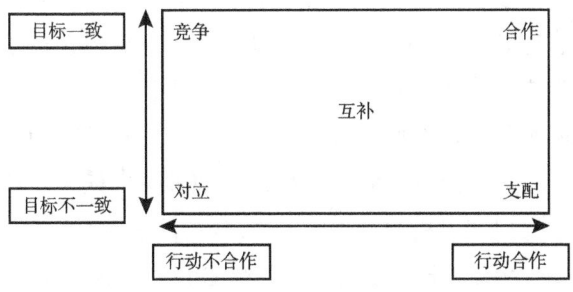

图1-2 社会组织（及成员）之间的互动关系

---

① 参见余逊达、赵永茂主编《参与式地方治理研究》，浙江大学出版社，2009，第252页。

第三节 治理的研究视角

一 治理的研究层次

对任何研究对象,几乎总是可以从宏观、中观和微观的不同层次进行分析。对治理结构或过程的研究,同样可以着眼于不同的研究层次。从理论上来说,治理是建立在转型的三个层次的基础上的:一是在制度层次上创造中立的国家;二是在社会层次上创造自由的公共圈或曰民间社会;三是在个人层次上创造"自由""自我"和"现代"的行为模式。因此,对治理也就有了国家—社会—个人的三个基本研究层次。在实践中,治理理论可以运用于不同层次和范围,其含义和内容也就不尽相同。依据空间范围的不同,可以将治理划分为六个层面:最为宏观的全球治理,介于全球与国家之间的区域治理,国家治理,地方治理,社区治理,直至最为微观的组织治理。

1. 全球治理(global governance)

全球治理是指各国政府、国际组织、各国公民为最大限度地增加共同利益而进行的民主协商和合作,是通过建立具有约束力的国际规则来解决全球性问题,以维持正常的国际政治经济秩序。冷战结束后,全球化进程加速,国际政治格局深刻调整,全球治理问题备受关注,但人们的理解并不相同。塞纳克伦斯试图详尽地列举所有与全球治理相关的活动,他认为,"在国际关系领域,治理首先是各国之间,尤其是大国之间的协议与惯例的产物。这涵盖政府的规章制度,也包括非政府机制,后者谋求通过它们自己的手段实现它们的愿望、达到它们的目标。治理被视为由多数协议形成的一种规范系统,它可以在没有政府的正式授权和具体批准的情况下贯彻实施某些集体项目。各种政府间组织,以及由非政府组织或跨国公司推动的非正式调节程序也都包括在治理之内。所以,它既是各国参加的国际谈判的产物,也是由个人、压力集体、政府间组织和非政府组织形式的混杂联合的结果。"[①] 安东尼·麦克格鲁则认为,"全球治理不仅意味着正式的制度和组织——国家机构、政府合作等——制定和维持管理世界秩序的规则和规范,而且意味着所

---

① 〔瑞士〕彼埃尔·德·塞纳克伦斯:《治理与国际调节机制的危机》,冯炳昆编译,《国际社会科学杂志》(中文版)1999年第2期。

有其他组织和压力团体——从多国公司、跨国公司运动到众多的非政府组织——都追求对跨国规则和权威体系产生影响的目标和对象。"①

2. 区域治理（regional governance）

在当下市场化、全球化、区域化、信息化的复杂环境中，伴随单位行政区域内大量社会公共问题向毗邻行政区域的日益"外溢"和渗透延伸，或者说"内部"公共问题"区域化"和"无界化"的态势，传统"行政区行政"政府治理形态，必然逐步转向"区域公共管理"。而且，"'区域公共管理'作为一种新型的政府空间治理形态，已经愈发凸显并与'行政区行政'形态一道，成为行政区域内外社会公共问题治理的'双元'模式。"② 这种区域公共管理，也可称为"区域治理"或"跨域治理"。通常体现为两个层面：（1）介于国家与全球社会中间层次的区域治理，包括跨国区域内各种行为体共同管理地区事务的诸种方式的总和。一般又包括国家间区域治理和次区域治理两类：前者是各洲内由民族国家结合各国的规则形成的组织联合体，如欧洲联盟（简称欧盟，EU）、亚太经济合作组织（Asia-Pacific Economic Cooperation Organization，APEC）和北美自由贸易区（North America Free Trade Agreement，NAFTA）；后者是指跨国界或跨境的多边"成长三角"区域共同体，如"图们江地区的次区域经济合作""澜沧江—大湄公河地区的次区域经济合作"等。（2）在同一个国家内部的不同行政单元之间，尤其是经济发达地区之间，在区域型基础设施建设、要素流动、资源配置、公共服务、环境保护等方面出现日趋严重的区际冲突和矛盾，在单个地方政府难以有效解决的情况下，实行跨越多个行政单元的、以多元化协商、协调为主的区域治理就是较为成功的途径和手段。

3. 国家治理（national governance）

国家治理一词，大多是指代一种政治制度，这个制度强调权威在政府与非政府的角色上呈现一个分散的结构，其目的在于维持效率与效用机制。在国家治理层面，治理与政治系统或国家结构意义相近。通常包括对立法、司法与行政机关之关系的分析，民主、选举与政党制度，中央与地方的关系等问题的分析。发达国家和发展中国家在实践中都表现出对国家治理的关切，

---

① 〔英〕戴维·赫尔德：《全球大变革：全球化时代的政治、经济与文化》，杨雪冬等译，社会科学文献出版社，2001，第70页。
② 杨爱平、陈瑞莲：《从"行政区行政"到"区域公共管理"》，《江西社会科学》2004年第11期。

但是基于不同的原因。在发达的工业化国家，福利国家体系负担日益加重，自然有了政府退出或尽量少参与直接服务的呼声，也有了对私人部门和第三部门协同参与公共服务的要求。在发展中国家，主要是受到国际货币基金、世界银行等国际组织的推动，这些国际组织认为一些发展中国家治理机制无法改善公共服务的效率与效益是问题的根本症结，并以此作为评定受援国的条件。

4. 地方治理（local governance）

一般来说，地方治理是指在一定的贴近公民生活的地理空间内，依托于政府组织和民间的社会自组织机制等各种组织的网络体系，协同完成和实现公共服务的提供和社会事务的管理过程，进而达成以公民发展为中心的，面向公民需要服务的，积极回应环境变化的，使地方富有发展活力的新型社会管理体系。① 地方治理基本局限于一个国家中特定地方行政区域内或跨越地方行政区，以特定的公共事务为焦点，采取跨域合作、跨部门协作、跨地方合作或公私合作等方式。地方治理的功能通常包括三个方面：规范、协调和化解冲突。规范，就是通过某些制度安排来约束各成员的行为，以维持地方单位的生存和发展，实现成员的福利最大化；协调则是运用正式制度或非正式制度以及某些协调程序来保证成员行为和政策的一致性，实现成员的平衡和共同发展；化解冲突主要是通过协商、谈判和对话的方式解决成员之间出现的各种矛盾和摩擦，实现地方的和平与稳定。

5. 社区治理（community governance）

社区治理是指在一定区域范围内政府与社区组织、社区公民共同管理社区公共事务的活动。在中国，城市社区治理模式由行政型社区向合作型社区和自治型社区的发展过程，是社会经济体制改革和社会结构调整在城市社区发展中的一种反映，它代表中国城市社区发展的方向。建立在合作主义基础上的新型政府与社会关系、社区制逐步取代单位制，以及城市街道体制的改革，代表着中国社区发展与制度创新的基本思路。②

6. 组织治理（organization governance）

在组织这一微观层次上，治理适用于分析和解释国际组织（如 World

---

① 孙柏瑛：《当代发达国家地方政府治理的兴起》，《中国行政管理》2003 年第 1 期。
② 魏娜：《我国城市社区治理模式：发展演变与制度创新》，《中国人民大学学报》2003 年第 1 期。

Bank)、企业、公共机构以及非政府组织内部的组织机构关系、决策与执行的运行方式，也可以用来分析多种利害关系的特定机构或组织的行为方式，组织的内部治理结构与运作过程，以及其他有自主权又相互依存的组织的战略联盟现象。对于不同类型组织治理的研究，成熟程度差别较大。对公司治理的研究，开始于20世纪30年代，在七八十年代进入高潮，在90年代得以深化。因此，公司治理理论深刻影响组织层次的治理研究。目前，对公民自治组织、非政府组织等社会组织内部的治理结构和治理方式，还缺乏较为深入的研究。

在本书第三章到第八章中，我们分别从上述六个层次分析治理现象，在空间上包括西方与中国，从时间上包括历史与未来，从内容上包括静态（结构）与动态（过程）。此外，第九章则聚焦于信息与通信技术对治理的影响，集中探讨各国电子治理的发展现状、问题及未来趋势。第十章的主题是共享型领导，主要探讨治理的时代背景对公共领导者提出的挑战与要求，新型领导者如何才能更好地适应新的社会环境。

二 治理的研究途径

治理是一个庞大的理论体系，由于学者们对治理的内涵理解不同，也就相应形成了不同的分析角度和研究途径。陈振明等人认为，治理可大体分为三种研究途径：[①] 一是政府管理的途径，将治理等同于政府管理，侧重从政府部门的角度来理解市场化条件下的公共管理改革。"最小国家的治理""新公共管理"和"善治"等用法都属于这一研究途径。政府管理的途径也可以称为"自上而下"的研究途径。二是公共社会的途径，治理被看作是公民社会的"自组织网络"，是公民社会部门（或称第三部门）在自主追求共同利益的过程中创造的秩序，在公共池塘资源管理、社区服务与发展、同业协会和跨国性的问题网络中普遍存在。这种"社会中心论"的治理观，也可称为"自下而上"的研究途径。三是合作网络的途径。这一途径试图在"网络管理"的框架内整合上述两种研究途径。它认为，20世纪90年代以来，私营部门、第三部门以及各种社会运动出现在管理公共事务的大舞台上，这些非政府部门与政府部门联结起相互依存的合作关系（即网络关

---

① 参见陈振明主编《公共管理学：一种不同于传统行政学的研究途径》第2版，中国人民大学出版社，2003，第81～91页。

系),就共同关心的问题采取集体行动。这种整合的研究途径强调多中心的公共行动者通过制度化的合作机制,可以相互调适目标,共同解决冲突,增进彼此的利益。因此,治理的实质被看作是合作管理。

另外,我们还可以从学科的角度将目前对治理的研究区分为三种途径。

(1)公共行政与公共政策视角。公共行政学的研究焦点是20世纪80年代以来的公共行政改革,主要指政治权力从国家行政机构下放到次国家组织,例如地方政府、城市与社区,也包括新管理主义。同时,治理也广泛应用于特定政策领域和公共事务管理。从政策部门来看,主要包括教育、卫生、运输、环境等;从具体公共事务来看,包括腐败防治、公共安全、交通拥堵、住房保障、水土保持、食品安全、贫困失业、卫生保健等。

应该说,治理最集中运用于公共服务领域,意指一个社会针对关键政策问题和目标进行决策的过程和系统。政府可以看作是"公共制度的结构和功能,治理是政府开展工作的方式"。[1] 比如,梁文松和曾玉凤在总结新加坡经验时,发现了一种极富弹性的公共服务,它一直在不断学习、持续变革、悄然改进和创新,以适应具有高度不确定性和迅速变化的环境。他们将其命名为动态治理(dynamic governance),即"政府能够持续调整它的公共政策和项目以及改变政策的制定和实施方式,以实现国家的长远利益"。[2]并把学习过程看作是动态治理的基础,它又包括三项认知能力:前瞻思考——认清未来会对国家产生怎样的影响并落实政策,从而使人民能够消除潜在威胁并利用一切可利用的新机遇;反复思考——评估现有政策及项目是否与国家的计划和社会的长期需要相符合,然后对政策及项目进行修订以使其在实现重大目标时继续有效;换位思考——超越传统的国家和领土边界,发现可以借鉴融入本国环境的新思想和有益实践。

(2)国际关系视角。在国际关系上,治理理论倡导"没有政府的治理",因为随着国际资本的不断流动、市场全球化的不断加速和经济一体化的形成,国家和政府的宏观经济政策逐渐失去了原有的作用。为此,在政府或国家不能发挥主导作用而需要联合行动的领域和问题上,治理概念有一定用处。在国际关系视角中的核心概念是全球治理,意指人类行为各层次的规

---

[1] Donald F. Kettle, *The Transformation of Governance* (Baltimor, Maryland: The Johns Hopkins University Press, 2002), p. x.
[2] 〔新加坡〕梁文松、曾玉凤:《动态治理:新加坡政府的经验》,陈晔等译,中信出版社,2010,第5页。

则体系,从家庭到国际组织,其共同特征是通过控制行为实现目标的过程会产生跨国影响。

(3) 比较政治学视角。在特定国家的范围内,治理常被视为该国的可统治性,治理就是"为了发展而在一个国家的经济与社会资源的管理中运用权力的方式"。[①] 对某国治理方式与治理能力的研究往往离不开国际比较的视野,此时,治理所涉及的内容主要是如何为权力行为设定正式和非正式游戏规则,并在规则运行过程中解决产生的种种冲突。主要议题包括:民主化、国家能力、国家与社会关系的性质、不同国家治理经验(如经济治理模式)的移植等。从比较政治学视角来看,目前存在着几种不同的治理模式。世界银行把"善治"作为向第三世界国家贷款的主导思想,鼓励第三世界国家向民主政治、有效行政、市场经济方向进行政治改革。这是一种基于"善治"的治理,具有明显的政治意味。欧洲国家的治理,更强调"社会—政治"治理,关键是通过政府与社会的互动,形成各种组织构成的自组织网络来应对社会逐渐向复杂性、多样性和动态性的变化。而美国的治理模式主要是通过调整技术层面的权力配置尤其是政府内部的权力配置来提高政府绩效,回应当前治理存在的问题,可以称之为内部解制型治理。

三 治理的价值基点

任何学者或理论都会体现出特定的价值判断与价值追求,治理理论作为一个庞杂的理论体系,在外在相似的理论主张背后,也会依稀分辨出不同的价值主张,概括说来,可以辨识出个人主义、社群主义、国家主义和制度主义等四类。

(1) 个人主义。基于个人主义的治理理论是目前主流的观点,在个人主义者眼中,治理的根本精神是契约观念,这种精神深深地蕴藏在西方以平等自由权利为核心的公民文化之中。在个体层面,治理要求自由精神、平等观念、责任意识、参与意识、宽容精神、互利互惠的精神。问题在于,在公民尚缺乏健全的个人主义精神时,还能否切实推行西方式的治理模式。

---

① World Bank, *Governance and Development* (Washington, D. C: World Bank Publications, 1992), p. 3.

（2）社群主义。社群主义的出发点是诸如家庭、社区、阶级等社群，而不是自我或个人，在价值主张上强调普遍的善和公共利益。基于社群主义的治理理论强调通过授权基层社区，促进社会组织成长，培育公民社会，增进社会资本，这样，治理本身的意义就不仅在于通过合作的方式实现对公共事务的有效处理，更重要的是通过合作参与公共事务处理，可以转化社群成员对公共事务参与的观念，增进社群共同体意识，促进社会团结与社会和谐。

（3）国家主义。国家主义认为国家是价值中心，国家的正义性毋庸置疑，并以国家利益为神圣的本位，倡导所有国民在国家至上的信念导引下，抑制和放弃私我，共同为国家的独立、主权、繁荣和强盛而努力。基于国家主义的治理理论的重点依然在于国家和政府，关注政治权力的使用方式和效果，宗旨在于提高国家治理能力，以更好地应对日益复杂的国际国内形势，在保持稳定秩序的前提下更有效地满足社会公众对公共服务的需求。

（4）制度主义。无论对人类行为作何种假定，"理性人"也好，"社会人"也好，都涉及制度这一行为框架。所以，制度分析关心两个基本问题：一是制度如何影响人的行为；二是制度如何产生并变化。从这一视角出发，治理的主题便是政府与公民行为的框架，这一框架形成了公民社会的认同和制度。

四　治理的分析框架

詹·库伊曼（Jan Kooiman）和斯文·珍特福特（Svein Jentoft）提出，治理可以从三个方面加以分析：治理要素、治理模式和治理秩序。从主体层次上看，治理是人们有意识的活动，它包含了三个基本要素：图景（images）、工具（instruments）和行动（action）。图景回答了为何治理和如何治理的问题，包括多种形式：愿景、隐喻、模式、知识、事实、判断、前提、假设、信念、目标和结果等。工具是治理的中间要素，联系着图景和行动。因为行动者的社会地位会决定工具选择的种类与范围，所以，工具的设计、选择与应用并非完全是中立性的，而往往会引发冲突。行动则意味着将治理工具付诸实施，既包括常规的政策执行活动，也包括社会动员活动。从结构层次上看，可以根据治理的场所将其分为三种模式：垂直治理、自我治理和共同治理。从活动层次上看，可以将治理秩序划分为三个同心圆：最外圈称作"第一秩序"，处理的是治理活动的细节和日常事务，人或组织通过相互作用以解决社会问题和创造机会。中间的圆圈为"第二秩序"，集中于制度安排、规则、权利、法律、规范、角色和程序。制度的设计与安排的设计与维持是一项特殊的治理任务，它为第一秩序的活动提供基本框架，为治者与被治者建立结构性关系。最中心的圆圈称为"第三秩序"或"元治理"。在这一层面，根据治理实践的形成与演进，发展出治理的价值、规范和原则，再通过设定和应用治理的价值、规范和原则，影响、约束并评价整个治理实践。①

英国学者埃尔克·克莱曼（Elke Krahmann）指出，虽然治理存在于国家、区域与全球等不同层级，但治理的使用与安排是非常相似的。具体来说，治理可以被定义为一种政治权威的分散化，并体现为七个方面：地理范围（geography）、功能机制（function）、资源分配（resources）、利益取向（interests）、规范形成（norms）、决策制定（decision making）及政策执行（policy implementation）。② 这七个方面可以有效区别治理与统治在政治权威方面的分散与集中程度（参见表1-3）③，因此也可以作为治理的一般性分析框架。

表1-3 统治与治理在不同层次的分析

层级	统治	治理
地理范围	次国家的/国家的	次国家的/国家的、区域的、全球的、跨国的
功能范围	多议题区域	单一议题区域
资源分配	集中式	分散式
政治利益	共同持有	分别持有
规范	主权/命令与控制/再分配	有限主权/自治政府/市场机制
决策	科层化/形成共识/形式的公平	水平化/协商解决/不公平
执行	集权式/权威性/专制性	分权式/自制式/自愿性

从地理范围来看，统治强调决策者在政策制定与执行中所需要的领域基础，以及拥有权威的延伸空间；治理则强调各机构在决策时拥有分散的权威，权威可能存在于不同的区域或跨越国家或区域之外的地理区域界限。自从20世纪80年代治理兴起后，决策者的权威在地理方面呈现出三种

---

① Jan Kooiman and Svein Jentoft, "Meta-governance: Values, Norms and Principles, and the Making of Hard Choices," *Public Adminstration* 87 (2009): 818-836.
② Elke Krahmann, "National, Regional, and Global Governance: One Phenomenon or Many?" *Global Governance* 9 (2003): 323-346.
③ 曹俊汉：《全球化与全球治理：理论发展的建构与诠释》，台北：韦伯文化国际出版有限公司，2009，第100页。

发展态势，向下转移给次层级国家政府、向上转移至区域或全球、向外转移至私人部门或自愿组织。

从功能范围来看，统治强调建立决策与执行相互联结的整合系统，并经由这一整合机构直接地和集中地协商与处理许多议题领域，传统的部门机构就属于这种形态；治理则强调政策决定会因其议题的不同而由多元、独立、专业的机构进行处理，甚至可能不需要公共部门，而由独立的监督机构、产业协会或私人机构来处理。也就是说，从统治到治理，权威机构的功能范围所发生的变化是，决策制定能力从功能性较强且广泛的机构逐渐向下交给功能性较低且特殊的机构。

从资源分配来看，在常态统治概念下，政治结构决定了资源分配的格局，中央权威通过高税收或重要部门国有化等手段掌控所有或多数政策资源，从而保证政策执行；治理则要求政策资源必须分散于公私参与者之间，如此才能为了应对常见问题而进行彼此间的共同合作。尽管拥有公共权力的一方仍然在合作过程中保持其关键角色，但私人部门和第三部门参与者也可凭借所掌握的资源对政策制定产生决定性影响。

从政治利益来看，通常关涉利益是如何在参与者之间分配的，以及利益冲突的解决方式等问题。统治之达成，需要建立在国家内部的社会、政治和经济不同参与者的利益调和与纠纷解决的信念之上。集权统治者进一步认为，公共和私人利益的差别在于私人利益仅是公共利益的附属品。相反，治理则承认参与者的利益是异质的及多元取向的，甚至有时是相互抵触的。治理的目标是要去确保参与者们在追求其利益时能够尽可能不受外在约束，自愿建立协同与合作关系。

从规范层次来看，往往呈现为促进较大的整合，或是优先争取自决权利的差别。具体而言，统治往往与三项规范紧密相连：国家主权、需求与控制、再分配；治理则建立在有限的国家主权、自治以及社会关系市场化三个标准之上。

从决策制定来看，统治要求科层取向的决策系统和决策过程，最高决策权威存在于国家公共机构内，而国家的次级系统或国际的决策机构低于国家中央权力。国际上政府之间的决策过程是建构在形式平等和共识的基础上的。治理则要求决策制定的权威系统呈现水平分化，一般是包括国家机构、国家、跨国利益集团、国际组织等的网络，由于这些组织或机构的行为呈水平关系，治理的决策制定机制是经由谈判协商来进行的。

从决策执行来看，主要探讨的是政策由谁执行以及如何执行的问题。从统治的角度来看，政策执行传统上是倾向于中央集权化、权威化，甚至必要时是强制化，常常与行政监督以及对规章制度的遵守紧密联系在一起；从治理的角度来说，政策执行一般被解释为分权化的、自愿的、自我管制的，治理通常是包括多元化的公、私部门行动者，而这些行动者都拥有特定政策运作所需的特殊资源。当前在社会角色互动中出现的治理安排一般都是以自发取向来执行政策。

总之，上述七个面向既可以作为统治与治理的区分维度，也可以作为对治理的规范性分析框架，通过它可以分析不同层次的治理，帮助人们在不同层次上认识治理的适当机制和规律，同时关注某一层次治理的失败是否会影响到其他层次的治理效果。

第四节 治理模式与工具

一 治理模式

治理的逻辑结构离不开公共权力。公共权力集中于少数人乃至个别人手中，称为集权治理，而公共权力依其性质和职能，分别由不同的人执掌，称为分权治理。[①] 在不同历史时期，有不同的治理模式或统治方式。统治更强调权力的归属，强调治者与被治者不可僭越的关系；治理注重的是权力的配置与运作，强调政府权威与公民社会的共同治理过程。[②] 近年来，在西方政府改革过程中，逐渐形成了一些具体的政府治理模式，且有人从理论上进行了概括和描述。下面介绍其中几种比较有代表性的理论。

澳大利亚学者休斯（Owen E. Hughes）在《公共管理与行政》一书中指出，近20年来，西方发达国家公共部门的管理方式已发生了变化，以官僚制为基础的传统行政管理模式正在转变为一种以市场为基础的新公共管理模式。该模式的特征是：注重结果的实现和管理者负个人责任；使组织更具灵活性；注重绩效的管理；公共管理人员更具有政治色彩；将掌舵与划桨分开；用市场化方式减少政府职能。

---

① 徐勇：《GOVERNANCE：治理的阐释》，《政治学研究》1997年第1期。
② 徐勇：《治理转型与竞争——合作主义》，中国人民大学复印报刊资料《政治学》2001年第6期。

经济合作与发展组织（简称经合组织，OECD）在《公共管理的发展：概述1993》中指出：OECD国家的管理主义改革强调，在各个（政府）层级之间、在监督机构与执行机构之间、在公共部门与私人部门之间引入一种更加契约化、更多地参与和更大地选择自由的关系。该模式的特征：提高人力资源管理水平；员工参与决策与管理过程；放松管制并推进绩效目标管理；信息技术的利用；顾客服务；使用者付费；合同外包；取消垄断性管制规定。

英国学者E.费利耶（Ewan Felie）等人在《行动着的新公共管理》一书中认为，不存在统一的政府治理模式，只有各种不同类型的政府治理模式。并归纳出四种模式：（1）效率驱动模式（the efficiency drive）注重控制成本；权力向资深管理者转移、向组织战略层转移；注重绩效管理及评估；强调对顾客负责；强调企业化管理方式。（2）小型化与分权模式（downsizing and decentralization）：向精致、成熟的准市场的扩展；公共部门批准资源的机制；合同管理；向扁平型组织结构的转变；影响式管理、组织网络形式相互作用；灵活多样的服务系统。（3）追求卓越模式（in search of excellence）：包括由下而上和由上而下两种途径。在由下而上的形式中，强调组织发展和组织学习；强调由结果判断绩效；主张非中心化。在由上而下的形式中，促进组织的变迁；重视领导魅力的影响；强调人力资源管理。（4）公共服务取向模式（public service orientation）：关心提高服务质量；强调产出价值；强调民权理念；强调对日常服务提供的全社会学习过程；强调公民参与和公共责任制等。

詹·库伊曼和斯文·珍特福特在治理相互作用的结构层次，根据场所的不同，将治理分为垂直治理（hierarchical governance）、自我治理（self-governance）和共同治理（co-governance）三类。垂直治理虽然以政府与公民之间的互动模式最为典型，但在市场和公民社会中也很常见，比如，掌权和控制就是大型公司中的重要现象。在现代社会中，自我治理是指行动者不依靠政府，仅依靠自身力量来管理和照顾自己的情形。新公共管理运动中的"放松管制"和"私有化"，就是典型的例子。事实上，如果没有自我管理的能力，社会治理就是一项不可能完成的任务。共同治理的实质要求是社会成员为了共同的目标携手参与公共事务，并在其中保持其身份和自主性。比如，治理理论中所强调的公私伙伴关系、网络和共同管理。[1]

---

[1] Jan Kooiman and Svein Jentoft, "Meta-governance: Values, Norms and Principles, and the Making of Hard Choices," *Public Adminstration* 87 (2009): 818–836.

B. 盖伊·彼得斯（B. Guy Peters）针对传统治理模式的弊端，提出了四种新的政府治理模式："市场模式""参与模式""弹性模式"和"解制模式"（见表 1-4）。①

表 1-4 政府未来的治理模式

	市场模式	参与模式	弹性模式	解制模式
主要特征	垄断	层级节制	永久性	内部管制
结　构	分权	扁平组织	虚拟组织	无特别建议
管　理	绩效工资；运用私人部门的管理技术	全面质量管理；团队	管理临时雇员	更大的管理自由
决　策	内部市场；市场激励	协商；谈判	试验	企业型政府
公共利益	低成本	参与；协商	低成本；协调	创造力；能动性

（1）市场模式。与政府主导公共服务供给的官僚体制相比，市场在分配社会资源方面效率更高。因此，不仅应减少政府干预，充分发挥市场的力量解决政府所面临的困境；还应将市场机制引入政府内部来完善政府组织。市场模式的核心观点有二：一是民营化。具体策略形式是国有企业私营化和公共服务市场化。二是内部企业化，即将市场的激励机制、竞争机制及私营部门的管理方式引入政府对公共事务的管理和公共服务中。一方面，通过各种方法，吸引私营部门管理人才到政府部门任职或兼职。另一方面，大力引进私营部门的管理技术和方法，如绩效工资、目标管理、全面质量管理、战略管理、成本管理、标杆管理。

（2）参与模式。包括员工参与和公民参与，前者关注政府本身的管理，后者关注国家与社会间的关系。员工参与指政府内部的工作人员，尤其是基层工作人员对有关其工作、生活的组织决定的介入。它鼓励各层次的员工通过多种方式参与决策，在组织的决策过程中表达他们的意见、愿望和要求，发挥其积极性、主动性与创造性，这是政府充分而良好地履行其职责的基础。公民参与则要求社会公众积极参与和介入公共行政管理过程，可以通过各种有效的方式，如关键公民接触、公民大会、咨询委员会、公民调查、由

---

① B. Guy Peters, *The Future of Governing*: *Four Emerging Model*（Kansas: University Press of Kansas, 1996）, p.19. 或参见〔美〕盖伊·彼得斯《政府未来的治理模式》（中译本），吴爱明等译，中国人民大学出版社，2001，第 23 页。

公民发起的接触、协商和斡旋①,以及申诉专员和行动中心、共同生产、志愿主义、决策中制度化的公民角色、保护公共利益的结构②,等等。

(3) 弹性模式。传统的韦伯式科层组织具有专门化、等级制、规则化、非人格化、技术化等特点,这既为组织行为及组织本身的长期稳定提供了保证,但也会使人们贪图安逸,失去追求和奋斗的精神;同时造成人浮于事,互相推诿,机构臃肿,运转失调,资源耗费等问题。为此,理想的政府应保持弹性并具有应变能力,能够根据环境的变化制定相应的政策。比如,增强公共雇佣关系的弹性,在政府部门中使用更多的临时性、兼职或季节性雇员。为了克服组织的永久性,则可以建立临时机构,成立工作团队,在组织内部或组织之间建立松散的网络系统,构建虚拟组织③,以超越结构、地域等方面的制约,更为充分地利用人力和分享资源。通过这些措施,可以降低政府运行的成本和减少浪费,使得政府会有更多的创新和较少的僵化,有利于解决复杂性问题,这都符合公共利益的要求。

(4) 解制模式。其基本设想是,赋予地方政府和基层工作人员更多的自由裁量权,并充分发挥其他社会力量在公共事务管理中的积极作用。因为"公共行政要以结果为导向,裁量权不会孕育腐败"④,不仅有利于创造性地解决问题,也可以在政府与社会的充分合作中更好地实现公共利益。解制模式包含范围广泛,其基本含义有二:其一,在政府内部,要解除传统官僚机构内部繁文缛节、层次节制的约束,使政府组织及工作人员的活动更有创造力、效率及效能。其二,就中央和地方的关系而言,强调地方治理,给予地方政府更大的自主权。因为与中央集权相比,地方分权可以确保政府决策更符合地方实际,使地方当局更好地选择适合地方条件和需要的公共计划。这有利于各级地方政府主动性和创造性的发挥,而且不同地方之间的竞争也使得公共服务的质量得到进一步改进,政府政策创新的可能性将大为提高。

---

① 〔美〕约翰·克莱顿·托马斯:《公共决策中的公民参与》,孙柏瑛等译,中国人民大学出版社,2005,第11~12页。
② 〔美〕约翰·克莱顿·托马斯:《公共决策中的公民参与》,孙柏瑛等译,中国人民大学出版社,2005,第130~142页。
③ 这是一种通过互联网等技术手段而构建的组织形式,没有组织章程,没有职务等级,没有上下级关系,可自由充分地联系与沟通。
④ 〔美〕罗森布罗姆:《公共行政学:管理、政治和法律的途径》,张成福等译,中国人民大学出版社,2002,第395~396页。

综上所述，理论界对于政府治理模式的描述可谓见仁见智，众说纷纭。这种种描述都不同程度地揭示出传统行政体制在实践中所存在的缺陷，并试图构建一种更为合理的治理体系。各种模式都有其自身局限，各种模式之间也存在一定的冲突，但都反映出公共治理的价值追求即为了适应复杂、多变和高不确定性的社会环境，治理模式总的宗旨是突破传统官僚模式和市场模式的局限，引导多元主体共同参与公共事务治理过程，重新构建政府系统内部各层级、各部门之间的关系，重新构建公共部门、私人部门和第三部门的关系，努力实现纵向管理与横向治理之间的协调与均衡，通过多元主体之间的互动合作来处理复杂性的社会问题，满足社会公众的需要。但必须看到，治理模式并不是要完全替代传统的官僚模式，而要与之相配合，实现"纵向官僚体制与横向合作体制的完美结合"①。

二 治理工具

无论着眼于作为统治机构的政府或特定公共政策的执行，还是着眼于需要解决的公共问题和公共事务，都离不开一定的工具，因此，此类工具就被称为政府工具（tools of government），政策工具（policy instruments）或治理工具（governing tool）。也有人称之为政府工具箱（government toolbox），暗含的意思就是政府机构可以根据不同的问题性质设计并使用不同的工具，以实现治理目标。治理工具可以看作是公共治理最基础的建筑材料，没有治理工具，公共治理的目标就无法实现。当然，对于治理工具的研究，最关键的问题是治理工具的类型，只有了解了治理工具的"菜单"，人们才能选择并运用适合的工具。

关于治理工具的类型，学者们的看法各异。有人将治理工具分为四类：（1）立法工具：政府部门任何涉及民众权利义务的行动都必须拥有法律的基础，否则便不具有合法性，无法获致民众的服从。因此，立法本身就是政府有效治理的一个非常重要的工具。（2）服务条款：以签约外包的方式或另外成立准官方机构将某项公共事务委托民间机构处理，以提高为民服务效率及满意度。（3）赋税工具：例如通过征收污染税的方式，减少企业的排污行为。（4）说服工具：政府可以诉诸法律理性或道德诉求，使反抗者沦

---

① 〔美〕唐纳德·F. 凯特尔：《治理的转型：全球化、分权与政府的作用》，官进胜译，《北京行政学院学报》2001 年第 5 期。

为违背公共利益的反社会行为者。① 也有人提出了政策工具的光谱（a spectrum of policy instrument），这个光谱依据自愿性到强制性工具的程度分为三大类：（1）自愿性工具（voluntary instruments）：包括家庭与社区、自愿性组织或市场；（2）混合性工具（mixed instruments）：包括资讯与劝导、补助、财产权销售、征税与使用者付费；（3）强制性工具（compulsory instruments）：包括管制公营企业与直接命令条款等。②

在国内，也有学者同样依据政府使用权威的程度，政府介入提供公共产品和公共服务的程度，以及政府介入社会事务管理的程度，把政府治理工具和机制划分为四种主要类型：（1）以市场为核心的治理工具和机制，就是政府利用市场机制在配置资源方面的优势来解决公共问题，实现政策目标。凡公共事务能够以公开、公平、自由竞争的方式，达成较大效益者，便适合市场机制。（2）财政性工具与诱因机制，就是通过改变产品和服务相对价格的补贴以及课税，提供诱因，促使政策的目标群体能够改变其行为，以符合政府治理的目标和要求。诱因性工具的核心是利用人们趋利的特性，达成政府治理的目的。（3）管制性工具与权威机制，就是政府利用公共权力和权威，利用法律和法规来规范社会组织和公民的行为。管制性工具的主要目的在于维护社会秩序和公共利益，维护交易公平。（4）政府直接生产或者提供公共产品与非市场机制，就是为解决公共问题，满足社会公众的需要，直接运用政府的公共权力，为社会提供公共产品和公共服务。

台湾学者丘昌泰则按照从非强制性到强制性（Noncoercive-coercive continuum）的光谱，把治理工具区分为12种不同类型：③ （1）市场与经济诱因工具。比如，创设污染权（pollution rights）；抵消政策（offset policy），即用降低旧污染源的数量，来取得排放新污染源的权利；贷款（banking）④；污染泡政策（bubble policy）⑤。（2）保险计划工具，将政策执行者的监督责

---

① S. X. Hanekom, *Public Policy* (New York: International Thomson Publishing Ltd, 1987), pp. 59-60.
② Michael Howlett and M. Ramesh, *Studying Public Policy: Policy Cycles and Policy Subsystem* (New York: Oxford University Press, 1995), p. 82.
③ 李允杰、丘昌泰：《政策执行与评估》，台北：元照出版公司，2009，第132~139页。
④ 比如，中国台湾某地区经常发生地震或泥石流，政府若使用强制性工具，则社会成本巨大，可提供迁村的无息贷款之优惠，以鼓励民众贷款，达成迁村目的。
⑤ 管制者仅决定某一地区"整体"的污染排放水准，任由该地区内的污染者自行选择最有效降低污染的手段，以控制该地区的总污染量。

任由政府机构转移到私人企业机构,以相当低的代价支付可能受到的损害,以及为预防可能出现的风险而必须支付的成本。(3)自我管制工具,通过特定行业或组织的自我管理,降低执行成本,形成自愿性服从的文化,降低管制者与被管制者之间敌对的气氛。(4)征收费用与赋税工具,如污染者付费(3P,Polluter-Pays-Principle),是世界各国环保政策的一个基本理念。(5)教育、资讯揭露与传播媒体,即通过传播媒体进行宣传,对民众、消费者和厂商进行教育训练,提供相关资讯。(6)定期报告制度,要求被管制者提供进度报告,随时追踪和查考管制政策执行的状况。(7)执照核发工具。(8)许可证制度。(9)标准设定工具,政府为了有效管制被管制者,有时必须设定若干服从标准,以供被管制者依循的依据。(10)处罚工具。(11)检查工具。(12)行政裁决工具,管制机构针对某些有权益争议的利害关系团体进行裁决的过程,具有"准司法"性质。

治理工具是治理研究的主要内容之一,对其各种工具的不断挖掘与创新不仅在理论上完善了治理的相关理论,在实践上也给政府以实用的抓手,使得"政府工具箱"在政府日常的行政工作中发挥着实际的治理效果。以上学者均从各自的角度提出了治理工具的分类,治理工具的科学划分与合理细化有利于在实践上增强治理的可操作性,有助于公共治理的现实运行。我们认为,公共利益是政府存在的合法性基础,因此,在选择政府治理工具的时候要从公共利益的基点出发。在选择和评估不同的治理工具时,其主要标准是效率与公平。同时,由于公共问题的复杂性,使得单一的政府治理工具都不足以完全解决某一公共问题,应考虑综合选择不同的治理工具。①

第五节 治理的双重评价

一 治理理论的贡献与局限

治理理论是适应时代而产生的,将对人们的公共生活产生日益重要的影响,它调动了一切积极因素去提升人们公共生活的品质,但它本身也存在多种局限性。只有全面认识和运用治理理论,才能在实践中发挥其最大作用。

---

① 张成福:《论政府治理工具及其选择》,中国人民大学复印报刊资料《公共行政》2003年第4期。

1. 治理理论的贡献

治理理论的贡献首先在于它是一种分析框架,有助于人们了解统治过程的变化。此类概念框架可以"提供一种语言和一个参照系,可借以考察现实,并且导致理论家提出否则未必会提出的问题,从中就有可能获得别的框架和观点未必能导致的深刻见解。理论框架有能力促使人们致力以求更多范式"①"这样的一些框架与值得研究的事物往往是一致的,而这正是其价值的所在。""治理的观点有助于辨识重大问题,而虽然它有时也有助于找到若干有用的答案,它的作用却在于前者而不在于后者。它所提供的参照点,对传统的公共行政管理中的许多视为当然的假设都构成挑战"②。

在实践中,治理理论超越了以国家为中心的传统政治思维,通过肯定非国家行为体和社会的力量和作用,引发了人们对国家职能的重新认识。治理不仅改变了维护社会秩序的权力性质,也扩展了权威的来源。可以说,治理理论的产生,从宪政意义上可以视为突破民主两难困境的一种尝试,也是对传统代议制民主的一种矫正,即在现有的代议制民主的框架内增加直接民主的含义。同时,治理的政策过程也被认为是增强政治合法性,实现有效统治的有效途径。一些实证研究结果表明,相比于代表机制和参与机制而言,治理机制更容易产出符合社会群体需要的产品。治理显得更富弹性,更容易产出关心未来的决策,因为决策者不会受短期利益和选举竞争的限制。另外,专家和利益代表共享在专业知识、部门与地方知识方面的优势,使其更加胜任集体决策。

2. 治理理论的局限

治理的贡献虽然不言而喻,但是其存在的局限性也需要我们有一个清醒的认识,一些学者对治理理论局限性的认识值得我们借鉴。

鲍勃·杰索普将治理理论的内在困境概括为四种两难选择:一是合作与竞争的矛盾。合作是共同治理的基础,但过度强调信任与合作,会造成创新意识的衰竭和适应力的退化。二是开放与封闭的矛盾。有效网络管理的前提是多元权威之间的互信与合作,要做到这一点就必须严格控制治理网络的组织数量,使网络保持一定的封闭性。但封闭性不仅会将一些潜在的成员排除

---

① 〔英〕格里·斯托克:《作为理论的治理:五个观点》,俞可平主编《治理与善治》,社会科学文献出版社,2000,第34页。
② 〔英〕格里·斯托克:《作为理论的治理:五个观点》,俞可平主编《治理与善治》,社会科学文献出版社,2000,第34页。

在体系之外，而且也不符合平等、协商、开明等网络管理原则。三是治理性与灵活性的矛盾。可治理性要求制定和遵守稳定的网络运行规则、利用过去的经验提高治理绩效，这与灵活性相冲突。现代社会的复杂多元、瞬息万变要求不断摒弃过去的经验并适时改变网络的运行规则。四是责任与效率的矛盾。明确责任是管理工作不可忽视的部分，但过分强调责任归属不利于开展高效的合作运动。①

即使不考虑各个国家在推行治理中的现实条件，治理理论本身也存在着可治理性问题、合法性、民主性、责任性和有效性的潜在问题。

（1）可治理性问题。这意味着，并非任何社会问题都可以通过合作网络来解决，在市场和政府起不了作用的地方，合作网络也不一定能有效地发挥作用。例如，市场失败大都是资本主义社会矛盾运动的结果，用合作网络的力量并不能真正消除影响经济顺利运行的深层因素；政府失败的形成大多是体制性的原因，需要进行宪政改革，这也是合作网络无能为力的。在这些情况下，导入合作网络不仅于事无补，反而可能恶化问题。

（2）合法性问题。这主要是指在相互依赖的环境中，社会公众对民主政治的认同问题。权威的行使必须是合法的，只有如此，掌权当局才能长期有效行使权力。合法性不足，必然破坏公众对变革规划的信心和支持，最终破坏掌权者动员资源、推进合作与伙伴关系的能力。许多民众认为由政府部门和非政府部门联合提供公共物品和服务是不合法的，提供公共物品是且只能是政府的职责，他们强烈要求由他们选举产生的官员来组织和控制公共服务。这种认识必然破坏公众对合作网络的信心，削弱网络治理的合理性，也在一定程度上消解了合法性。

（3）民主性问题。治理理论也要求私营部门的参与，但这种参与并未整合进人民与选举产生的政府的循环圈。这意味着决策的制定并没有获得整个社区的授权，而是局限于一个利益相关者的小圈子。

（4）责任性问题。由于合作网络建立在政府部门与非政府部门共享权力、分担责任的机制上，势必带来公私界限的模糊、责任认定的困难，这为公共行动者互相推诿、转嫁责任提供了可能。

（5）有效性问题。治理理论建立在市场失灵与政府失灵的假设基础上，

---

① 〔英〕鲍勃·杰索普：《治理的兴起及其失败的风险：以经济发展为例的论述》，俞可平主编《治理与善治》，社会科学文献出版社，2000，第43~44页。

自认为具有"反思理性"的优势,试图通过持续的对话、信息交流与沟通来减少人类的有限理性的束缚,并且通过一系列的短、中、长期等不同形式的合作来增强多元主体的相互依赖与合作的关系,从而减少和杜绝机会主义的产生。但"反思的理性"同样也存在短视、不确定性等缺陷,仍会导致治理失败。与市民社会各种机构体制之间的矛盾和紧张关系,连接公、私、志愿部门的组织未尽完善都可能带来治理失败。领导者的失误、关键性的伙伴在时间进度和空间范围上的意见不一以及社会冲突的深度等,也会给治理播下失败的种子。另外,从长远角度看,治理能力与治理需求之间的差距是产生有效性问题的根本原因。在现代政治生活和公共生活领域中,相对于合作网络有限度的治理能力而言,治理的需求量有无限增长的趋势,这是网络根本无法解决的问题。

二 治理实践的成效与困境

治理不仅是一种理论和学术研究对象,更是一种在许多国家和地区付诸实践的活动。如经济合作与发展组织、联合国开发署、世界银行在非洲大陆、拉美地区和东亚国家实施的"善治"计划、英国的"改善政府管理:下一步行动"计划、新西兰的政府改革模式、美国的"改革政府"运动等,这些改革都取得了一定的成果。以美国为例,在运用治理理论改革的五年期间,政府规模大为缩小,联邦政府雇员人数从1993年的215万减为1998年的180万,是1931年来的最低点;联邦机构取消了16000页规章制度;为各联邦合作小组及他们在企业、州、地方政府的合作伙伴颁布了1200多个奖励;联邦机构为570个组织和项目发布了4000条顾客服务标准。[①] 尽管与市场和等级制相比,治理理论的网络管理体系有较大优越性,但治理网络的核心在于合作,而合作机制能否形成,能否有效运作,具体成效如何,这就共同构成了公共治理发展的若干瓶颈。

1. 网络中行为者是借助制度化的谈判达成共识,建立互信,为实现共同目标进行正面协调的,但要使它们各自的运作既保持独立自主,同时保持相互依赖、和谐发展就较为困难。因为每个行为者都是一个利益单元,都有自身独特运作的逻辑,都会不可避免地追求对本单元最有利的"买卖"。这

---

① 张梦中、〔美〕杰夫·斯特劳思曼:《美国联邦政府改革剖析》,《中国行政管理》1999年第6期。

就使治理网络中不确定性和机会主义增加。短期的利己竞争行为将会弱化相互合作的力量因子。虽有制度化的规章法则的制约，但仍无法摆脱组织中的短期行为，这在国际关系的治理中尤为明显。

2. 公共治理主体的多元化使得责任界限趋于模糊，因而如何克服不同治理主体之间可能出现的责任推诿等问题成为一大难题。尽管责任推诿这种现象在政治生活中并不鲜见，但治理结构使这种行为的可能性进一步增加。治理理论要求行为者之间共享资源、共同管理，这就会发生由谁来负责的问题。尤其是当政府将公用事业、公营企业交给非营利性组织管理时，责任就会发生模糊。公众不清楚有关的事务到底由谁来负责。那些处于解释时局、引导公众舆论的人往往能够把失败和困难推到别人身上，使得寻找"替罪羊"的可能性增加。

3. "国家空心化"对于政府调控能力以及行为方式的挑战。在英、美等一些国家，中央与地方政府部门的不少功能通过招标、外包以及民营化等方式转让给非政府机构或私营企业，却由此造成了政府公共部门日趋"空心化"，并形成了对政府的计划和调控能力的考验。对此，一些国家的政府采取了灵活的变通措施来规避此类风险。比如，英国政府通过加强对资源的控制弥补已经丧失的对福利供给的控制，服务提供上的放权一直与财政控制上的集权同步进行。另外，从国际层面来看，一些发达国家并不单纯地依靠治理理论寻求全球问题的解决，某些跨国公司和国家还利用治理理论，强调治理的跨国性和全球性，试图削弱主权政府在国际和国内治理中的重要作用，为其干涉别国内政，推行国际霸权政策寻找借口。对这一危险倾向，也要高度警惕。

4. 非政府组织自身能力的局限。正如政府失灵和市场失灵一样，非政府组织也有其内在的局限性。例如，对于非政府组织，其成员个人的素质、知识水平和理性结构等条件同样也会制约其判断、决策与行动能力；非政府组织也存在行政化、官僚化和滥用权力的可能性。此外，非政府组织往往较为关注某一特殊领域的问题和利益，因此，其相对狭隘的视野往往对整体性、全局性的问题缺乏相应的敏感度以及缺乏有效协调不同利益的能力。

5. 在治理的管理网络体系中，政府被众多社会组织重重包围，各社会组织对政府的影响力是不同的，大集团可以利用其声望以达到控制政府的目的，从而破坏了治理理论寻求公共利益最大化的目的，导致它的失灵。

6. 不同的社会环境下，理论的运用会有不同效果。因此，治理理论还面临着适用性的挑战。一般来说,若一个国家或地区民主基础好,公民社会发达,政府机构较为精干,治理机制就容易运作良好,它能有效激活经济,保护弱势群体和公民参与。在相对稳定的环境中,治理会有较大的市场,受到较多的支持;在政治动乱、经济崩溃的地区,治理理论的实行非但不会促进民主建设和经济发展,甚至有可能破坏传统的保障机制和维持秩序的能力。以非洲为例,在"善治"的口号下,世界银行对它进行经济结构调整,降低政府权威,结果造成了货币贬值,地下经济蔓延,物物交换死灰复燃,使国家陷入长期混乱而不能自拔的境地。

总之,西方治理运动的兴起标志着一个新时代的来临,对人类的公共生活产生巨大影响。中国也会深受治理理论和运动的影响。面对高度复杂的治理问题,需要我们全面考量与分析,认清治理的双重性,既要看到其积极的一面,也要正视其消极的一面;既要看到治理的一般规律,也要立足于中国国情。唯有如此,才能走出一条有中国特色的治理发展道路。

第二章 21世纪的中国治理

引 例:① 21世纪以来,杭州市以构建"生活品质之城"为城市定位标准,积极探索和谐发展的道路,其中,"以民主促民生"成为城市发展的一项战略。2010年12月20日,《我们圆桌会》作为电视民主民生互动平台而推出,这一栏目"打破了传统的电视栏目模式,以积聚智慧、服务民生为目标,以党政、市民、媒体'三位一体'和党政、院校、企业、媒体'四界联动'为平台,以展示交流评论为形式,以'提出问题——讨论问题——提出建议'为线索,充分发挥我与你、你们彼此的主动性、关联性、参与性,实现多方互动、各界融合、相互沟通、建言献策、合作共赢,为党委政府民主决策、科学决策提供参考"。通过城市不同声音的汇聚与交流,在协商的基础上形成共识,对城市公共事务的处理有着积极意义。节目通过杭州网议事厅或者杭州网论坛等方式,广泛收集圆桌会话题,杭州城市的话题由杭州市民自己来定,体现出"我们"的价值,体现出城市共治的理念。"通过各界联动、主动关联,栏目组建立了市民主体、专家支撑、党政引导、媒体传播、行业企业参与的栏目联动机制。其与市有关职能部门的区、县(市)有效联动,使其拥有一个反映工作的渠道和应对突发事件的通道,形成有效的发布解释和建议征集机制,同时栏目还与政策制定部门建立互相联动机制,在政策调研、发布和执行阶段通过栏目进行意见征集、发布、反馈等。"《我们圆桌会》通过最广泛地联动,将有关公共事务的各个主体汇集到圆桌前,它以"我们、交

---

① 资料来源:《杭州日报》2010年12月20日,http://hzdaily.hangzhou.com.cn/hzrb/html/2010-12/20/content_989113.htm;俞春江:《〈我们圆桌会〉的运作模式和启示经验》,《我们》2011年第4期;项辉:《运用媒体搭建平台 加强社会各界交流沟通》,《我们》2011年第4期;张平:《电视媒体参与社会管理、搭建公共平台的实践与认识》,《新闻实践》2012年第8期。

流与理解"为主题词,参与者在主持人的引导下充分互动,直面公共问题,探求解决之道。平等、对话、交流、协商,共同围绕杭州城市公共生活展开商讨,推进城市的和谐发展。《我们圆桌会》取得了很好的成绩。"2011年6月15日,《人民日报》以《杭州:建出来的'幸福城市'》为题,对杭州创新社会管理的成效作了报道,其中将开播仅半年的《我们圆桌会》列入创新社会管理主要典型之一;2011年10月,国家广电总局重点项目大型专题片《思想的力量——科学发展观在中国》也专程对《我们圆桌会》栏目组进行采访,把'圆桌会'列入专题片案例之一;中央党校、中国人民大学、中央编译局、南开大学、光明日报社等多家研究机构以及美国、德国、新加坡、日本等国家的社会学者也专门对《我们圆桌会》进行了考察,探讨新时期社会复合管理的路径。"此外,在2012年12月,《我们圆桌会》还获得了"2012中国年度电视掌声奖",被称为"媒体一小步,社会民主一大步"。可以说,此节目获得了学界与业界的高度评价,这种多元参与的实践探索将对未来中国城市治理提供积极借鉴。《我们圆桌会》的成功体现的不仅是一个城市媒体公共责任的担当,其背后隐含的是一种政府的新定位,这种协商式参与的治理方式将是未来发展的重要方向。

尽管治理是在西方社会语境下发展并被赋予不同的含义,但作为一个新的理论范式和分析工具,它也被广泛应用于中国。中国自改革开放以来,特别是在进入21世纪以来,不仅经济体制、行政体制和政治体制发生了深刻变革,在治理领域同样也有许多意义深远的变化。在本章中,我们将考察中国治理变革的现实背景,探讨中国治理变革的基本方向,阐述中国治理变革的主要内容,概括中国治理模式的基本特征,总结中国治理适用性的理论争论,展望中国治理的发展前景。

第一节 变革社会与中国治理

改革开放将中国带入一个大变革的时代。进入21世纪,中国面临着更为复杂多变的发展形势。中国治理的发展状况既取决于整个变革的社会环境,也影响着整个中国社会的变革进程。

一 "五化"变革中的社会

胡锦涛同志在十七大报告中指出,"我们必须全面认识工业化、信息化、城镇化、市场化、国际化深入发展的新形势新任务,深刻把握中国发展面临的新课题新矛盾。"同时提出,必须"推进社会体制改革,扩大公共服务,完善社会管理,促进社会公平正义"。这一论断揭示出"五化"与社会管理体制改革之间的紧密联系。在社会学理论中,工业化、城市化、市场化、信息化、全球化这"五化"通常被视为社会发展的动力。同时,国际经验表明:当一国的人均 GDP 达到 1000~3000 美元时,社会就进入矛盾凸显期。"五化"在促进社会发展的同时,也使社会问题相伴而生。中国的人均 GDP 已突破 4000 美元,必须在深刻认识"五化"所引发的社会问题的集中、复杂性的基础上思考公共管理问题。

工业化,一般指以大机器生产方式的确立为基本标志,从落后的农业生产力向先进的工业生产力转变的过程。在工业化的过程中,资本密集型和技术密集型工业会逐步代替劳动密集型工业,进而出现资本替代劳动的现象,出现结构性失业;劳动者为获得难得的就业机会,不得不在恶劣的环境下工作,职业病和工伤事故时有发生,劳资纠纷不断;工业化也带来资源的过度消耗和环境的污染,可持续发展的压力增大;工业化还带来人口构成的变化,中国 60 岁以上人口已经超过 10%,65 岁以上的已达 7%,悄然进入了老龄化社会,劳动力供给和社会养老问题日益突出。

城市化,在中国也被称为城镇化,一般包括两层含义:一是农村人口向城市转移的过程,二是城市在空间和规模上向农村渗透的过程。农村人口向城市转移的过程中,流入城市的人口,特别是"暂住"或"栖居"人口的管理成为城市管理的真空和盲点;农村剩余劳动力向城市无序流动的"民工潮"现象,自 20 世纪 80 年代出现以来,一浪高过一浪;城市人口和社会活动的聚集,不仅对城市规划、发展与城市人口服务提出了新的要求,也导致住宅紧张、交通拥塞、犯罪率上升、日常生活排放的污物大幅度增加,统称为"城市综合征"。城市在空间和规模上向农村渗透的过程中又会伴随着农村土地的城市化。大规模侵占或征用农民土地,导致失地农民逐年增加,有的甚至成为"务农无地、上班无岗、低保无份"的"三无"农民;群体性事件的发生频次逐年增加,规模逐年扩大。

市场化是不断地实现以市场作为社会资源配置方式的一个过程。市场化产生的社会效应为：契约化过程加速，个体化进程深入，国家与社会的分离，社会阶层的分化，社会关系的重组。① 中国在市场化的过程中，不断地将人们从普遍贫困中解放出来，但却产生了诸多社会问题：市场化改革，使教育、住房、医疗成为新时期百姓身上的"三座大山"；市场化改革忽视收入的公平分配，对弱势群体的保障不力，人们缩小收入差距的要求极为迫切；市场化改革解构了多年建立起来的社会道德体系，经济生活中假冒伪劣、坑蒙拐骗现象层出不穷；市场化改革唤醒了地方政府的利益追求，官民争利事件屡见不鲜，政府公信力下降；社会生活中人与人之间缺乏信任，仇富心态明显，社会资本流失。

信息化，是以智能化工具为代表的新生产力的确立为主要标志的继工业化之后一个新的历史发展阶段，它充分利用信息技术，开发利用信息资源，促进信息交流和知识共享，推动经济社会发展转型的历史进程。信息化赋予社会发展的巨大机遇，突破了约束社会发展的一些条件，但对社会发展也带来新的挑战。互联网的发展，出现了网瘾问题、网络色情、网络谣言等各种新型社会问题；网络信息的发展，引发了网络安全、网络侵权、网络欺诈等新型的网络犯罪形式；网络信息的形形色色与鱼龙混杂，导致网络参与的混乱无序；网络信息的分散庞大与粗糙，挑战着政府社会管理的方式，加大了政府社会监管的难度。

全球化是一个长期的历史过程，进入21世纪后发展趋势更为迅猛，世界进入"地球村"的时代。全球化无论从物质方面还是精神方面，都对公共管理产生了重大挑战：全球化时代人员、资本、资源、信息快速跨国流动加速了风险的传播和扩散，也放大了风险和危机的影响，加大了公共管理的难度；全球化使得民主行政和服务行政理念深入人心，挑战政府管理的传统观念；全球化使国际交流与合作日益频繁，加剧了各国的文化冲突，挑战政府管理的环境；全球化使得海外移民呈现出更为复杂和多元的景象，挑战政府管理的能力。

总之，"五化"纵横交错，相互作用，共同对社会的发展产生影响。"五化"既是社会发展的深层动力，也是社会问题产生的根源。一般认为，工业化是城市化的原始动力，城市化是工业化的重要依托；市场化是工业化

---

① 参见何雪松《社会问题导论：以转型为视角》，华东理工大学出版社，2007，第97~99页。

发展状况的重要的资源配置方式；信息化又不断带动工业化的发展；工业化使全球化成为可能，市场化成为全球化的基础，信息化又成为全球化的牵引机。在社会转型时期，工业化与城市化的交织，使得农民工的社会保障问题成为公共管理的当务之急，城市环境问题成为公共管理的难点问题；工业化、城市化与市场化的交织，又使社会分裂为一个个原子式的社会，城市贫困问题和老龄化问题突出；工业化与信息化的交织，越轨行为和犯罪行为不断增多；在全球化的背景下，中国成为世界制造业的核心，贫困、失业和社会分化更为明显。新时期社会发展中出现了大量新的社会问题和不确定因素，使得社会系统性风险加大，或者说使得社会的脆弱性加剧。中国社会已经从"整体性社会"转变为"多样化社会"：经济成分和经济利益格局多样化、社会生活多样化、社会组织形式多样化、就业岗位和就业形式多样化。这些变化都在冲击着传统的一元化政府管理模式。①

二　传统社会管理的不适应

"五化"必然带来政府治理的变革，既包括政府自身的改革，也包括政府与社会关系的变革。其中，最具有标志性意义的是政府与社会关系的变化。这里，我们从政府社会管理的视角出发，通过考察政府社会管理体制面临的诸多挑战，管窥"五化"对中国治理的深刻影响。

对于什么是社会管理，学者们提出了许多定义，众说纷纭。总体上，社会管理包括两方面：（1）政府社会管理：包括政府对社会组织的管理和政府直接对社会事务的管理。（2）社会自主管理，即社会组织对社会事务的治理。社会管理是政府社会管理和社会自主管理的统一，应包括社会管理主体、理念、载体、方式、客体这五个要素。社会管理体制是社会管理主体对客体进行管理时的权限划分和方式方法的约定。社会管理客体——社会公共事务在"五化"过程中不断地复杂化，使中国社会管理体制表现了诸多的不适应，具体表现在以下几个方面。

1. 社会管理理念滞后

一切管理行为都源于管理理念。政府的社会管理理念，决定着社会管理的思路。党的十六大报告中便把人的全面发展列为全面建设小康社会的战略

---

① 参见麻宝斌、任晓春《从社会管理到社会治理：挑战与变革》，《学习与探索》2011年第3期。

目标之中。十六届三中全会明确提出"以人为本"的理念，倡导社会发展是为了人，为了社会中的不同阶层的人。为了不同阶层的人的发展，又需坚持社会公正的理念。然而，目前中国的社会管理的"以人为本"和"社会公正"理念并未得到很好的贯彻落实。

首先，官僚化思维根深蒂固。社会管理应该是政府社会管理和社会自主治理的有机统一。但在现行的社会管理中，人们所讲的社会管理主要是指政府社会管理，即"政府的社会管理"或"政府对社会的管理"。这是长期集权的政治传统和计划经济体制背景下成长起来的一种思维。这种思维背后的逻辑假设无疑是政府对社会的控制思想。从目前中国政府对社会组织的管理体制可略见一斑。政府对社会组织实行双重管理，即社会组织的任何活动都由业务主管单位和登记管理机关审查和批准。一部分社会组织由于找不到业务主管单位而无法登记成立，成为"黑户"或停办；一部分社会组织由于找不到业务主管单位而进行工商企业登记，扭曲社会服务的宗旨。民办非企业单位不得设立分支机构，社会团体不得设立地域性的分支机构，个人设立基金会要寻找业务主管单位等规定，也限制了民间组织的进一步发展壮大。①

其次，重管制轻服务。社会管理职能包括社会性规制和社会公共服务两个方面的内容。然而与控制思想相伴，中国社会管理中的社会性公共服务意识淡薄。从政府对社会组织的管理来看，政府管理停留在登记备案的控制层面，而没有采取积极的态度引导社会组织的发展。从政府对社会事务的管理来看，仍有一些地方领导干部只重视经济增长，而对社会事务特别是民生建设缺乏足够的兴趣和热情。最典型的例子便是对弱势群体基本生活和基本权利的保障不够，弱势群体很难享受到经济和社会发展的成果。

2. 社会管理主体极化

社会管理的主体包括政府和社会组织两大类。党的十六届四中全会通过的《中共中央关于加强党的执政能力建设的决定》明确提出要构建"党委领导、政府负责、社会协同、公众参与"的社会管理新格局。但目前很多地方仍表现出政府机关和社会组织的两极分化。

---

① 马立：《政府与民间组织在社区治理中的和谐运作研究》，载顾建键等编《转型中的社会治理》，上海交通大学出版社，2006，第343页。

首先，政府机关独当一面却能力不足。在传统的计划经济体制下，中国的社会事业主要由国家或集体经济组织包办。改革开放后，中央政府不断地向地方和社会下放权力，然而目前中国社会管理的主体依然是各级政府。政府主导社会管理主要表现为：（1）事业单位有十分重要的政府性特征：资金来源于政府拨款，活动与服务依赖政府，机构设置有行政级别，事业人事有行政编制等。① （2）政府主导公民社会组织。表现为：作为主管机关的权力机关对民间组织负政治领导责任；绝大多数有重要影响的民间组织都是由政府自己创办的；几乎所有重要的社团组织的主要领导都由从现职领导职位退出或机构改革分流出来的原政府党政官员担任；一些重要的民间组织的活动经费由政府财政拨款。② 政府主导或政府独自进行的社会管理，要求政府有足够的能力担负起责任，然而，目前中国的政府却是能力不足，尤其是中西部欠发达地区的地方政府，财政基本是吃饭财政，根本无力承担基本社会公共服务的重任，更不用说发展性社会公共服务了。

其次，社会组织弱不禁风却有行政化倾向。政府主导塑造并强化了社会组织的依赖性，甚至使社会组织丧失了独立性和民间性，表现为弱不禁风和行政化倾向。弱不禁风使社会组织无法独立承担政府剥离出来的社会管理职能，个人和社会力量缺乏对社会事业的投资热情。如民间组织自发组织的慈善捐赠和社会共济互助经常受到种种限制，难以有效开展活动。行政化倾向却使社会自治组织具有"官民二重性"，对社会事务管理也体现出行政化特征。比如，"城市居民委员会和农村村民委员会按法律规定是城乡居民自治组织，但它们的日常工作绝大部分是完成上级政府交办的各项工作，人员的工资或补助也主要由上级政府发放，而且上级政府交办的工作有不断增多的趋势，其自治功能严重萎缩而行政管理功能不断膨胀"③。社会组织参与程度不高，也束缚了公民参与到社会管理之中。

3. 社会管理载体不明确

在传统的社会管理体制下，中国在城市实行以"单位制"为主、"街居制"为辅的管理模式，在农村实行"公社制"和"生产队"的管理模式。随着社会的转型，城市单位制和农村公社制走入历史，社区制浮出水面，社

---

① 席恒：《公与私：公共事业运行机制研究》，商务印书馆，2003，第147页。
② 席恒：《公与私：公共事业运行机制研究》，商务印书馆，2003，第153页。
③ 杜晓：《社会转型冲击传统社会管理模式，管理体制滞后导致社会矛盾增多》，《法制日报》2010年7月2日，第4版。

区日益成为社会管理的基本单元和重要载体。① 改革开放以前中国城乡的微观地域社会尚未成为现代意义上的社区共同体，只是人们居住的地区，是一种社会功能萎缩、社会机制发育不良、社区角色不清、居民参与度极低的单一行政化了的"亚社区"。② 目前，中国正处于从传统的"亚社区"向现代社区的转变之中，现代意义上的社区发展并不成熟。无论是在城市社区还是农村社区，都存在居民意识和社区归属感较低、社区参与的积极性不高的现象。与此相伴，大量城市外来人口特别是农民工基本上游离于社区之外，影响了社区的转变速度。社区发展的不成熟，使得社区在社会管理中的作用很有限。社区发展的不成熟，也反映出中国"社会"发展的不成熟。可以说，没有"大社会"就不会有现代意义上的社区，现代意义的社区的发展是建立在"大社会"的发育和发展的基础上的。任何一个社区的建设和发展，都离不开公民社会组织的参与；公民社会组织的参与程度，离不开社区中"大社会"的发展水平。"社会"发展程度也必然制约着社会管理水平的提升。

4. 社会管理方式经验化

在传统的社会管理中，政府习惯于用运动式管理手段来解决社会问题。运动式的管理表现为当某一方面的问题突出或矛盾集中时，通过行政手段和强制方式的"大检查"或"严打"进行纠偏，对于出现的问题往往采用取缔、关闭、罚款、撤职等消极的管理手段进行控制。这实际上是人治社会统治传统的延续。随着社会的发展，政府应通过法治化的手段进行社会管理。社会管理的法治化主要体现在政府的社会性规制上。然而，中国社会管理的法治化进程才刚刚起步。目前只有《社会团体登记管理条例》《民办非企业单位登记管理暂行条例》《基金会管理条例》三部独立的关于社会组织管理的法规。"在对社会组织的管理上，中国目前还没有一部专门关于社会组织管理的基本法律。对于如何规范大量的信访行为、对于如何引导和利用社会舆论、对于如何引导和利用新兴媒体、对于如何有效管理城市、对于如何有效保障公民的社会保障权益等，都缺乏相应的位阶较高、法律效力较大的法律规定。"③ 同时，政府不习惯于借助市场化和社会协商的方式进行社会管

---

① 参见何海兵《我国城市基层社会管理体制的变迁：从单位制、街居制到社区制》，载顾建健等编《转型中的社会治理》，上海交通大学出版社，2006，第315～335页。
② 徐永祥：《社区发展论》，华东理工大学出版社，2001，第149页。
③ 杜晓：《社会转型冲击传统社会管理模式，管理体制滞后导致社会矛盾增多》，《法制日报》2010年7月2日，第4版。

理。社会协商是由国家与各社会团体以自愿为基础、通过协商对话、平等沟通等民主政治的手段来吸纳群众诉求、协调利益关系、解决社会问题等。随着互联网等信息技术手段的发展、市场化工具的开发，社会协商的平台和具体形式将出现行政指导、行政授权、行政委托、公共管理合同、情感和心理的方法等多种形式。通过各种形式，可及时妥善地处理大量的日常矛盾和纠纷，特别是上访、信访等形式的劳资纠纷、拆迁补偿等问题。

三 走向社会治理

当今时代的中国，传统的"社会管理"越来越难以应对日益复杂化和多样化的社会形势，"社会治理"有理由成为未来社会体制建构的基本方向。一方面，中国的社会治理应符合"治理"的一般要求，体现为由政府和多个社会组织组成的社会网络运用各种方式提供社会性公共服务的制度安排，治理主体间相互依赖，达成更为普遍的以相互信任为基础的谈判、协商和以互相监督为基础的合作。另一方面，中国的社会治理也必然具有本土特色，是一种党委和政府主导、社会协同、公民参与的协作治理模式。党和政府在对社会生活、社会事务和社会关系进行规范、协调和服务的活动和提供相关产品或服务中仍处于主导地位，社会组织和社会成员处于协同配合的地位，他治他律相比于自治自律更为重要，强制的秩序比自发的秩序更为普遍[①]。

第一，从长期的社会发展角度看，社会治理符合国家与社会关系的政治学理论。马克思主义政治学认为，国家是阶级矛盾不可调和的产物，国家产生于社会又凌驾于社会之上。随着社会生产力的发展，国家将不断地向社会回归，最终消亡。按照现代西方政治学的解释，凯恩斯主义的失灵，福利国家的危机，使得"国家中心论"衰落，限制国家权力和活动范围，向社会回归的公民社会理论成为主流的政治思潮。无论"国家—社会"二分法中的公民社会，还是"国家—经济领域—公民社会"中的公民社会，都离不开政府与社会的关系。社会治理能够使国家与社会的纵向承接关系出现新的局面。在社会治理的框架体系下，着眼于对公民和社会组织有权参与公共权力和发挥社会主体地位的认可和支持，使得"社会领域中的多元利益主体将能够共同参与公共管理的过程，从而有机会为自身的利益要求说话，同时

[①] 何增科：《论改革完善我国社会管理体制的必要性与意义》，《毛泽东邓小平理论研究》2007年第8期。

为公共事务承担输送资源的义务；国家也能够做到既还权于民，又保持自身的权威和主导能力，从而有机会获取更多的'合法性'支持"①。因而，政府还权于社会，是社会发展的未来方向，当前阶段的社会治理不是不要政府，而是需要"强政府"，要求政府制定战略规则，要求政府既掌舵又服务，而且更需要一个"善治"的政府，这对政府的治理能力提出了更高的要求。

第二，从具体的时代要求来看，社会治理是适应新时代要求的社会管理模式。社会治理适应了继工业化和城市化的要求之后的后工业社会的要求。工业化和城市化的发展是一个延续不断的进程。随着工业化和城市化的充分发展，人类社会将进入社会学家贝尔所称的"后工业社会"。在后工业社会里，服务行业将成为占主导地位的经济活动，专门性和技术性职业的阶层将成为社会的心脏。在后工业社会中，提供专业的社会性公共服务将是社会服务行业的一项必不可少的活动，也将成为一个重要的行业。如果我们将提供专业性的社会性公共服务称为社会工作，则说明在未来的社会中，需要实现社会工作的行业化。社会工作的行业化要求运用专业的知识和方法提供社会公共服务，进而又需要专门的社会工作人才，进而形成社会工作的职业化。因而，行业化和职业化的社会工作将成为适应后工业化时代社会行业和阶层的重要组成部分。又由于社会工作本身就是社会治理的框架体系的核心内容，因而，以社会工作为核心内容的社会治理将成为适应后工业时代的社会管理模式。特别在中国这样一个工业化发展不均衡的后发国家，工业化后期、中期、中前期并存，在工业化的发展过程中产生的失业问题，还可以通过社会工作的行业化和职业化解决。因而，社会工作的行业化和职业化既是解决工业化时代失业问题的一个很好的思路，又是后工业时代社会治理的一项重要内容。

第三，从当前的中国社会现实来看，公民社会的成长为社会治理提供了客观基础条件。对于发展中国家和转型期的国家来说，政府管理改革把政府的部分社会职能交给社会组织去执行，面临的一个普遍障碍是公民社会力量薄弱，难以承接政府剥离出来的职能。随着中国市场经济体制的不断发展和公民社会的不断发育，政府代表国家垄断和分配社会成员所有利益资源的模式被打破，各类社会组织和公民广泛、主动地参与到社会事业发展和社会公共服务等活动中。2003年"非典"危机和2008年汶川地震爆发后，社会组

---

① 马西恒：《转型中的社会治理》，上海交通大学出版社，2006，第5页。

织和公民在应对突发事件和公共危机中的作用更为凸显。随着社会组织数量的增加、社会组织运行机制的完善和公民志愿与公益精神的勃发,公民社会日益壮大,为社会治理提供了越来越充足的社会资本。一般认为,公民社会主要靠志愿机制运行,而志愿机制需要良好的社会资本。普特南认为,"社会资本是指社会组织的特征,诸如信任、规范以及网络,它们能够通过推动协调的行动来提高社会的效率。"① 社会治理通过多元主体的多边互动和交往合作,能够形成一系列的认同关系,培养相互信任的框架体系,进而形成社会资本。从这种意义上说,社会治理不仅是社会资本培育的"基地",而且是社会资本壮大的"学校"。

第四,社会治理适应了市场化、信息化的要求。"从社会学的角度观察,市场是理性的社会化的一种相互交错和相互并存。"② "市场是不同类型的社会结构——小而密的网络和大而松的分化网络,它以许多行动者之间的竞争开始。"③ 因而,市场化与社会化相互交织,市场化要求社会管理的多元主体并存,竞争发展。社会治理的制度安排,着眼于现实利益格局的认定,一方面使不同利益主体之间的横向合作关系得以建立,包括政府在内的多元的社会组织,成为社会性公共服务的多个供给者;另一方面又运用市场化的方式促进社会管理创新,适应了市场化的要求。市场的公平竞争需要充分的信息,市场化的充分发展也离不开信息化。如果说工业社会造就的是集权化、层级化和技术官僚式的社会管理模式,信息社会所培育的就是分权化、网络化的治理模式。因为,在信息化时代,信息总量激增和分布弥散使决策面临"混沌"状态,无法单纯依靠政府进行理性决策,而公民或社会组织获得信息的方式、渠道多样化,多元的社会组织能够充分地获取社会性公共服务的需求信息,公民或消费者能够便捷地获取社会性公共服务的供给信息,对社会公共服务作出选择。因而,一方面,信息化促进了社会治理模式的出现;另一方面,社会治理也是适应信息化要求,降低不确定性的必然选择。

第五,社会治理适应了全球化的要求。21世纪是全球治理的时代。④ 全

---

① 〔美〕罗伯特·帕特南:《使民主运转起来》,王列等译,江西人民出版社,2001,第195页。
② 〔德〕马克斯·韦伯:《经济与社会》(上卷),林荣远译,商务印书馆,1997,第706页。
③ R. Swedberg, "Markets as Social Structure," Smelser and Swedberg, eds., *The Handbook of Economic Sociology* (Princeton: Princeton University Press, 1994), pp. 255-282.
④ 曹俊汉:《全球化与全球治理:理论发展的建构与诠释》,台北:韦伯文化国际出版有限公司,2009,第3页。

球化消解或至少是制约国家主权的影响，使国家向上（如国际组织、跨国公司）、向外（如第三部门）和向下（如地方政府）不断分权、授权，推动了国内治理、国家治理、区域治理、国际治理向全球治理的转变，必然要求一个公部门、私部门和第三部门协同参与的新的跨国治理系统。在全球化时代，特别需要"全球思考，本土行动"（Think globally, act locally）。全球化的基础在于市场化。市场化的发展，使社会分裂为一个个不同的利益主体，全球化的发展，又把一个个不同的利益主体联系起来，特别是使国际组织、跨国公司等参与到公共事务治理之中，进而掀起了全球治理的浪潮。社会治理正是适应全球治理这一背景下的社会管理模式。社会治理能够将多元、多样、多面的社会组织联系起来，进行协同管理，更好地提供社会服务。

第二节　中国治理变革的实践

自改革开放以来，中国一直在探索治理的相关问题，寻求适应自身国情的发展道路。

一　中国治理变革方向

（一）基本方向

任何社会的治理体系，都要满足三个核心功能：一是治理体系在维护其成员的安全方面发挥着至关重要的功能，至少应能够在防止或威慑内部集团之间的冲突方面，提供规则和程序以及应对外来威胁的机制。二是治理体系发挥着重要的经济功能，力图使体系内的物质福利最大化，同时努力保证生活的必需品能够充分分配给最贫穷的成员并且使其继续存留在体系中的生产体系内。三是治理体系发挥着一种至关重要的公民—政治功能。作为社会的基本制度框架，治理结构构筑了意义深远的体系——确定集团及其成员的身份，为日常活动和集体行动提供一种目的性含义。① 概括来说，一个社会治理体系的功能如何，取决于其实现或平衡稳定、效率、公平这三种核心价值的能力和程度。当然，在特定社会的不同发展阶段上，主导性的社会矛盾有

---

① 参见〔美〕詹姆斯·N. 罗西瑙主编《没有政府的治理》，张胜军等译，江西人民出版社，2001，译者的话：从无政府走向世界治理，第6页。

所不同，这决定了政府治理的发展方向，也考验着执政者的政治智慧。

改革之前的中国是一个高度集权的总体性社会，国家垄断着稀缺资源，既包括物质资源，也包括社会活动空间。以改革开放为起点，中国社会结构逐渐从总体性社会走向多样性社会，在"自由流动资源"和"自由活动空间"的基础上，新的社会力量才得以发育。整个改革开放的过程，事实上是国家与社会结构分化的过程，也由此掀开了治理变革的新篇章。30多年来，从中央到地方，从企业人士到知识分子，从领导干部到普通公民，都在思考着中国治理变革的方向问题，也在参与着中国治理变革的实际进程。应该说，中国治理的发展方向，集中体现在中国社会政治经济发展的重要战略部署中。当前阶段，与公共治理有密切关系的重大国家发展战略主要包括：科学发展、政治文明、和谐社会、小康社会、新农村建设、生态文明、服务型政府和社会管理创新。[1]

科学发展观是中国社会经济发展和现代化建设的指导方针和战略思想，贯彻落实科学发展观是中国政府当前最重要的任务。科学发展观强调发展，把发展当作第一要义。但它要求的是全面、协调、可持续的发展，并把以人为本当作是发展的根本出发点和最终归宿。科学发展，不仅是人与自然的和谐发展，也是经济建设、政治建设、文化建设和社会建设的协调发展。从公共治理的角度来看，科学发展意味着政治进步应当与经济进步相适应，意味着社会利益的公平分配，意味着人与自然的和睦相处。

在党的十八大报告中，建设社会主义政治文明被视为中国特色社会主义事业"五位一体"[2] 总体布局的一部分。政治文明的内容极为丰富，既包括先进的政治文化和政治价值，也包括先进的政治制度，清廉和文明的政治行为等，但最主要的内容是高度发达的社会主义民主和法治，包括维护和增加人权和公民权利，扩大公民的有序政治参与，依法治国和依法行政，重点推进基层民主和党内民主，以党内民主带动社会民主等。从某种意义上说，政治文明的程度，实质性地反映了民主治理的水平。

---

[1] 参见俞可平主编《国家治理评估：中国与世界》，中央编译出版社，2009，第9页。
[2] 早在1986年，党的十二届六中全会首次提出以经济建设为中心，坚定不移地进行经济体制改革，坚定不移地进行政治体制改革，坚定不移地加强精神文明建设的总体布局。这一"三位一体"总体布局从党的十三大一直延续到党的十六大。党的十六届六中全会提出构建社会主义和谐社会的重大任务，总体布局中增加了社会建设，拓展为"四位一体"。适应人民群众对良好生态环境越来越迫切的期待，党的十八大把生态文明建设放在了突出地位，纳入总体布局，由此形成了中国特色社会主义事业"五位一体"的总体布局。

中国共产党第十六届四中全会明确提出，共产党作为执政党，要"坚持最广泛最充分地调动一切积极因素，不断提高构建社会主义和谐社会的能力"。这是在党的文件中第一次把和谐社会建设放到同经济建设、政治建设、文化建设并列的突出位置。由此，社会主义和谐社会成为国家长远发展战略目标之一。和谐社会，是指人与人之间、群体与群体之间、公民与政府之间以及人与自然之间的和睦相处。所谓社会主义和谐社会，应该是民主法治、公平正义、诚信友爱、充满活力、安定有序、人与自然和谐相处的社会。这些基本特征相互联系、相互作用，共同构成公共治理所要达到的理想目标。

中国是一个以农民为主体的人口大国，农村治理的状况在很大程度上决定着国家的治理状况。在改善农村治理方面，中国政府最重要的战略举措是建设社会主义新农村。具体包括六项任务：一是推动农村经济发展，包括加强农村基础设施建设，加快转变农业增长方式，形成农民增收的长效机制。二是扩大农村社会保障，包括帮助困难农民，发展农村卫生事业。三是推进农村基层民主，搞好村民自治。四是发展农村教育文化事业，培育造就新型农民。五是解决好农民实际困难，促进农村和谐社会建设，加强农村社会建设和管理。六是稳定和完善农村基本经营体制，统筹促进农村各项改革。

中共十六大提出到2020年全面建设小康社会的奋斗目标，中共十七大又进一步对全面建设小康社会作了详细阐述，中共十八大则第一次提出全面建成小康社会，向全国人民和全世界作出了庄严承诺。小康社会是一个包括经济发展、政治民主、文化教育、生态保护和人民生活水平在内的中长期社会发展综合目标体系，同时也是社会主义现代化建设的一个阶段性目标。小康社会的实现程度，直接反映中国治理的发展程度。

改革开放30多年，中国人民在享受高速经济增长带来的成果的同时，也付出了诸如环境恶化、生态失衡、资源浪费等高昂的代价。中国政府清醒地看到了生态环境破坏给国家和人民所带来的严重后果，从20世纪80年代中期就开始重视环境保护等问题，并将保护环境和节约能源当作基本国策，给予优先考虑。党的十七大首次提出了建设生态文明的环境战略，党的十八大再次强调生态文明建设，并将其提升到更高的战略层面。生态文明建设的主要内容包括改善生态治理、发展循环经济、建设节约型社会、保持可持续发展、树立环保意识等重大政策措施。人与自然的和谐程度、生态文明的发展程度都成为反映中国治理进展的重要尺度。

2004年2月21日，温家宝总理在省部级主要领导干部"树立和落实科学发展观"专题研究班结业式上指出：公共服务"就是提供公共产品和服务，包括加强城乡公共设施建设，发展社会就业、社会保障服务和教育、科技、文化、卫生、体育等公共事业，发布公共信息等，为社会公众生活和参与社会经济、政治、文化活动提供保障和创造条件，努力建设服务型政府"。2004年6月，党的十六届四中全会提出要"加强社会建设和管理，推进社会管理体制创新"。2005年3月5日，温家宝总理在第十届全国人民代表大会第三次会议上做的《政府工作报告》中提到：努力建设服务型政府。创新政府管理方式，寓管理于服务之中，更好地为基层、企业和社会公众服务。整合行政资源，降低行政成本，提高行政效率和服务水平。政府各部门要各司其职，加强协调配合。健全社会公示、社会听证等制度，让人民群众更广泛地参与公共事务管理。大力推进政务公开，加强电子政务建设，增强政府工作透明度，提高政府公信力。[①] 服务型政府由此成为中国政府改革的基本目标。2006年10月11日，中国共产党第十六届中央委员会第六次全体会议通过《中共中央关于构建社会主义和谐社会若干重大问题的决定》[②]，《决定》明确了"建设服务型政府"的目标要求，并就服务型政府的宗旨、职能配置、管理方式、行为模式等方面作出原则性规定。服务型政府的建设内容，包括提供更多的社会公共产品，特别是在环境保护、生态平衡、义务教育、基础交通、公共安全、社会福利等方面增加公共服务支出；简化行政审批程序，放松政府对社会经济事务的管制；改善政府官员的服务态度，增强政府与公民之间的相互信任；强化行政责任，实行各种形式的承诺制度和问责制；努力促进基本公共服务均等化，加大扶贫和财政转移支付的力度，使经济改革的利益更多地向困难群体和落后地区倾斜。还指出，加强社会管理，维护社会稳定，是构建社会主义和谐社会的必然要求。必须创新社会管理体制，整合社会管理资源，提高社会管理水平，健全党委领导、政府负责、社会协同、公众参与的社会管理格局，在服务中实施管理，在管理中体现服务。2007年党的十七大报告明确要求"建立健全党委领导、政府负责、社会协同、公众参与的社会管理格局"。2012年党的十八大再次强调加强和

---

① 《政府工作报告》，新浪网，http://news.sina.com.cn/c/2005-03-14/13086079764.shtml，最后访问日期：2012年3月5日。
② 《中共中央关于构建社会主义和谐社会若干重大问题的决定》，人民网，http://politics.people.com.cn，最后访问日期：2012年10月6日。

创新社会管理。表明加强和创新社会管理问题已成为当前中国政府治理变革的重要内容之一。

（二）具体要求

中国社会政治经济发展的重大战略目标和战略策略，直接或间接地关系到中国的治理改革方向，也内在地包含中国治理的评估维度和基本内容。"中国国家治理评估框架"课题组基于上述考虑，提出了中国治理评估框架。①

1. 公民参与

公民参与是民主治理的基础，公民参与程度越高，民主治理的程度也就越高。衡量中国公民参与状况最重要的环节有两个，即选举民主和协商民主。前者关系到政府官员是否代表人民，后者关系到政府政策是否充分体现民意。人民代表大会制度、政治协商制度、社区居民自治制度、职业自治制度和民族区域自治制度等构成中国现行民主政治的制度框架。在这一制度框架内，体现公民参与程度的主要参照点包括：选举法规、直接选举的范围、竞争性选举的程度、村民自治、居民自治、企业职工自治、重大决策的公众听证和协商、网络民主的发展程度、社会组织或民间组织的状况、社会组织的制度环境、社会组织对国家政治生活的影响。

2. 人权与公民权

保护和扩大人权和公民权，是民主治理最重要的目标。国家的人权和公民权的实现状况，是民主治理的最终结果。它既体现在国家的法律和政府的政策中，更体现在政府和公民的实际政治生活中。直接反映中国人权和公民权状况的重要领域是：法律对公民权利的保护、公民权利的实现程度、妇女、儿童、贫困居民等弱势群体的权利保护、对少数派和不同意见者的保护和宽容、公民和官员的人权意识、公民合法的游行示威、公民的自我保护能力、公民的维权，以及对公民的法律救助等。

3. 党内民主

中国共产党是中国唯一的执政党，囊括了社会各个领域中的多数精英，掌握着国家最重要的立法、行政和司法权力，党内的民主状况直接反映国家的民主状况。决定党内民主的主要变量有：党内选举、决策和监督法规、各级党委领导人的产生方式、党委推荐和任用干部的民主程度、党代会的作

---

① 参见俞可平主编《国家治理评估：中国与世界》，中央编译出版社，2009，第12~15页。

用、党委的决策和议事程序、党内的权力监督、党务公开的程度、党代表的直接选举,以及共产党与其他民主党派的政治协商。

4. 法治

法治与民主是一枚硬币的两面,互不可分;法治也是民主治理的基础,没有法治就没有善治。中国共产党和中国政府在20世纪90年代中期就正式将建设社会主义法治国家作为长远的国家政治发展目标,因而,法治的实现程度直接反映民主治理的程度。体现国家法治现状的主要领域包括:国家的立法状况、宪法和法律的权威、党和政府的依法执政和依法行政程度、公民和官员对法律的了解和尊重、法律在实际政治生活中的作用、立法活动和司法活动的自主性和权威性、律师的作用、官员和公民的法律意识、政府政策的法律审查和司法审判的执行情况。

5. 合法性

这里所说的是政治学意义的合法性,即政府权威和政治秩序被公民自觉地认可和接受的程度。它既是政府治理的民意基础,也是民主治理的直接后果。测量政治合法性的主要参考变量有:公民对宪法的认同、公民对党和政府的认同、法律的权威和适用性、党和政府的权威、公民对基层政府的信任、公民对周围官员的信任程度、公民对政治现状的满意程度、公民对主流意识形态的认可,以及公民对国家发展前景的态度。

6. 社会公正

社会公正是指社会的政治、经济和文化权益在全体公民之间公平而合理的分配,它是社会全面进步的重要尺度,也是社会主义制度的首要价值。社会公正不只是合理的财富分配,还包括机会的均等,其内容涉及政治、社会、文化、教育、司法等各个方面。体现中国目前社会公正程度的重要变量有:基尼系数、恩格尔系数、城乡差别、地区发展差别、教育公平程度、医疗保健公平程度、就业公平程度、公共权力部门中女性的比例、党政官员的代表性、人大代表和政协委员的代表性,以及基本公共服务均等化程度等。

7. 社会稳定

安定的社会秩序和稳定的政治局面,直接关系到公民的生活和社会的发展,是民主治理的基本目标之一。中国是一个正处于重大转型中的发展中国家,在社会稳定方面面临着严重的挑战,维护社会稳定是中国政府的核心目标之一。衡量中国社会稳定的主要参照系数包括:党和国家对军队的领导、政府处置突发事件的能力、政策的延续性、公民的社会安全感、犯罪率、通货膨胀率、民族区域的冲突事件、群体性事件的数量、自杀率、上访数量及比例，以及公民的社会危机感等。

8. 政务公开

政治透明既直接关系到民主选举和民主决策，也直接关系到政府官员的廉洁和政治腐败的状况，对民主治理极其重要。目前直接反映中国政务公开或政治透明的是：政府公开的法规及效果，政治传播渠道的数量和质量，决策过程的公开化程度，行政机关、法院、检察院等活动的公开化程度，公民对政治事务的了解程度，新闻媒体的自主性，公民获取政治信息的权利和渠道，以及党政干部财产收入申报的真实和透明情况等。

9. 行政效益

这里所说的行政效益包括行政效率和行政效能两个方面，它直接体现政府的治理绩效。下列变量直接反映政府的行政效益：政府的行政成本、党政干部的行政能力、政府的行政效能、党政机关的协调程度、决策失误的概率、公共项目的投入产出率、电子政务、政府的快速反应和处事能力，以及公民对政府决策和处事效率的满意程度等。

10. 政府责任

政府责任是政府机关对公民必须履行的法定职责，它包括政府依法主动尽职和及时对公民的请求作出负责任的回应。体现政府责任的主要变量有：官员对其行为的负责程度、对渎职官员的惩罚、官员与公民的沟通渠道、官员对公民意见的尊重、党和政府接收和处理公民诉求的机制、党和政府的决策咨询机制、政策反馈及决策部门对政策的修订、政策反映或代表公民要求的程度、公民意见对政府决策的影响，以及行政诉讼的数量及后果等。

11. 公共服务

现代民主治理的一个重要趋势，就是不断从管制政府走向服务政府。因此，公共服务已经成为衡量国家民主治理的重要内容。以下这些内容通常直接反映中国政府提供公共服务的状况：公共服务支出与政府预算的比例、基本社会保障状况、九年制义务教育普及率、基本医疗保险覆盖率、政府对穷人和困难者的帮助、政府一站式服务的普及率、国家提供公共基础设施的力度、公民对政府服务的满意程度，以及政府的生态治理及其效果等。

12. 廉洁

腐败不仅大大增加交易成本，而且严重损害政府的公信力，遏制腐败是中国政府最紧迫的任务之一。中国政府的廉洁程度集中体现在以下这些方面：廉政法规及其效果、腐败官员的数量及惩处、对政府及党政干部的经济审计、公共预算监督、权力的相互制约、公民对政府权力的制约、新闻舆论监督、公众举报等社会监督，以及党和政府的自律。

以上的评估框架的内容基本上囊括了中国治理的各项主要内容，可以看作是中国治理发展的具体要求。

二 中国治理变革内容

虽然"治理"一词在中国源远流长。其意义内涵丰富，既可以指统治（反映统治者与被统治者的关系），也指整顿、惩处（统治者为达到一定目标对政治和社会事务的管理过程，如治罪、治水、治沙等），还指秩序、安定（统治者通过治理活动达到的政治稳定、社会平安的结果）。但是，与西方社会不同，"治理"在中国的政治语汇中使用频率总比不上"统治"。这是因为，中国自秦以来，就形成了强大的凌驾于社会之上的专制国家机器。在传统中国，国家控制社会并覆盖社会，社会的自主空间狭小，也缺乏参与社会公共事务管理的力量，这一现象一直持续到近现代。新中国成立为将"主权在民"理念变为现实提供了民族国家和基本制度基础，中国传统治理模式的统治主体在性质上发生了根本性变化。与此同时，革命后的制度安排具有多元合作的特点，如包括民族资本主义经济在内的多种经济、可以自愿加入或退出的互助组、合作社、政治协商会议等。① 但是，治理体制很快在新的基础上出现了权力配置更加集中和权力自上而下单向运行的特点，国有制和"政社合一"体制使整个社会被国家结构化，国家和社会一体化。这就是邓小平所说的"权力过分集中""党政不分""政企不分""政事不分""严重的官僚主义问题"等。为此，中国自1978年开始了体制改革，也真正开启了富有治理意味的改革时代。近数十年间，中国地方政府在社会治理方面的进展体现在多个方面：基层民主、公民自治、政治透明、社会监督、政务公开、财务公开和任职审计等。② 尤其广大农村的直接选举、村务公开、利益共商等自治活动，不仅让中国的民主政治建设看到了一缕曙光，也为"治理"提供了试验的舞台。当然，在改革开放初期，许多改革措施并非有意趋向于治理的要求，却在客观上为治理模式的转型提供了新的基础。

---

① 徐勇：《治理转型与竞争——合作主义》，《开放时代》2001年第7期。
② 俞可平主编《治理与善治》，社会科学文献出版社，2000，第341~343页。

进入新世纪以来，越来越多的制度创新则是在治理理念的直接指导和启发下出现的。

第一，经济体制改革催生了治理的多元主体。中国的改革从经济开始，经济改革又从农村开始，农村改革则是以"下放权力"为特征的。如邓小平所说，"调动积极性，权力下放是最主要的内容。我们农村改革之所以见效，就是因为给农民更多的自主权，调动了农民的积极性。"[①] 其后是城市的国有企业改革，以政企分开为基本方向，企业开始成为独立经营的法人团体。经济体制改革的一个重要后果便是社会自治组织的出现。首先是"政社合一"的公社体制失灵和解体，造成国家管理的"真空"，农民为维护公共秩序自发地组织群众自治组织——村民委员会。其次是非国有经济的出现和大量国有企业的破产，使大量非国有经济的从业人员和那些"皮之不存，毛将焉附"的下岗工人游离于国家直接管治之外的社会。为了将这些人员整合到国家秩序内，城市社区自治组织得以强化。再次是利益团体和民间组织的出现。由于利益的分化，特别是非国有经济力量的发展，公民权益意识的增强，一定领域的社会成员组织起来以维护和扩展其利益。如个体私营工商业者协会、商会、消费者协会等。公民根据结社自由原则，出于各种需要组成各种民间组织，如学会、研究会、基金会、职业协会、兴趣组织等。最后是大众传播开始关注并反映民众意见和要求，社会成员可以通过大众传播参与公共事务。总之，随着公共权力的配置开始由政府独享向政府与社会分享转化，公共权力的运作也由单一的自上而下运作转向政府自上而下和公民通过其组织自下而上的双向运作。这意味着中国的治理模式正在发生结构性的转型。

第二，经济改革必然要求进行政治改革，政治改革的目标是推动民主化和法治化进程，逐步落实人民的民主权利并以法制的方式保护公民的合法权益。（1）中国的宪政制度安排不断完善。宪政制度包括宪法秩序、宪法安排和宪法准则。宪政制度是国家与社会的基础性制度安排，它实际上包含了多边契约的概念：在政权体系中，维护权力的分立与制衡，在政府与社会关系中，捍卫社会的自主性空间。（2）在政治体制方面，中国不断完善公共服务治理的结构和制度安排。治理结构包括参与治理各主体之间的权责配置及相互关系。作为公共管理的治理强调主客体关系的双向性或多向性，强调

---

① 《邓小平文选》第3卷，人民出版社，1993，第242页。

对话、信息交流、利益诱导和自组织。治理结构中的主导是政府，它必须为社会、企业乃至个人参与公共事务提供合法性的空间和渠道，为其设立相应的激励机制。

第三，社区治理获得了长足发展，已成为中国政府治理模式转变的重中之重，也为中国民主化进程推进奠定了重要基础。社区是社会的细胞，是社会发展和稳定的基础，在社会进步和现代化建设中具有十分重要的地位和作用。许多国家社区建设的实践表明，社区建设对于推动国家经济与社会的协调发展，加快国家政治的民主化进程，提高居民的生活质量和社会管理水平，都有着十分广泛的现实意义。社区治理是指在一定区域范围内政府与社区组织、社区公民共同管理社区公共事务的活动。在中国，城市社区治理模式正在由行政型社区向合作型社区和自治型社区发展，这是社会经济体制改革和社会结构调整在城市社区发展中的一种反映，它代表中国城市社区发展的方向。建立在合作主义基础上的新型政府与社会关系、社区制逐步取代单位制，以及城市街道体制的改革，代表了中国社区发展与制度创新的基本思路。①

第四，中国政府治理结构与方式不断完善。中国政府管理体制和机制的改革是政府体系的自我完善，其目的在于提高政府部门的权威性、有效性和适应性，但其中不乏治理的韵味。从静态角度看，政府治理结构不断优化，体现在政府权责配置和组织结构调整上，包括政府内部的组织设计更有弹性和适应性，重视决策的参与和组织参与；强调战略管理和宏观调控；政府组织结构扁平化，减少管理层次和环节。从动态角度看，政府的运行机制也在优化，包括转变政府职能，加强政府管理经济、提供公共服务的社会职能；改变政府组织的内部集权结构，向下级授予权能；内部建立跨部门和多功能的组织，通过网状组织的沟通与联系达到信息、资源的共享，降低成本，提高效率；通过大部制改革，减少了部门间沟通与协调成本；为应对区域经济发展及其一体化所导致的日益增多的区域性公共问题，不断调整行政区域间的区划并提高政府治理能力。

第五，在政府和社会关系方面，培育市民社会和利用市场机制，在政府与市场、社会之间建立伙伴关系。权威在市场、政府和第三部门之间的分化

---

① 魏娜：《我国城市社区治理模式：发展演变与制度创新》，《中国人民大学学报》2003年第1期。

和扩散,可以看作是地方治理的核心要求。如今,地方经济社会组织团体逐步拥有自身的自由活动空间,有了相对独立的身份与地位。如此一来,中国的政治体制及作为其运作基础的社会结构也在发生深刻变化:一方面,这些以市场为导向的新兴力量要求新的规则和制度结构,以保护和扩展自身的利益;它们逐步形成独立的存在空间和力量,为民主政治秩序的基础提供可能。另一方面,在地方决策中,这些力量的存在可能使公共政策的制定和执行模式发生了基本变化,由互动的相互调整的模式取代单向的、垂直命令式模式。治理理论所强调的公开、透明、回应等理念正是通过决策民主化和管理民主化,也即通过公民的公共参与才得以实现。近年来,中国政府通过制度化的途径,保障公民的参与权利,先后实行了政务公开制度、任前公示制度、举报制度、听证制度、人大旁听制度、公开审判制度、检务公开制度、警务公开制度、政府上网工程、咨询和建议制度等等。政府通过推行社会服务承诺制、政府采购制度、开通市长热线等措施和办法,主动寻求政府和公民之间的互动,造就积极公民,实现"善治"目标。有些措施的实行已经收到明显效果,例如咨询和建议制度调动了大批学有专长的专家学者的积极性,越来越多的专业社团开始成为政府的智囊,为政府决策提供咨询和参谋。

第六,改革开放也推动中国参与到全球治理的洪流中。20世纪90年代前,中国参与全球治理的范围有限,在国际制度内的行动仍是被动的,多数时候只是发表原则性声明,较少参与到议程设定中。1992年后,在国际社会或重大全球问题上,中国开始更加积极主动地参与到全球事务治理中。2001年中国成功加入世界贸易组织(WTO),标志着中国已参加了所有重要的全球性国际组织;1997年中国提出"做国际社会中负责任的大国"的战略目标,2005年更是开创性地提出了全球治理的中国主张——"和谐世界"。目前,中国在全球治理中的作用日益明显。《国际组织年鉴》2008~2009年的统计数据显示,在全球61836个国际组织中,2007年中国共参与了4386个国际组织,其中参与的1753个是协定性组织。在参加的这些协定性国际组织中,国际组织联盟(A类)有25个,全球普遍性国际组织(B类)有374个,洲际性国际组织(C类)共575个,也即参与的全球协定性国际组织共974个;参与地区性国际组织(D类)有779个。在国际舞台上,中国已然成为全球治理中的重要组成部分之一。朝核六方会谈、哥本哈根气候大会,这些涉及复杂、敏感利益的重大博弈中,中国的地位和作用日益凸显；印度尼西亚海啸、巴基斯坦洪灾、俄罗斯森林大火、日本的震后救援，都可见中国人道主义援助的身影。

第七，信息化时代的到来为建立基于网络技术的新型治理结构提供了技术基础，诱发一场新的治理变革。基于信息技术的独特优势，其广泛应用正推动着中国政府治理的进步。信息技术可以减少中间管理层，扩大管理幅度，使组织结构扁平化；可以通过构建有效的沟通网络打破政府部门之间的界限，减少沟通成本，提高沟通效率；可以改变政府处理事务的方式，增强政府管理的开放性和透明度；可以改变政府处理事务的内容；改变政府工作人员对其自身角色的理解；同时也可以改变政府与企业、政府与社会、政府和公民之间的关系，通过建立迅速、有效的沟通渠道和反馈机制，实现和扩大公民参与度。中国电子政府的建设开始于1998年国家信息部门正式开启的"政府上网工程"。如今政府上网的硬件基础设施已经完成，电子政府的建设也正在由电子政务向电子治理的方向发展。各级政府都在尽量利用现代信息和通信技术，通过不同的信息服务设施（如电话、网络、公用电脑等），对政府机关、企业、社会组织和公民，在其方便的时间、地点提供自动化的信息及其他服务，力争建构起一个具有回应力、有效率、负责任、具有更高服务品质的政府。

第八，在全球化时代，一个成功的公共管理者需要发展战略思考的能力，需要催化领导力，即与其他治理领域的行动者沟通、合作、互动、结盟，达成一致的目标和战略的能力，需要多元化的学习的能力。在全球化的时代，一个政府如何维护自己的国家的主权与独立；如何在推动经济发展的同时，维护经济的安全；如何在学习多元文化的同时，维护自己的文化传统和民族认同等，都是21世纪公共管理者需要面临的课题。分权化的治理机制要求公共管理者成为学习型组织的管理者，具有积累经验以提高治理绩效的反馈能力和在新环境下重新设定组织目标与调整组织行为的适应能力。原则上，每位公共行动者都是网络的管理者，但政府却是管理者中的战略行动家。由于治理主体须发展成为学习型组织，网络的管理者不能再靠控制和命令来履行职责，不再享有垄断公共决策的权力，管理者必须学会倾听和磋商，在与其他行动者的重要对话中发挥核心作用，并为每个行动者提供参与政策网络的机会，使每个组织及其成员尽可能了解问题的本质和别人的观点，以估计可接受的妥协性解决方案的备选范围。学习型组织中，管理者必须具备四种能力：一是应对环境不确定性的能力；二是处理人际关系和营造有效合作氛围的能力；三是制定法规条例的能力；四是培育系统间共同价值的能力。中国当下正在实施的人才强国战略，由组织和人事部门组织进行的大规模领导干部和公务员培训，如在21世纪初开展的公共管理硕士（MPA）教育项目，都是顺应治理的客观要求而采取的具体措施。

三　中国治理变革评价

治理在中国的发展，既有进展，也有不足。总体而言，随着治理道路的不断探索，治理的价值目标日益清晰，治理的主体条件逐渐具备，治理的格局已经开始形成，治理的政策机制不断创新以及治理的工具向多元化发展。

治理的价值目标日益清晰。如前文所述，中国的诸多重大国家发展战略，如科学发展、政治文明、和谐社会、小康社会、新农村建设、生态文明、服务型政府和社会管理创新都与公共治理有着密切关系。具体来看，"以人为本""公平正义""服务型政府""法治型政府""责任型政府"和"廉洁型政府"等理念也使治理的目标逐渐清晰起来。

治理的主体条件逐渐具备。健全的政府治理必须建立在社会三大部门协调发展的基础之上。30多年来以放权和授权为主线的市场化改革，催生出日益茁壮的公民社会。从民间组织的发展可见一斑。改革开放前，中国的全国性社团不到100个，地方性社团大约6000个。[①] 据民政部统计，截至2011年底，仅在民政部门登记的全国各类社会组织就达46.2万个，其中社会团体254969个，民办非企业单位20多万个，基金会2614个[②]，它们已经遍布全国城乡，涉及社会生活各个领域，初步形成了门类齐全、层次不同、覆盖广泛的民间组织体系。

治理的格局已经开始形成。中国的治理结构正在发生深刻的变革。随着私人经济部门和各种民间组织的力量日益发展壮大，并在经济和社会生活中发挥着越来越大的作用，政治国家与公民社会、公共部门和私人经济部门及第三部门之间正在形成一种相对独立的、分工合作的新型治理结构。为适应这一变化，中央政府将中国社会管理体制改革的目标设定为"建立健全党委领导、政府负责、社会协同、公众参与的社会管理格局"[③]。

[①] 俞可平主编《治理与善治》，社会科学文献出版社，2000，第329页。
[②] 国家统计局数据，http://www.stats.gov.cn/tjsj/ndsj/2012/indexch.htm，最后访问日期：2012年12月20日。
[③] 《中共中央关于加强党的执政能力建设的决定》，《人民日报》2004年9月27日，第1版。

治理的政策机制不断创新。随着新型社会管理格局的逐步建立，政府治理机制也在发生深刻变革，主要体现在两个方面：一是正在建立和完善多元主体间有序合作的社会管理方式。政府日益明确其社会管理的范围与边界，什么该管、什么不该管、该管的管到什么程度，为其他社会管理主体让出足够的空间。二是正在探索和形成多元主体共同参与的社会管理方式，包括还权于社会，为其他主体参与社会管理创造条件；完善合理的社会利益表达机制和协调机制，通过一系列体制机制创新与制度保障，推进政府社会管理方式的创新。

治理的工具向多元化发展。比如，公共服务市场化进程不断加快，通过引入市场竞争机制等手段来提高垄断行业、公益事业、基础设施的供给效率和质量；通过充分发挥非营利组织的作用，拓宽公共服务所能延伸的领域，扩大公共服务的覆盖范围。企业力量的不断壮大和非营利组织的蓬勃发展，揭示了人类自组织处理公共事务的可行性，扩展了公共服务的空间，这正是治理的重要之维。

治理的成效已经得以显现，对于公民优质的公共生活也已产生了有益的影响，但其中也有一些不足之处，如以国内社会管理为中心，参与全球治理的主动性不足；以公共事务处理为目标，未看到社会资本培育的意义，即见物不见人；以局部创新为主要方式，忽视经验推广和制度化建设；以应对问题为基本机制，未能实现系统规划和前瞻处置等。

第三节　中国治理模式与前景

治理实践的发展离不开相应的理论回应、反思与指导，事实上，近年来中国治理的实践进程一直是与治理理论的演进相伴随。在本节中，我们将回顾治理理论在中国的发展，侧重分析治理理论的中国适用性问题，中国治理模式的特征问题以及中国治理的发展前景问题。

一　治理在中国的理论发展

在汉语中，人们日常使用的治理概念与英语语系中的"governance"不同。在词典里，"治理"包括"治"和"理"。治的本义是水名，引申为治水、整治、修治。"昔禹治洪水"中，大禹治水是中国人对"治"的较早理解和运用。"治"也有治疗之意，"如人有疾，不治则寝以深"，指的是对病患的消除。治还有安定、太平之意,与"乱"相对。"禹以治,桀以乱,治乱非天也",指消除混乱,使国家安定、太平。无论治水、治疗、治乱都是消极意义上使用的概念,指消除祸患。为了消除祸患需要对机体进行调理,此为"理"。因此,治理意为"整治调理",指为了消除病患而采取的调理措施。随时代发展,治理在汉语语境中被广泛用于环境、治安、腐败等问题的整治。其根本含义仍是指为了消除祸患,防止其蔓延而采取的各项措施的总和。对应于英语中的"abatement""treatment"等词汇。

汉语中,"治"也有治理之意,意味统治、管理。"治国无法则乱""劳心者治人,劳力者治于人"等,都是在统治和管理的意义上使用的。当治理被理解为统治和管理时,与英语语系中的"governance"就极为接近了。但这与西方社会主流的"治理"概念仍不相同。我们所言及的治理,是经过了时代变迁发生意义衍生和转化的词语,是从一些原有解释中脱胎出来的概念。总的来说,治理从处理公共事务的一系列过程和方法中脱胎出来,经历了统治、管理等含义的转变,最后又回到我们所言及的处理公共事务的过程与方法上来。从20世纪90年代中后期起,国内学者开始从政府管理的角度关注治理理论,从而拉开了对治理理论研究的序幕。这一时期对治理的研究,已经被赋予了善治的价值目标,治理被视为走向善治的路径。

(一)国内学术界对治理的研究

总体上看,国内学术界对治理的研究可以归纳为四个方面。

第一,对治理理论的引入和中国化阐释。毛寿龙最早在《Governance:现代"治理"新概念》一文将Governance译成"治道",认为"治道"是关于治理公共事务的效能,驾驭经济发展的能力。在《西方政府的治道变革》[①]一书中,毛寿龙提出,"治道"研究的是"有关治理的模式""治道是在市场经济条件下政府如何界定自己的角色、如何运用市场方法管理公共事务的道理。"并在此基础上提出"治道学",即"有关'治道'的学问"。俞可平则最先将Governance译成"治理",并提出"善治"(Good Governance)的概念。认为"治理"是指在一个既定的范围内运用权威维持秩序,满足公众的需要。治理的目的是在各种不同的制度关系中运用权力去引导、控制和规范公民的各种活动,以最大限度地增进公共利益。从政治学角度看,治理是指政治管理的过程,它包括政治权威的规范基础、处理政治

---

① 毛寿龙:《西方政府的治道变革》,中国人民大学出版社,1998。

事务的方式和对公共资源的管理。在《治理与善治》一书中区别了"治理"与"统治"的差异,并从公民社会的角度关注治理理论,认为"由民间组织独自行使或他们与政府一道行使的社会管理过程,便不再是统治,而是治理……治理的本质特征是公民社会组织对社会公共事务的独立管理或与政府的合作管理……公民社会的发展必然直接或间接地影响治理的变迁"。另外,孙柏瑛的《当代地方治理——面向21世纪的挑战》一书则对纷繁的治理及地方治理理论脉络进行了系统梳理。

在对治理理论的"中国化"阐释方面,已经形成了几种理论倾向。一是以娄成武、张建伟,张远、祁光华,王诗宗等学者为代表,主张以政府为主导,通过引入社会中的诸如第三部门、市民社会等参与群体和参与者来实现治理。他们普遍肯定了政府在治理过程中的主导地位。二是以郭道晖、陈剩勇、马斌、何增科等学者为代表,主张通过发展非政府组织、第三部门以及公民社会来实现对于公共事务的治理。他们把治理的关注点集中在第三部门的发展和市民社会的培育方面。三是徐勇、李文星、郑海明、杨庆东等学者主张通过政府内部诸如沟通机制、层级结构的改革来实现治理。他们对于治理的理解集中在政府内部的改革,认为只有通过政府行为方式的改革才能实现真正意义上的治理。四是以刘志昌、郁建兴为代表的具有综合性的观点,认为必须同时进行上述几种观点主张的改革,通过具有紧张关系的多方主体的互动才能实现治理。

第二,中国公民社会(或NGO)与政府的关系研究。中国的治理研究实际上从一开始就与中国公民社会研究合流,因此许多关于中国治理的研究成果体现在公民社会或NGO研究中。代表性的研究成果有:康晓光对希望工程的研究,高扬关于在华外国NGO的调研,王名等人对新时期民间非营利组织基本情况的调研,杨团对天津鹤童老人院的研究,日本国家交流中心(JCIE)毛受敏对中国环境NGO的研究,丁元竹对志愿者组织的研究,余晖等关于行业社会的研究等。

第三,中国治理特别是地方治理的经验研究。此类研究在方法上的共同特点是注重案例研究,试图从案例和经验中提升出较为普遍的结论。从研究取向上看,则包括以政府改革为焦点和以社会建设为焦点的不同群体。就前者来说,主要在地方政府改革与治理的理论基础及其创新研究的基础上,对地方政府组织体制创新与机构重组、地方政府职能、地方政府行政过程、管理方式的规范研究,并且还从实证研究角度和对策研究角度分别对地方政府改革与治理的创新经验及创新方案进行研究，既希望通过规范与实证研究，形成较为系统的地方政府改革理论体系，为深化地方政府改革提供理论指导，又希望通过对策研究，设计出社会价值（公共服务）和实现约束有机结合的改革方案，阐明地方政府改革的系统战略、突破口、重点、难点和推进方式。另外还有从公共财政、民主恳谈制度、区域经济发展等方面展开的研究。就后者来说，如郁建兴等通过对温州商会的考察，指出如温州商会这样的 NGO 的发展证明了中国公民社会和地方治理的"另一种发展方式"。王诗宗通过对宁波市海曙区政府购买居家养老服务的案例的研究指出，在政府管理创新过程中，作为工具的地方治理可能在中国出现并取得局部的良好效果，而且可以通过公民身份的培养为地方治理机制的成长准备社会条件。台湾学者王信贤则通过对中国大陆环保组织的案例研究，提出"碎片化的威权体制"下中国治理和 NGO 的发展空间。①

徐勇教授则率先将乡村治理纳入县、乡、村三级组织结构中进行考察，主张从田野调查中了解农村的实际状况，寻求从农村调查中发现问题，并在此基础上形成一套切合中国农村实际的概念体系，为乡村治理的研究与实践搭建起中国本土化的平台。此外，《农村社区制度化治理》②、山东大学的张铭教授在《乡土精英治理：当下农村基层社区治理的可行模式》③一文中也对乡村治理特点、模式、条件等问题有专门论述。在城市治理方面，城市社区自治和社区治理模式是近年来理论研究的热点问题。其主要理论依据便在于社区治理的主体的自主性及多元性等，代表学者有孙柏瑛、林尚立等人。

第四，中国参与全球治理的研究。在全球治理领域，治理理论倡导"没有政府的治理"理念，以中译本《没有政府的治理》为重要标志，中国也开始了对全球治理的研究。《全球化：全球治理》④一书对全球化兴起背景下的全球治理、全球治理下的全球政府、公民社会下的全球治理、区域治理等问题都有阐述。此后，还有从非政府组织的角度研究全球治理的专著，

---

① 王信贤：《争辩中的中国社会组织研究："国家—社会"关系的视角》，台北：韦伯文化国际出版有限公司，2006；王信贤：《镶嵌或自主性？中国大陆环保组织的发展：官僚竞争的观点》，《地方政府创新与公民社会发展国际研讨会论文集》（下），浙江大学出版社，2007，第 114~135 页。
② 王振海、王义等：《农村社区制度化治理》，中国海洋大学出版社，2005。
③ 张铭：《乡土精英治理：当下农村基层社区治理的可行模式》，《兰州大学学报》（社会科学版）2008 年第 1 期。
④ 俞可平主编《全球化：全球治理》，社会科学文献出版社，2003。

如《全球治理中的国际非政府组织》①,以及从全球治理对于中国公共事务治理借鉴意义的角度研究的专著《全球治理与中国公共事务管理的变革》②和论文《全球治理的中国视角与实践》③。以蔡拓的研究为例,他特别指出了中国关注和研究全球治理的特殊视角——在国家层面和本国范围内认同并推动全球治理。这包括(1)把全球治理内化为本土的跨国合作;(2)把全球治理锁定于全球问题的治理;(3)把全球治理植根于本国公民社会的培育和基层民主的建设。

总体上看,中国对于治理理论的研究丰富了学术研究的理论体系,也产生了比较大的影响。"治理和善治理论作为一种分析框架,对于研究、总结和展示我国改革开放以来政治发展的成就极为有用。"④ 学界在总体上承认治理理论的发展是社会、经济、政治变化的深刻反映,是政治发展的大势所趋,作为一种分析框架,对于研究中国的政治发展提供了可资利用的资源和理论工具。

(二) 治理的中国适用性异议

在对治理的欢迎与赞许声中,也夹杂着不少怀疑的声音。不少学者看到了治理理论的不完善性,特别是指出了治理理论背后的意识形态倾向,必须引起高度的警惕,有所鉴别、有所抉择;同时也强调在借鉴治理理论时,应该认识到中西方不同的社会发展阶段,不可照搬照抄。

在《中国行政管理》2001年第9期中刊载的"中国离'善治'有多远"的笔谈中,就有学者表示出对治理在中国适用性的谨慎态度。对治理理论的批评在《理论文萃》2003年第4期臧志军等人以"反思与超越——解读中国语境下的治理理论"为总标题的一组文章中,有较为集中的表现。其中,臧志军指出,"'治理'离不开两个前提:一是成熟的多元管理主体的存在以及它们之间的伙伴关系;二是民主、协作和妥协的精神。"但将治理理论应用于中国,可以发现至少存在着以下困难:一是在当今中国总体上并不存在着成熟的多元管理主体。即使有所谓纯粹的公民志愿性团体,不仅数量寥若晨星、活动领域十分狭窄,而且几乎没有程序性的轨道。二是现存

---

① 王杰:《全球治理中的国际非政府组织》,北京大学出版社,2004。
② 蔡拓:《全球治理与中国公共事务管理的变革》,天津人民出版社,2005。
③ 蔡拓:《全球治理的中国视角与实践》,《中国社会科学》2004年第1期。
④ 参见 http://www.cctb.net/llyj/xswtyj/zfcx/200902/t20090212_3762.htm,最后访问日期:2011年12月28日。

的党政一元化政治结构制约并将长期制约着多元主体的独立成长。三是现阶段中国国家建设仍然具有革命的某些特征,从进一步实现国家结构方面的整合以及社会、经济、文化等方面的进步而言,难以否定一元化结构的现实合理性。四是在当今中国政治文化中,民主、合作与妥协仍然是有待于大力培植的因子。

刘建军则指出,中国以市场化为轴心的改革把被国家力量吞噬的社会生活解放了出来,并使其按照自身的逻辑发展着、呈现着。那种专注于国家权力并试图通过执掌国家权力,以改造既定政治体系的思维惯性逐渐减弱了。但是,培育现代政治的世俗化基础是以远离国家权力为前提的,是以兼职公民对其公民权的局部放弃和部分转让作为基础的。在现代政治还没有成熟之前,在国家与社会分野的状态还没有得以奠定之前,国家权力向社会的回归,使处于朦胧状态中的独立个人作为专职公民抵制完整的统治秩序,会扰乱社会自身的世俗化、理性化进程。因此,"在中国现代政治还没有完全成型之前,对国家权力回归社会的过分呼唤,会使中国重新掉入政治浪漫主义的陷阱。"①

李春成同样认为,我们有意无意地赋予治理以"进步"改革的光环,再加上我们把政府当作了治理的主持者,以及我们对治理寄予的殷切希望,我们往往将治理理想化为一种完美的事情,而忽视了对于自主治理机制在中国推广的可行性条件以及治理风险问题的讨论。这很可能使治理成为一种宣传口号,变成一种意识形态。②

其后,沈承诚、左兵团也表达了类似的看法:治理理论跳出了"政府失灵"和"市场失灵"的悖谬。在许多社会领域,存在市场与政府同时失败的情况,因此应该将第三只手——非营利部门引入公共管理之中。非营利组织的优势的发挥和政府—市场—社会的三维立体架构可能形成的合作互助、优势互补机制的良性运转,公共管理中的主体格局是一种多元立体的结构,市场是看不见的手,政府是看得见的手,非营利部门则是它们之外的第三只手。因此,治理理论的一个重要理论预设就是有发育较为成熟的非营利组织的存在,这是治理理论得以产生、发展并应用于公共管理实践的一个必不可少的社会条件。在试图将该治理理论引入中国之前,也必须对这一社会

---

① 刘建军:《治理缓行:跳出国家权力回归社会的陷阱》,《理论文萃》2003 年第 4 期。
② 李春成:《治理:社会自主治理还是政府治理》,《理论文萃》2003 年第 4 期。

条件加以考察，即对我们非营利组织的发展现状加以客观分析；只有这样，才能从理论和实践上说明中国目前是否应该大力引入该理论。①

杨雪冬认为，在现代性国家建构远未完成时，谈论治理拯救政府失败、市场失败，是一个虚拟的问题。在缺乏作为制度基础的现代社会政治秩序的情况下，若过分夸大"治理"的效用，可能导致三个与公共管理有关的问题：首先是本来就职能划分不明确的政治机构对责任的推诿和对利益的争夺；其次是公民社会和市场运行中出现某个强势集团，利用自己的资源基础左右公共权力的使用；最后是在公共权力的运行过程中，效率压倒了公平，从而牺牲了某些弱势群体。②

靳永翥则分析了"治理"理念与中国传统行政文化存在的严重错位：其一，政府长期以来全能全管的管制型行政模式使得政府很难在唯一主体地位上作出让步，而现代公共事务的增多又使政府疲于应付，不得不思考这些问题。其二，权力资源的稀缺性使得政府难以割舍，而向地方"分权"也变得凌乱不堪，一些心术不正的官员甚至将混合公共产品以交付合同的方式由民间企业提供的实践改革变成了权力"设租""寻租"的活动场所。其三，利益协调与目标共定严重削弱了政府的政治决策权力，剥夺了政府在社会管理中对公共资源的垄断，也影响了其对社会价值所做的权威性分配。其四，在民间自治不算发达的今天，由于文化传统和政府的官本位意识作祟，一些公益组织、群众自治组织异化为准政府组织甚或依靠财政给养，由此，决定了政府、公共机构与社会自治组织、志愿团体的关系维系还要依靠行政指令而非合作协商。③

归纳起来，在这些对治理的中国适用性抱怀疑态度的学者看来，将治理应用于中国，可能不止于"生硬"和"肤浅"，而且会导致政治和行政发展中的根本性错误。他们的主要理由是，公共治理作为国家失效与市场失灵的一种补充机制，是在政府与公民社会之间相互合作达成共识的一种状态，它既要求政治制度的相对完备，也要求各个主体性力量的成长与自主，特别是要求公民社会的出现。但目前中国的现代国家建设任务尚未完成，中国的公民社会和公民身份的培育也远未完成。对此，有学者按照"策略性—关系

---

① 沈承诚、左兵团：《西方治理理论引入的社会条件分析》，《行政论坛》2005年第5期。
② 杨雪冬：《论治理的制度基础》，《天津社会科学》2002年第2期。
③ 靳永翥：《"新治理"与中国地方政府社会治理及治理价值选择》，《湖北社会科学》2004年第12期。

性"的分析路径,给出了对中国的民间组织已经成为"国家体系以外的推动力量"和现行政治—行政体制下公民参与的可能性论证,等于是为治理的中国适用性给出了一种理论的辩护。①

此外,也有学者从文化渊源的角度提出了对"治理"的中国适用性的质疑。他们认为,从文化渊源上来说,治理理论的真正精神是以个人主义为基础的契约合作观念,这意味着对处于不同文化传统的中国社会来说,不能直接照搬治理理论的理论观点和政策主张。对此也有不同的认识,虽然发达国家的治理实践有一致的理念,却没有统一的模式,各国的模式都与其各自的传统有关,既然治理的具体模式的决定性因素在于"传统",那么治理的适用性的决定性因素就应在于"传统"是否能容纳它以及如何容纳它。已有的经验研究成果表明,中国现有的国家社会关系和社会文化环境并不必然排斥公民参与,公民与公民社会的参与不仅是可能的而且是已经发生了的。

二 中国治理模式的特征

在西方发达国家,国家与社会关系的变迁是一种"内源型、被动式的发展过程",这一过程是通过社会力量不断积累,主动制约政府而实现的。一方面,政府的权力范围逐渐缩小,但能力大大加强。政府权力仅限于提供国防、外交、法律、公共安全、财产保护、基础教育、宏观经济稳定等社会"公共物品",而被禁止用于组织社会生产和社会生活。然而,政府权力范围的缩小,并不意味着政府能力的降低,在自身权力范围之内,政府的行政执行能力大大增强。另一方面,社会权力和社会能力均得到加强。各类社会主体的自主行动空间日益扩大,社会的资源拥有量和社会的独立程度逐渐提高;社会组织及其成员将自身权力范围内的自主意志、目标转化为现实的能力增强。在此基础上,私人经济部门和各种民间组织的力量日益发展壮大,并在经济和社会生活中发挥着越来越大的作用,政治国家与公民社会、公共部门和私人经济部门及第三部门之间正在形成一种相对独立的、分工合作的新型治理结构。其主要代表包括以英国为代表的以联合型政府(联合若干政府,有时甚至是多级政府一起提供整体化服务)和整体性政府(通过打破政府内部各部门之间的藩篱,加强部门整合与合作,以更加有效地提供公共服务)为主要内容的政府改革运动;以美国为代表的网络治理(政府与

---

① 参见王诗宗《治理理论及其中国适用性》,浙江大学出版社,2009,第140~153页。

社会各类组织以网络为基础的合同式治理，以合同外包为主要方式）和协作式公共管理（强调加强政府和公共机构与公民及其他社会参与者之间的协作和伙伴关系）。

但在大多数发展中国家国家与社会关系的变化却是"一种外诱型、主动式的发展过程"，由于国家受到外来冲击，政府迫不得已而调整自身职能和权力范围。然而，国家间的文化和体制千差万别，治理模式也不可能整齐划一、如出一辙。在各国文化、体制、社会发展水平等诸多因素的影响下，治理模式必然呈现出多样性的特征。在中国，治理观念如今已从西方舶来品逐渐扎根本土。为此，中国的治理实践中必然包含丰富的"中国式"元素，中国必然走出一条符合本土条件和需求的、中国特色的治理道路。这一方面是受到特定的文化、体制、发展水平等方面的影响，而不得不作出的客观选择；另一方面，也是中国管理智慧的重要体现。但目前学界对中国治理模式的探讨还莫衷一是，见仁见智。

有学者立足中国社会主义的国家性质，强调德治与法治的结合是中国治理模式的核心特征。他们认为，"依法治国与以德治国相结合"，是中国共产党在社会主义国家治国安邦的理论创新和实践探索方面所作出的独特的贡献，是对建设有中国特色社会主义规律认识的新飞跃。这一思想代表国人寻求良好政府治理模式的一种心愿，反映出社会公众对良好的政府服务的一种合理期待，是在深刻总结国内外治国经验的基础上，适应社会发展目标的结构转换和可持续发展价值指向并满足人性追求理想的社会主义国家治理方略的理性反思和自觉选择。

戴长征认为，中国政府的治理实践有三个特征：一是以经济体制为平台。市场经济体制的建立，转变了国家与社会的关系，强化了国家与社会之间的双向互动；市场经济体制改变了人们的思维方式和行为习惯，使人们的权利意识、平等意识和法治意识得到了空前的提高；市场经济体制的开放性改变了中国与世界的关联程度和联系方式，中国政府治理也在全球信息革命过程中提高了国际化水平。二是以政府职能转变为枢纽。中国政府基于对自身结构和功能的认识而主动以职能转变为枢纽，实行政府机构改革，以实现治理变革。其主要努力表现在：（1）审慎考量政府管治范围和内容，合理配置政府和社会权力。（2）实现政府管治方式和管理手段的转变，经济和社会管理以宏观方式为主。（3）强调合作与服务，激发社会活力和人民创造精神。在中国政府的鼓励和引导下，企业、个人与民间组织都开始积极投身社会公共事业,由此促生了一个从上到下,从政府到个体公民的治理网络。三是以民主法制建设为基础。中国政府治理是在民主化进程中展开的,民主选举、民主决策以及基层民主都为治理变革创设了条件;同时,法治是民主的基石和制度性保障,法治的缺失和残损意味着社会无法获得有效治理的秩序和环境。强调依法行政,建设法治型国家也成为中国政府实现治道变革的基础。①

王浦劬和李风华则主张立足历史视野,从现代化的角度出发确立有关中国治理模式的基本框架与研究方向。他们认为,现代化就是随着经济社会的发展,各种新兴社会力量纷纷要求进入治理体系的历史进程,这也就构成了治理体系在现代化过程中所面临的基本挑战。因此,政治体系如何吸纳各种社会力量并同时减少决策成本,可以构成衡量不同治理模式的两个基本维度。大体有两种理想类型:一是以美国、印度为代表的政府—市场模式。其中,政治本身构成了一个市场,而政党与政客则构成了这个政治市场上的掮客,为各种社会力量代言。社会力量可以自由地进入其中,提出自己的要求,为公共物品定价,并且尽可能地推卸或逃避所承担的成本。二是以东亚、拉美为代表的政府—生产者模式。其中,政府既是一个独立的生产决策者,也是一个独立的社会福利加总者。政府既可以对资源进行重新配置,也决定着社会介入政治的程度和方式。中国模式显然更倾向于政府—生产者模式。但又具有一些独特之处:贫穷与落后的历史背景,以发展为目标导向,四位一体的政治结构(人民代表大会制、中国共产党领导的多党合作制、单一制下的地方政府竞争和基层自治组织的双重授权)。也许正是这些特点才造就了中国奇迹。②

还有一些学者着重从政治与经济、中央与地方的关系视角考察中国治理模式的特征。他们主张,地方政府之间的竞争是当前中国治理结构的一个重要特点。比如钱颖一、周业安的《地方政府竞争与经济增长》③、刘汉屏与刘锡田的《地方政府竞争:分权、公共物品与制度创新》④、谢晓波的《地方政府竞争与区域制度转型》⑤ 等,不一而足。也有学者从中国行政生态和

---

① 戴长征:《中国政府的治理理论与实践》,《中国行政管理》2002 年第 2 期。
② 王浦劬、李风华:《中国治理模式导言》,《湖南师范大学社会科学学报》2005 年第 5 期。
③ 周业安:《地方政府竞争与经济增长》,《中国人民大学学报》2003 年第 1 期。
④ 刘汉屏、刘锡田:《地方政府竞争:分权、公共物品与制度创新》,《改革》2003 年第 6 期。
⑤ 谢晓波:《地方政府竞争与区域制度转型》,《财经论丛》2004 年第 2 期。

行政职能历史沿革的角度出发,将中国政府治理模式的发展趋势概括为,从"经济建设型政府"转向"公共服务型政府"。

在我们看来,要理解中国治理模式的根本特征,既要有国际比较的视野,又要有历史发展的眼光。首先,中国所处的特定发展阶段有决定性影响。在西方发达国家,治理运动是建立在成熟的理性官僚制基础上的,理性官僚制在西方公共行政发展中培育了公共行政所必需的价值和规范,如法治、科学、专门化和公共精神等,这仍然是现代公共管理所需要的。但在中国,建设成熟理性官僚体制的任务还没有完成。所以,中国治理变革的任务注定是双重的,表现出"压缩式"与"混合型"的特征。[①] 其次,中国公民社会发育程度的影响。目前,中国的公民社会还无法实现完全自治或以完全平等的身份参与公共事务管理。政府仍须对市场和非政府组织的行为和过程起到指导和监控功能。再次,中国历史上就形成了强政府的传统。因此在实践中,各级政府并不旨在将治理职能完全放任于市场和非政府组织的自主治理,而是更多通过改变自身的治理理念和运行方式,获得更高的权威和社会认同,以在多元治理格局中发挥主导性功能。这与治理理论中的"元治理"(Meta-governance)概念异曲同工。元治理就是强调政府在社会公共管理网络中的重要功能,认为政府是各参与者中"同辈中的长者",主要是承担建立指导社会组织行为者行动的共同准则和确立有利于稳定主要行为主体的大方向和行为准则的重任。最后,中国的现行体制决定了中国治理模式中的合作方式。从主体在合作中的地位和作用来看,中国式的合作治理仍然突出执政党的领导地位,在现实中表现出市场和社会围着政府转、地方政府围着中央政府转、下级政府围着上级政府转的集中化、主导型治理格局。与西方国家以社会为中心的合作治理模式相对应,中国实行的是"政府主导—合作型"治理模式。

三 中国治理的发展前景

中国的治理虽然有长足发展,但仍面临多重挑战:治理需要一定的权威性,但党需要有所变革以适应时代的要求而发挥重要作用;意识形态与实践的差别急需弥合;高度依赖于经济成果的保持;公民社会的发展不足;社会

[①] 杨占营:《现代治理理论及其对中国治理变革的借鉴意义》,《湖北社会科学》2004年第5期。

共识与文化传承等，这都是在将来的中国治理实践中需要我们进行认真对待的。

为了适应更为复杂的国际和国内环境，应对政治、经济、社会和生态协调发展的挑战，满足社会成员对社会参与及公共服务的多样化要求，实现稳定、效率与公平等社会价值，中国的政府治理必须在多个方面做出持久的努力。

(1) 治理目标多样化，且多目标之间更为协调。在中国改革开放初期，"效率优先，兼顾公平"的口号作为解放思想、推动实践的"兴奋剂"，对于刺激经济增长起到了积极作用，政府在推动社会和经济发展中承担了主要责任。但进入21世纪后，改革过程中积累起来的问题，如城乡差别、地区差别、贫富差别等，已经到了有可能将经济改革取得的成果抵消的边缘。以经济和效率为基本目标，忽视了公共管理所应承担的广泛社会责任，其结果是在经济获得前所未有发展的同时，还普遍存在着贫穷、失业和不公正等社会问题。这种社会状况酝酿了各种社会危机的种子，一旦有合适的条件，就可能会以个别或者集中的方式爆发出来，构成了对现有社会秩序、政治制度的严重威胁。有鉴于此，党和国家确立了"以人为本"，全面、协调、可持续的科学发展观，并将构建和谐社会作为治国方略。今后一段时期，必须从强调"效率优先，兼顾公平"转变到"公正基础上的效率，以公正促效率"。所谓社会公正，就是社会的政治利益、经济利益和其他利益在全体社会成员之间合理而平等的分配，它意味着权利的平等、分配的合理、机会的均等、司法的公正等方面。随着政府角色的明晰，广泛的社会公共责任机制的建立，经济发展、政治民主、社会公平和生态协调等多种目标之间的关系也会趋于协调和相互兼容。

(2) 治理主体多元化，角色与责任意识不断增强。尽管中国"强政府、弱社会"的现实国情尚不适合全面引入多中心合作治理体制，政府在公共事务治理中的主导性将在中国长期存在。但市场经济的进一步发展与公民社会的逐步发育，要求我们构建政府、市场和社会三者之间权责界定明晰、各司其职、各尽其能的多元治理格局。今后一段时期，各级党和政府组织依然是治理主体中的主导性力量，但执政和管理方式会顺应社会需要作出必要的调整。未来中国社会最大的变革恐怕还是会体现在公民社会的成长方面。萨拉蒙曾给予公民社会以极高评价：如果说代议制政府是18世纪的伟大发明，而官僚政治是19世纪的伟大发明，那么可以说，那个有组织的私人自愿性活动也即大量的公民社会组织代表了20世纪最伟大的社会创新。①改革开放至今,中国已拥有较发达的市场经济,同时政府依然掌握着相当数量的国有企业,或者掌握着相当的股份;另外,政府还掌握着主要的银行。中国的公民社会已开始发育,处于萌芽阶段并呈现出良好的势头。各类社会组织稳步发展,城乡基层自治组织建设稳步推进,公民表达诉求的渠道不断拓宽,人民群体参与社会管理的积极性、主动性和创造性不断提高。但目前中国公民社会的发展还面临着法制缺失的障碍,中国法律和制度方面存在着准入过严、界定模糊、监督乏力和较少涉及组织内部管理等缺陷。很多社会组织自身虽然在法律上拥有自主治理的身份,但仍具有行政上的半官方或者官方身份,在运作过程中往往是政府有关部门的下级。为此,政府应积极研究和制定促进公民社会发展的相关动力和制度,继续承担起培育社会组织和社团发展的责任,使之能迅速适应中国经济和社会发展的需要。

(3)治理结构网络化,沿着良性互动的轨道发展。合作治理是通过构建一个由各领域、各层次的组织联结成的立体组织网络实现的。这个组织网络分为纵向和横向两个维度,社区组织、地区组织、地方政府,中央政府乃至国际组织从纵向上构成一个网络;政府组织、市场组织和社会公共组织在横向上构成另一个网络,两个网络相互交结,最终形成一个立体组织网络。通过这个上下互动、左右互动的网络,各治理主体在互动中进行利益交换、谈判与协调,从而走向利益整合。在纵向的网络中,以分权为主线的行政改革还要进一步推进。从世界范围看,不仅联邦制国家尊重地方自治和实行法定分权,许多单一制国家也朝着准联邦制的方向发展,地方政府的权力自主性明显增强。伴随着单一制国家的地方分权改革,世界各国的地方治理呈现出趋同的发展趋势。不论是美国的竞争型联邦制、德国的合作型联邦制,还是英国的完全地方自治、法国和日本的不完全地方自治,经过历史的演变,目前已经成为越来越类似的地方治理制度。改革开放以来,中国政府多次进行分权改革,但以中央政府与地方政府之间的分权为主,近年刚刚深入"强县扩权"和"强镇扩权"的层面,还没有取得预想的制度绩效。今后,政府必须进一步下放权力,给地方政府特别是基层政府更大权力,便于它们

---

① 〔美〕莱斯特·萨拉蒙、赫尔穆特·安海尔:《公民社会部门》,何增科主编《公民社会与第三部门》,社会科学文献出版社,2000,第257~269页。

为社会自治性组织提供更多的参与机会和自由度，使治理的垂直结构转变成水平的横向结构，使管理组织间的平等和宽容取代传统管理组织严格的排他性。在横向的网络中，中国政府需要向体制外放权，与社会合理分权，建立政府之外的新的中心，如社会、市场。在这一过程中，不能忽视党总揽全局、协调各方的领导核心作用，要不断提高各级党组织社会管理的能力和水平；应加强政府社会管理职能，重点解决目前存在的政府在社会管理中"缺位""越位""错位"的问题，切实担负起政府应尽的社会管理责任；应充分发挥各类社会组织的作用，加强政府与社会组织之间的协作。当然也要大力培育公众的参与意识，不断拓宽公众参与渠道，规范公众参与行为，依靠人民群众实现社会治理创新。

（4）治理范围延展化，延伸到全球治理和组织治理的各个层面。从国际范围来看，中国一方面会进一步融入全球治理的进程，同时也会在亚太、东亚、东北亚、东南亚等区域合作中扮演越来越重要的角色。对中国来说，改革与开放是同步展开的，对外的改革与开放使国际社会力量空前地进入中国，也使中国的政府、企业、社会组织与公民加速融入全球化浪潮。从国内范围来看，中央政府还会以增强国家竞争力为基本目标，陆续在政治制度建设和文化软实力建设等方面推出创新性举措；多年的放权改革已经使地方政府成为活跃的治理主体，跨越层级、跨越区域、跨越部门的政府间合作将向纵深方向发展；政府与社会关系的变化又会影响到政府的行政理念和行为方式，促使其创新治理方式与方法，不断提高地方治理能力与公共服务能力；社区治理从组织结构的健全与完善，转向治理功能的充分发挥，基层社会的民主实践继续为更高层面的民主政治建设积累经验；社会组织治理结构在探索中完善，组织内部的民主管理程度不断提高。传统官僚体制的组织特征，如具有严格规章制度的正式结构、有限的沟通渠道、狭窄的创新和变革空间等，决定其无法适应多元社会治理模式的要求，因为多个社会治理主体之间的协作意味着商议、参与、合作、信息的自由和无限制的传递，以及以妥协和相互理解为基础的契约，还有对权力和资源的更为公平地分配和再分配。

（5）治理内容人本化，主要体现在积极和消极两个方面。从积极方面看，中国的治理将更加体现"以人为本"的要求，关注民生，将改善公共服务和实现基本公共服务均等化作为主攻方向。目前社会公众对公共服务和公共产品的需求和实际供给之间的矛盾导致社会治理水平面临严峻的挑战，由于政府对公共事业投入不足，历史欠账较多，至今仍然存在社会安全网建设滞后，保障能力弱；普遍的基础设施建设不足和城市环境卫生公共服务不足等问题，为此，加强服务型政府建设正当其时，政府必须把有限的公共资源优先分配至公共安全、公共卫生、公共教育、公共便利以及公共保障等公共服务领域，从而为经济和社会协调发展创造良好的条件和环境。从消极方面看，由于人口流动范围不断扩大，流动速度不断加快，特别是跨国、跨境流动更加便捷，社会问题呈现出国际化的趋势；恐怖主义、宗教极端主义和民族分裂主义势力跨国跨境活动日益猖獗，艾滋病及一些传染性疾病的世界性传播必然波及中国；20世纪90年代以后，中国基尼系数连续攀升，弱势群体有不断扩大的趋势；作为社会稳定与社会风险重要指标的联名信和群体上访大幅增加，社会稳定压力增大，说明中国已进入社会风险加剧发生时期；安全事故总量居高不下，一些重大社会突发事件的破坏力增强，社会治理无论涉及的范围、复杂的程度都大大增加，防范社会风险的难度进一步加大。以上积极和消极两方面的挑战，共同构成了中国治理变革的基本内容。

（6）治理机制更优化，运行效能不断提升。人类的社会合作是一个历史性难题。亚里士多德说过："凡是属于最多数人的公共事务常常是最少受人照顾的事务，人们关怀着自己的所有，而忽视公共的事务；对于公共的一切，他至多只留心到其中对他个人多少有些相关的事务。"[①] 在中国的治理变革中，应着眼于三个方面来优化治理机制：其一，应着手政府内部组织的改革和调整，将市场机制的优势吸纳到缺乏活力的公共组织中；其二，应通过多种多样的路径和公私伙伴关系，将一部分公共物品和公共服务生产让渡给社会自治组织和民营组织承担，以其成本、技术和竞争等优势，为公众提供更有效率、品质更高的物品和服务，同时，也减小政府和公营部门的支出规模。这样，公共服务的生产者直接组织生产，它可能是政府单位、志愿组织、私人企业、非营利机构，甚至是消费者自身。这种制度设计最终形成公民自主自我服务与民营、政府服务相结合的、多中心的公共事务管理体系。其三，政府与社会的合作将改变现有的社会利益表达机制，尽可能地把利益不同的各方力量纳入决策过程，提高政府决策的民主和科学程度，保证公共决策的质量。同时，政府、企业与民间组织之间制度化的协商与合作不仅能够激发公民参与的积极性和主动性，还能够通过民间组织有效整合社会力量，

[①] 亚里士多德：《政治学》，吴寿彭译，商务印书馆，1983，第48页。

在公共危机的处理和公共事务的管理中增加公民对公共政策的理解，增强公民－政府的互信，从而形成完善的政府主导、公民参与的合作治理机制。

（7）治理路径清晰化，制度化建设与合作精神的培育并行不悖。从宏观上看，改革开放以来的中国社会正在从总体性社会走向多元化社会，必须重新构建一个社会整合机制。而治理变革也可以看作是中国社会整合机制的重构过程。这一过程必然包含制度和价值两个维度。一方面，良好的治理必须以法治为基础。国际和国内学者对构成"善治"的特征的描述中，普遍包含参与性、协商性、责任性、透明性、回应性、有效性、公正性、包容性以及合法性等内容，这些价值都与法治精神相契合。社会生活需要不同的手段来调节，社会治理也需要采用行政、法律和经济手段等多样化的手段，但整体而言，良好治理模式的运行要以法治为基础，运用法律手段规定政府的权限、方式和程序，规定政府与企业、政府与公民之间的权利和义务，运用法律调整的公开性、规范性和普遍性来有效地制约公权力和私权利的滥用。一句话，治理必须是法治化的治理，既要求治理的主体、内容和程序要合法，也要求治理主体要承担相应的法律责任。中共十五大指出依法治国，十六大指出要形成有中国特色社会主义法律体系，从"以法治国"到"依法治国"再到"形成中国特色社会主义法律体系"的转变，说明了中国的法治发展历程和主线，这也为"善治"的实现创设了条件。另一方面，良好的治理也离不开社会共识和社会信任。政府与社会只有在相互信任与合作的伙伴关系中才能实现良好的治理。良好治理所要求的信任与合作关系，以"共同理解"为依据，而不需要以法律制裁为后盾，它建构于道德的社会制度和个人的道德存在的基础上，是一种普遍的、稳定的、持久的社会关系的特征所在。这种非契约化的信任与合作关系的关键在于将所有参与者整合在一起的共同的价值体系。这种得到公众认同的共同价值体系并不否定多元文化存在的前提，而是一种最低限度的共同的价值、标准和态度，这些规范作为行为的导向、依据和标准，可以约束行动者的行为边界，通过规范众人认同的准则，或通过价值内化实现对行动者人格结构的塑造，产生一定的整合效力，并进一步形成社会性的共识。一些跨国研究结果显示，20世纪90年代以后，中国公众对他人的信任度处在下降之中。今后，要坚持不懈地推进由合作、宽容和诚信等一系列价值组成的共同价值体系，这样才能加强社会凝聚度，不断推动社会资本积累的良性循环，由此形成稠密的信任网络，为稳定和成功的治理提供平台。

第三章 全球治理

引 例:① 《京都议定书》（Kyoto Protocol），又译《京都协议书》《京都条约》，全称为《联合国气候变化框架公约的京都议定书》，是为了有效应对全球气候变化问题，于1997年12月在日本京都通过的。为了促进各国完成温室气体减排目标，议定书允许采取以下四种减排方式：（1）两个发达国家之间可以进行排放额度买卖的"排放权交易"，即难以完成削减任务的国家，可以花钱从超额完成任务的国家买进超出的额度；（2）以"净排放量"计算温室气体排放量，即从本国实际排放量中扣除森林所吸收的二氧化碳的数量；（3）可以采用绿色开发机制，促使发达国家和发展中国家共同减排温室气体；（4）可以采用"集团方式"，即欧盟内部的许多国家可视为一个整体，采取有的国家削减、有的国家增加的方法，在总体上完成减排任务。议定书于1998年3月16日至1999年3月15日间开放签字，共有84个国家签署。条约规定，它在"不少于55个参与国签署该条约并且温室气体排放量达到附件中规定国家在1990年总排放量的55%后的第90天"开始生效，这两个条件中，"55个国家"在2002年5月23日当冰岛通过后首先达到。中国于1998年5月签署并于2002年8月核准了该议定书。欧盟及其成员国于2002年5月31日正式批准了《京都议定书》。2004年12月18日俄罗斯通过了该条约后达到了"55%"的条件，条约在90天后于2005年2月16日开始强制生效，这是人类历史上首次以法规的形式限制温室气体排放。发达国家从2005年开始承担减少碳排放量的义务，而发展中国家则从2012年开始承担减排义务。到2009年2月，一共有183个国家通过了该条约（超过全球排放量的61%），引人注目的

---

① 资料来源：韩昭庆《〈京都议定书〉的背景及其相关问题分析》，《复旦学报》（社会科学版）2002年第2期。

是美国没有签署该条约。美国人口仅占全球人口的3%~4%,而排放的二氧化碳却占全球排放量的25%以上,为全球温室气体排放量最大的国家。美国曾于1998年签署了《京都议定书》。但是2001年3月,布什政府以"减少温室气体排放将会影响美国经济发展"和"发展中国家也应该承担减排和限排温室气体的义务"为借口,宣布拒绝批准《京都议定书》。虽然全球气候问题涉及每个国家和民族,需要由各国共同参与解决,但从《京都议定书》的命运中不难看出,距离全球气候问题的共同治理之路还十分漫长。

20世纪90年代以来,全球治理(global governance)在理论界和实务界都产生了广泛影响。从理论影响来看,全球治理可以看作是治理理论延伸至国际层面的结果。其研究成果首先来源于世界银行等国际组织的积极推动,其后,詹姆斯·N.罗西瑙等一批学者开展了卓有成效的研究,全球治理委员会发表了《我们的全球之家》行动纲领,联合国的不少组织积极参与,共同推动了全球治理研究的深入发展。从实践影响来看,同样首先是世界银行等国际金融组织把"善治"作为其评估受援国现状的主要标准之一。其次,信奉"第三条道路"的各国政治家(克林顿、布莱尔、施罗德、若斯潘等)把"少一些统治、多一些治理"作为新的政治目标,从而在新政中贯彻治理的原则与精神。再次,国际社会在应对日益严峻的全球性问题时,无论出于自觉还是无奈,都更多地立足并依托于国家、国际组织和全球公民社会的对话、协调与合作,这正是全球治理的精髓。最后,欧盟持续不断的一体化进程,创造了网络治理的模式,也成为全球治理在当代的有力注释。①

在本章中,我们首先探讨全球治理兴起的现实背景与理论渊源,对全球治理的理论流派作简要介绍。继而阐释全球治理的内涵、要求及基本构成因素,再分析全球治理的意义、困境与难点,在此基础上提出优化全球治理的对策。最后,我们从实践和理论两个层面审视中国参与全球治理的现状与未来。

---

① 蔡拓:《全球治理:来自中国的理解与实践》,蔡拓《全球治理与中国公共事务管理的变革》,天津人民出版社,2005,第4~5页。

第一节 全球治理的兴起与要义

一 全球治理兴起的背景

20世纪末期以来,随着经济全球化的深入发展、金融资本的不断扩张、先进信息技术的快速进步、人口和劳动力的大规模流动、跨国犯罪活动以及生态环境污染的持续蔓延,一些全球性的问题日益严重,并且不断地扩展蔓延。具体来看,世界粮食危机、水资源短缺、生态环境污染、民族和宗教冲突、恐怖主义危机、跨国犯罪、核武器扩散、能源危机等都是当今世界上突出的全球性问题。全球性问题所带来的影响已经超出了民族国家治理能力的范围,任何政府都会感到难于对付全球化给安全、经济稳定、社会正义与秩序以及生态环境保护带来的种种问题。正是在这样的背景下,全球治理逐步兴起。

(一)经济全球化的持续影响

随着经济全球化程度的日益加深,不同国家之间的经济联系越来越紧密。经济全球化所带来的影响是双重的:一方面,有利于世界经济的繁荣;另一方面,发生于一国的金融危机极易向其他国家蔓延。2008年从美国开始爆发的金融危机,引发了全球的经济危机和衰退。寻求通过建立有效机制来应对全球性的经济危机便成为全球治理兴起的重要背景之一。

(二)全球生态环境面临严峻挑战

新千年以来,全球生态环境状况不断恶化,全球气候变暖的严重后果已经引起了科学界和国际社会的高度重视。联合国在2001年2月份发表的一项报告中指出,在21世纪,全球极端的气候现象,例如热浪和暴雨发生的频率将会逐步加快,因此,海水水位上升、陆地上引发的洪水、泥石流滑坡以及雪崩等一系列的灾害性天气将会不断增加。随着全球气候的继续变暖,地球上的干旱、山洪、泥石流和瘟疫将成为21世纪人类的严重威胁。应对全球生态环境所面临的挑战需要世界上所有国家的合作,任何国家都不能凭借"诺亚方舟"而置身事外。

(三)国际贫富差距问题日益突出

经济全球化造成的高度不平衡不仅体现在国与国之间,也充分反映在一个国家内财富收入的差异上。富国愈富、穷国愈穷,富人愈富,穷人愈穷,成为不争的事实。不论是从世界范围还是从国家范围来看,有着良好地理位置和工业基础的地区,也吸引着资金和人才,这些地区凭借经济全球化的东风迅速发展起来,当地居民的生活水平也越来越高,相反,那些地理位置较偏,技术条件相对落后的地区则面临发展的难题,人民的生活水平也难以提高。这只能使贫富差距越拉越大,而贫富差距悬殊是诱发社会不安定的潜在因素。联合国经济和社会事务部的《2010年世界社会状况报告》指出,全球有14亿人生活在每天1.25美元的国际贫困标准线下,约占世界总人口数的1/5。长期忍受饥饿的人口数高达9.6亿,比20世纪90年代初上升了1.4亿。要解决这种不平等问题,需要发达国家和发展中国家的共同努力。

(四) 国际恐怖主义危机愈演愈烈

自20世纪中叶以来,国际上的恐怖主义组织活动频繁。最典型的是2001年的"9·11"恐怖袭击事件,它标志着世界范围内的恐怖主义已经达到了前所未有的阶段,声势浩大,气焰嚣张。国际恐怖主义是当今世界上国家、民族、阶级、宗教间各种尖锐复杂矛盾的集中反映。国际恐怖主义危机愈演愈烈,其猖獗与扩大,严重危害了世界的和平与发展,对世界各国人民的生命财产安全也造成了极大的破坏。随着高科技的发展,恐怖分子也采取了更为先进的技术为恐怖袭击活动服务,这也使得打击恐怖主义的难度越来越大。因此,在打击国际恐怖主义问题上,需要进一步加强各个国家之间的合作。

解决全球化所产生的诸多问题,需要积极促进各个领域的全球治理。全球治理领域亟须解决的核心问题是:全球共同关心的生态环境问题(全球变暖、生物多样性危机和生态系统损失、水缺乏)、人类可持续发展问题(消灭贫困、冲突防止、全球传染性疾病控制)以及全球竞赛规则(核不扩散、有毒废物处置、知识产权保护、遗传研究规则、贸易规则、金融和税收规则)。在相互联系日益增多的世界,全球性问题已不再是单个国家的行动可以解决的。若要充分解决这些紧迫的全球性问题,世界各国必须进行合作,采取集体行动,不断完善治理能力。全球治理的发展不仅有利于国家内部的社会稳定和经济发展,而且也有利于各国间的交流与合作,对推动国际社会安全、稳定、健康、有效地发展有着重要的意义。

二 全球治理的理论流派

全球治理的理论与实践紧密相关,全球治理实践的发展推动了全球治理理论的进步。追溯全球治理的历史渊源可知,20世纪40年代的威尔逊主义就被学界公认为20世纪的全球主义。威尔逊对集体安全观的推崇、威尔逊主义中内含的全球主义精神以及罗马俱乐部对人类共同体的关注都是全球治理理念的萌芽因素。美国学者莱斯特·布朗在1973年出版的《没有国界的世界》一书中把国际通信和飞机旅行的发展看作是建立了一个"全球村落"。他认为社会和经济交往的萌芽创立了一个"没有国界的世界",而互联网则使整个世界变小了。随着全球一体化进程的加快,各国间的冲突将被合作与共同体意识所取代,从而传统的国界已不复存在。

20世纪70年代以来,新自由主义学派代表人物罗伯特·基欧汉和约瑟夫·奈在其合著的《权力与相互依赖》一书中就将全球相互依赖的时代描述为:在全球经济、政治相互依赖的状态下,通过国际机制,国际合作是可能的;国际制度有助于克服国际政治的无政府状态,消除国际冲突,或将冲突限制在制度范围内;随着全球化的不断深化,国家或其他行为体会发现它们的价值观越来越受到他者行为的影响,因此,需要管理全球化。[①]由此可知,世界各国的联系日益密切,利益交错相连,正如蔡拓所言,"按照相互依存论的观点,世界变小,地球村的出现,使得国家在取得人类福利和安全方面所起的作用越来越小,而国际组织的作用则与日俱增。新自由主义在相互依存论的基础上,强调了国家中心范式正在向世界政治范式转变。这种新的国际政治范式凸显了非国家行为体的作用和国际合作的意义。"[②]

20世纪80年代以来,全球治理随着全球化进程的深入而逐步形成和发展起来。当前讨论"全球治理"问题的研究者,主要是西方的政治学家以及社会学家。他们不仅阐述了"全球治理"的价值、规则、主体、对象与可能带来的结果等,还把研究议题扩大到全球化、国际秩序、建构主义、公民社会、国家地位与主权、国际干预、国际组织、非政府组织、跨国公司等领域。总之,"全球治理"的研究视角比国家治理、地区治理等视角更为广博与包容。关于全球治理的主要理论流派,学者们的观点见仁见智、难以一致。杨雪冬将关于全球治理理论的主要流派归结为三种(见表3-1)。

---

① 〔美〕罗伯特·基欧汉、约瑟夫·奈:《权力与相互依赖》,门洪华译,北京大学出版社,2002,第311页。
② 蔡拓:《全球主义与国家主义》,《中国社会科学》2000年第3期。

表 3-1 三种全球治理的主要理论流派

	自由主义的国际主义	激进的共和主义	世界主义民主
谁应该统治？	人民通过政府、负责的国际组织以及国际体制	人民通过自治的共同体	人民通过共同体、社团、国家、国际组织，它们都服从世界主义的民主法律
全球治理的形式是什么？	多头政治——多元主义的分裂的体系，共同享有主权	民主政治——没有国家主权的功能性民主治理	异质政治——分割的权威体系，服从世界主义的民主法律
关键能动者/工具、民主化的过程	相互依存不断提高，关键的权力代理人在建立更民主/更合作的全球治理形式时有自我利益	新社会运动，全球生态、安全和经济危机的来临	宪政和制度的重建，全球化和区域化的加强，新社会运动，可能出现全球危机
民主思想的传统	自由主义民主理论——多元主义、保护性民主、社会民主——改良主义	直接民主，参与民主，公民共和主义，社会主义民主	自由主义民主理论，多元主义，发展型民主，参与民主，公民共和主义
全球治理的伦理	"共同的权力和共同的责任"	"人道的治理"	"民主自主"
政治变革方式	全球治理改革	可供选择的全球治理结构	重建全球治理

资料来源：杨雪冬《论全球化的文明化与民主化》，庞中英主编《中国学者看世界》，新世界出版社，2007，第87~88页。

1. 自由主义的国际主义

自由主义的国际主义最初由全球治理委员会倡导提出，其创始人是德国前总理维利·勃兰特和瑞典前首相卡尔松等人。进而在继承自由民主理论传统，奉行多元主义、保护性民主和改良主义等基础上，他们试图把一个国内自由民主形式转化为一个民主的世界秩序模式，并在《我们的全球之家》报告中认为，要避免生态危机，管理当代全球化进程导致的广泛社会、经济以及政治错位，需要在协商、透明和负责的原则基础上利用集体的力量进行合作；强调改革现有的全球治理结构，由人民通过政府、负责的国际组织以及国际体制实行全球治理；全球治理的形势是多头政治、多元主义的分类体系，全球人民拥有共同的权利和共同的责任等。

2. 激进的共和主义

激进的共和主义业已被公认为许多发达国家和发展中国家中社会运动和非政府组织的共同理论支柱。它的基础是存在多样的命运共同体和社会运动，代表着一种人道治理的规范理论，而非个人主义和理性的自利。由于其实用性，它的理论主张散见于一些社会运动的代表著作、行动纲领和其他文献中。该模式是一种从上至下实行全球秩序民主化和文明化的理论，试图实现没有主权国家的功能性民主治理。它强调依据某些共和主义原则，创造性地替代全球社会、经济和政治组织的机制，即公共的善居于显著位置的共同体自治，由人民通过自治的共同体实行民主政治。①

3. 世界主义民主

其思想传统主要源于自由主义民主理论、多元主义、发展型民主、参与民主以及公民共和主义等。罗西瑙、吉登斯和麦克格鲁等人设想为那些超出了民主控制的权利作出规定，以负责的原则和制度安排来重建全球治理。其主要理论观点是，在21世纪里每一个国家的公民必须学会成为世界公民，即一个能够协调民族传统、命运共同体以及其他生活形式的人；在未来的民主政治中，公民将拥有自己共同体的成员和更广泛的地区以及更广阔的世界秩序中的成员多种重叠的身份；人民将通过共同体、社团、国家、国际组织实行异质政治等——分割的权威体系，服从世界主义的民主法律；民主自主、宪政和制度的重建、加强全球化和区域化是政治权威和治理的合法形式，要通过一个递增的、增量的变革过程逐渐地将地缘政治社会化为民主的机构和惯例。

综合来看，在这三种理论流派中，自由主义的国际主义和世界主义民主是西方思想的主流，并且得到了官方的采纳或者默认，获得了制度上的支持。相比之下，激进的共和主义主要集中于民间，亦是许多社会运动和非政府组织的基本理论支柱，并且由于反映了许多发展中国家的看法，因此在发展中国家也相应地产生了诸多支持者与追随者。

三　全球治理的基本要义

（一）全球治理的内涵

全球治理是一个综合性概念。在一般意义上，全球治理就是指对各种全球公共事务的治理。把全球治理归结为某一个特定的方面，都可能会给我们理解全球治理带来障碍。

目前，国际上还没有形成一个较为明确统一的概念。与全球治理相类似的概念有"世界政治的治理""国际治理""世界范围的治理""国际秩序

---

① 参见邵鹏《全球治理：理论与实践》，吉林出版集团有限责任公司，2005，第59~60页。

的治理"和"全球秩序的治理"等，有时甚至将治理与全球治理的概念等同看待。蔡拓认为，全球治理是治理在国际层面的拓展与运用，虽然两者仍有不少区别，但在基本精神和核心内涵上显然是相同或相通的。正因为如此，全球治理的概念也就往往与治理的概念联系在一起，甚至在不少语境中被等同了。

詹姆斯·N. 罗西瑙是全球治理理论的主要创始人之一，他明确指出了全球治理与政府统治的不同：治理与政府统治不是同义词，它们之间有重大区别。他将治理定义为一系列活动领域里的管理机制，它们虽未得到正式授权，却能有效发挥作用。他说："与统治相比，治理是一种内涵更为丰富的现象。它既包括政府机制，同时也包括非正式、非政府的机制，随着治理范围的扩大，各色人等和各类组织得以借助这些机制满足各自的需要、并实现各自的愿望。"①

国内学者任剑涛认为，"从全球治理的范围来看，全球治理是超越各自有其主权诉求、利益差异和文化传统的民族国家范围，因而具有地域上的全球化蕴涵。从全球治理是一个治理而不是统治的定位上讲，它强调了全球治理诉诸国际规制而不是国家权力的制度特点。从全球治理是一个全球社会协作而保持的秩序化状态看，它给人们明确了全球治理乃是多方面积极介入、共同努力的一个治理过程和秩序结构。"②

全球治理研究的著名学者托尼·麦克格鲁则把全球治理定位为多层全球治理，并认为，"多层全球治理是从地方到全球的多层面中公共权威与私人机构之间一种逐渐演进的（正式与非正式）政治合作体系，其目的是通过制定和实施全球的或跨国的规范、原则、计划和政策来实现共同的目标和解决共同的问题。"③

戴维·赫尔德在《全球大变革》中提出，"全球治理不仅意味着正式的制度和组织——国家机构、政府间合作等——制定（或不制定）和维持管理世界秩序的规则和规范，而且意味着所有的其它组织和压力团体——从多

---

① 〔美〕詹姆斯·N. 罗西瑙主编《没有政府的治理》，张胜军、刘小林等译，江西人民出版社，2001，第5页。
② 任剑涛：《在一致与歧见之间——全球治理的价值共识问题》，黄卫平、汪永成主编《当代中国政治研究报告》，社会科学文献出版社，2004，第254页。
③ 〔英〕托尼·麦克格鲁：《走向真正的全球治理》，俞可平主编《全球化：全球治理》，社会科学文献出版社，2003，第151页。

国公司、跨国社会运动到众多的非政府组织都追求对跨国规则和权威体系产生影响的目标和对象。"①

从前述学者的研究中可以看出，全球治理的概念主要包含以下几层含义：第一，在治理主体层面上，包括主权国家、政府间国际组织、非政府组织以及跨国公司等；第二，在治理对象层面上，主要是针对全球性的问题；第三，在治理方式层面上，主要是以参与、协调、谈判等方式合作行动；第四，在治理目标层面上，主要是为了解决因全球化而产生的各种各样的全球性问题，以达到全球共治的目的，进而推动全人类社会的发展。总之，所谓全球治理，就是以主权国家、政府间国际组织以及非政府组织等机构，采取相互参与、谈判、协调等合作方式，共同应对因全球化而引起的全球性问题的挑战，最终达到全球共治。

（二）全球治理与世界治理

20世纪90年代初，"治理"一词被广泛应用于许多国际关系领域之中，而且，"全球治理""国际治理""没有政府的治理"等概念相继应运而生，尤其是"全球治理"一词更是频繁出现，但是，唯独"世界治理"（world governance）一词却很少被提及。②

全球化理论家鲍曼曾对"世界化（universalizing）"与"全球化（globalized）"作出过区分。他指出，全球化概念所传达的最深刻意义就在于世界事务的不确定、难驾驭和自力推进性；中心的缺失、控制台的缺失，董事会的缺失和管理机关的缺失。它是新的世界无序的别名。而世界化这一概念传达了建立秩序的意图和决心，它指一种普遍的秩序，即世界性的真正全球规模上的转型重建。

"世界"与"全球"在汉语中有着相近的意思。但是，在英文中"world"一词具有特殊的内涵，意思是被视为社会人的人类社会及某一个假定历史时期内部分地球及其居民的总和。从某种程度上说，汉语中的"世界"概念更偏向于英文中的"global"，而英文中的"world"的含义更接近于汉语中的"社会"，即在共同物质条件下而互相联系起来的人群。

---

① 〔英〕戴维·赫尔德等：《全球大变革：全球化时代的政治、经济与文化》，杨雪冬等译社会科学文献出版社，2001，第70页。
② 〔美〕小科尼利厄斯·F. 墨菲：《世界治理：一种观念史的研究》，王起亮等译，世界知识出版社，2007，第3~4页。

美国学者 F. 墨菲在《世界治理：一种观念史的研究》中梳理了世界治理理论发展轨迹中的四条线索：第一，学科演变经历了从神学到哲学再到法律最后到人类学的过程；第二，思想的批判和继承；第三，权威的来源：先前是上帝，最后是人；第四，世界治理的形式：先前是神圣罗马帝国，后来是世界市民社会或世界政治社会或世界政府。虽然关于世界治理的设计明显带有乌托邦色彩，但是为人们在全球化时代探寻合适的治理模式提供了有益的借鉴。①

(三) 全球治理与国际治理

现实生活当中，人们经常把全球治理（global governance）与国际治理（international governance）等同起来，但从学术角度来看，全球治理与国际治理并不相同，因为这两个概念的内涵是不同的：全球治理包含国际治理，而国际治理却不能包含全球治理。国际治理的内涵并不存在全球治理的要素。从许多学者们的研究结论中不难得出，国际治理的主体主要是主权国家和国际政府组织，而全球治理的主体范围要更加广泛，它不仅包括主权国家和国际政府组织，还包括国际非政府组织或私人部门与第三部门相关组织。

本质上，学术界将 20 世纪定位为一个国际治理的时代，而 21 世纪是一个全球治理开展的新纪元。② 与国际治理比较而言，全球治理的特征是减少主权国家的特性和增加非政府组织的关联、规范和规则制定的过程以及执行的监控。实际上，全球治理意味着多层次的治理，它不仅仅是在主权国家和国际政府组织的层次上，也在非政府组织和地方性组织的层次上。故而在国际治理上，主权国家和国际政府组织是规范和规则的提出者与制定者；而在全球治理上，除了包括上述两者之外，非政府组织也是规范和规则的提出者与制定者。

四 全球治理的原则

全球治理的原则主要包括合作、公平、民主以及政策有效性等几个方面。

(一) 合作

当今全球挑战要求我们承认并积极参与命运相互交织的各个国家与地区

---

① 参见邵鹏《全球治理：理论与实践》，吉林出版集团有限责任公司，2005，第 55～56 页。
② 曹俊汉：《全球化与全球治理：理论发展的建构与诠释》，台北：韦伯国际文化出版社，2009，第 203 页。

的合作，合作是关注全球性挑战的首要要求。合作并非对困境的简单承认，而是指并肩解决紧迫问题的意愿。没有发达国家与发展中国家之间的团结合作，联合国千年发展计划就不会实现。正如联合国前秘书长科菲·安南所言，上百万人过早和不必要的死亡使我们悲痛万分，因为挽救他们原本在我们力所能及的范围之内。就全球变暖和核扩散的挑战而言，我们需要为团结合作的含义增加可持续发展的内容，这就必须关心人民的未来。

（二）公平

公平是全球治理的要求之一。打破不合理的国际政治经济旧秩序，各个治理主体按照权责对等、责任与能力相统一的原则参与全球治理是十分必要的。按照伯格的观点，我们将公平理解为制度化秩序中尽可能履行人类权利的程度。当然大部分论述都认为公平包含着更多的要求，没能达到标准的制度化秩序是不公平的。相应地，现有的社会经济秩序没能满足千年发展计划的要求，不同国家在应对全球变暖以及核扩散等威胁带来的深远挑战的责任分配方面亦不公平，这就需要我们在发展全球治理的同时，不断促进社会公平，使得各个国家、政府组织、社会的各个方面的利益关系得到妥善的解决，促进各个国家和地区的合作。

（三）民主

民主是关注全球性挑战的第三个要求。在"民主作为一种政治价值已得到普遍承认，实行民主已成为世界性的潮流"[①]的时代，民主已成为公共权力合法性的重要而坚实的基础。"唤起人们注意民主必然的特点，不是其效果或来源而值得珍视的特点，而是就其本身而言就值得珍视的特点。"[②]如果说效能原则是人类工具理性的要求的话，那么民主原则则是人类价值理性的要求，是人类生活的理想状态。没有了后者，前者对人们来说是没有意义的。现代民主政治的产生，是人们追求自主权、平等权的结果。民主对自主权的肯定体现在两个层次：一是在个体层次上肯定个人有独立处理属于自己事务的权利；二是在社会层次上肯定社会成员参与社会管理的权利，即政治参与权。民主对平等权的肯定体现在两个方面：一是将公民权利普遍化，相互尊重对方的自主权；二是肯定平等协商的正当性而否定强制的正当性。

---

① 应克复等：《西方民主史》，中国社会科学出版社，1997，第1页。
② 〔美〕科恩：《论民主》，聂崇信译，商务印书馆，1988，第273页。

（四）政策有效性

政策有效性是全球治理的最后一个要求。全球治理所涉及的治理范围比较宽泛，可以较为有效地管理和控制地区性和全球性风险，克服以民族国家为主体的风险管理制度的不足。例如，全球生态风险、区域性金融风险等。而全球治理体系可以通过政府间的合作，政府与国际组织、非政府组织的协商与合作，公共机构与私人机构的协作等各种主体间的互动来处理和控制这些超越了民族国家政府管辖权限的风险与危机。作为国际公共管理的一种新趋势，有效的全球治理政策无论在理论上还是实践上都具有十分积极的意义。

五　全球治理的分析框架

人们通常认为，全球治理就是指通过具有约束力的国际规制（regimes）解决全球性的冲突、生态、人权、移民、毒品、走私、传染病等问题，以维持正常的国际政治经济秩序。全球治理权威学者安东尼·麦克格鲁认为，"全球治理不仅意味着正式的制度和组织以及维持管理世界秩序的规则和规范，也意味着所有其他组织和压力团体，从多国公司、跨国社会运动到众多的非政府组织，都追求对跨国规则和权威体系产生影响的目标和对象。显然，联合国体系、世界贸易组织以及各国政府的活动是全球治理的核心因素，但是，它们绝不是惟一的因素。如果社会运动、非政府组织、区域性的政治组织等被排除在全球治理的含义之外，那么，全球治理的形式和动力将得不到恰当的理解。"①

从通行的全球治理概念来看，全球治理包含五个基本要素：全球治理的价值、全球治理的规制、全球治理的主体、全球治理的对象或客体，以及全球治理的结果。一些学者也把这些要素分解成五个问题：为什么治理？依靠什么治理或如何治理？谁治理？治理什么？治理得怎样？②

（一）全球治理的价值

全球治理的价值，一般体现为全球治理倡导者在全球范围内所要达到的理想目标。从这些倡导者的主张看来，这些价值应当是超越国家、种族、宗

---

① 〔英〕戴维·赫尔德等：《全球大变革：全球时代的政治、经济与文化》，杨雪冬等译，社会科学文献出版社，2001，第 70 页。
② 参见俞可平《全球治理引论》，《马克思主义与现实》2002 年第 1 期。

教、意识形态、经济发展水平的全人类的普世价值。关于全球治理的价值，全球治理委员会在《我们的全球之家》中作了较为充分、全面的阐述。该委员会相信："要提高全球治理的质量，最为需要的，一是可以在全球之家中指导我们行动的全球公民道德，一是具备这种道德的领导阶层。我们呼吁共同信守全体人类都接受的核心价值，包括对生命、自由、正义和公平的尊重，相互的尊重、爱心和正直。"为了在全球范围内实现这些普世价值，该委员会还为全世界公民规定了相应的权利和义务。这些权利包括：安全的生活；公平的待遇；为自己谋生和谋取福利的机会；通过和平手段解决人们之间的争端；参与各级治理；为摆脱不公正而进行自由、公平申诉的权利；平等的知情权；平等地分享全球共同利益的权利。相应的义务是：考虑自己的行为对他人安全和福利的影响；促进平等，包括性别平等；追求可持续发展，保护人类共同资源，维护子孙后代的利益；保护人类的文化和知识遗产；积极参与治理；努力消弭腐败。

（二）全球治理的规制

全球治理的规制，就是维护国际社会正常的秩序，实现人类普世价值的规则体系。具体地说，国际规制是一种具有法律责任的制度性安排，表明国际政治生活的规范化。国际规制包括调节国际关系和规范国际秩序的所有跨国性的原则、规范、标准、政策、协议、程序。从某种意义上说，国际规制在全球治理中处于核心的地位，为全球治理提供基本原则与规范，使各个层面的国际合作成为可能，促进全球治理。詹姆斯·N. 罗西瑙认为，正是由于国际规制在维护当代世界秩序中的实际作用，在国际政治生活中才会出现一种"没有政府的治理"的新治理体制。在传统的国际关系体系中，国际事务的协调主要依靠建立在实力基础上的大国的主导。其中利益相关者之间要按照普遍认可的规则来调节自身的行为，以便发挥各个主体在国际事务中的自治作用。

（三）全球治理的主体

全球治理的主体，即全球治理的主要行为者或执行者，是指制定和实施全球规制的组织机构，在全球治理中切实发挥作用。全球治理的主体是多层次、多中心的，是全球化时代国际政治中的"权威空间"，它是由世界政治的不同行为体建构起来的一个全球性、变动复杂的价值分配过程。概括地说，全球治理的主体主要有三类。

1. 主权国家

主权国家，主要指具有一定地理区域和人口，通过以强制力为后盾的机构对内行使最高权威，同时对外不承认有高于它的合法权威的组织形式。主权国家在全球治理中具有不可替代的作用。首先，国家是有效解决全球性问题的重要主体。主权国家的政府对于政治经济以及社会资源拥有绝对的控制权，决定着参与全球治理的有效性。在冷战后，全球治理特别针对那些需要各国共同面对的发展难题，如工业化所带来的自然环境的恶化、人口膨胀、贫富差距、地区冲突和核武器扩散等。这些问题不单单是某个国家的问题，也不是任何一个国家所能够单独解决的。它使人类社会成为一个命运的共同体，只有加强多元行为体间的合作，实施全球治理。其次，对于发展中国家来说，主权国家还是民族利益的体现者和最终维护者。因为全球化是以西方发达国家为主导的，发展是不均衡的，甚至在某种程度上还拉大了南北发展的差距。尤其美国极力推行市场经济观念和民主价值理念，并以此来对一些国家施压。这成为冷战后国际关系中冲突和矛盾的焦点。许多发展中国家为自身的利益考虑，对西方的理念和制度采取批判吸收的态度，强调国家主权的原则。

2. 政府间国际组织

政府间国际组织（IGO）又称国际政府组织，是全球治理中另一重要的主体，但其行动却有赖于各国政府的支持，因为政府间国际组织的经费来源以及运作过程的主要配合者都是主权国家政府。一般来说，政府间国际组织是指两个以上国家的政府，经议定的协议而创立的机构，其成员仅限于主权国家。如果从地理角度来分，可以划分为全球性和区域性组织，前者如联合国，后者如非洲统一组织、阿拉伯联盟、东南亚国家联盟等；如果按功能来分，可以划分为全面的和专门的国际组织，前者如欧盟，后者如世界贸易组织、世界卫生组织、石油输出国组织等。

政府间国际组织正在向旨在促进和实现全球治理的多边合作机构转变，其本身的特点亦有助于其提升能力。其主要特征是：第一，稳定性。政府间国际组织是主权国家政府组成的固定机构，有财力、人力等资源的长期保证。第二，权威性。成员国加入政府间国际组织必然要通过宣言或协约的形式，使它们在某种程度上取得国家在国内一样的权威地位，起着发动者、监督者和管理者的作用。第三，专业性。它们多是成员国根据某一特定领域和特定问题而建立和发展的。第四，自主性。它们成为国际政治结构的一部分，是独立的行为体。

目前，政府间国际组织在参与全球治理的实际行动中起着难以替代的作用，因为大多数正式的全球治理活动都是通过固有的国际组织进行的。这主要体现在：第一，可以为各国通过外交努力、协调关系、促进合作，进而达成解决全球性问题的共识，提供一个固定的平台。例如，世界卫生组织（WHO）帮助各国控制疾病；联合国教科文组织（UNESC）帮助解决教育问题等。第二，针对某些全球性问题，收集提供信息。联合国计划发展署每年就提供了大量的有关各国经济、人口、社会等问题的数据。第三，进行管制和分配。例如，国际货币基金组织（IMF）的货币政策，联合国对使用武力的规定，世界银行为欠发达国家提供经济援助等。

3. 国际非政府组织

非政府组织（NGO）肇始于20世纪40年代，就是指那些非政府的和不以利润最大化为首要目标的社会组织。其范围大致包括独立部门、第三部门、民间组织、志愿组织等。而国际非政府组织是联合国对于非政府组织跨国的发展和合作的概括。如今，国际非政府组织的活动领域涉及社会生活的方方面面。其中比较知名的有：国际人权同盟、绿色和平组织、国际红十字会等。

国际非政府组织主要借助跨国活动参与全球治理，其重要目的就是与国际政府间组织相协调，其行为方式主要是影响国家政策，参与地方治理等。应该说，国际非政府组织对于全球治理的发展起到了切实的推动作用：（1）发起和推动了如生态的、维护世界和平的跨国社会运动。例如，国际救助联盟承担了全球90%以上的船舶救助、打捞作业；在1999年的车臣局势恶化中，国际红十字会等非政府组织与联合国难民署一起应对了20万逃亡居民的安置工作。（2）在与其他行为体协调方面，国际非政府组织有效地弥补了国家在处理国际事务中手段的不足，有利于建立和规范国际价值观以及改革国际制度。（3）在影响国家政策方面更为突出，许多国际非政府组织都建立了各自专业领域的数据收集和分析中心。总之，国际非政府组织以其"高于个人，低于国家却又跨越国家"的性质，在组织体制、结构以及活动方式上具有国家和政府间组织不具备的灵活性和专业性，对于妥善解决全球性问题，协调各层次治理主体的关系发挥着不可或缺的作用。

（四）全球治理的对象

全球治理的对象即全球治理的客体，主要涉及国与国之间相关的国际性的公共事务，大致包括已经影响或者将要影响全人类的跨国性问题。这些问题很难依靠单个国家得以解决,而必须依靠国际社会的共同努力。目前各国学者公认的需要通过全球治理机制加以关注和解决的问题主要有:(1)全球安全,包括国家间或区域性的武装冲突、核武器的生产与扩散、大规模杀伤性武器的生产和交易、非防卫性军事力量的兴起等;(2)生态环境,包括资源的合理利用与开发、污染源的控制、稀有动植物的保护,如国际石油资源的开采、向大海倾倒废物、空气污染物的越境排放、有毒废料的国际运输、臭氧衰竭、生物多样性的丧失、渔业捕捞、濒危动植物种、气候变化等等;(3)国际经济,包括全球金融市场、贫富两极分化、全球经济安全、公平竞争、债务危机、跨国交通、国际汇率等等;(4)跨国犯罪,如走私、非法移民、毒品交易、贩卖人口、国际恐怖活动等等;(5)基本人权,如种族灭绝、对平民的屠杀、疾病的传染、饥饿与贫困以及国际社会的不公正等。

(五) 全球治理的效果

诸多实践表明,全球治理对于维护公正的国际秩序是有效的,而且这种效果可以通过一定的评估标准加以测定。即使像大赦国际这样的非政府组织,也有学者认为对于保护国际人权起到了实际效用。例如詹姆斯·N.罗西瑙说:"大赦国际的个体成员的工作是处理非法监禁和刑讯逼供的特定案例,但是他们的集体努力对于维护全球秩序作出了实质性的贡献。"① 另外,全球治理的绩效,集中体现为国际规制的有效性。有两类因素影响国际规制的绩效,一类是国际规制本身的制度安排,一类是实现这些制度安排的社会条件和其他环境条件。有的学者具体分析了影响国际规制的若干要素,它们是:国际规制的透明度、完善性、适应性、政府能力、权力分配、相互依存和知识基础。②

第二节 全球治理的实践及评价

虽然关于治理和全球治理的理论逐步趋于成熟,但是一些概念仍具有模糊性,在一些重大问题上还存在较大争议。不过,这一理论无论从实践上看

---

① 〔美〕罗西瑙:《世界政治中的治理、秩序和变革》,〔美〕詹姆斯·N.罗西瑙主编《没有政府的治理》,张胜军等译,江西人民出版社,2011,第6页。
② 参见奥兰·扬《国际制度的有效性》,〔美〕詹姆斯·N.罗西瑙主编《没有政府的治理》,张胜军等译,江西人民出版社,2011,第186~215页。

还是从理论上看都有十分积极的意义。从实践上看,冷战结束后,国际政治格局面临着重大调整,作为唯一超级大国的美国在对外政策上呈现出单边主义态势,全球治理强调国际关系的公平和公正,客观上有利于消解和制约单边主义和霸权主义。随着全球化进程的日益深入,国家主权事实上受到严重削弱,而人类所面临的经济、政治、生态等问题则越来越具有全球性,需要国际社会的共同努力。全球治理顺应了这一世界历史发展的内在要求,有利于在全球化时代确立新的国际政治经济秩序。同时,我们也要认识到全球治理的内在不足和外在困境,只有对全球治理的困境与不足有了充分认识,才能进一步厘清优化全球治理的路径。

一 全球治理的困境

有关全球治理的困境与难点,学界各有所述、莫衷一是。庞中英指出,这个世界到底能否治理等当代政治学亟须解决的关键问题,以及全球化大争论中提出的政治生活的中心问题,即由谁来治理,根据谁的利益来治理,为了什么目的治理,用什么手段治理等问题依然存在。俞可平认为,全球治理的困境主要有:首先,全球治理的过程很难彻底摆脱发达国家的操纵;其次,全球治理的规制和机制大多由西方国家所制定和确立,全球治理在很大程度上难免体现发达国家的意图和价值;再次,过分弱化国家主权和主权政府在国内和国际治理中的作用,客观上有可能为强国和跨国公司干涉别国内政,推行国际霸权政策提供理论上的支持,有可能成为某些国家和跨国公司干预别国内政,谋求国际霸权的理论依据。简言之,不仅全球治理会被扭曲,而且全球治理理论本身也有可能被扭曲和被人用来为强权政治辩护。[①]任卫东梳理、剖析了全球化过程中,国家主权弱化的表现:一是主权让渡逐渐增多;二是主权弱化问题日益凸显,主权弱化表现在自治、独立等多个方面;三是主权的实现程度与以往相比大为下降。[②]刘雪莲则提出了全球治理中的三大矛盾:一是作为主要国家行为体的主权国家与多元治理主体所构成的国际关系体系之间的矛盾,二是全球利益的实现与国际关系中国家利益的实现之间的矛盾,三是全球治理过程中个体国家行为与全球规制之间

---

① 俞可平:《全球治理引论》,《马克思主义与现实》2002年第1期。
② 任卫东:《全球化进程中的国家主权:原则、挑战及选择》,《国际关系学院学报》2005年第6期。

的矛盾也很突出。① 我们认为，全球治理的困境与难点主要体现在以下五个方面。

（一）全球治理理念的不足

全球治理的基础是存在一个被广泛接受的全球性共同价值体系。然而，目前世界范围内并不存在这样的共同价值体系。正如有的学者所言，自由、民主、人权固然是人类文明的共同财产，但社会制度、发展水平不同的国家和民族，价值标准并不相同。从"全球治理"主张者对人权、民主、自由的论述来看，的确是基于西方标准。在某种意义上说，全球治理论者是把西方式的民主、自由和人权价值观作为"全球的共同价值观"。但不同主权国家之间在全球治理价值体系上的不同认识和理解客观存在，必然导致治理理念的瑕疵，这成为阻碍全球治理有效推行的一个基本困境。

（二）全球治理的主体缺陷

全球治理是一种多元行为主体的合作治理过程，除了国家这个基本治理主体外，还包括几乎所有与国际社会发生关系的主体，即政府间组织、非政府组织、全球公民社会、跨国公司等。要有效落实全球治理，一方面需要增强各参与主体的能力，另一方面需要建立有效的合作机制。但从现实来看，基于全球性问题本身的复杂性和国际机构体系的惯性，各行为体在面临集体解决问题的手段、目标、成本出现分歧时难免会有无能表现，导致各行为体难以采取集体行动，使全球治理呈现出"无政府状态"。许多人尽管在影响自身的全球性问题中都是利益攸关者，但仍被解决这些问题的政治机构或战略排除在外。可见，全球治理过程中主体多元化的特点，并不一定带来"善治"结果，相反却可能是主体缺位的困境。

（三）全球治理的对象模糊

跨国问题涵盖全球众多领域，大致包括政治、经济、文化、环境、军事等诸多层面，其治理对象纷繁复杂，较难具体理清细致化的范围，进而不易被充分理解、领悟。同时，国际问题上政府间没有明确的工作分工，存在功能交叠、指令冲突、目标模糊等问题；国家间权力不平衡以及国家行为体与非国家行为体在制定全球公共政策过程中的权力不平衡，导致目前国家行为

---

① 刘雪莲：《理念还是现实：论全球治理中的矛盾性》，《吉林大学社会科学学报》2008年第1期。

体与非国家行为体之间的对话与协商机制还不健全。这必然导致难以采取有效的行动，阻碍全球治理的有效落实与良性发展。

（四）全球治理的平台缺失

全球治理关注人类共同的平等、民主、人权、经济、环境、健康等全球性问题，这些超越单一国家主权管辖范围的全球性公共问题，必然需要在一个国际治理平台上通过不同国家之间的协商与谈判才能得以解决。然而，目前对于大部分全球性公共问题而言，都缺乏一个有效的国际平台。以全球环境保护为例，2009年12月7日召开的哥本哈根气候峰会，是第二次世界大战结束以来规模最大、受到最多关注的一次全球性会议，被人们寄予厚望。但结果却只是一纸没有法律效力的哥本哈根协议。绿色和平组织在大会闭幕后发表声明，对峰会的结果表示"极度失望"，认为"各国元首错失了拯救人类气候的最佳历史时机"。这说明在缺乏有效国际治理平台的情况下，国际社会解决全球性问题的能力是脆弱的。

（五）全球治理的效果欠佳

全球治理是通过一定的国际机制形成全球治理的决策，进而依据该决策做出应对和解决全球性公共问题的方案。而国际机制最大的功能是制约和调节国际社会行为体的行为，使其行为受制于被普遍接受的准则、规则和惯例。[①] 为此，要保证全球治理的决策成为各参与主体遵守的行为准则，就离不开中立的裁判方和一定的强制执行力。当作出某项义务承诺的主体不履行其承诺时，需要对其行为的是非对错进行裁断，同时对该行为体的错误和不当行为进行强制执行，但显然目前还不具备这样的条件，由此必然导致全球治理缺乏有效性结果。

二 优化全球治理的对策

全球化与全球问题的出现，揭示人类整体性发展趋势的极大增强，展示了历史发展的既定方向和进程，人类整体性发展趋势是主流趋势，世界处于日趋紧密的相互依存的状态。从本质上说，全球化和全球问题使国际合作的空间和范围不断拓展，有望逐步成为主导性关系，国家和非国家角色正在把权力集中于国际机制、国际制度和国际组织，这就是全球共治的开始。因此，我们必须建构一个全球共治的新理论。这一理论的核心原则就是全球共

---

① 倪世雄：《当代国际关系理论》，复旦大学出版社，2001，第362页。

治，即全球多边主义合作基础上的共同治理。基本变量是多边主义和以国家为重点的行为者实践，其基本变量关系是两者相互作用。可以说，全球共治具有比全球治理更广泛的内涵。

第一，治理主体或单元的广泛化。它具有最广泛的治理主体或单元，从个人、群体、国家、国家间或跨国家等全球社会的所有角色，承认各种力量的合理性以及合作的可能性，强调它们最广泛的参与和多元合作及其实践活动。

第二，治理客体或对象的广泛化。它具有最广泛的治理客体或对象，内含全球层面、区域层面、次区域层面、其他多边与双边层面、国家层面和地方层面各种问题的治理，而不仅仅是全球问题的治理。

第三，治理方式的多样化。它既包括非政府治理，也包括政府治理，特别强调国家共同治理的核心作用，其中，给予大国合作共治以足够的关注。这是全球共治与全球治理的最大区别。国家共同治理的衡量指标是：（1）超越冷战思维，具有开拓意识以及共同治理的理念、觉悟和认同，基于对国际形势与挑战的一致判断、对共治价值的肯定，并经由沟通形成互信、互利、平等协商，尊重多样文明，谋求共同发展与繁荣，这是观念层面的指标。（2）保障全球军事安全、经济安全、环境安全、社会安全等综合安全，促进全球政治、经济和社会稳定与发展，世界各国的共同利益得以实现，这是利益层面的指标。（3）机制不断发展和完善，形成多层次、多领域、高效率的会晤、协商机制和多边合作机制及其载体，在并不需要弱化国家主权的情况下，世界各国在一个制度化的框架内，可以就共同关心的问题进行磋商、决策、执行和监督，从而使一国无能为力的问题以较低的成本得到妥善的管理和解决，这是制度层面的指标。

第四，制度建设途径的多元化。全球共治制度建设的主要途径是"建制""改制"与"转制"。全球共治仅仅依靠找出共同利益、扩展共同利益是远远不够的，在共同利益之上必须要有制度才行。

第五，治理原则的细致化。全球共治成功的关键是贯彻多边主义原则和实践原则。

总之，全球共治既是一种思维方式和理论，也是一种行动主张和规范。它不仅是一种融合现实与趋势的意识，还指向实践，努力介入全球社会的整合。[①]

[①] 参见俞正梁、陈玉刚《全球共治理论初探》，《世界经济与政治》2005年第2期。

第三节　中国参与全球治理的现状与未来

冷战结束后，信息化、市场化和民主化的剧烈浪潮给发展中国家带来了难得的机遇与挑战，原有工业社会中的各种制度性框架也面临着改变。因此，各民族国家之间更出现了政治制度的竞争和文明的冲突。各国政府为了在变化的世界中维护民族利益，就必须把推动政府治理变革作为一项最为紧迫的任务。作为发展中的大国，中国在政府改革或者参与全球治理中，均需要一种符合本国国情、不同于西方主流理论的特殊视角，而且中国模式的全球治理理论和实践正为世界提供着有益的经验与启示。

一　中国参与全球治理的现状

（一）中国参与全球治理的政策取向

改革开放以来，随着中国逐步融入全球化，全面参与国际事务的处理，中国与世界的联系日益紧密。这既表现为中国已经接受了绝大多数的国际法规和制度，努力创建和参与国际机制，也表现为中国已经越来越主动地同其他国家的政府以及以联合国为代表的政府间国际组织一道解决各类全球性问题，还表现为中国对于国际非政府组织进入中国以及本国非政府组织走向世界抱更加自信、理性和支持的态度。作为当今国际社会中更加开放和自强的一员、全球化进程中为数不多的受益者、一个拥有辉煌历史的文明古国，以及当今世界最大的发展中国家和社会主义国家，在越发明显地表现出参与全球治理的政治意愿的同时，中国也面临着参与全球治理的物质基础和财富积累仍显缺乏，以及与西方国家在政治体制、价值观念、文化传统等方面都存在着摩擦甚至是冲突等问题的制约。因此，尽管西方世界要求中国承担更大全球义务和国际责任的呼声日益高涨，但由于中国自身历史文化和价值诉求的特殊性，使得中国一方面感受到了全球治理的必然性和合理性，从而加大了参与国际事务并与国际社会接轨的自觉性和力度；另一方面，对全球治理中西方世界强调和关注较多的非领土政治、全球公民社会等理念又有较多的保留。

1. 中国政府提出建设"和谐世界"的目标

2005年4月，在雅加达召开的亚非峰会上，中国国家主席胡锦涛首次提出了"共同构建一个和谐世界"的主张。并于当年9月在联合国成立60

周年庆典上,"建立持久和平、共同繁荣的和谐世界"的新理念得到了系统阐述。它显示冷战结束后,继新安全观、新文明观、新发展观及"与邻为善,以邻为伴"的周边外交方针和"睦邻、安邻、富邻"的外交政策之后,中国更明确了其在世界全球化中的国际责任,即"把自身发展与人类共同进步联系在一起,既充分利用世界和平发展带来的机遇发展自己,又以自身发展更好地维护世界和平、促进共同发展",同时以更开放包容的心胸消弭所谓"中国威胁论",把中国的发展融入变革的世界中,表达中国政府和人民致力于世界和平发展道路的目标所在——建立一个人与人之间、民族与民族之间、国家与国家之间、人类与自然之间和睦相处的现实主义新世界。基于全球治理的大趋势,毋庸置疑,"和谐世界"理念可以看作是中国官方提出的"全球治理"版本。"和谐世界"论述实际上指出了对全球化进行管理的基本目标。

2. 中国政府提出"积极改善全球经济治理结构"

2011年11月3日,在法国戛纳召开的二十国集团领导人第六次峰会上,中国国家主席胡锦涛发表了题为《合力推动增长,合作谋求共赢》的重要讲话,积极呼吁改善全球经济治理结构。胡锦涛指出:"坚持在改革中完善治理。国际金融危机凸显了全球经济治理体系的弊端,也促使我们开启了推进全球经济治理新体系建设的历史进程。我们注意到,国际金融机构和金融监管改革取得一定进展,新兴市场国家和发展中国家代表性和发言权有所增加。同时,我们也应该看到,国际货币体系、国际贸易体系、大宗商品价格形成机制等仍需大力改革和完善。我们应该稳妥推进国际货币体系改革,扩大国际货币基金组织特别提款权的使用,改革其货币组成篮子,建立币值稳定、供应有序、总量可调的国际储备货币体系。继续以自由贸易为旗帜,反对贸易和投资保护主义,坚定推动多哈回合谈判,重申不采取新的贸易保护主义措施的承诺,致力于建立公平、合理、非歧视的国际贸易体系。我们应该推动形成更加合理透明的大宗商品定价和调控机制,扩大产能、稳定供求、加强监管、抑制投机,实现和保持大宗商品价格合理稳定,着力保障全球能源安全和粮食安全,尤其是要保障发展中国家能源和粮食消费需求。我们应该坚持推进改革的决心不动摇,朝着更加公正合理的全球经济治理体系不断迈进。"

(二)中国参与全球治理的理论分析

面对全球治理的逐步兴起与日趋完善,一个开放的中国必然要作出独立的思考与回应。但一个不容忽视的问题是，全球治理对于中国和西方发达国家而言，由于各自的发展阶段、国际地位和历史文化传统不同，所以无论学术界关注的重点和研究视角，还是具体的实践，都会产生差异。全球治理的理论产生于西方，它更多地反映了发达国家对全球化时代国内国际事务的见解（包括困惑、挑战、期望和预测），而这些见解无不以现实为依托，尽管程度不同。从目前西方全球治理研究关注的焦点来看，主要集中于非领土政治和全球公民社会的定位。正是这两个定位决定了西方全球治理研究的特殊视角，即全球层面和跨国层面的机制、关系与活动，特别是全球公民社会所参与或试图介入的机制与活动，涉及全球公民社会、超国家组织和政府间国际组织以及它们之间的互动。对突破联合国和多边主义框架、由全球公民社会倡导和推动的全球层面与跨国层面的活动和新机制的建立持慎重态度。由此决定了中国关注和研究全球治理的特殊视角，在国家层面和本国范围内认同并推动全球治理。

第一，把全球治理内化为本土的跨国合作。全球治理最初是诸多行为体在全球层面和跨国层面通过对话、协商、合作来应对全球问题，管理人类公共事务。如遏制全球变暖、防治艾滋病、打击恐怖主义、防范金融危机等等。中国无疑已经参与并将更积极参与国际社会的诸多治理活动，从而感受到全球治理的挑战与趋势。但毋庸讳言，由于主要以国家或政府的身份参与国际事务，因此，对中国而言全球层面的全球治理似乎与原来的国际治理并无区别。但是国内日益增多的跨国合作，为中国逐步勾勒了一个全球治理的新视角。这就是把全球治理从模糊的全球层面内化到清晰的国家层面，在本土通过实施诸多跨国合作项目来感悟全球治理，并在这一过程中加深对全球治理的认同。虽然现象上只是国家层面的治理，但其意义却是全球的，因此也符合全球治理的基本含义。比如在中国环境、防治艾滋病和戒毒领域，存在着广泛的跨国合作。既有发达国家，又有以联合国为代表的政府间国际组织，还有国际上有影响的非政府组织，它们构成国际纵队，同中国中央政府、地方政府、非政府组织一起，开展着颇有成效的治理工作。这无疑属于全球治理的范畴。因为中国在上述领域的进展与成就，既符合全人类的利益，也有助于推进全球层面的环境治理和公共卫生状况的改善。所以，全球治理不能仅局限于全球层面的治理，也应关注国内层面的治理。

第二，把全球治理锁定于全球问题的治理。全球治理的范围极为广泛，基本遍及政治、经济、文化、军事、社会等人类生活的各个领域。中国视野中的全球治理既然定位于国内层面的全球治理，那么所治理的对象就必须有所选择与限定，而在我们看来，最恰当的国内层面的全球治理对象，莫过于那些关涉人类生存与发展的全球性问题。这是因为：一方面，全球问题具有真正的全球性、公共性。全球治理所涉及的是人类公共生活，不是某一地区、某一国家、某一民族、某一团体的事务，全球问题恰恰符合这一特点。另一方面，全球问题具有超意识形态性①，便于进行跨国合作，也易于避免某些政治上的麻烦与冲突。全球问题所带来的挑战就是人类面临的共同挑战，它所关涉的利益就是人类的共同利益，它不因你是社会主义国家就不存在，也不因你是发达国家就可避免，它反映了人类社会生活中更一般的内容。全球问题的这一显著特点，不仅有助于在全球层面达成合作的共识，形成有约束力的机制与条约，尤其适于在国内层面开展跨国合作，实施全球治理。总之，将国内层面的全球治理对象锁定为全球问题不仅是适宜的，而且是现实可行的。它既为全球层面的治理主体介入存在于一国但却有全球影响的事务提供了可能，又能为主权国家所接受。中国的实践就是一个力证。自改革开放以来，中国已在环境、戒毒、防治艾滋病领域开展了大量的跨国合作，吸纳了大批资金、技术，卓有成效地推动着全球治理，可以说为在国内层面以全球问题为平台实施全球治理提供了很好的经验。

第三，把全球治理植根于本国公民社会的培育和基层民主的建设。治理和全球治理不同于国家统治最重要的一点是，前者依托于公民和公民社会，而后者则依靠国家、政府的权威与强制。治理和全球治理的过程就是还政于民的过程，就是公民社会成长、民主精神弘扬的过程。反之，没有较为发展的公民社会，缺乏具有公共精神和民主素养的公民，也就不存在名副其实的治理和全球治理。目前，中国日益融入全球治理的大环境之中，而且更加切实地注重国内公民社会的建设与基层民主的逐步推进。所谓基层民主，就是指中国广大农村和城市居民所能直接感受并行使的民主。扩大基层民主的一个重大举措则是推进社会自治，而社会自治恰恰是全球治理的精髓。公民社会越成熟，社会自治的要求越强烈，从而就会导致社会自治范围的扩大与程度的提高。由此可见，培育国内公民社会和加强基层民主建设是相辅相成的，自觉地认识到这一点，能够使中国在全球治理中有更大的收益。

---

① 全球问题的超意识形态性是指其存在的普遍性、挑战的共同性、利益的相关性。

(三) 中国参与全球治理的基本特点

全球化了的中国一个显著的特征是,中国与世界之间建立起广泛的物质的利益关系。作为一个发展中国家,中国要在参与全球治理的过程中,最大限度地维护国家主权,增进国家利益,并且在国际事务中发挥更大的作用,就必须形成一整套应对全球化时代政治的战略策略。第一,从参与主体来看,中国参与全球治理应以政府组织为主体,其他组织为辅助;第二,从参与领域来看,应以全球的反对恐怖主义、环境保护、维护民族与宗教和平发展为主体,以其他全球经济发展为辅助;第三,从制度方面来看,以接受既定规则为主,在规则制定中的影响力不够。

二 中国参与全球治理的成效与不足

(一) 中国的全球化程度

尽管中国是全球化进程中的后来者,但中国在过去的20多年中已经全面加入全球社会中。除了在人员、物质等方面有广泛的国际交往外,更重要的是,制度意义上的全球化也在逐步深化。市场经济体制和政治文明的提出标志着中国的制度转型是面向全球的、开放式的。中国在全球化进程中的身份正从主动的学习者向积极的建设者转变。2010年,在统计的全球60个经济体的全球化程度排名中,新加坡位居第一,中国香港位居第二,中国内地则仅列第40位。下面笔者就中国的全球化程度列举如下:[①]

第一,中国的经济依存度。经济依存度指的是一个国家整合全球经济的程度。它包含多种具体指标,最常用的指标是对外贸易依存度和资本依存度。中国的对外贸易依存度一直处于不断上升的状态,最初1985年仅为23.1%,2011年已经上升到了50.1%。从资本依存度来看,中国资本的长期跨国流动程度不断增大,1990~1995年,中国的资本依存度由41.8%提高到61.6%,当时来看已经达到了较高的水平。但由于受到亚洲金融危机的影响,1997~2000年,中国的资本依存度有所起伏,此阶段处于极其不稳定的阶段。2001年以后,受到中国成功加入世界贸易组织利好的影响,中国的资本依存度再度提高。目前,中国已经是世界上仅次于美国的第二大引进外资国。[②]

[①] 参见中国国家旅游局网站:http://www.cnta.com,2010,最后访问日期:2012年3月1日。
[②] 参见《中国统计年鉴2011》,http://www.stats.gov.cn/tjsj/ndsj/2011/indexch.htm,最后访问日期:2012年12月10日。

第二,中国的对外交流程度。一个国家的对外交流程度是指国家作为一个政治主体参与国际事务的程度,它包括一个国家建交国的数量以及加入国际性组织的数量等指标。自1978年以来,中国一直以自己的方式积极参与国际事务,并根据本国的具体情况和自身实力逐步扩大参与的范围。截止到2011年7月31日,中国已与172个国家建立了外交关系①。中国加入的国际和地区组织数量已从1995年的38个上升至2012年的86个②。在联合国、世界贸易组织、世界经济论坛、二十国集团以及红十字国际委员会等重要国际组织中,中国均发挥了相当重要的作用。

第三,中国的对外经济贸易程度。国家的对外经济贸易程度反映一个国家的国民经济与世界经济联系的紧密程度,也是从经济的角度反映一个国家的全球化程度。中国的对外贸易额逐年提高,且上升的势头较快。中国的货物进出口总额已从2006年的17604.4亿美元,上升至2010年的29740.0亿美元。中国的实际使用外资额已从1985年的47.60亿美元,上升至2010年的1088.21亿美元。中国的对外经济合作也是逐年加强,完成营业额从1976~1988年的60.91亿美元,上升至1989~2010年的5030.90亿美元。③这些数据足以说明中国参与全球经济贸易的程度是逐年上升的,中国增强了与世界经济的联系,促进了经济的全球化,对世界经济的发展也起到了举足轻重的作用。

(二) 中国参与全球治理的成效

尽管全球化拓宽了政府活动的空间和领域,但全球化也对政府治理提出了全方位的挑战。中国在全球治理方面取得了一些成效,如防止沙漠化、反对恐怖主义、节能减排、人权问题、支援非洲国家等,提升了整个国家的国际形象和国际影响力。

第一,中国积极推动全球经济的复苏。中国在制定经济复苏政策时,不仅考虑了本国的利益,也兼顾了他国的利益。中国就宏观经济政策的协调性、时效性、前瞻性加强了与世界其他各国间的沟通。落实了二十国集

---

① 参见中华人民共和国外交部网站:http://www.fmprc.gov.cn/chn/pds/ziliao/2193/,最后访问日期:2012年12月10日。
② 参见中华人民共和国外交部网站:http://www.fmprc.gov.cn/chn/pds/gjhdq/gjhdqzz/,最后访问日期:2012年12月10日。
③ 参见《中国统计年鉴2011》,http://www.stats.gov.cn/tjsj/ndsj/2011/indexch.htm,最后访问日期:2012年12月10日。

团领导人华盛顿峰会和伦敦峰会的成果,并坚持开放市场,反对各种形式的保护主义,提出改善全球经济治理结构,加快推进世界贸易组织多哈回合谈判的进程。总之,中国积极推动全球经济的复苏,并与世界各国共同发展进步。

第二,中国积极应对全球合作性挑战。中国积极参与应对全球气候变化、粮食安全、能源资源安全及维护世界和平等全球性挑战。在气候变化问题上,中国坚持共同但有区别的责任原则,按照"巴厘路线图"的规定积极行动,在充分考虑各国国情、发展阶段、历史责任、人均排放等因素的基础上,推动了哥本哈根大会取得成功。在粮食安全问题上,中国加大了对农业的投入,确保粮食产量,加强市场监管,打击投机行为,注重预警监测,建立了救援机制。在能源安全问题上,中国构建先进的能源技术研发和推广体系,推动实现能源供应多元化,稳定了能源价格,保障能源需求,并加紧研发了新能源和可再生能源,注重提高能源效益。在维护世界和平上,中国积极参加朝鲜核问题六方会谈,为维护朝鲜半岛及东北亚地区的和平与稳定作出了建设性贡献。

第三,中国积极培育公共精神与公民共同体。基于全球治理的大趋势,中国始终不断地积极宣传公共意识,培养公民意识,组建并扩大公民共同体的规模。所谓公共精神,就是指社会公众关心公共事务,并愿意致力于公共生活的改善和公共秩序的建设,以营造适宜人生存与发展条件的政治理念、伦理追求和人生哲学。治理与全球治理在其浅层意义上追求的是能给公民和社会带来更大利益的善治,而在其深层意义里,则是通过治理的过程造就有参与能力和公共精神的公民和公民社会,从而最终还政于民,实现权力向社会的回归。这无疑是当代的人文指向,也是走向新文明的历史底蕴。当我们立足于此来审视中国对全球化和全球治理的影响时,就会进一步认清中国对全球治理的历史贡献。

(三) 中国参与全球治理的不足

中国对全球治理的理解以及参与实践仍然具有诸多不足,主要表现为以下几个方面。

第一,对具体国际规则的认识仍需提升。中国重返国际社会的时间不长,对国际社会许多领域的相应机制、规则都不甚熟悉,尚有一个学习与适应的过程。同时,中国的国力也还有限,我们还不是一个完整意义上的、有全方位影响的大国,而只是一个崛起中的大国。这种状况就决定了中国在国际事务中谨慎、低调、不出头的风格，并且更希望也更习惯于在现有的国际组织和多边主义的体制与框架内处理人类公共事务。

第二，对全球治理的戒备倾向仍需完善。中国是一个发展中国家，所以有着与发展中国家相同的倾向。一般而言，广大发展中国家一方面对主权有一种特殊的政治情感，往往把维护国家主权与争取民族独立的政治历程和政治成果联系在一起；另一方面，又深切感受到现存国际秩序的不公正，试图尽快使本国强大起来，真正摆脱西方发达国家的控制。这样，它们势必对挑战国家和主权地位的非领土政治、全球主义抱有戒心。

第三，对公民社会的构建仍需强化。中国的公民社会尚处于生成与初创时期，尽管比改革开放前有了长足的发展，但在数量、能力、本身素质及其社会影响方面，都同西方发达国家，甚至同某些发展中国家，如巴西、印度、菲律宾等有着较大差距。这样，就使得中国的公民社会很难顾及和参与全球公民社会的活动，其视野和活动更多地局限于国内。显而易见，上述因素使中国在参与和融入全球化的过程中，一方面感受到全球治理的必然性、合理性，从而加大了参与国际事务并且与国际规则接轨的自觉性与力度；另一方面，对西方发达国家强调和关注的非领土政治、全球公民社会有较多保留。

三 中国参与全球治理的路径选择

面对中国政府原有治理模式的种种缺陷和弊端，面对转轨中的政府治理与全球化、全球治理的冲突、碰撞和融合，中国必须坚持独立自主的立场，既要积极地融入全球化，积极承担自身理应承担的责任，又要不断提高警惕，避免全球性的问题扩展延伸至自身国内。

第一，在宏观层面上，主要是从政府治理理论上转型。在确立社会主义市场经济体制和加入 WTO 后，中国政府治理的理论基础需要逐步从无限全能政府转变为有限有效政府，吸收借鉴西方最新的成功的政府治理理论和经验，扩大理论视野，以全球性的、长远的眼光将民族国家政府治理的最新理论与全球治理理论进行整合、吸收，加以借鉴，并结合中国国情加以本土化，构建出全球化时代的有中国特色的政府治理理论，让全球治理的新兴理念在中国政府应对国内、国际乃至全球综合性治理问题与领域的新时期、新阶段发挥作用。

第二，在中观层面上，主要是从政府治理体制上变革。治理体制变革是在国家现有的社会治理结构基础上的革新，从政府权力上进行重新划分、组织结构设置、政府职能配置、政府运行机制等方面进行有步骤的调整，将政府权力的一部分让渡给第三部门，改变国内第三部门依附于政府部门的现状，让国内的第三部门与全球性的非政府组织、全球公民社会的其他组成部分进行有效的交流与合作，充分地进行国内外资源、信息的交流与共享，让其发挥独立的作用。这既可减轻政府部门的治理压力，也是对政府部门的有效民主监督，同时也体现了全球治理与中国政府治理在中观层次上的有效互动。

第三，在微观层面上，主要是从治理者素质上优化。政府对直接服务和治理社会所需人员的素质、治理方式、手段等政府治理工具的变革，是政府治理变革最为底端的层面，也是推动政府治理变革较为容易的层面。由于政府治理是一个体系，政府治理方式方法的变革必然引起政府各个层次的变革。在政府工具层次，必然会使政府的治理方法和手段出现较大的变化，进而引起管理人员的观念的更新；在政府运行层次，必然会使政府施政业务流程发生较大的变化，减少治理宽度和治理幅度，促进政府体制的变革和转型；在政府治理理念层次，全球互联网的推广应用使得信息公开化成为可能，从而使政府信息垄断的优势基础失去了支撑，迫使政务走向公开、透明与民主，促进阳光政府和人本政府等新理念诞生及实践发展。因此，利用全球治理的积极方面，革新中国政府治理，以更好地履行政府的治理和服务职能，是中国政府亟待解决的问题。

随着市场化和开放程度的不断提高，和平发展的中国与世界的联系日益密切，在全球治理中的作用也会不断增强。虽然到目前为止，中国在全球治理中还只能扮演"配角"，但从长远发展来看，只要把中国参与全球治理的政治意愿、已经积累起来的治理能力和与国际社会一致和分享的知识、观念、价值结合起来，并转化为中国的全球关系（包括利益关系和价值关系），中国就一定能够在全球治理中发挥更大的作用，成为全球治理的一个"主要角色"。目前来看，中国要对全球治理作出更大的贡献，需要做好以下十项工作[①]。

(1) 中国应该在全球治理中提出更加具体的、可操作性的重大原则、

---

① 参见庞中英《政治意愿、国家能力和知识角色——关于中国在全球治理中的作用》，庞中英主编《中国学者看世界——全球治理卷》，新世界出版社，2007，第350~351页。

建议和方案，在联合国"维护和平"和"建设和平"行动中，中国还可以进一步加强其作用。

（2）继续落实"以人为本"的国家战略，在促进中国人权事业发展的同时，为世界人权事业发展作出贡献。

（3）地区治理是全球治理的重要中间环节。亚洲地区治理，包括东亚、东南亚、东北亚地区治理都是全球治理急需补充的内容。中国应该进一步促进亚洲地区整合，加强亚洲合作。

（4）中国应加大全球化与国家主权相互关系的研究，根据中国的特点和国家利益，形成中国自己的全球化战略。

（5）中国应深入分析当代西方学者关于全球化和国家主权的各种观点，根据我国的实际情况建立起中国特色的全球治理理论。

（6）中国应该大力促进国际交流合作，改善全球经济治理结构，增加新兴市场国家发言权和代表性，为实现世界的持久和平、共同繁荣作出自己积极的贡献。

（7）中国的经济增长是世界的机会，中国应该通过自身的增长带动世界的发展。中国可以通过加强对发展中国家和贫穷世界的经济援助、向穷国开放市场等方式带动亚洲、非洲等发展中国家的发展。

（8）中国的环境问题将持续对世界环境构成压力。中国要在经济发展与环境保护之间找到恰当的平衡点，在可持续发展上作出应有的贡献，为全球生态的健康化发展作出更大的努力。

（9）中国应不断增强综合国力，提高国际竞争力。这是强国之本，也是解决好全球治理的根本途径。

（10）中国应继续加大对外开放力度，主动参与国际合作，积极发挥中国在全球治理中的重要作用。

总之，随着对全球化认识的逐步深化，关于如何管理全球化即如何管理全球治理的研究正在展开。作为一个世界上负责任的最大的发展中国家，中国理应不断加强对全球问题的认识与理解。前瞻未来，中国将在始终坚持国家利益的基础上，努力践行自身应当承担的责任，继续参与国际制度，竭力促进多边主义，积极推动全球治理，竭力推进和谐世界的建设进程。

第四章 国家治理

引　例：① 美国高盛公司高级顾问、清华大学兼职教授乔舒亚·库珀·雷默发表的"北京共识"一文，使他在海内外一举成名。这表明，近年来关于中国的讨论受到国外舆论界学术界的格外关注。主要原因有四。其一，20世纪晚期，拉美经济危机、东亚金融危机和俄罗斯"休克疗法"的失败，都与新自由主义经济政策直接相关，而新自由主义正是"华盛顿共识"的基础，它们表明了建立在"华盛顿共识"上的"拉美模式"和"东亚模式"的局限。其二，与此形成鲜明的对照，中国奉行自己独特的现代化战略和改革开放政策，创造了经济高速增长的奇迹，必然会有人从理论上进行概括和总结。其三，在全球化背景下实现现代化，对于广大发展中国家来说是一个新课题，它们都在努力探索新的发展模式。而所谓的"东亚模式"和"拉美模式"在近年的失效，使得人们加倍关注中国的成功经验，希望从中找到适合自己的东西。其四，在经济全球化背景下，中国作为一个大国，其强大和崛起，势必会对全球政治经济格局甚至对世界历史发展进程产生深刻影响，因而也必然会引起西方发达国家的深切关注。

虽然雷默先生的"北京共识"可能更容易吸引眼球，因为它与早已声名远扬的"华盛顿共识"相对应，但笔者并不赞同这一提法，而更喜欢用"中国模式"的提法。"共识"的基本意义是广泛认可的或一致同意的解决方案，而"模式"在此指的是一系列带有明显特征的发展战略、制度和理念。简单地说，"中国模式"实质上就是中国作为一个发展中国家在全球化背景下实现社会现代化的一种战略选择，它是中国在改革开放过程中逐渐发展起来的一整套应对全球化挑战的发展战略

---

① 俞可平：《关于"中国模式"的思考》，《红旗文稿》2005年第19期。

和治理模式。中国从20世纪80年代开始，就提出了建设"具有中国特色的社会主义现代化"的目标，实际上就是在全球化背景下实现国家现代化的一种战略选择。在20多年的探索和实践过程中，中国为了应对全球化挑战，既取得了弥足珍贵的经验，也付出了一定的代价。无论是成功的经验，还是深刻的教训，都是十分宝贵的财富，不仅对于中国自己在未来的发展，而且对于广大发展中国家如何迎接全球化挑战，利用自身优势实现国家现代化，都有着重要的借鉴意义。

"国家治理"一词可以从不同的角度进行理解。如果将其理解为国家对于社会事务的治理，那么我们可以认为自从国家出现伊始便有了国家治理的活动。例如，老子所说的"治大国若烹小鲜"就是针对国家治理活动而言的。但是，这种治理的实质是统治。与上述理解不同，我们认为国家治理是治理理论在国家对于社会事务管理中的应用。从这个角度来看，国家治理是从20世纪中后期治理理论的出现才兴起的。在本章中，我们首先介绍20世纪末期国家治理兴起的基本背景，分别说明发展中国家和西方发达国家国家治理的基本状况，进而立足中国的历史与现实，阐述中国国家治理变革的演进历程，最后，针对中国国家治理存在的一些问题，展望未来推进中国国家治理发展所需要回应以及解决的问题。

第一节　国家治理的兴起

一　国家治理兴起的背景

20世纪80年代以来，在全球化、工业化、信息化持续加速的时代背景下，随着政治、经济和社会环境的变化，第二次世界大战以来形成的国家管理模式面临新的危机和挑战。为了有效应对面临的诸多挑战，世界上的许多国家都对原有的国家管理模式从多个方面进行了调整。总的来看，这一调整呈现出两个基本方向：一方面，市场关系在国家政治经济体系中发挥的作用日益扩大，"国家与社会关系的平衡朝着有利于市场和私有权力的方向转变"[①]；

[①]　李资资：《当代国家治理模式的变革及其启示》，《甘肃行政学院学报》2009年第4期。

另一方面，政治民主化逐渐成为大多数国家政治发展的基本趋势。但是，不同的国家由于所面临的具体问题不同，其国家治理改革的动因、内容、途径以及侧重点存在一些差异：一方面，由于国家性质不同，不同国家的治理内容会存在不同之处；另一方面，由于国家发展程度不同，对于国家治理改革的动因、途径和侧重点的选择也存在区别。

（一）发达国家国家治理的兴起

第二次世界大战后，以英国为标志，世界上一些主要资本主义国家都建立起了以发达的社会福利供给为特征和标志的福利国家。在福利国家里，国家为每一个公民提供"从摇篮到坟墓"的生活保障。而福利国家也因此被看作是西方社会稳定和经济繁荣的基础。但是，20世纪80年代开始，随着经济增长速度的下降，福利国家的种种弊端开始逐渐暴露出来，"高工资、高福利、高税收的'三高'政策所造成的社会结构性问题日益突出"[1]，从而引发了政府财政危机、政府信任危机等问题。与此同时，传统的科层制行政结构使政府职能过度扩张，机构臃肿、效率低下，行政信息受阻与失真严重，陈旧的层级管理和控制系统已无法适应经济社会发展对政府职能提出的要求。面对全球化、知识经济的变革、公众需求的多样化等一系列外部环境的挑战，加之政府越来越难以适应环境而出现的复杂问题，政府的合法性越来越受到挑战。在这种形势下，简单通过国家计划或者市场调节已经不能够解决持续出现的一系列新问题。为了提升国家的竞争能力，适应技术变革要求，巩固政府的合法性，政府及公营部门对自身进行了重大的改革，形成政府治理变革运动。

上述问题的不断出现呼唤着国家治理模式的创新，市场、社会力量因此成为国家治理中重要组成部分。一方面，商业管理模式开始渗透到公共部门的管理之中。政府管理过程中开始引入绩效管理、目标管理、公共服务市场化和顾客导向的理念。另一方面，公民社会迅速成长，第三部门和非营利组织在国家治理中发挥着越来越重要的作用。而公共部门、私营部门和公民社会的共同参与以及多种组合方式的密切合作，正是走向国家治理的现实写照。

此外，现代信息传媒技术的发展也是国家治理兴起的重要背景。现代信息传媒技术的发展加深了社会多主体参与管理的程度。现代信息技术的发展

---

[1] 吴家庆、王毅：《中国与西方治理理论之比较》，《湖南师范大学学报》2007年第2期。

使信息的收集、处理和传播更为便利，缩短了政府、组织和公民个人之间的相对距离，密切了管理主体和客体之间的沟通、反馈，从而加强了彼此的回应性和依赖性；并且，信息技术也增强了公民和社会在信息和知识方面的占有量，从而削弱了传统政府的优势地位，对传统垂直型单向度的权力运作方式提出了挑战，公民要求更多地参与管理，实现政府、企业、社会组织、公民个人共同管理，民主管理就成为一种需求和可能。

(二) 发展中国家国家治理的兴起

在发达资本主义国家，政治模式进入相对稳定和成熟时期，因而在国家治理问题上，更注重解决政府组织面对的财政压力、传统官僚体制的低效以及对公众的回应能力降低等一系列政府治理问题，侧重于政府与社会关系的调试。发展中国家目前所面临的任务之一就是民族国家建设，在这些国家中，国家提供秩序的重要性更加凸显。为了安全与秩序，需要更强大的国家的存在，否则不可能有稳定、发展和和谐。发展中国家政府治理能力的不足不仅成为政治经济发展中存在问题的根本原因，著名学者福山甚至认为发展中国家治理能力的不足还是世界上一些严重问题的根源，并且指出通过政府职能范围的调整以及政府能力的强化来进一步提升发展中国家的国家治理水平。

在发展中国家，社会处于现代化转型时期，政治和社会体制均须进行不断的改革和完善。所以，发展中国家的治理不仅关注政府与社会关系的调整，也更加注重政治民主化进程。实际上，这正是发达国家和发展中国家之间的一个重大区别所在。1989年被世界银行划为高收入的24个国家（人均收入6010~21330美元）中，除3个石油输出国外都是实行民主制度，其中新加坡是半民主制度。而在另一端，被世界银行列为贫穷的42个国家（人均收入130~450美元）中，只有两个国家（印度、斯里兰卡）建立和维持着民主制度。在其余53个中等收入国家中，有23个民主国家，25个非民主国家，5个在向民主制度转变。国家治理的实现，需要在政治上推进民主化进程。而就民主化进程而言，发展中国家的道路又不同于发达国家。先发展国家的现代化模式是一种内源自发型模式，即现代化的动力来自国家内部，现代化的过程是一个自发的自然演进的过程。而后发展国家的现代化则属于外源被动模式，即现代化是外部压力和外力推动的结果。从某种意义上说，对于后发展国家来说，现代化就是引进或借鉴西方政治民主机制，克服和改造传统因素的过程。

二 国家治理的概念解析

(一) 国家治理的理论基础

要理解国家治理,首先要理解"国家"的概念。国家是所有政治问题的核心,"国家问题,现在无论在理论方面或在政治实践方面,都具有特别重大的意义。"[①] 无论是试图取得政治统治、维持政治统治,还是"行政机构权力的理性布局、扩大社会保障和公共财政二次分配、经济计划、促进某个生产和公共服务部门的发展"[②],国家一直在现代政治中处于核心地位。

关于国家在社会发展变迁中的作用和地位,主要有自由主义、现实主义和马克思主义三种理论。自由主义国家理论认为,市场自身能够规范经济生活,市场这只"看不见的手"会引导国家经济生活的调整,政府只需要做"守夜人"。管得最少的政府才是最好的政府,国家应尽可能少地干预经济活动。第二次世界大战后,随着全球资本主义的经济和国家危机,凯恩斯主义的国家干预逐渐兴起,主张放弃自由主义,实行国家干预政策。但是面对20世纪70年代福利国家所出现的危机,人们又开始对国家干预产生质疑和反思。

虽然自由主义和现实主义对国家的基本地位和作用进行了论述,但是真正应当成为我们研究国家治理问题的前提和理论基础的是马克思主义国家理论。有关国家的起源,马克思主义认为,"国家是社会在一定发展阶段上的产物;国家是承认:这个社会陷入了不可解决的自我矛盾,分裂为不可调和的对立面而又无力摆脱这些对立面。而为了使这些对立面,这些经济利益互相冲突的阶级,不致在无谓的斗争中把自己和社会消灭,就需要有一种表面上凌驾于社会之上的力量,这种力量应当缓和冲突,把冲突保持在'秩序'的范围以内;这种从社会中产生但又自居于社会之上并且日益同社会相异化的力量,就是国家。"[③] 这是马克思主义关于国家起源的基本论述,深刻揭示了国家是保持"秩序"、维护某种利益的产物。关于社会主义国家管理的设想,马克思主义也作了经典的论述。首先,无产阶级专政是社会主义国家管理的根本原则。其次,发展问题是社会主义国家管

---

① 《列宁选集》第3卷,人民出版社,1995,第109页。
② 〔法〕让-皮埃尔·戈丹:《何谓治理》,钟震宇译,社会科学文献出版社,2010,第8页。
③ 《马克思恩格斯选集》第4卷,人民出版社,1995,第170页。

理的根本任务。马克思认为，一切落后和不发达的传统社会向工业发达的现代社会转化是一种历史趋势，由于东方民族国家所处的历史环境和文化传统不同，有可能走不同于西欧资本主义的特殊道路，这样经济文化落后的东方社会结构的国家可以通过学习和借鉴先进国家的物质文化成果，来跨越资本主义的"卡夫丁峡谷"而直接过渡到社会主义制度，这样就可以"缩短和减轻分娩的痛苦"[①]。最后，民主管理是社会主义国家治理的重要途径。恩格斯通过对资产阶级民主共和国仔细观察和认真研究，对资产阶级国家制度及无产阶级未来国家形式提出新的见解，明确肯定了资产阶级民主制度在无产阶级专政中的利用价值与有益启示，并认为要善于吸收和借鉴而不应当简单地抛弃资产阶级民主制度中的有益成分。"首先无产阶级革命将建立民主的国家制度，从而直接或间接地建立无产阶级的政治统治。"[②]

治理理论当然也是国家治理的一个重要的理论基础。治理理论是在现代化和全球化背景下，面对当代经济和社会的重大转型，对国家传统统治方式造成的各种不可治理的理性回应。"如果治理能够理解、反映并利用现代社会的动态性、复杂性与多样性，那么，这个社会只能是一个积极的社会和能够自我控制的社会。"[③] 相对于传统统治而言，治理是一种趋势，这种趋势意味着国家—社会关系的调整。在调整中，国家之外的力量被更多地强调，国家中心的地位可能在一定程度上被国家、社会和市场的新组合所替代。国家、社会以及市场将以新的方式构成一个试图克服不可治理的网络，促进多种新的政策工具的使用和治理能力的加强，以应对呈现出日趋复杂、多样和动态的社会问题以及传统政治社会格局中的不可治理性。[④] 特别强调的是，在国家、社会和市场新的网络机制中，国家具有元治理者的功能与作用。杰索普认为，由于所采用的协调方式、治理对象以及新旧目标之间的冲突，国家是在其他子系统失败的情况下，作为最高权力机关负责采取"最后一着"的补救措施，它不仅是各个子系统实现某种团结的主要组织者、规章制度的制定者，也是子系统失败时最后求助的对象，可在内部发生冲突或对治理有

---

① 《马克思恩格斯选集》第2卷，人民出版社，1995，第101页。
② 《马克思恩格斯选集》第1卷，人民出版社，1995，第239页。
③ 〔美〕詹·库伊曼：《治理和治理能力：利用复杂性、动态性和多样性》，俞可平主编《治理与善治》，社会科学文献出版社，2000，第236页。
④ 王诗宗：《治理理论及其中国适用性》，浙江大学出版社，2009，第40~41页。

争议时充当"上诉法庭",是"同辈中的长者"①。

(二) 国家治理的内涵

在西方学界,国家治理主要用于与国家的公共事务相关的管理活动和政治活动中。以治理的基本内涵为基础,国外学者在对国家治理的理解上,主要是将"合作""参与""谈判"和"协商"等作为国家治理的关键词。大多数国外学者认为,世界各国的政府并不完全垄断一切合法的权力。承担维持秩序、调节经济和协调社会发展职能的,既有政府组织,也有非政府组织、跨国公司、私人企业、利益集团等主体。这些主体一起构成国家的和国际的某种政治、经济和社会调节形式。

国内有学者主要是从公共权威的运用以及满足公众需要的角度来理解国家治理,认为国家治理的基本含义是指在一个既定的范围内运用权威维持秩序,满足公众的需要。国家治理的目的是在各种不同的制度关系中运用权力去引导、控制和规范公民的各种活动,以最大限度地增进公共利益。还有学者认为,国家治理是指政治管理的过程,它包括政治权威的规范基础、处理政治事务的方式和对公共资源的管理。它特别关注在一个限定的领域内维持社会秩序所需要的政治权威的作用和对行政权力的运用。

虽然国内外学者对于国家治理一词的理解有着不同的侧重点,却有着共同的前提和一致的任务。

我们认为,国家治理就是国家运用公共权威治理公共事务,既包括对处于内部系统的政治关系和行政关系的治理,也包括对处于外部系统的国家与社会关系的治理。具体来说,第一,国家治理主体除政治国家和政府外,还包括市场与企业、社会和公私机构以及超国家和次国家等机构组织,在整个巨大的治理网络中,不同治理主体彼此之间相互协调与共同发生作用,其中政府、企业和公民社会组织起到三足鼎立的作用,国家充当元治理者的角色。第二,国家治理的客体是社会公共事务,具体包含政治、社会、经济和文化等领域,其中政治和社会领域是主体。

理解了国家治理的内涵,就可以区分国家治理和国家统治两个概念。国家治理与国家统治,作为政治管理过程,都需要权威和权力,最终目的也是为了维持正常的社会秩序,这是两者的共同之处。但两者之间也有着重要区

---

① 〔英〕鲍勃·杰索普:《治理的兴起及其失败的风险:以经济发展为例的论述》,俞可平主编《治理与善治》,社会科学文献出版社,2000,第 52~85 页。

别：(1) 从主体来看，国家治理的主体比国家统治的主体更宽泛。统治的权威必定是政府；国家治理需要权威，但这个权威并非一定是政府机关，治理的主体既可以是公共机构，也可以是私人机构，还可以是公共机构和私人机构的合作。(2) 从管理过程来看，管理过程中权力运行的向度不一样。国家统治的权力运行方向总是自上而下的，它运用政府的政治权威，通过发号施令、制定政策和实施政策，对社会公共事务实行单一向度的管理。治理则是一个上下互动的管理过程，它主要通过合作、协商、伙伴关系、确立共同的目标等方式实施对公共事务的管理。它所拥有的管理机制主要不依靠政府的权威，而是合作网络的权威。其权力向度是多元的、相互的，而不是单一的和自上而下的。(3) 从权威的基础和权威的性质来看，国家统治的权威主要源于政府的法规命令，国家治理的权威则主要源于公民的认同和共识。前者以强制为主，后者以自愿为主。即使没有多数人的认可，国家统治照样可以发挥其作用；治理则必须建立在多数人的共识和认可之上，没有多数人的同意，治理就很难发挥真正的效用。

三　国家治理的内容

国家治理的内容十分复杂，包含不同方面的内容。按照外部和内部的划分标准，可以将国家治理的内容分为国家与社会的合作治理以及公共权力运行与监督机制的完善。

(一) 国家与社会的合作治理

"国家"与"社会"是人类社会组织和秩序供给的两种基本形式，是社会发展过程中相互依赖的两极。国家与社会关系的调试，是国家治理的基本内容。综合来看，从国家职能的范围和国家力量的强度，可以将国家与社会的关系划分为四种模式：强国家弱社会；强国家强社会；弱国家强社会；弱国家弱社会。

强国家弱社会模式，以国家为中心，强调国家的作用与价值，如安全国家模式、普遍国家模式。这一模式的主要特征是，国家的职能和政治权力渗透、扩张到社会生活的一切领域，既没有明确的政治国家或公共权力观念，也不存在独立的私人活动领域和社会经济生活。因而，社会长期处在国家的笼罩中。

弱国家强社会模式，强调国家的有限性以及社会的自主性和自治力，如西方国家所推行的立宪国家模式、最小限度国家模式。弱国家强社会模式，在对待国家与社会关系上,要么单纯强调国家对社会的安全保障、利益整合和福利供给,要么片面强调社会与国家的分离与对立,倡导社会的自主和自治,均未能关注到国家与社会的统一性。所以,在这一模式下,将这种理念推向极致,就会出现"社会强位"的极端的取向,认为社会可以吸纳国家,国家从属于社会,社会甚至可以在没有国家的情况下实现自足。特别是对于处于转型进程的国家,他们常常面临更多的不稳定性和不确定性,因而很容易在内外综合因素的作用下出现混乱和动荡,因此需要一个能够有效履行国家职能的"强国家"来充当制度变迁的推进器和社会秩序的稳定器。

强国家强社会模式,强调国家与社会可以共生共强,两者的利益整合在于形成协同合作的良性互动和共同的收益空间。但前提是必须对国家职能范围进行必要的限制,否则,它很可能会发展至无所不包、无所不能的"全能国家"。国家将对社会过度控制、汲取甚至掠夺,这很可能将引发社会对国家的反抗。一个规模适度、制度合理、能力充分、治理有效的"强国家"与一个理性自律、自主自立、自助自治的"大社会"的良性互动是现代国家构建的最佳选择。南欧治理模式是长期处于欧洲资本主义环境中的一种成熟的权威主义,这种模式具有强国家与强社会相结合的结构特征。

弱国家弱社会模式,与强国家强社会模式相反,比较有代表性的是苏(联)东(欧)模式。苏东模式是通过大爆炸方式,即经济与政治的休克疗法,来实现一种体制向另一种西方多元体制的政治转变,这种模式的弱国家弱社会的共存,可以解释它在发展过程中何以如此不稳定,何以充满陷阱与挫折,也可以解释形形色色的颜色革命何以此起彼伏。

(二)国家权力的运行与监督

国家内部系统的政治、行政关系的治理模式可以从横向上的国家权力体制模式和纵向上的国家结构形式两个方面来分别予以分析。

1. 横向上:国家权力体制模式

国家权力体制,是指一个国家的行政机关与其他国家机关、政党组织、群众团体等之间的权力分配关系及其制度的总称。其中心内容是指国家行政机关在该国政治体制中所拥有的职权范围和权力地位。根据立法、行政、司法关系的处理可包括以下模式:三权分立制、议行合一制、党政合一制、军政合一制、政教合一制。

三权分立制度就是国家的立法、行政、司法三权分别由三个机关独立行使，并相互制衡的制度。三权分立制度为绝大多数的资本主义国家所采用，是资本主义国家的国家机关组织与活动的基本制度。但因各国国情不同而有不同的形式。议行合一制与三权分立相对，指国家机关重要工作的决议和执行统一进行的制度。它是社会主义国家民主集中制原则在国家机关间工作关系上的体现。党政合一制是指亚非拉某些民族国家以法律形式规定执政党位于至高无上的地位，党的最高领导人是总统的唯一候选人，党中央有权终止总统职务和解散议会的一种政治体制。在这种体制下，有的将全国成年人都称作党员，从而形成党政合一、一党专政的局面。军政合一制是指军事权力和行政权力合二为一，并以军事权力作为整个国家权力的核心和后盾。国家立法机关、司法机关等都受军事政府操纵的一种体制。这种体制在拉美、非洲一些实行军人执政的国家比较典型。政教合一制是指把政权和教权合二为一的一种政治体制。当今位于意大利罗马城西北的梵蒂冈，是一个以教皇为君主的政教合一的国家。在这里，教皇拥有立法、司法和行政全权。

2. 纵向上：国家结构形式

国家结构形式亦称国家结构在特定国家的具体实现形式，指国家为实现其职能而划分构成区域，处理全国性政府和各区域单位间权限划分和权利义务关系问题的政治法律制度模式。在任何国家，国家结构形式都是表现一国的中央政权与地方政权之间相互关系的一种形式，它所表现的是一种职权划分关系。国家结构形式一般分为单一制和复合制两种。单一制国家结构形式的内涵在于：全国只有一部宪法和一套中央国家机关体系，每个公民只有一个统一的国籍，国家内部按照地域划分行政区域，各行政区域的地方政府是中央政府在地方的分支机构，由中央政府统一领导，不能脱离中央而独立；在对外关系中，中央政府是国际法主体。也就是说，单一制是一种以中央政府为核心而形成的政府间关系，中央政府集中了所有的权力和权威，在很大程度上决定着国家行政区划的划分和地方政府的设置，可以改变一个地方政府的行政区域范围或者改变地方政府的结构形式，而地方政府的存在及其权力都源于中央政府或受制于中央政府。在联邦制下，宪法把国家权力分为两部分，一部分授予中央政府，另一部分授予地方政府，二者都享有实质上的权力。根据联邦制模式的基本框架，其涉及国内政府间关系的特征主要包括：其一，存在两套政府体制，一套是联邦中央政府，一套是联邦各成员政府；其二，中央政府同各成员政府之间存在着明确的权力划分，联邦政府是一个有限政府；其三，联邦中央政府和地方政府都不得逾越宪法中关于它们各自应当享有的权力和地位的条款，从而干涉到另一方的权力范围；其四，各成员政府可以在联邦宪法规定的权力范围内，制定适合本成员国的宪法和法律，并自主决定和管理本成员国事务；其五，各成员国下属的地方政府，实行地方自治，其自治权受到法律保护，成员政府不能直接干涉所属地方政府的事务。

第二节 国家治理的实践

如果将世界上不同国家的治理情况作为一个整体来考察的话，那么世界上现存的可资比较的国家治理模式可以划分为两个类型：发展中国家的国家治理实践、发达国家的国家治理实践。

一 发展中国家的国家治理实践

就发展中国家而言，总体来看国家治理实践体现为"全面性"治理。国家治理实践体现为两个重要方面，一方面是政治上的治理，另一方面是政府治理。而这两个重要方面的治理实践，带来的是社会各个方面联动性的变化。

从政治方面看，发展中国家治理主要侧重于推进民主化进程。20世纪后期以多党竞争性选举、三权分立、议会制度为主要特征的西方民主化的浪潮开始席卷全球，有90多个国家卷入其中，成为新兴民主国家。其中，大部分是发展中国家。然而，发展中国家的民主化进程并非是一帆风顺的。通过对发展中国家民主实践的分析，可以发现，西方民主在大部分发展中国家并没有给该国人民带来预期的和平、发展与繁荣。一方面，伴随着西方民主的引进，发展中国家普遍出现了持续不断的社会动荡和冲突。非洲国家早在20世纪60年代，在实行多党制的26个国家中，发生军事政变的就有17个，占85%。进入90年代，伴随多党制民主化高潮，党派斗争、部族仇恨、宗教冲突、边界争端，引发了大规模的内战、内乱，很多国家成了硝烟滚滚的战场。在40个实行多党制的国家中，有30多个国家政局不稳。进入21世纪，民主化动荡仍然在不少国家延续。近年来，肯尼亚、黎巴嫩、孟加拉国、菲律宾、格鲁吉亚、斯里兰卡、尼日利亚等发展中国家危机频发、动荡不止。可以说，民主化在一定程度上成了社会无序的代名词。另一方面，民主伴随着低效率、相互扯皮等现象，这是发展中国家民主化进程中普遍遇到的问题。无论是决策还是执行，效能低下，不同政党、利益集团间无休止地论争并相互掣肘，议而不决，往往延误时机，影响发展。同时，由于相互牵扯，政令不畅、难以集中力量办事，造成执行效能低。此外，民主转型带来的严重腐败令人困惑。民主有利于遏制腐败，所以人们对民主防腐的预期很高。但民主转型国家并没有收到预期的清廉，相反却充斥着严重的腐败。

从政府治理方面看，发展中国家治理主要侧重于分权化改革。20世纪70年代以来，分权化改革不仅风行于欧美等西方发达国家，发展中国家在探索政府改革与发展本土化治理道路的同时积极地与国际接轨，汲取新公共管理的优秀因子，但其理论探索和理论创新显得有些滞后。从基本动因来看，一方面，经济全球化给分权化改革提供了一个宏观背景。发展中国家分权化改革是在适应经济全球化的过程中，推动经济发展，提升公共服务供给品质和寻求新型治理模式的必然选择。另一方面，政治性因素，也是发展中国家进行分权改革强有力的动因。例如，菲律宾1986年的马科斯独裁政权突然崩溃所激发的对合法化地方代表性的要求使分权化改革得以采用；1997年印度尼西亚的苏哈托独裁政权瓦解后也出现过类似的情况；20世纪90年代泰国的民主运动则把抗议军队过多干预政治同分权化改革有机地结合起来。

二 发达国家的国家治理实践

从发达国家的治理实践来看，其治理实践体现为"针对性"治理。发达国家政治体制已经相对稳定，因而国家治理的核心问题主要不是改变大的政治系统、政治前提，而是政府治理问题。

西方发达国家适应工业时代行政生态的需求，官僚制政府一直作为公共行政的主流范式。然而，随着公共事务和主体间关系的日益复杂，官僚制政府显现出弊端，公众对政府的能力和回应性越发不满。针对官僚制的弊端，新公共管理蓬勃兴起，被称为一场革命性运动。这一改革大致包括：在外部关系上，适当放松对市场的管制，在内部关系上实行权力分散和下移。将公共产品的部分生产职能交给市场，通过市场机制调节利益、整合资源。引入竞争，通过效率驱动和绩效激励提高政府的回应性。倡导为顾客服务，通过全面质量管理等改革，力图提高政府的管理能力和服务水平。概言之，新公共管理运动"旨在促使政府变得更像商业组织,更加强调管理者角色的重要性"①。

新公共管理运动在取得一定成效的同时,也引发了一系列新的问题:分权化和竞争性举措导致主体间利益分割,行为相互冲突,凸显出碎片化弊端;为顾客服务的举措,使一部分人被排斥在公共服务之外,公平与效率的问题再次受到关注。从根本上说,新公共管理运动尽管打破了组织间相对分隔的状态,实现了一定程度的互动,但这种互动的竞争色彩明显多于合作,组织间关联缺乏有序性和有效性。从严格意义上,新公共管理运动仅可视为由传统公共行政到治理时代的一种过渡,而并不能称其为革命性的理论突破和根本的范式转变。20 世纪 90 年代以来,治理理论以其平等、合作、多中心和网络化的主张,为回应时代需求与现实情况间的紧张提供了新的视角。治理理论是对公共事务复杂化的回应,是对单中心治理范式的挑战,也是对政府和市场两种协调机制的超越。

20 世纪 90 年代后,西方国家又采取了一系列旨在促进合作的改革措施,与治理理论的要求相吻合。首先,在政府内部结构和运行机制上,新一轮改革主要体现为联合行动的政府(Joined-up Government)和整体性治理(Holistic Governance)。这一改革最早由英国工党政府发起,"联合若干政府,有时甚至是多级政府一起提供整体化服务"②。改革后来发展为整体性政府(Holistic Government)和整体性治理,通过一站式服务、大部门体制等措施,力图使政府运行机制由各自为政走向整体运作。③ 美国也同样倡导联合行动的政府。例如,俄勒冈的"无错门"活动就遵循着这样一个原则,即公民在寻求州一级公共事业服务的时候应该能够获得第一个政府接待方的帮助,不论他所找的第一个接待方是哪一个政府机构。④ 同时,在政府外部关系的改革中,最突出的表现是美国的网络化治理(Governing by Network)。这一模式旨在强调政府、市场和社会在公共事务治理中的多元合作。例如,威斯康星州的福利运行模式就涉及了多级政府,多个州政府机构,多个非营

---

① 〔英〕克里斯托弗·胡德:《国家的艺术——文化、修辞与公共管理》,彭勃等译,上海人民出版社,2004,第 3 页。
② 〔美〕斯蒂芬·戈德史密斯等:《网络化治理:公共部门的新形态》,孙迎春译,北京大学出版社,2008,第 6 页。
③ 竺乾威:《从新公共管理到整体性治理》,《中国行政管理》2008 年第 5 期。
④ 竺乾威:《从新公共管理到整体性治理》,《中国行政管理》2008 年第 5 期。

利和营利管理员以及许多以社区管理为基础的次级承包商。[①]

总体来看，尽管上述国家国家治理的具体措施不尽相同，却都不约而同地指向了一个方向，即努力形成多中心、网络化的合作治理格局，使不同主体间相互促进、一致行动，以实现资源最大化利用和公共利益最大化实现。

第三节　中国国家治理兴起的背景和实践

虽然同为发展中国家，中国的国家治理与其他发展中国家也有不同。这源于中国的国家性质、国家体制以及自然和社会因素等现实背景。改革开放之前中国还不具备国家治理的基本要素，直到改革开放之后，中国才具备了国家治理的现实土壤。进而，中国国家治理的实践不断展开。

一　中国国家治理的现实基础

中国国家治理的基本背景包括国家治理的政治前提、体制基础、民族背景、资源特征以及发展特征。它们共同决定了中国国家治理的基本前提、基本路径和基本目标。

（一）政治前提：共产党领导的社会主义国家

中国是中国共产党领导的社会主义国家。一方面，国家的核心治理力量是中国共产党。中国共产党作为执政党，是社会整体利益的代表者，拥有庞大的组织网络与严密的组织体系，其基层组织延伸到了社会的各个角落进而成为国家治理的领导核心与关键的治理主体。另一方面，这也表明了中国的主流意识形态和社会形态。在中国的国家治理过程中，社会主义制度是国家治理基本的价值评判标准与制度框架。发展社会主义民主政治，建设社会主义政治文明是国家治理的基本要求。

（二）国家结构形式：单一制中央集权国家

中国是单一制国家，从整体上来看，中国国家治理体制是典型的中央集权式的治理体制。各级政府机关之间存在严密的领导与被领导的关系，强调中央的集中统一领导，并且上级政府通过具体的人事任免权、财政资源分配权以及重大项目审批权实现对下级政府的监督和制约。集权型的国家治理体制主要体现在两个方面：一是中央与地方的集权模式；二是行政组织内部的

[①]　竺乾威：《从新公共管理到整体性治理》，《中国行政管理》2008年第5期。

权力领导体制是行政首长负责制。这种集权型的国家治理体制为维持一个庞大国家的统一奠定了体制基础，同时也大大增加了运转一个庞大政治体系的难度，对中央政府的治理能力提出了严峻的挑战，尤其是平衡普遍的国家利益与分散化的地方利益之间、统一的公共政策与多样化的地方实际情况之间的治理技巧显得尤为关键。立足于中国的民族构成，中国实行民族区域自治制度。此外，香港和澳门地区则实行"一国两制"制度，也就是说国家只有一个中央政府，但是作为特别行政区可以保持原有的资本主义制度和生活方式长期不变，这是中国单一制中央集权的一个重要特征和创造。

（三）人口与民族：超大规模的人口总量与多民族

中国超大社会的特点体现在"中国社会是世界上独一无二的最大型社会，主要表现为其最大数量的人口规模上"[1]。从人口总量来看，2010年第六次人口普查结果显示[2]，至2010年11月1日人口普查登记的全国总人口为13.397亿人。与2000年第五次人口普查相比，10年增加了7390万人，增长5.84%。从受教育程度来看，大陆31个省、自治区、直辖市和现役军人的人口中，文盲人口占4%；具有小学文化程度的占29%；具有初中文化程度的占42%；具有高中文化程度的占15%；具有大学文化程度的仅占10%，人口素质不高的状况短期内难以根本改变。从人口年龄结构来看，大陆31个省、自治区、直辖市和现役军人的人口中，0～14岁人口占17%；15～59岁人口占70.14%；65岁及以上人口占8.87%，与上一次人口普查结果相比，比重上升1.91个百分点。直接结果便是，一方面劳动就业压力进一步加大；另一方面中国已进入老龄化社会，人口老龄化问题日益突出，所有这些都增加了国家治理的难度。

从地域规模来看，中国现有国土面积960万平方公里，占世界土地面积的7.2%，排在俄罗斯和加拿大之后，居世界第三位。中国包括56个民族，53个有自己的语言，23个有自己的文字。从人口总量与地域规模看，中国都体现了一个巨型社会的基本特征，也从根本意义上体现了中国国家治理的极端复杂性。

（四）资源特征：人均资源严重匮乏

能源、原材料、水、土地等自然资源是人类赖以生存和发展的基础，一

---

[1] 高民政主编《中国政府与政治》，黄河出版社，1993，第8页。
[2] http://money.163.com/11/0428/10/72NHUULC00253B0H.html，最后访问日期：2012年12月16日。

个国家的自然资源禀赋在很大程度上影响一个国家经济和社会发展的潜力与速度，是一个国家社会经济可持续发展的重要基础和保证。人口多、底子薄、人均资源相对不足是中国的基本国情。中国主要资源占世界总量的比重①：人口 21%、劳动力 26%、国土面积 7.1%、耕地 7.1%、灌溉面积 19%、水资源 7%、森林面积 3.3%、草地面积 9.3%、石油 2.34%、天然气 1.2%、煤 10.97%、水电 13.22%，如果除以庞大的人口基数，中国人均资源占有量大大低于世界人均水平。从国内分布情况看，西部地区（包括 12 个省、自治区、直辖市）的国土面积占全国的 50%，人口占全国的 1/4，但人均国民生产总值仅相当于全国平均水平的 60%。中国的国家治理是在一个相对贫困的基础上展开的，中国国家治理最根本的困境是国家治理与治理资源严重匮乏的矛盾。国家资源总量与国家治理形式之间存在着密切的关联。资源总量的多少，关系到国家体制有多大能力和采取何种方式去统合其庞大的基层结构。

（五）发展非均衡性：城乡差别巨大、区域发展不平衡

胡鞍钢对"真正的中国"的特点有三个方面概括②：第一，"一个中国两种制度"，指城乡居民的两种身份制度、教育制度、就业制度、公共服务制度和财政转移制度。第二，"一个中国四个世界"，是指中国发展不平衡性在各个地区中的反映，包括大约占中国人口总量 2.2% 的上海、北京、深圳地区组成的"第一世界"；大约占人口总量 22% 的天津、广东等沿海地区构成的"第二世界"；大约占人口总量 26% 的相当于世界中下等收入水平的地区构成"第三世界"；以及约占全国人口总量一半的中西部贫困地区组成的"第四世界"。第三，"一个中国四种社会"，即包括占全国总就业人数 50% 的农业劳动力构成的农业社会；占全国总就业人数 23% 的工业社会；就业比重为 22% 的服务业社会；以及占全国总就业人数 5% 的知识社会。中国国情的基本特点是多样性、差异性与不平衡性，存在巨大的城乡差距、地区差距，中国国家治理的基础是一个典型的非匀质性社会。一方面，就转轨进程中城乡差别的发展趋势而言，农民收入增长趋缓，城乡差距进一步扩大。另一方面，中国是一个地域辽阔的国家，地区之间经济基础、文化背景、资源禀赋差异很大，区域经济非均衡发展并且这种差距日趋扩大。

---

① 参见路甬祥《21 世纪中国面临的 12 大挑战》，世界知识出版社，2001，第 85~128 页。
② 参见胡鞍钢《中国战略构想》，浙江人民出版社，2002，第 2~4 页。

二 改革开放：迈向国家治理

从新中国成立到改革开放之前，中国一直在寻求国家发展的路径，总体上可称之为"国家管理"。真正迈入"国家治理"阶段还是在改革开放之后，因为这时的一系列改革才是"治理"意义上或具有"治理"特征的改革。

（一）改革开放前的中国国家管理特征

从内部系统来看，国家管理最明显的特征是形成了权力高度集中的一元化领导体制和自上而下的单向度权力运行模式。新中国成立以来，政治体制的一个明显特征便是权力的高度集中，党通过对国家的全面主导来实现社会的发展。而这是主要通过两条路径来实现的，一条路径是党对国家的领导，另一条路径是党对社会的领导。就党对国家的领导而言，主要是通过国家全面主导社会而获得组织上和体制上的基础。一方面，权力高度集中于党，形成了一种以党代政、党政不分的格局；另一方面权力高度集中于中央政府，难以激发地方发展的活力。就党对社会的领导而言，党通过对国家的全面领导，实现了国家主导社会的组织基础以及形成了对于社会的全面主导。在此基础上，中国逐渐由一个"一盘散沙"的中国，迅速凝结成一个具有强烈民族意识的、强大的现代民族国家。但党的一元化领导，使权力集中于党委，党委的权力又往往集中于书记，特别是第一书记，从而形成了个人领导。这种政治运行方式实践上会弱化党的权威和党的领导，并且阻碍社会发展的潜力。

政治体制另一个特征是自上而下的单向度权力运行模式。1958年"大跃进"开始后，国家治理的行动逻辑的主要依据在于党的纲领，而不是宪法。"大跃进"的发展需要的是强大的动员、组织和整合，因而很快便被党的体系和力量所吸纳，因而国家建设被纳入了党的建设的范畴。另外，中国实行的是单一制的国家结构形式，很容易造成权力向中央的集中。国家的管理依靠的是党的领导的自上而下的权力运作，也就是说，国家的权力向度是自上而下的单向度，党和政府的意图总是由上一级单位一级一级贯彻下去。这在一定程度上造成了国家政治系统的政策输出与来自社会反馈信息输入之间的错位。

从外部系统来看，就中国社会的特征而言，是一个非常独特的结构形态。社会中实际上存在着两大力量，一个是大量的相对分散并且封闭的单位组织,这种单位在城市主要是企事业单位和行政部门,在农村主要是人民公社;另一个是权力高度集中的国家与政府。单位组织控制和占有着单位成员在社会、政治、经济及文化生活中所必需的一切资源与发展机会,从而形成对单位成员的绝对领导和支配。而在整个社会系统中,国家处于绝对优势的地位,全面占有和控制各种社会资源,进而形成对单位的绝对的领导和支配。对于社会资源的分配,一般按照中央计划和单位行政级别及其重要性程度等,通过各种类型的"单位"进行资源分配。同时,每一个单位都在不同程度上形成了一个功能多元化的综合体,国家通过单位为个人提供各种各样的社会服务,分配各种各样的社会资源,满足个人最基本的社会经济需求。对于每一个单位成员,这也意味着他必须全方位地依赖单位,只有服从才能满足自己的基本需要或换取资源,以实现自己的行为目标,进而取得在社会上行动的身份、地位和资格。

(二) 改革开放以来中国国家治理变革

1. 党的领导方式改革

(1) 积极实行党政分开

改革开放以来,以经济建设为中心目标的确定标志着国家治理的核心目标由继续革命向经济发展转变。与之相适应,高度合一型的政党关系也进入调整和转变时期。1980年8月18日,邓小平在政治局扩大会议上,发表了《党和国家领导制度的改革》的讲话,指出"中央一部分主要领导同志不兼任政府职务,可以集中精力管党,管路线、方针、政策。这样做,有利于加强和改善中央的统一领导,有利于建立各级政府自上而下的强有力的工作系统,管好政府职权范围的工作"[①]。进入21世纪后江泽民、胡锦涛强调"加强党的执政能力建设",确立"依法治国"方略,要求做到"科学执政、民主执政、依法执政"。

(2) 密切党群关系

"文革"结束后,党的十一届三中全会彻底否定了"以阶级斗争为纲"的错误路线,确定了"以经济建设为中心"的正确路线,同时恢复了实事求是、密切联系群众等一系列党的优良传统,在此基础上,我们党在全国范围内平反冤假错案和调整社会关系。改革开放以后人民群众重新建立了对党的信任,而伴随着社会问题的出现对党的信任程度有所削弱。党群关系中最

---

① 参见《邓小平文选》第2卷,人民出版社,1994,第321页。

重要的问题便是党的作风建设问题,包括党的思想作风、政治作风、工作作风和生活作风的建设,其中群众最为关注的便是"党风廉政建设"。十六大以来,以胡锦涛为总书记的党中央,准确把握世界发展趋势,认真总结党的建设新的经验,到党的十七大,形成了关于执政党建设的总目标:"使党始终成为立党为公、执政为民,求真务实、改革创新,艰苦奋斗、清正廉洁,富有活力、团结和谐的马克思主义执政党。"①

(3) 理顺党与人大的关系

科学规范的党与人大关系是社会主义政治文明的重要体现。没有科学规范的党与人大的关系,就不会实现真正的社会主义民主和法治,也就不可能为和谐社会的构建提供保证。胡锦涛同志曾指出:"要按照党总揽全局、协调各方的原则,科学规范党委和人民代表大会的关系。"党的十六届六中全会通过的《中共中央关于构建社会主义和谐社会若干重大问题的决定》指出,加强社会主义民主政治建设,发展社会主义民主,推进国家经济、政治、文化、社会生活法制化、规范化,是构建社会主义和谐社会所要坚持的重要原则之一。加强社会主义民主政治建设、推进国家政治生活法制化、规范化的一个重要方面就是要科学规范党与人大关系。同时,科学规范党与人大关系对于加强党的执政能力建设和坚持和完善人民代表大会制度都具有重要意义,党与人大关系的科学规范程度在一定意义上直接显示中国政治文明建设和社会和谐的状况。改革开放以来,主要是从以下几个方面规范党与人大的关系。首先,坚持并改善党的领导。包含两方面的要求:一方面要坚持党的领导。中国共产党是中国特色社会主义事业的领导核心,人民代表大会制度从建立到发展都是在党的领导下进行的,因而,我们要规范二者关系,首先要坚持党的领导,这是坚持和完善人民代表大会制度的一个基本立足点。另一方面要改善党的领导,改善党的领导是坚持党的领导的必然选择,是为了更好地坚持党的领导。其次,强化人民代表大会国家权力机关的地位。改革开放以来,人民代表大会制度逐步得到了恢复和发展,人民代表大会作为国家权力机关的地位也越来越被尊重。执政党要尊重人民代表大会国家权力机关的地位,就要支持人大依法独立履行国家权力机关的职能。再次,充分发挥人民代表大会中党组和党员的作用。党组在规范党与人大的关

---

① 胡锦涛:《高举中国特色社会主义伟大旗帜,为夺取全面建设小康社会新胜利而奋斗——在中国共产党第十七次全国代表大会上的报告》,《人民日报》2007年10月25日,第1版。

系中具有重要作用。这是因为，根据党章规定，在成立党组的领导机关中，党组发挥领导核心作用。一方面，人大党组要服从党委的领导，负责贯彻党的路线、方针、政策，完成党委交给的任务。另一方面，党组存在人大内部，负责讨论和决定本单位的重大问题，在人大的领导机关中，党组起着领导核心作用。因此，在党委、人大党组、人大三者之间关系中，人大党组处于关键点上，党组的角色决定了人大党组在党与人大的关系中，起着重要的桥梁纽带作用。最后，加强党与人大关系的制度化建设，进一步理顺二者之间的关系。

2. 行政体制改革

改革开放以来，中国一共进行了七次大规模的行政体制改革。综合来看，这七次体制改革主要集中于机构改革、政府职能转变、事业单位改革、行政法制建设等几个方面。通过改革的实践与探索，逐步完善和形塑着中国行政体制。通过系统的行政体制改革，目前的政府体制，无论从组织架构、管理方式、运行机制等，与计划体制下相比，都发生了历史性的变化。但同时也存在不足之处，一些深层次的问题没有完全解决，这迫切要求继续深化行政体制改革力度，深入推动政府转型。

第一，着眼于转变经济增长方式，推进政府职能转变。"十二五"规划建议提出"以加快转变经济发展方式为主线，是推动科学发展的必由之路"，并指出加快转变经济发展方式是中国经济社会领域的一场深刻变革，必须贯穿经济社会发展全过程和各领域。政府职能转变要适应这场深刻变革，"必须更加注重社会管理和公共服务，全面提高经济调节与市场监管水平，加大行政审批制度改革力度"[1]，改变政府直接管理和介入微观经济活动的做法。一是进一步强化社会管理与公共服务。全面加强社会管理的法律、体制和能力建设，健全党和政府主导的维护群众利益机制，更好地促进就业、调节收入分配、完善社会保障、健全基层社会管理体系，维护社会稳定，实现社会公平公正。加大基本公共服务的投入，增加公共产品的供给总量，扩大公共服务的覆盖面，大力推进基本公共服务均等化。二是进一步加强和改善宏观调控与市场监管。三是进一步深化行政审批制度改革，减少对微观经济活动的干预。按照加快转变经济发展方式的新要求，认真梳理各部

---

[1] 黄文平：《"十二五"时期深化行政管理改革的几个着力点》，《行政管理改革》2011年第1期。

门现有审批事项。

第二,着眼于优化组织结构,深化大部制改革。为了进行机构精简,提高行政效能,历次行政体制改革都将机构改革作为重要目标之一,并取得了显著的成效。2008年的"大部制"改革,则独具代表性。新的国务院"大部制"改革,共撤销4个正部级机构,新组建5个大部门,涉及调整变动的机构有15个,进一步优化了政府组织结构。根据历次政府机构改革"先中央后地方"的经验,中央政府的改革必然会对地方产生重大影响,大部门体制改革也不例外。各级地方政府已经或正在进行积极探索地方的大部制改革,但是采取的大部制"风格不一"。大体上有三种类型:"以成都为代表的职能统合型,以重庆为代表的规划协调型和以广州顺德为代表的党政合署型。"[1] 中央和地方的大部制改革取得了一定的成效,然而在改革过程中,仍然遇到了来自多方面的挑战。首先,大部制改革面临着路径的困境。部门整合、职能规划路径处于摸索阶段,因而缺乏有效导向性原则、前瞻性不够、策略与方法不足。这在一定程度上造成了大部制改革"走一步退半步"甚至不如原有部门机构现状。其次,大部制改革面临着利益瓶颈。部门利益和集团利益仍然是改革最大的阻力。"权力部门化、部门利益化、利益集团化"使改革难以触动一些根本性问题。只要部门利益无法突破,进一步深化大部制改革就会异常困难。最后,大部制改革面临着配套政策体系的缺失。一方面,人员安置体系不健全。大部制改革的目标是整合职能相关部门,精简机构,提高行政效率,建立服务型政府。整合后,相当一部分公务员会面临淘汰。而中国实行大部制改革后,相应的人员安置政策体系还不完善,分流人员的利益难以得到很好的保障。另一方面,大部制的评价以及监督体系未能建立,因而难以对改革的成果进行准确评价,更难以对改革的进程进行监督、跟进和规范。

目前,大部制改革要深入开展,必须着眼于以下三个方面破除其所面临的阻力和瓶颈:一是突出改革战略和重点。按照精简统一效能的原则和决策权、执行权、监督权既相互制约又相互协调的要求,研究和探索在哪些适宜的领域进一步优化政府组织结构,继续整合职能与机构。二是梳理部门关系,平衡部门利益,并实现部门间分工合理和运转协调。三是制定和完善相

---

[1] 傅金鹏、陈晓原:《"大部制"的形态与前景:一项比较研究》,《南京社会科学》2010年第7期。

应的配套政策体系。从总体上看，大部制是市场经济发达国家摸索的体制模式，中国的实践尚处于起步阶段，理论研究也有待进一步深化，建立符合中国特色行政管理体制的大部制，还需要不断的探索和积累。既要认真总结已有的好做法，借鉴其他国家的成功经验，又要注意汲取教训，从正反两个方面思考和谋划改革，在中央的统一部署下有计划、有步骤地坚定推进改革。

第三，着眼于理顺权力结构，梳理条块关系。条块关系是地方政府体制中基本的结构性关系。中国政府围绕着条块关系进行过多次改革，但始终未能成功摆脱条块矛盾的困扰，并且导致政府职能转变迟迟不能到位，政府机构改革困难重重，政府间横向的交流与合作备受阻隔，以及存在"中间梗阻"等大量的问题。在中共十七大报告中，重点强调了对垂直管理部门和地方政府关系的改革，要求"规范垂直管理部门和地方政府的关系"，这反映中央和地方、垂直管理和地方管理这两对矛盾已成为当前行政体制改革中的突出问题，今后的改革中还要重点处理好两者关系。条块矛盾的症结，在于纵向职能和权力配置的混乱。要想从根本上解决条块矛盾，必须以打破职责同构为突破口，实现从"每一级政府都要管所有的事情"向"只负责特定事情"转变，以此推动条块关系的规范化。首先是进行职责再设计。每一层级的政府都有自己特定的职责范围，只管特定的事，对于重要的事项，相邻的政府可以有交叉，但权力和责任要分得很清楚。其次是进行机构再设计。既然处于不同层级的政府职责不同，那么，在机构设置上就应该因地制宜，按照各级政府实际职责的需要设立。最后是进行过程再设计。在坚持法制保障的前提下，实现决策与执行相一致、权力与责任相统一。

第四，着眼于优化行政层级，调整行政区划。随着经济社会的发展，尤其是改革开放30多年的飞速发展，行政区划的很多方面已不再适应经济社会发展的需求。行政区划的改革和调整成为行政体制改革的重要内容。然而，通过对大城市进行行政区划调整，以及"撤县设（县级）市；县、市升格或地区改（地级）市；撤县（市）设区"[①] 等一系列改革，中国的行政区划仍然存在省级区划数目偏少，行政层级过多，类型过于复杂，名称混乱等诸多问题。这些问题又进一步导致行政管理中信息不能及时有效地上行下达和下行上达，政策也在不同层级和不同程度上被"截留"，官僚机构膨

---

① 罗振东：《改革开放以来中国城市行政区划变更特征及趋势》，《城市问题》2008年第6期。

胀臃肿、运作效率低下等问题。根据中国经济社会发展的现实状况以及区划改革实践，结合"十二五"规划精神，未来行政区划改革的主要内容包括：一是根据国家区域发展战略和综合配套改革要求，合理调整和优化大中城市行政区划结构。二是适应城镇化发展的需要，推进城市设置标准和模式的改革创新，统筹规划，科学论证，适当增设城市，重点发展中小城市，特别是民族地区中城市的发展。三是减少行政层级，逐步撤销地级行政建制，实行"省直管县"。探索实行省直管县体制，有利于发挥县级政府的积极性，增强县域经济社会发展活力，从长远看，对减少行政层级、提高行政效率、降低行政成本、统筹城乡经济社会全面协调可持续发展具有重要的战略意义。四是稳定县级行政建制，强县扩权。五是完善乡镇撤并，加强和改进乡镇社会管理和公共服务，扎实推进镇改街道的调整工作。六是实现区域发展统筹规划。

第五，着眼于保障和改善民生，推进事业单位改革。发展社会事业、保障和改善民生是贯彻落实科学发展观的重要任务，是加快转变经济发展方式的根本出发点和落脚点。事业单位是政府全面正确履行职能的重要支撑，是政府提供公共服务的主要载体。积极稳妥分类推进事业单位改革，对于保障和改善民生，构建社会主义和谐社会具有重要意义。近年来，各地在事业单位改革方面进行了积极的探索，取得了一定成效。但事业单位仍存在着政事不分、事企不分、管理体制不顺、运行机制不灵活，公共服务供给总量不足、种类不丰富、质量和效率不高等深层次矛盾和问题。

要加快社会事业体制改革，积极稳妥推进科技、教育、文化、卫生、体育等事业单位改革，科学分类是前提和基础。应坚持以社会功能为依据，合理划分事业单位类别，实施不同的改革和管理措施。（1）主要承担行政职能的事业单位，要逐步转为行政机构或将行政职能划归行政机构。（2）主要从事生产经营活动的事业单位，要逐步转为企业。（3）主要从事公益服务的事业单位，继续保留在事业单位序列，同时逐步深化改革，强化公益属性，提高服务水平和效率。（4）进一步创新管理体制和运行机制，这是事业单位改革的核心。（5）在以往改革探索的基础上，进一步理顺政府与事业单位的关系，探索管办分离的实现形式，深化人事制度、收入分配和养老保险制度改革，创新机构编制管理方式，推进事业单位法人治理结构试点，加强对事业单位的监管。（6）大力支持社会力量举办公益事业，引入竞争机制，扩大购买服务，增强多层次供给能力，实现公益服务提供主体的多元化和提供方式的多样化，不断满足人民群众日益增长的公益服务需求。

第六，着眼于建设法治政府，推行行政问责制。问责制度是建设法治政府和服务型政府一项必不可少的制度。目前，中国行政问责制还存在很多问题需要完善：一是各级政府和政府部门之间的有些职责不够清楚、权限不够明确。在追究责任时，相关部门相互推诿，问责客体具体应当承担什么责任，模糊不清。二是问责程序不健全。目前还缺乏明确的问责启动程序，问责机制如何启动往往取决于行政领导的意志，没有规范可供遵守。三是目前的问责主体和问责范围过于狭窄。四是行政问责的标准不够完善。为此，在行政问责制改革中，要进一步明确问责范围，规范问责程序，健全责任追究制度和纠错改正机制；要加强对领导干部特别是主要领导干部、人财物管理使用、关键岗位的监督，健全质询、问责、经济责任审计、引咎辞职、罢免等制度。

3. 中央与地方关系治理

改革开放之后，中国经历了两次体制变迁，分别是从计划经济体制向市场经济体制转轨，以及发展和完善社会主义市场经济体制的时期。这两次体制变迁，使中国在政治结构基本不变的前提下，经济关系却发生了革命性变革。从政治关系来看，最能体现民主集中制原则的是党管干部制度。自20世纪90年代后期以来，中央政府对地方政府的省级核心领导干部的管理大大加强。从经济关系来看，中央和地方的经济关系主要表现为事权和财权，特别是财权的划分。从计划经济时代的统收统支"大锅饭"财政到20世纪80年代的"分灶吃饭"的财政包干，再到1994年以后在全国实行的分税制，中国的财政体制已经发生了革命性变化。无论是财政包干体制还是分税制，说到底都是财政分权，尽管分税制大大提高了中央财政在全国财政收入中的比例，在中央—地方关系上，中央直接管理经济的作用下降而宏观调控能力增强，地方政府的作用加强。在此影响下，中央与地方关系已经从计划经济时期的单一制转变为二元化的结构即政治单一制和经济联邦主义。在这种二元化的治理结构下，形成了地方政府的新的价值取向和复杂的行为模式，地方政府从过去的代理人到今天的利益主体角色、市场从过去的辅助性角色到今天的主导作用，已经成为一种新的制度安排。

4. 社会组织治理

改革开放以来，社会转型所释放出的空间为社会组织成长提供了重大机遇，社会组织发展有了长足进步。我们可以把改革开放30多年来中国社会组织的发展进程大致划分为四个阶段。

第一阶段从1978~1989年。改革开放为社会组织的恢复与发展提供了新的契机和动力。1988年8月和1989年6月，国务院先后发布《基金会管理办法》和《外国商会管理暂行规定》；1989年10月，国务院又发布《社会团体登记管理条例》，三个法规初步形成了中国社会组织管理的法律框架。截止到1989年底，经过登记并取得合法地位的社会组织（社会团体）有4544个。

第二阶段从1990~1999年。1992年8月，民政部召开了新中国成立以来首次全国社会团体管理工作会议；1996年7月，中共中央政治局常委会专门研究了民间组织工作；1997年10月，党的十五大报告中提出要培育和发展社会中介组织，并以此作为促进经济和政治体制改革的一项重要措施；1998年6月，在国务院机构改革中，国务院批准成立民政部民间组织管理局；1998年10月，国务院发布《民办非企业单位登记管理暂行条例》和修订《社会团体登记管理条例》；1999年8月颁布《公益事业捐赠法》。这一阶段，最大"亮点"是在社会团体继续增加的同时，产生了一类新的社会组织，即"民办非企业单位"。20世纪90年代初，随着城市单位体制改革的深入，部分原先由国家兴办的事业单位转为由私人或社会出资兴办，在政府与市场机制之外开始出现一种有别于"社会团体"的"民办事业单位"。1996年，中共中央办公厅、国务院办公厅发出《关于加强社会团体和民办非企业单位管理工作的通知》，正式将这一组织类型称为"民办非企业单位"，与"社会团体"相并列。截至1999年底，在民政部门登记的民间组织为142665个，其中社会团体136764个，民办非企业单位5901个。

第三阶段从2000~2006年。中国的社会组织管理经过1997~1999年三年的调整和规范，走上了规范化和正常化的轨道。特别是基金会从社会团体中独立出来，成为社会组织中的一个独立类型。2004年3月，国务院公布《基金会管理条例》，2004年6月正式施行。该条例共7章48条，对基金会的性质、类型和原则，设立、变更和注销，组织机构，财产管理和使用，监督管理和法律责任等方面作了明确规定。截至2006年底，在民政部门登记的社会组织总数达354393个，其中社会团体191946个，占总数的54.16%；民办非企业单位161303个，占总数的45.52%；基金会1144个，占总数的

0.32%。

第四阶段从2007年至今。2007年在中国社会组织发展史上具有里程碑的意义。2007年10月召开的十七大,肯定了社会组织在社会主义民主政治建设中的积极作用,为社会组织的发展提供了政治保证。十七大报告中第一次使用"社会组织"代替使用多年的"民间组织"概念,同时提出在基层民主政治建设中要"发挥社会组织在扩大群众参与、反映群众诉求方面的积极作用,增强社会自治功能"。从"社会团体"到"民间组织"再到"社会组织",不仅是名称的变化,也蕴涵着执政党和国家治理理念的变革,意味着公民社会(或第三部门)在中国特色社会主义现代化建设中的地位和作用得到了认可、肯定和重视,这是中国社会组织大发展的一个良好机遇。

5. 社区治理

随着全球化的步伐不断加快,在改革开放不断深入的基础上,近年来中国政府开始大力推进社区建设。1991年5月,民政部借鉴国外社区建设实践,明确提出了"社区建设"的概念。1998年,国务院政府体制改革方案确定民政部在原基层政权建设司的基础上设立基层政权和社区建设司,进一步推动了社区建设在全国的发展。1999年,民政部分两批确定了26个城区为全国城市社区建设实验区,各实验区的首要任务就是推进社区管理组织的重构。同年8月,民政部在杭州召开了全国城市社区建设实验区工作座谈会。2000年底,中共中央办公厅、国务院办公厅转发了民政部《关于在全国推进城市社区建设的意见》,开始全面推进城市社区建设。在民政及其相关部门的努力推动,在各实验区的示范和带动下,中国城市社区管理和社区建设逐步走向高潮,并逐渐形成了具有地方特色的社区治理模式,譬如上海模式、青岛模式、沈阳模式、南京模式等。社区治理也越来越得到政府、学者和社会的进一步理解和重视:社区治理不能等同于社区管理,它是社区主体共同管理公共事务和提供公共服务,具有公共管理、治理与自治的特色,这也就意味着,政府、市场与社会之间的互动在社区中能够很好地得以体现;社区治理不是简单的行政化与去行政化的问题,这种非此即彼的争论不利于社区的持续良好发展,社区治理关键在于发挥社区主体的基础性作用,在必要情况下采取灵活而适当的政府管理;社区治理中不同地区有适应各自经济基础与社会结构的不同治理方式。

第四节 中国国家治理的评价和展望

一 中国国家治理的评价

（一）中国国家治理的特征

中国的国家治理的主要特征便是在转型过程中采取了非常灵活的策略。既建立了市场经济运行所需要的一系列经济制度框架，并以此为基础逐渐改变人们的一系列既有观念，实现人们的"观念转型"；同时还保持并利用了改革前"全能时期"的强有力的政治资源和组织资源；另外，借鉴和吸收了西方的先进经验，使其较好地为中国所用。因而，可以说中国的国家治理，是在反复吸收和总结自身经验，以及借鉴其他国家经验的基础上形成的，它具有以下特征。

第一，中国的国家治理是一种寻求以人的需求和全面发展为目标的国家治理模式。中国的国家治理，是从计划经济向社会主义市场经济转型的政治和社会发展模式。它既坚持市场导向的全面改革，也注重国家与政府的宏观调控，并力图在两者的互动中寻找平衡点。

第二，中国的国家治理形成了有中国特色的国家治理动力——党领导下的治理合力。中国作为一个后发的发展中国家，走的是一条后发追赶型、跨越式发展的道路。中国的历史传统以及国情特征决定了政治领导在国家治理中占有重要和关键性地位。共产党及其领导下的强有力的政府是中国国家治理的主要特征，也是国家复兴的政治前提。正是这一强大的领导，带动了国家经济、政治、文化和社会各个领域的相应变革和转型，各种综合因素共同构成了国家治理中的"合力"。

第三，中国的国家治理开创的是一条渐进式、连续性的国家治理路径。一方面，改革开放以来，根据历史经验和当代中国面临的新问题和新挑战，中国走出了一条渐进改革的道路。坚持科学发展观，强调发展的全面性、协调性和可持续性。在突出经济快速发展的同时，充分认识到国家特征和民族特征，注重中国现行体制改革和转型的历史连续性，避免形成根本性的体制断裂和社会失序。这是中国对于发展模式的一个理性定位。另一方面，社会主义是中国的历史选择，当代中国的国家治理，在指导思想和价值目标上，始终是在坚持社会主义基本制度的前提下进行改革。在此前提下所遵循的是由易到难、梯次展开的原则。

(二) 中国国家治理的评价

1. 社会主义现代化建设取得重大成就

改革开放以来，国家开始进入以经济发展、效率优先为首要目标的重大转型期。社会主义市场经济制度的确立，激活了国家内部微观主体的竞争活力，市场从边缘包围并蚕食经济中的"计划"和"公有"部分，最后跨越了经济疆界，蔓延至整个社会的机体。在转型中国，每一地区、企业、家庭甚至个人都被深深卷入市场浪潮，经济的持续快速发展为国家治理奠定了丰富的物质条件。同时，当代中国继承了改革开放前强大的组织资源与政治资源，并运用这一政治资源的遗产，来维持实现市场经济改革的政治稳定。正是依靠这种政治权威资源，实现了过渡时代的政治稳定。正是这种政治稳定下的经济市场化与经济发展，使中国的社会结构发生了深刻的变化，取得了巨大的成就。然而，在创造世界经济奇迹和社会财富大量涌现的同时，各种社会问题和社会不稳定因素也在快速增加，片面强调效率和经济增长的恶果逐渐浮现。社会矛盾主要体现为贫富悬殊、两极分化等社会问题，与此同时，社会分层更加复杂、社会成员的心理和价值观出现了多样化趋势，这些都对社会发展产生了深刻影响，也对国家治理提出了新的要求。

2. 行政体制改革有了显著成效

中国在改革转型之前是一种"全能主义"的国家管理形态。这种国家管理形态的主要特征就是政府的权力与职能范围极度扩张，对经济和社会进行深入渗透和控制。"全能主义"国家管理模式在特定环境中，对于维系国家秩序，集中国家力量，促进经济发展有积极作用。但也形成了一系列难以克服的弊端，主要体现为：政府干预替代了私人决策，无法提供有效的激励机制；政府取代市场，降低了资源配置效率；政府权力、机构和职能过度膨胀，不仅耗费了大量资源，而且导致了官僚主义的滋生，弱化了政府的治理效能。

改革开放之后，全能型政府逐步收缩、调整其权能范围，市场和社会的自组织治理不断扩展。在权力配置层面主要体现为，一方面，政府采取了各种分权化的措施以赋予经济主体、社会主体必要的自治权力。另一方面，通过中央与地方分权，给予了地方政府许多自主权，激发了地方政府的积极性，通过放松对社会的控制，拓宽了公民自由活动的空间。权力配置格局的改变也引发了政府职能的转变，即政府相对弱化了其经济职能和社会职能，而强化了其公共服务职能。然而，政府权力配置层面的调整并不是政府的消极退出。首先，政府保持了对政治权力的必要集中，维系了国家制度的统一性、整合度与协调性，避免了因政治秩序激变引发的政府组织涣散、行政机构瘫痪，确保政府具备必要的行为能力。其次，政府保持了对必要经济资源的控制，从而为其维持日常的行政成本、支付必要的改革成本、实施宏观经济调控创造了有利条件。再次，政府在法律和政策的制定与执行方面具备较高的自主性。最后，政府不断对自身的组织制度和行为模式进行适应性调整。中国从20世纪80年代初就开始了几乎平均五年一次的政府改革。在这些改革过程中，中国政府基本完成了从革命型政府、政治动员型政府、经济建设型政府向公共服务型政府的角色定位转变。

在上述演化过程中，不仅政府自身的目标、角色和能力得到了明显转变与改善，而且市场和社会的自我组织与自我发展能力也得到了稳步提高，政府、市场、公民社会三元并存与互补的国家治理模式也已初步形成，从而在国家治理模式平稳有效转换的基础上，推动了社会经济的持续繁荣。

二　中国国家治理的展望

中国是一个具有超大人口规模的社会，中国国家治理不仅面临大国规模带来的挑战，也面临着突破发展困境、价值选择困境和操作困境的艰巨任务，更面临在这个巨型社会确保平稳制度转型的强大挑战。实践证明，在中国，有效的国家治理必须以历史传统、现实国情与时代特征为基础，通过以价值引导、制度维系与组织支撑三个维度为核心内容的政治建设，才能实现国家的有序和稳定。站在新的历史起点上，面对国内外形势提出的新挑战，必须以科学发展观为指导从以下几个方面来推进中国国家治理的进程。

第一，加快经济发展方式转型。发展是硬道理，以科学发展观为指导，加快推进中国经济发展方式的转型是事关中国发展全局的战略抉择。加快推进经济发展方式转型要加快经济体制改革，更好地发挥市场在资源配置中的基础性作用；加快推进经济发展方式转型要大力实施创新驱动战略，努力走自主创新之路，不断增强自主创新能力，切实把经济增长的动力转移到依靠科技创新上来；加快推进经济发展方式转型要大力促进经济结构的调整和升级，加快传统产业的升级，推动现代服务业的发展壮大，努力打造经济和产业结构的"升级版"；加快推进经济发展方式转型要全面提高开放型经济的水平，积极适应经济全球化形势发展变化的需要，不断完善开放型经济体系。

第二,大力发展人民民主。人民民主是社会主义的生命,是我们党始终高扬的光辉旗帜。大力发展人民民主必须坚持党的领导、人民当家作主、依法治国有机统一,以保证人民当家作主为根本,以增强党和国家活力、调动人民积极性为目标,扩大社会主义民主,加快建设社会主义法治国家,发展社会主义政治文明。大力发展人民民主必须不断完善体制机制支持和保证人民通过人民代表大会行使国家权力。大力发展人民民主必须健全社会主义协商民主制度,完善协商民主制度和工作机制,推进协商民主广泛、多层、制度化发展。大力发展人民民主必须不断完善基层民主制度,健全基层党组织领导的充满活力的基层群众自治机制,以扩大有序参与、推进信息公开、加强议事协商以及强化权力监督为重点,拓宽范围和途径,丰富内容和形式,切实保障人民群众享有更多更切实的民主权利。

第三,深入推进行政体制改革。深入推进行政体制改革要按照建立中国特色社会主义行政体制目标的要求,积极推进政府职能转变,深入推进政企分开、政资分开、政事分开以及政社分开,努力建设职能科学、结构优化、廉洁高效、人民满意的服务型政府。深入推进行政体制改革进一步优化行政组织,稳步推进大部制改革,健全部门职责体系,优化行政层级和行政区划设置,有条件的地方可探索省直接管理县(市)改革。深入推进行政体制改革继续创新行政管理方式,提高政府公信力和执行力,推进政府绩效管理。深入推进行政体制改革要坚持科学决策、民主决策、依法决策,健全决策机制和程序,积极发挥思想库作用,建立健全决策问责以及纠错制度,完善重大决策社会稳定风险评估机制,凡是涉及群众切身利益的决策都要充分听取群众意见,凡是损害群众利益的做法都要坚决防止和纠正。通过廉政文化建设、政府预算公开化等措施来切实加强廉价政府的建设。

第四,切实推进以民生为重点的社会建设。推进以民生为重点的社会建设要围绕构建中国特色社会主义社会管理体系,加快形成党委领导、政府负责、社会协同、公众参与、法治保障的社会管理体制;推进以民生为重点的社会建设要加快推进基本公共服务均等化,逐步形成政府主导、覆盖城乡、可持续的基本公共服务体系。推进以民生为重点的社会建设要积极扶持社会组织的成长,加快形成政社分开、权责明确、依法自治的现代社会组织体制。推进以民生为重点的社会建设要推进社会管理体制改革,加快形成源头治理、动态管理、应急处置相结合的社会管理机制。推进以民生为重点的社会建设要建立健全党和政府主导的维护群众权益机制，完善信访制度，完善人民调解、行政调解、司法调解联动的工作体系，畅通和规范群众诉求表达、利益协调、权益保障渠道。

第五，加快生态文明建设。生态文明建设是社会主义现代化建设的重要组成部分。在社会主义现代化建设过程中，要把生态文明建设放在突出地位，将生态文明建设的理念切实融入经济建设、政治建设、文化建设、社会建设各方面和全过程，努力建设美丽中国，实现中华民族的永续发展。加快生态文明建设要坚持节约资源和保护环境的基本国策，坚持节约优先、保护优先、自然恢复为主的方针，着力推进绿色发展、循环发展、低碳发展，形成节约资源和保护环境的空间格局、产业结构、生产方式、生活方式，从源头上扭转生态环境恶化趋势，为人民创造良好生产生活环境，为全球生态安全作出贡献。

第六，全面提高党的建设科学化水平。中国共产党是中国革命和中国特色社会主义现代化建设事业的坚强领导核心，担负着团结带领人民全面建成小康社会、推进社会主义现代化、实现中华民族伟大复兴的重任。全面提高党的建设科学化水平是适应形势变化，增强党的执政能力的需要。提高党的建设科学化水平要积极推进党内民主，带动人民民主，健全党内民主制度体系，保障党员主体地位，健全党员民主权利保障制度，开展批评和自我批评，营造党内民主平等的同志关系、民主讨论的政治氛围、民主监督的制度环境，落实党员知情权、参与权、选举权、监督权，强化全委会决策和监督作用，完善常委会议事规则和决策程序，完善地方党委讨论决定重大问题和任用重要干部票决制。提高党的建设科学化水平要始终保持党同人民群众的血肉联系，要把人民利益放在第一位，始终与人民心连心、同呼吸、共命运，始终依靠人民推动历史前进，在全党深入开展以为民务实清廉为主要内容的党的群众路线教育实践活动，着力解决人民群众反映强烈的突出问题，提高做好新形势下群众工作的能力。提高党的建设科学化水平要坚持依法执政，尤其是依宪执政，坚持法律面前人人平等，保证有法必依、执法必严、违法必究，任何组织或者个人都不得有超越宪法和法律的特权，绝不允许以言代法、以权压法、徇私枉法，提高领导干部运用法治思维和法治方式深化改革、推动发展、化解矛盾、维护稳定的能力。

第七，努力实现社会公正。公正，对于一个社会的基本制度而言，应当成为社会制度的基本价值。公正是人类社会文明进步的标志，是人们追求的一种理念，是一个社会发展的基础，更是社会主义制度的本质要求。公正，指群体中的成员认为应当用何种程序来决定分配资源的方式，它总是与人们如何贯彻、实行既定原则相关，其作用在于摒弃身份、特权等先赋性因素的影响，保证社会成员能够有参与财富等社会资源分配的平等机会，得到公正的对待。所以说，公正，更多的是描述一种分配的原则、分配的制度。如果一个社会分配制度不公正，国家治理成果不能真正为大众所分享，那么它在道义上是不得人心的，而且势必威胁社会稳定。改革开放 30 多年来，中国取得了举世瞩目的成就，但随着经济的高速增长，中国也出现了严重的贫富差距问题。社会财富的分配不公，贫富的两极分化，必将导致社会的不安定。所以，解决贫富差距问题，促进社会的公平正义是国家治理所面临的一项重大挑战。党的十八大报告指出，"要在全体人民共同奋斗、经济社会发展的基础上，加紧建设对保障社会公平正义具有重大作用的制度，逐步建立以权利公平、机会公平、规则公平为主要内容的社会公平保障体系，努力营造公平的社会环境，保证人民平等参与、平等发展权利"。

总之，中国国家治理的实践过程将是艰巨的，在这样的过程中，在这样一个超大规模、非均质、资源面临相对匮乏的国家，不仅需要通过推动制度建设、推进民主化进程、重塑价值共识来塑造自上推动的良性秩序，还需要培养中国基层社会的相对自主性，同时在社会成长与国家治理之间构建良性的和谐互动关系，这样才能够通过促进社会的成长与成熟来实现有效的国家治理。

第五章　区域治理

引　例：[①] 太湖是中国第三大淡水湖，也是上海、苏锡常、杭嘉湖地区最重要的水源。这一地区以不到0.4%的土地面积、3%的人口，创造了占全国13%的国内生产总值和19%的财政收入。"苏湖熟，天下足。"太湖流域的乡镇，素来被称为鱼米之乡。但是过去的20年里，这一声誉正在逐渐消失。从20世纪90年代开始，随着乡镇企业的发展，太湖开始面临蓝藻的梦魇。此前人们根本不知道什么是蓝藻，村民都是用小河水淘米、洗菜、洗衣、灌溉。据媒体报道，从1987年开始，每年排入太湖流域的污水达360亿吨，其中上海占1/2，80%的污水都没有经过处理。太湖流域联合编制的水质评价显示，1987年太湖水面有机物污染尚为1%，到1993年后，太湖已呈全部富营养化趋势。1994年甚至达到了29.18%。河网的情况同样也不乐观。1983年流域内污染河道长度还只占40%，1996年即升至86%，成为各流域之最。随着湖水逐渐变浑，人们也开始发现触水后的皮肤发痒。"家家户户从此开始买水喝。"从90年代初开始，蓝藻开始发生。从堤岸上的入湖口逐步向湖中心发展。

与污染相伴随的是一次又一次的太湖治理行动。1991年，国家投资逾百亿元启动第一期太湖治理工程，但实际效果让人失望。1998年的治理规模更大。国家批准"太湖环境治理计划"，"聚焦太湖零点达标"因此展开。1999年元旦钟声敲响之前，官员们宣布，治理已"基本实现阶段性目标"。但与十年前相比，太湖及流域河道的水色不进反退，已经变成浑浊不清的"酱汤"。2007年5月，蓝藻引发一场突如其来的饮用水危机，席卷了江苏无锡。随后引发了一场问责风暴，无锡市

[①] 本案例根据吕明合《太湖蓝藻：斩不断、理还乱》（《南方周末》2011年6月9日，C15版）改写。

至少 5 名官员被处理。但这次蓝藻事件也标志着此前的太湖治理已经完全失败。2007 年以后，太湖流域展开了新一轮的综合治理，开始引入联席会议制度。每年召开一次会议，每年也都会确定一个年度目标。但各地方政府从当地经济发展的角度考虑，对治理污染的积极性并不高。尤其是 2008 年经济危机后，许多地方对太湖污染控制开始放松，2010 年后局部地区甚至出现了反弹。从 2010 年 10 月开始，一直在通过望虞河常熟水利枢纽进行"引（长）江济太（湖）"工程。但引水只能缓解干旱，"以清释污"对水质的改善作用不大。因为长江水体中氮磷含量已经偏高，这等于是用污水去冲污水，效果可想而知。2011 年上半年，长江中下游持续大旱，再次引发人们对太湖水质和蓝藻暴发的担忧。

日本的琵琶湖污染后，花了 20 年、180 亿美元，依然只能还原到三类水的标准。太湖污染已经积累了 30 年，治理工作必然是一个长期、艰巨、复杂甚至有时是反复的过程。从污染问题的产生来看，水污染问题的一个典型特征是"跨域"，太湖地跨苏、浙、沪三地，其"跨域"的特征决定了水资源的使用者是具有独立利益的行为主体；而太湖作为一种公共物品，其产权难以界定，谁都有权利使用，但过度使用的成本却由所有使用者共同承担。正是由于"利益独立"和"产权不清"，使得所有人都倾向于选择"先下手为强"的污染策略。对于已污染的水域，太湖流域的治理牵涉到江苏、浙江、上海三地的利益，太湖蓝藻问题决非一省之力所能解决，需要多个省市的通力协作。而且在治理的过程中，各省虽然都推出治理太湖的相关法规政策，但是法令繁杂，各行其是，甚少提及跨域的合作与管理事宜；另外，太湖的治理，是涉及跨区性的事务，各地政府也会受限于辖区，往往在权责归属上造成问题；除此之外，太湖治理这种涉及跨区域合作的事宜也常常因为预算及财源如何分担而无法为继或无法解决。看来，太湖蓝藻问题的解决仍然是一项任重而道远的难题。

对地方政府的传统研究，通常是以一定区域或范围内政府权力运作为中心。然而近年来由于受到地方人口频繁流动、区域间高度依存等环境因素的影响，常常使得地方问题的影响范围，或是民众对地方公共服务的需求，会跨越地方政府的辖区范围。于是，府际关系、府际合作或跨域治理，逐渐成为学术研究和实务操作的重要议题。

本章主要包括三方面内容：一是多层次区域治理的现实意义与理论阐述；二是全球视野中的区域治理，主要涉及以欧盟为代表的国家层面之间区域治理、次区域合作治理和大都会区域治理等；三是以中国地方政府间横向合作的实践为依据，探索地方政府间合作的动因、策略、实现过程及发展前景。

第一节　区域治理的现实意义及理论阐释

人类社会正处于从工业社会向后工业社会转型时期，以自然资源为基础，依靠大量生产和大量消费的生产模式，向以知识经济和信息技术为基础，依靠信息交流和资源共享的生产模式转换。在工业社会中，通过个人之间、组织之间的竞争激发欲望、创造财富，是地方经济和社会发展的原动力。后工业社会中，人与人、人与环境之间，以及组织与组织之间求同存异、和谐共处，成为地方政府间关系的主题。在全球化与区域一体化并行发展的趋势下，公共问题的跨界性和关联性增强，地方政府必须依靠多方力量共同解决经济和社会发展中的问题。在民主政治的压力下，民众对地方政府提供公共产品和公共服务的能力和水平提出了更高要求，促使政府由"管制型"角色向"服务型"角色转变。在这样的时代背景下，区域治理的形成和发展成为历史的必然。

一　区域治理的现实需求

（一）政治安全的区域诉求

无论是从历史还是现实来看，政治安全的区域诉求都是催生区域间合作形成的一个重要原因。在国际上，政治目的下的区域合作治理可以达到减少邻邦间的政治摩擦、减缓社会和政治压力、巩固民主与政治制度、提升"弱小政体"的谈判和讨价还价能力的效果。同时，在一个国家内部，实现不同区域政府间的合作治理，有助于构建一种协调发展、和谐共进的稳定政治局面。以欧盟为例，导致第二次世界大战以后欧洲走向一体化的因素很多，但追踪溯源，建立政治互信、防范战争重演的政治安全考虑要远远大于经济贸易因素。时至今日，欧洲各国仍然努力坚持要以"同一个声音说话"，以便在政治上形成能够抗衡美国和其他国家的力量。在亚洲，东盟的创建也出于同样的缘由。东南亚各国摆脱殖民统治以来，区域内部一直面临各种安全问题，如美苏争霸造成了不安定局面，早期所谓的"共产主义威胁"、成员国因领土等而引发的冲突、各国内部的民族分离运动等等。因此，在某种程度上，东盟对开展政治和安全合作的需要比开展经济合作的需要更为强烈。

（二）经济一体化的直接推动

随着世界性市场经济、跨国公司的发展和以信息革命为中心的高科技的迅速进步，经济全球化的趋势大大加强。由此带来的全球性倚赖的"广度"和"深度"与日俱增。与此同时，经济全球化也引发了广泛的区域"抵抗"效应，形成了多种多样的区域经济一体化组织。经济全球化如同一把双刃剑，既给世界各国带来发展机遇，同时也带来严峻的挑战和巨大的风险。在这样的背景下，国家与国家之间、地区与地区之间的经济发展和实力竞争越来越表现出区域性特征。换言之，任何一个国家或地区都已经不太可能脱离一个区域共同体而封闭发展。面对这样的世界经济形势，区域内政府只有不断加强合作，结成经济同盟，才能逐步减少行政区域之间的市场壁垒，实现经济利益上的互利互惠，从而通过提升区域整体竞争力来参与全球的经济竞争。

（三）跨域公共问题的要求

从自然地理环境来讲，很多地区虽然分属不同的国度或行政区域，但是在这一地区内由于相近的地理位置、历史渊源、文化习俗等原因，使得其内部的各自然要素和社会经济往来极为密切。地域的这种特性，决定了某一地域的整体可持续发展与"行政单位组织"发展之间始终存在着一些不可调和的矛盾。特别是由于各国、各地区原有行政区划、政策法规等方面的不同，经济发展差距不断扩大，区域内各种公共问题变得更加纷繁复杂起来，例如区域内共同面临的环境与生态保护、水资源分配、贫富差距、社会治安等问题。而所有这些问题，由于涉及不同的行政区域政府甚至是一国的中央政府，因此依靠传统的单边"行政区域"思路，已经无法得到有效治理。区域内社会、经济、环境等各种棘手的公共问题的合作治理诉求，就要求各行政区政府打破行政区划的刚性界限，实现区域一体化治理。例如，大湄公河流经地区的环境保护与治理、流域沿岸居民的反贫困斗争、流行病和传染病防治、区域人力资源的素质提升、"金三角"毒品犯罪治理、跨境交通基础设施共建、生物多样性和多元文化保护等，都需要河流沿岸国家政府结成集体行动，实施联合治理。

二 区域治理的相关概念

（一）府际关系

府际关系（Intergovernmental Relations）研究源于20世纪30年代的美国，当时联邦政府积极推行新政以期应对经济大恐慌时期所带来的大量社会问题，"使得联邦政府与州政府之间放弃过去分权、独立的态度，开始采取主动积极，密切合作精神，共同建立一种全新的公共服务供给与输送系统管道，以推动新政顺利进行，从而扭转当时美国国家命运"[①]。

1935年的美国《社会科学百科全书》中最早出现"府际关系"一词，随后在1940年的《年鉴》（The Annals）中，刊发了一系列关于联邦与州、联邦与地方、州与州以及地方与地方关系的以"美国的府际关系"为名的专题文章。在现实和实践的推动下，多年后美国国会相继成立"府际关系委员会"（1953年）和"府际关系咨询委员会"（1959年），至此，"府际关系"的概念开始流行并广受重视。1960年，美国著名学者安德森（William Anderson）对其赋予正式的定义："美国联邦制度中各类和各级政府单位机构的一系列重要活动，以及它们之间相互作用。"尽管其研究主要是从政府公职人员间的人际关系角度来看待政府关系，但是为后人研究府际关系奠定了一定的基础。

伴随着西方府际关系的不断发展，理论界对它的研究也不断走向系统化。例如R.B.登哈特（R.B. Denhardt）认为，府际关系是"为了发展及执行公共计划所包含的政府各层级间所有复杂而互相依赖的关系"。沙夫里茨（Jay M. Shafritz）和拉塞尔（E. W. Russell）则认为"府际关系本质上是指不同层级政府为共同地区提供服务于管理之交互关系的政策与机制"[②]。多麦尔（Paul R. Dommel）在《政府间关系》一文中分析了美国政府间的纵向与横向两种关系[③]，等等。在其他地区，如中国台湾学者陈德禹认为，所谓府际关系，是从中央到地方，形成若干级地方政府（责任地位不同）而

[①] Dell S. Wright, *Understanding Intergovernmental Relations*（Belmont: Wadsworth, Inc., 1988）, 3rd ed. 转引自任勇《地方政府竞争：中国府际关系中的新趋势》，《人文杂志》2005年第3期。
[②] 参见任勇《地方政府竞争：中国府际关系中的新趋势》，《人文杂志》2005年第3期。
[③] 参见〔美〕理查德·D.宾厄姆等《美国地方政府的管理：实践中的公共行政》，九州译，北京大学出版社，1997，第162页。

各级政府彼此之间之互动关系。学者江大树等认为，府际关系主要是指一个国家内部不同政府间的相互运作关系。从广义上讲，府际关系不只包括垂直性的上、下级政府间之互动，而且包括水平性同一层级、不同政府机关之间的关系，甚至也涵盖公共部门与民间社会，或第三部门间的互动关系。① 这种说法实际上在更大范围上界定了府际关系。

在中国大陆学术界，谢庆奎教授指出，"府际关系就是政府之间的关系……它是指政府之间在垂直和水平上的纵横交错的关系，以及不同地区政府之间的关系。它所关注的是管理幅度、管理权力、管理收益的问题。"②并在文中悉数阐明了府际关系的几种分类情况：中央政府与地方政府之间的府际关系、地方政府之间的府际关系、政府部门之间的府际关系和各地区政府之间的府际关系。府际关系在国内也被有的学者称作国内政府间关系，如林尚立教授认为国内政府间关系"主要指国内各级政府间和各地区政府间的关系，它包含纵向的中央政府与地方政府间的关系，地方各级政府间关系和横向的各地区政府间关系"③。换言之，府际关系主要包括两个方面：一是政府职能部门之间的纵横关系；二是作为一级政权的中央与地方、地方与地方之间的纵横关系。④

综上所述，"府际关系"即政府间关系。此处的"府"是指政府，它由立法机关、行政机关、司法机关等国家机关构成。从向度上来看，府际关系分为纵向、横向、斜向三种类型。纵向府际关系是指上下级政府之间的关系，主要包括中央政府与地方政府之间、地方上下级政府之间的关系；横向府际关系是指同级政府之间的关系，主要包括同区域的各个同级别的政府之间、不同区域的各个同级别政府之间的关系；斜向府际关系是指不同区域的各类不同级别政府之间的关系。但是，不管是上述哪种府际关系，其内容都要涉及政府之间的财权、事权和人事权关系，这就使得目前学术界正在关注的府际关系调整必将是个全方位的系统工程。

（二）府际合作

源于实践的需要，基于利益的基础，政府间关系尤其是地方政府间关系

---

① 参见郑娟、李刚《国内近年来对府际关系研究综述》，《宁夏党校学报》2007年第5期。
② 谢庆奎：《中国政府的府际关系研究》，《北京大学学报》（哲学社会科学版）2000年第1期。
③ 林尚立：《国内政府间关系》，浙江人民出版社，1998，第14页。
④ 林尚立：《重构府际关系与国家治理》，《探索与争鸣》2011年第1期。

进一步呈现出竞争与合作的双重态势，但两者之间并不必然矛盾。一方面，有限资源的限制下，政府本身的使命、经济和社会责任不断促使政府间竞争加剧。同时，在"以脚投票"的表达机制前提下，各地政府继续为提供良好的公共服务和服务设施、完善的法律法规体系和司法程序、较低的商业运行成本和公平的市场交易秩序而竞争，以确保该地区具有较强的竞争力。另一方面，地区与地区之间的经济发展与实力竞争也逐渐表现出一种"你中有我，我中有你"的相互依赖状态。只有加强区域内政府间合作，才能逐渐消减行政区域内的市场壁垒，达到经济上的共荣共惠，解决日益增多的交叉性的公共问题，实现管理服务水平的真正提升。

对于府际合作的研究，最初是源于经济发展的需要。最早可追溯到赫克歇尔—俄林的要素禀赋理论，该理论主要强调拥有不同要素禀赋优势的地区通过区域间的合作可以带来合作各方的福利的增加。在现实层面，20世纪90年代以来的各国政府再造方案中重要的共同趋势之一，就是地方政府间伙伴关系的建立，这也是推动政府之间合作管理的重要原因。如经济合作与发展组织把这种全球范围内的府际合作趋势，归结为下列原因：（1）由于环境保护和经济持续发展等政策问题，需要区域内各地方政府间协力处理；（2）由于区域经济发展失衡，地方政府间必须通力合作解决失业和贫穷等社会问题；（3）在全球化的冲击下，区域内各地方政府间必须借由资源和行动的整合，以发挥综合作用，提升地方竞争力；（4）尽管地方政府为提升其效能，已经与许多私部门或非政府组织建立了伙伴关系，但地方政府间所建立的伙伴关系，仍是其他合作关系所无法取代的。此外，关于地方政府间合作的必要性及其合作形式，也有大量的研究成果。如中国台湾学者赵永茂阐述了英美日等国地方政府为了应对都市化、多元社会参与、区域化、效率化及地方政府角色、功能变迁适应力等问题的冲击，地方政府间积极开展跨域合作，并提出新管理体制理论、限定目的政府理论、区域政府理论、中间机关理论等。中国大陆一些学者也提出了"府际管理理论"[①] 和"复合行政理论"[②]，虽然内容不尽相同，基本意图都在于"建立以合作为基础的互惠共进的政府合作模式"。可见，府际合作已成为研究府际关系中的一个重

---

① 汪伟全：《论府际管理：兴起及其内容》，《南京社会科学》2005年第9期。
② 王健等：《"复合行政"的提出——解决当代中国区域经济一体化与行政区划冲突的新思路》，《中国行政管理》2004年第4期。

要议题。

府际合作实际上是指没有领导与被领导关系的政府之间的合作，主要包括两种情况：一是同级政府之间的合作；二是不同级但又没有隶属关系的政府之间的合作。依照行政生态学的原理，府际合作是区域内各个政府在原有的政府间关系框架下，为了实现特定的目的而进行的合作活动，其本质是既定体制下公共权力机构的集体行动。可以认为，府际合作是一个新的研究视角，因为府际合作的推进和发展必将打破传统政府管理的区域和层级观念，有助于由传统的较为权威、封闭和狭隘的地方主义向强调权力或资源相互依赖、开放和区域合作的方向转变。

（三）跨域治理

跨域治理理念是学术界对西方发达国家为20世纪70年代能源危机以来的政府改革和公民社会崛起所作的理论总结，是对府际关系理论（Intergovernmental Relation Theory）和地方治理理论（Local Governance Theory）的有机整合。府际关系理论聚焦于西方发达国家20世纪以来对中央政府与地方政府关系、地方政府之间关系所作的调整，把目光投射到跨越两个或两个以上行政区的互动关系；而地方治理理论则针对政府改革所引发的政府与企业、民间组织、社区等利益集团之间关系的调整。跨域治理理论的提出，应该说是对府际关系理论研究内容的扩充和研究范围的外在扩展。

跨域治理中的"域"，泛指"区域"。从公共管理学科的角度观察分析"区域"问题，它应该是一个基于行政区划又超越国家和行政区划的经济地理概念。美国学者詹姆斯·H. 米特尔曼（James H. Mittelman）提出了三个不同层面的"新区域主义"分类法，分别是宏观区域主义、次区域主义和微观区域主义。其中宏观区域是指各洲内由民族国家结合各国的规则形成的组织联合体，最典型的如"欧盟""亚太经合组织""东盟""北美自由贸易区"等；次区域是指小范围的、被认可为一个单独经济区域的跨国界或跨境的多边经济合作，如"新—柔—廖成长三角""图们江地区的次区域经济合作""澜沧江—大湄公河地区的次区域经济合作"等；微观区域层次，多指一国内部的出口加工区、工业园区或省际、地区间的合作，如中国的"粤港澳大珠三角区域"、美国的"田纳西河流域"等。

在实践中，治理被认为是一个持续不断的过程。在这个过程中，可以使对立的或各异的利益彼此适应，可以采取合作的行动。它既包括旨在保证人们服从的正式制度和体制，也包括人们同意或以为符合其利益的非正式的安排。整体而言，治理的目的是在各种不同的制度关系中运用权力去引导、控制和规范公民的各种活动，以最大限度地增加公共利益。所以，"治理是一种公共管理活动和公共管理过程，它包括必要的公共权威、管理规则、治理机制和治理方式。"① 因此，将治理的概念引入区域管理协调的相关问题中，就提出了跨域治理问题。所以说，跨域治理的理念旨在强化政府组织、市场组织和社会组织之间的资源整合，鼓励各种治理组织的参与，以共同应对跨行政区、跨部门、跨领域的公共事务。②

综上所述，在府际关系、府际合作、跨域治理或区域治理之间存在着千丝万缕的联系，但又各有不同。府际关系是相对于府际合作来讲更大范畴的一个概念，不同类型的政府间合作与政府之间的竞争关系一同囊括在了府际关系之中。区域治理，可以被理解为治理理论在区域公共管理中的运用。同跨域治理一样，区域治理概念同样是建基于治理理论之上。尽管二者一字之差，但是审视的角度却有不同，区域治理包含于全球治理之中，是区域层次的治理，描述的是一种治理的层次和状态；而跨域治理则是区域治理的一种强力扩张③，一般是从特定区域的现实需要角度进行描述，强调不同区域间的合作治理。其实，无论是跨域治理还是区域治理，在世界上很多地区，尤其是中国，这种治理的主导因素还主要是政府，尤其体现了政府之间的横向合作关系。

第二节 全球视野中的区域治理：类型与特点

在全球范围内，随着全球化与区域一体化的推进，地方间关联度和依赖性不断增强，每个地方政府都作为多元治理网络的一分子在承担责任。打破壁垒、互惠合作，优势互补、资源共享，在公共服务提供者、接受者，以及理论研究者中获得共识。依照前文所提到的"新区域主义"分类方法，区域治理体现为三个层次。这三个层次，实际上都是在跨区域间基础设施建设、要素流动、资源配置、公共服务、环境保护等方面出现日趋严重的区际冲突和矛盾，在单个地方政府难以有效解决这些冲突和矛盾的情况下，实行

---

① 俞可平：《全球治理引论》，《马克思主义与现实》2002年第1期。
② 马学广、王爱民、闫小培：《从行政分权到跨域治理：我国地方政府治理方式变革研究》，《地理与地理信息科学》2008年第1期。
③ 余正梁：《区域化、区域政治与区域治理》，《国际观察》2001年第6期。

的跨越多个行政单元的、以多元化协商、协调为主的区域治理。在本节中将介绍以欧盟为代表的国家间区域治理，以"新—柔—廖成长三角"和"澜沧江—湄公河次区域经济合作区"为代表的次区域合作治理模式，以纽约、东京和巴黎为代表的大都会区域治理。

一 宏观区域治理：以欧盟为例

欧盟是目前一体化进程推进最为成功的地区，更是当今世界上区域治理的典范。与其他国际组织不同，欧盟不仅仅是成员国多样性的单纯联合，更是经济、政治、国防、外交、安全、文化、科技等广泛领域的多样性联合。一方面，欧盟所拥有的超国家权力同国家主权、地方自治权维持了良好的平衡；另一方面，欧盟的制度建构也确保了各成员国及地方实体能够有效地进行利益诉求，塑造了一个独具特色的欧盟治理模式和结构。

（一）欧盟区域一体化的起源

早在20世纪上半叶，联合欧洲的构想便在欧洲政坛酝酿。1939~1940年，英国政府就向法国政府示意成立欧洲联合政府。此后，英国首相丘吉尔也曾提倡成立欧罗巴合众国。尤其到第二次世界大战结束后，面对强大的美国、苏联，欧洲具有远见卓识的政治家们认识到，欧洲只有联合才能避免战火重燃，才能够在国际舞台上发挥重要作用。

1951年在法国外长舒曼的倡议下，比利时、法国、联邦德国、意大利、卢森堡、荷兰等西欧六国签订了《巴黎条约》，成为欧洲实现一体化的宣言书，由此成立的欧洲煤钢共同体可以视为欧盟发展史上第一座里程碑。1957年欧洲煤钢共同体六国签订了《罗马条约》，由此成立了欧洲原子能共同体与欧洲经济共同体，扩展了欧洲一体化的事业空间。1965年，三大共同体合并为欧洲共同体，为今天的欧盟打下了坚实的基础。1991年，欧洲共同体理事会起草了《欧盟条约》（通称《马斯特里赫特条约》），并于两年后生效，欧洲共同体正式更名为欧盟。

（二）欧盟共同治理——时代的抉择

欧盟的长远目标旨在通过共同的外交和国防政策成为鼎足世界的政治实体，通过共同的司法和民政规则产生跨国公民。[①] 从最初的致力于促成法德和解、恢复欧洲秩序与繁荣的欧洲煤钢共同体，到后来自由贸易区和经贸联

---

① 管新平、何志平：《欧盟概况》，华南理工大学出版社，2003，第9页。

盟的发展，乃至于逐步走上政治一体化的轨道，欧盟一直处在不断的制度变革过程中。从根本上讲，这种区域一体化趋向的原动力来自地缘、文化、历史、经济、政治、安全等各个方面，而各种针对宏观国际环境变化的"应激"反应和解决共同面对的问题的现实诉求则是欧盟区域一体化的直接原因。正是欧洲人基于独特的自然地理环境、相近的历史文化背景以及较为成熟的经济、政治基础和制度建构而选择的特殊发展路径，为区域公共治理在欧洲的展开创造了条件。[①]

从过去的以国家为中心逐步转移到以国家联合共同治理为中心的全新政治经济结构，欧盟已经拥有了很多超国家的经济和政治的调控权力。但是从本质上讲，欧盟依然还是一个按照"授权原则"和"辅助原则"运行的主权国家的联合体。当然，在这一组织中，成员国会自愿让渡一部分主权给予欧盟，欧盟通过相应的规制聚合这些权力，并以区域共同治理的方式共享聚合的主权。所有的这些都是以维护各成员国自身利益为根本前提，通过欧盟把国家利益、国家安全和欧盟的集体利益和集体安全捆绑在一起，使国家利益在共同治理中得到实现和可靠保证，从而把国家利益依存于共同的欧洲集体利益之中。[②]

欧洲国家决心选择走一体化和区域共同治理的道路，可以看作旧欧洲和新欧洲的分水岭，对欧洲各国的整体发展产生了重要、深远的影响。法、德、英、意等西欧大国借助欧洲一体化迅速复兴，重新在国际经济和政治舞台上崛起；欧洲的众多中小国家也借助欧洲一体化确保了国家的安全稳定和繁荣，依托联盟发挥了单个国家在国际社会中无法发挥的作用。正是因为团结起来通过独特创新的体制，使欧洲形成了一股整体力量，发挥集合效应，欧盟才能从西欧6国起步逐步壮大到目前遍布全欧洲的27国。联合的欧洲以整体形象崛起于西方，以鼎足之势彰显于国际力量格局中。

（三）欧盟共同治理——各个领域的联盟

回顾欧盟创始之初，从欧盟各成员国让渡关税税则制定权，建立关税同盟，已然成为欧洲国家推动欧洲一体化启动的决定性一步。随着一体化程度加深，让渡的权力范围也从关税税则制定权扩展到货币政策的制定、管理和

[①] 严双伍、喻峰：《略论区域公共治理的缘起——以欧盟为个案》，《上海行政学院学报》2008年第2期。

[②] 伍贻康：《欧盟治理模式的特征和发展态势》，《世界经济研究》2008年第5期。

执行权，并最终如期建成了欧洲统一大市场。除此之外，欧盟也开始介入其他领域，比如安全和技术标准的统一、学位学历的相互认证、移民政策的协调、共同司法内务合作空间的拓展、在外交和安全事务方面的共同立场等。此外，在经济领域、政治民主化、社会和文化建设、跨国交往等公共议程当中，欧盟各机构、各成员国、地方政府、企业乃至个人都开始以自己的方式参与欧盟治理的进程，治理层级愈加丰富，治理的手段愈加多元化，形成了一个独具特色的多级网络治理体系。

（四）欧盟共同治理——多级网络治理

欧盟是一个多重治理结构，其治理模式既不同于国家内部的垂直等级治理模式，也不同于国家社会的水平松散治理模式，而是一种兼有垂直和水平双向维度治理模式。欧盟体系形成了国家权力向上、向下和向侧的多维度转移，即成员国中央政府的权力同时向超国家层面、次国家层面以及公共私人网络分散和转移。现在的欧盟已经发展成为一个"决策权可以在不同层级之间共同分享的政体（polity）"，即多层级政体。[①] 在此，我们将从欧盟治理的静态治理层级和动态的治理运作模式两个维度剖析欧盟共同治理体系。

1. 欧盟治理层级

如果说欧盟的多重治理体系由超国家主义、国家主义、政府间主义、泛欧主义[②]四个层次和向度组成，那么我们欧盟治理结构的探讨就可以从相应的超国家层面、国家层面、次国家层面以及除前三种之外的其他社会组织层面依次展开。

(1) 超国家层面

与世界上其他地区相比，欧盟一体化程度较高，主要是源于它发展出一些超国家的机构，通过这些超国家机构将欧盟的决策与执行权集中在欧洲层次，这些机构主要包括欧盟委员会、理事会（欧洲理事会和部长理事会）、欧洲议会、欧洲法院、欧洲审计院、欧洲投资银行及一些专门委员会等。

欧盟各个机构只是从表面上看有顺序安排，在实际当中，最主要的是部长理事会和欧盟委员会相互配合[③]，它贯穿于欧盟委员会提出最初的考虑建

---

① 吴志成、李客循：《欧洲联盟的多层级治理：理论及其模式分析》，《欧洲研究》2003年第6期。
② 张迎红：《试论欧盟多重治理结构中的民主机制》，《德国研究》2006年第2期。
③ 在实际运作中，欧盟委员会被赋予了立法创制权，而部长理事会则拥有立法决定权。

议,到最后实施部长理事会所作出的决议的全过程。这主要是基于一种"制度平衡"①的考虑,因为欧盟委员会是共同利益的代表,而部长理事会主要由致力于维护各自国家的主权成员国政府代表组成。正是通过在决策过程中将两个机构紧密地联结在一起,才能实现这样一种目标:政治决策既要维护各国的自主性,又要对共同体有利。

(2) 国家层面

从结构角度看,欧盟实质上仍然是一个国家联合体,这些国家紧密联系在一起,承担共同行动的义务,但是其运作不是通过等级式结构,而是通过关心其自主权的各成员国的协调来完成的。②所以说,国家主义是根本性和基础性的,成员国是欧盟体系的主体和根基,欧盟其他的机构和层面的权力都是由成员国授权、转让和移交的,成员国既可以让渡也可以收回权力,因此成员国的权力是所有欧盟层面其他行为者权力的母体。因此,欧盟成员国在接受欧盟统一的区域政策协调和整合的同时,也会拥有自身的区域政策,其主要权力由中央当局特别是议会掌握。与此同时,各国还在自身政府体系中建立若干部门专门负责区域实务,比如法国的国土规划与区域行动委员会、意大利的南部地区发展部,统一行使国家区域协调发展的公共管理职能。另外,成员国之间双边或多边的合作也构成了区域政策合作的一种治理类型,例如德国和奥地利对边境地区实行跨境开发合作,是由相邻的成员国间实施跨境综合开发促进地区平衡可持续发展的典范。③

(3) 次国家层面

从20世纪70年代以来,区域级政府在欧洲政治生活中的作用越来越重要。这些区域性政府机构通过泛欧盟范围内的联合行动,如举办"欧洲地区会议"和在布鲁塞尔组织院外集团等,形成一场颇有声势的建设"地区的欧洲"运动。在这场运动中,德国和比利时迫于国内各州或各地区的压力,强烈要求设立地区委员会,并从法律角度规定了"地区委员会"在众多欧盟特别是涉及地区事务的决策过程中享有知情权或听证权,来补偿次国

---

① 参见〔德〕贝娅特·科勒-科赫等:《欧洲一体化与欧盟治理》,顾俊礼等译,中国社会科学出版社,2004,第99~101页。
② 参见〔德〕贝娅特·科勒-科赫等:《欧洲一体化与欧盟治理》,顾俊礼等译,中国社会科学出版社,2004,第177页。
③ 参见喻峰《欧盟区域协调发展的治理转型及其结构特征》,《国家行政学院学报》2008年第4期。

家层面各级政府不断流失的职权。除此以外,德国所有的州以及英国大约15个地区、郡和城市都在布鲁塞尔设有自己的联络代表机构,以便直接与欧盟保持联系并展开对话,正是这些次国家政府为一体化的深入和欧盟的整体发展增添了不少引人注目的亮点。

另外,欧盟地区一级的区域联合在成员国边境地区也非常活跃,比如德国、荷兰、比利时三国交界的地区,分别是由三国的三个地区级行政区域构成,实现了交通、教育和语言培训等方面的协同治理。与此类似的还有德法边境的"欧洲地区"等。[①] 总体来说,区域性联合做到了优势互补,可以比欧盟层面和民族国家层面这些集权式的管理机构更迅速有效地应对环境的变化。

(4)其他层面

欧盟的区域治理过程中,大量的跨国政党、社会团体、商业利益集团、宗教团体、公会联盟和环保组织也都以各自的方式参与其中,通过各种途径表达自身的利益诉求。此外,特定的公民个体和群体也会通过一定的方式参与到欧盟共同治理的过程中,这些人包括各种官方和非官方的"智库"以及各行业的专家等。在一些具体的实践中,如考察和选定需要欧盟特殊政策支持的地区、基金的使用情况的监督、特定政策在某一区域实施绩效的评估等,这些具体的政策过程就吸纳了大量的统计学、经济学、城市规划学的专家,以保证相关政策及其实施的科学性、合理性和有效性。

2. 欧盟治理运作模式

为了增强对欧盟的多层级治理机制的整体性认识,我们在这里介绍沙普夫(Fritz W. Scharpf)的五种治理模式理论。[②]

(1)相互调整模式

这种模式一般是在国际机制尚未建立或不能建立的领域、国家之间所采取的一种互动模式,例如欧盟内部的税收政策、社会保障政策等领域。在这一模式中,国与国之间的决策会相互影响和作用,国家间没有共同行动的义务。所以,每个国家的政策选择都是在判断其他国家的行为后做出的,各国的政策也会因他国政策的调整而不断调整。当然,在经济相互依存日益加深的趋势下,国与国之间的这种政策选择和互动影响既可能带来双赢的结果,

---

① 李华:《浅析欧盟的治理结构》,《国际问题研究》2005年第2期。
② 参见吴志成、李客循《欧洲联盟的多层级治理:理论及其模式分析》,《欧洲研究》2003年第6期。

也可能引起一些负面效应。例如，欧盟内部不同国家的税率不同会促使资本向低税率的国家和地区转移，这无疑会促进资源的合理配置和有效利用；但是如果为提高本国产品在欧洲市场上的竞争力，降低雇员的社会福利支出，则有可能造成劳动阶层生活水平的降低。

从目前的实践来看，为了抑制制度竞争所带来的外部负效应，欧盟成员国已经在某些政策领域内摆脱相互调整模式，而是将治理职能转移到了欧洲层级。

（2）政府间协商模式

政府间协商模式是指成员国定期召开政府间首脑会议，以及由政府代表组成的欧盟部长理事会对欧盟事务的管理。成员国政府通过磋商、讨价还价并最终达成共识，制定共同认定的条约。由于政府间协商模式中主要的行为体是成员国代表，它们之间的关系是平等的，是一种水平关系，但与一般的国际组织和国际社会相比，制度化水平仍较高，欧洲理事会和欧盟部长理事会作出的决议，形成的条约、法律、政策，即成为成员国行为的共同约束，欧盟的各个层级的相关机构必须遵守和执行。

在过去，政府间模式提供了欧盟所有政策和机制的合法性基础，被应用在欧盟的广泛的"三大支柱"[①] 领域内。因为条约的制定和修改是由具有民主合法性的成员国政府协商而成，而且条约的执行同样受到成员国国内议会的监督，因此政府间协商的民主合法性相对较强，但作为双刃剑，它的冲突解决能力则由于每个政府都拥有否决权而受到严格限制。

（3）超国家/等级模式

在这种模式中，决策和执行能力完全集中在欧洲层级，超国家行为体在没有国家政府参与的情况下控制和掌握决策权。通常，由于特定领域的专业性和复杂性，过于广泛的参与反而会使决策效率低下，因此，在这样一些特定领域内的等级治理是十分必要的。欧洲法院、欧盟委员会、欧洲中央银行等超国家机构权限范围内的治理都属于此种模式。例如，《马斯特里赫特条约》中明确规定了欧洲中央银行在价格稳定方面所具有的职能。而欧洲法院和欧盟委员会的超国家治理功能则在促进欧盟区内部的商品、劳务、资本

---

① 根据1992年的《欧洲联盟条约》，欧盟由三大支柱组成：第一支柱为"欧洲各大共同体"，涉及经济、社会、环境等政策；第二支柱为"共同外交与安全政策"，涉及外交、军事等政策；第三支柱为"刑事领域警务与司法合作"，涉及共同合作打击刑事犯罪，该支柱前身是"司法与内政事务部门"。

和人员的自由流动等的经济一体化领域起着十分重要的作用。

虽然等级治理模式是欧洲多层级政体最集中的治理模式,但是,由于迄今为止成员国让渡给欧盟的主权仍然有限,因而超国家机构的治理职能也十分有限,主要集中在市场领域。而在许多关键领域的决策权和实施权,诸如外交、国防、国内司法、税收、警务等主权仍然保留在成员国政府手中。[①]

(4) 共同决策模式

共同决策模式将政府间协商和超国家治理相结合,形成了一种"网络治理"机制。在此种模式中,欧洲联盟立法权通常由委员会创制,但需要经过部长理事会采纳和批准。同时,如果成员国联合起来共同反对委员会的原始创制权,或者国家利益受到了严重威胁,即使有委员会和欧洲议会的参与,欧洲层级上的解决方案也不能达成。在共同决策过程中,委员会将来自理事会、成员国政府、欧洲议会、次国家政府、合伙组织以及大公司和利益集团的不同意愿加以汇总,并把这些意愿转化为相应的立法议题。

共同决策模式在欧洲共同体的相关立法领域(如卫生、安全、环保等)有着广泛的应用,同时在涉及第二、第三支柱的政策领域也经常被采纳。欧盟委员会将来自不同层级不同行为体的政策信息加以综合,并最终做出立法决策。因此,这种模式既具有等级决策的权威性,又强调政府间决策的协商性。

(5) 公开协调法

公开协调法是一个新近出现的治理工具,尤其自里斯本欧洲理事会建议扩大其运用范围以来就备受关注。这种方法要求成员国预先确定共同的政策目标,并将这一共同目标以"国家行动计划"的形式加以确定,最终由委员会组织评估各国的行动结果,并由理事会向各国传达。与其他治理模式的主要区别是,公开协调法并不试图产生具有约束力的法规来实现治理。根据里斯本欧洲理事会的规定,公开协调法有四个主要组成部分:①确定实现政策目标的指导性原则;②确定最佳的实践标准和相应的衡量指标;③通过确定具体目标,将共同的指导性原则转化为成员国政策;④定期的监督、评价和同行评阅。[②]

[①] 张健雄:《欧盟经济政策概论》,中国社会科学出版社,2006,第12页。
[②] 〔德〕贝娅特·科勒-科赫:《对欧盟治理的批判性评价》,金玲译,《欧洲研究》2008年第2期。

公开协调方法是一项更加具有分散性和多元性的治理模式。成员国在不同政策领域采取不同措施，而在欧洲层次上进行一致的政策协调，从而使得各种分散的政策能够有效衔接，避免随经济一体化发展而带来的政策摩擦；它能拓展成员国的活动空间、增进它们之间的密切合作；还能使成员国各自的国内政策有机结合起来，因而被认为是欧盟在决策问题上的重大进步。

二 次区域治理

近年来，随着经济全球化、集团化趋势的发展，许多国家先后提出一些经济合作的构想，在这一潮流的推动下，出现了一些国与国之间跨界的多边经济合作模式。在该模式中，通常只涉及成员国领土的一部分，生产要素跨国界流动，主要靠参与方之间的"协调"，并且其合作范围十分广泛，通常包括贸易、投资、旅游、基础设施、人力资源、环境保护等，这种模式主要以"成长三角"区、"成长多角"区为代表，颇具影响力。它们的出现和发展，使各伙伴国之间在经济上互补互惠，密切了合作关系，进而带动了这些地区政治、经济、文化各方面的发展，也为这些国家、地区之间共同协调治理提出了新的思路和挑战。在这里我们主要选取具有代表性的"新—柔—廖成长三角"和"澜沧江—湄公河次区域经济合作区"为例，了解次区域合作治理发展情况。

（一）新—柔—廖成长三角：成员国主导型治理模式

"新—柔—廖成长三角"计划是新加坡、马来西亚和印度尼西亚共同实施的一种经济发展战略。该计划最早由时任新加坡第一副总理吴作栋，在1989年10月根据东南亚的政治经济形势所提出。他倡导由新加坡、马来西亚的柔佛州和印度尼西亚的廖内群岛（包括巴淡岛）组成"成长三角"经济合作开发区，其主旨是利用各自的自然资源、资金、技术和劳动力的优势，加快本地区的经济一体化进程，使本国的经济能够因整个地区的发展而获得持续性增长。该计划的实施对柔佛、廖内群岛的经济发展产生了积极影响，使得与它们相邻的许多州都要求加入这一经济圈。

从历史上看，新加坡、柔佛与廖内三地就有非常密切的联系，这种历史联系是"成长三角"能够迅速成长的重要因素之一，为"新—柔—廖成长三角"的顺利成长奠定了基础。但其成长的最重要的动力主要来自三国现实需要。由于历史的和现实的许多原因，新加坡、柔佛和廖内之间共同组成一个互补性的区域分工，各方均能以对方作为自己经济发展的条件，互相依赖、互为基础、互相促进、互相补充。在这个成长三角中，新加坡主要负责提供资金、管理经验等，柔佛和廖内则主要负责提供土地、天然气、水源及劳动力，这就成就了经济成长所需各种要素的最佳结合。具体来讲，廖内群岛集中发展劳动力密集型产业，柔佛则发展中等层次的工业，新加坡则主要发展资金和技术密集的工业和服务业。此外，三地均发展为黄金旅游胜地。合作各方由于经济发展水平不同、工业化程度不同、地理环境不同而赋予各方发展经济的优势与劣势，各方彼此合作，加强区域经济联系，便能扬长避短、互惠互利。正是互惠互利这个基础，为成长三角的健康成长提供了源源不断的动力，为三国开展持久的经济合作开辟了道路和展现了美好的前景。新加坡政府于1992年制定的名为"新加坡：新的起点"的长期规划中就曾这样写道："成长三角联系新加坡、马来西亚和印尼，形成策略性的经济伙伴关系，分享资源与人才。这种安排使合作伙伴能一起以更快速度增加印尼工厂与新加坡港口结合，马来西亚名胜与新加坡旅客结合。地区越大，给投资者提供的活动层面也越广，可以支援其所需的活动。"

严格地讲，"新—柔—廖成长三角"并非是一个三国之间相互关系发展平衡的治理模式，实际上该模式主要是由区域内一个国家主导，与其他两个国家进行双边或多边合作开发的合作模式。也就是说由新加坡主导的新加坡与马来西亚柔佛州双边合作开发及新加坡与印度尼西亚廖内群岛双边合作开发的一种治理模式。"成长三角"区目前仍处于双边合作治理阶段，还未出现多边合作或一体化的模式，因此，三角三方尚未正式成立一个组织机构来负责实施。尽管如此，面对各自不同的历史、法律、宗教和民俗带来的层层阻力，各国也做出了共同努力，三方政府曾多次会晤，商量解决政策上及技术上的问题；新加坡和马来西亚已成立联合委员会，解决两国纷争问题；印尼和新加坡也因经济合作而加强政治联系，两国政府首脑会晤频繁。同时，三国之间建立了多层次合作机制。因为，成长区的建设发展涉及每一国的内外合作问题，对内需要有关各方协调以便在对外合作中采取一致的行动；对外需要各国取得共识并协调行动。这就需要建立不同层次的合作机制，包括双边的、多边的；政治的、经济的；政府的、行业的、民间的各种合作机制，以解决区域内各种不同层次、不同性质的问题。

（二）澜沧江—湄公河次区域合作：国际组织主导、多方介入的治理模式

湄公河流域由新加坡、老挝、缅甸、泰国、越南及中国的云南省构成，面积200多万平方公里，人口2.37亿，是亚洲最大规模的成长三角。这一地区人力资源、自然资源相当丰富，文化方面也有相通之处，因此早在1957年泰国、老挝、越南、柬埔寨四国就成立了"湄公河委员会"，以湄公河下游地区为对象，设立开发计划。后来由于政治、战争等原因一度中止。80年代以后，区域合作的热潮再次兴起。1992年，亚洲开发银行邀请柬、中、老、缅、泰、越六国参加大会，会议通过了《次区域经济合作》的总体框架报告。这样由亚行牵头的"大湄公河"次区域经济合作就此起步。在之后的1993～1994年，又形成了《大湄公河次区域经济合作》《大湄公河次区域经济合作——由倡议走向实施》等文件。除了最初的"湄公河委员会"和亚洲开发银行的推动，东盟的形成也促进了大湄公河次区域的合作。湄公河次区域合作项目现已进入实施阶段，在交通、能源、电信、环境、旅游、人力资源开发以及贸易与投资、禁毒等方面均有广泛的合作。

由此可见，湄公河流域开发合作治理是一种国际组织主导的、多方介入、多种合作的治理模式。整体上看，主要有三个国际协调机制。

1. 亚洲开发银行主导的大湄公河次区域经济合作项目

这是澜沧江—湄公河地区次区域经济合作的最重要的国际合作开发机制，由亚洲开发银行牵头，流域六国中、老、缅、泰、越、柬参加，旨在改善次区域的基础设施，扩大贸易与投资合作。其主要机构是大湄公河次区域经济合作部长级会议，按惯例每年在亚洲开发银行总部召开一次会议，确定了交通、能源、通信、旅游、环境、人力资源开发、贸易和投资、禁毒八个主要合作领域。① 亚洲开发银行大湄公河次区域合作是湄公河开发三个国际合作机制中起步较早，并取得实质性进展的机制。亚洲开发银行除了向湄公河开发项目提供技术援助外，还利用自身的影响和担保作用，呼吁西方发达国家尤其是私人投资者为相关项目提供融资。

2. 新湄公河委员会主导的湄公河流域可持续发展合作

1995年，在湄公工作小组的基础上，泰国、老挝、越南和柬埔寨在泰国签署了《湄公河流域可持续发展合作协作》，并正式成立了新的湄公河委员会。新湄公河委员会完全是泰、老、柬、越四国主导的地区性组织，其宗旨是对整个湄委会的水资源和相关资源以及全流域的开发制订计划并管理实施。新湄委会成立后，每年都制订项目计划，并积极寻求国际援助。中国

---

① 赵洪：《面向21世纪的澜沧江—湄公河次区域经济合作》，《南洋问题研究》2002年第4期。

在1996年以对话国的身份参与了它的有关活动，缅甸同年也成为新湄公河委员会的对话国。

3. 由东盟主导的"东盟—湄公河流域开发合作"

始于1996年6月，当时的东盟七国和流域国家中国、缅甸、老挝、柬埔寨共11国的部长级代表，在吉隆坡通过了《东盟—湄公河流域开发合作基本框架》，旨在加强整个东盟与湄公河流域沿岸各国的经济联系，其合作领域包括基础设施、投资与贸易、农业、林业、矿业、工业及中小企业发展、人力资源开发、科技等方面。这表明次区域开发合作已作为东盟经济政治一体化中的一部分，其范围已超越了流域合作。如推出了南起新加坡、北至昆明的"泛亚铁路"计划，它将连接新加坡、马来西亚的吉隆坡、泰国的曼谷和清迈、缅甸的仰光、柬埔寨的金边、越南的胡志明和河内、老挝的万象、中国云南的昆明，还可以从昆明延伸至北京，然后连接东起连云港、西至鹿特丹的"新亚欧大陆桥"，建立起东南亚、东亚、中亚和欧洲之间的铁路网络。该计划得到中国和东南亚国家的赞同和支持。

这三种合作治理机制虽然在范围、层次和程度上各不相同，但都是围绕着澜沧江—湄公河次区域合作展开，这些合作必将为巩固各国之间的睦邻友好关系、沟通各国的经济联系、推动该地区的经济发展和各国的共同繁荣发挥巨大推动作用。

三 微观区域治理

伴随着城市化的快速发展，20世纪60年代以来，发达国家的大城市超越了原有的地域界限向周边地区扩展，中心城市与周边地区融为一体，形成了大都市地区和大都市复合体。大都市地区的形成，客观上要求各个地方自治政府在交通运输、基础设施建设、社会治安、环境保护等方面互相配合。然而，西方国家现行地方政府格局是在19世纪形成的，许多地方自治政府的管辖范围十分狭小，彼此之间的横向协调又存在诸多问题。例如，纽约大都市区内的政治小单位多达1400个。[1] 这么多的独立而平等的政治小单位使合作非常困难，这种情况被称为大都市区治理的"巴尔干化"。随着大都市在国家中的地位越来越重要，各国的中央政府难免要关注大都市发展及其存在

---

[1] Scott Green, *Governing the Metropolis* (Westport, Connecticut: Greenwood Press, 1962), p. 52.

的问题。中央政府通过财政补贴、行政指导等多种途径，促成中央与地方合作以及地方政府之间的合作，以更好地解决大都市管理所面临的卫生、住房、供水、污水处理、照明、交通、教育、道路和财政等问题。在此，我们主要以纽约、东京、巴黎这三大世界级大都市圈为例，了解大都市区治理的概况。

(一) 以松散的非政府组织为主的治理模式——纽约大都市治理

美国"纽约大都市地区"（New York Metropolitan Region），又称"三州大都市地区"（Tri-state Metropolitan Region），是一个综合的社会、经济区域，包括纽约州以及康涅狄格州与新泽西州的一部分，共31个县，面积约33483平方公里，总人口1800多万，是世界上最大的城市密集区之一。曼哈顿是纽约大都市区的核心，早在1898年纽约就和它周围的4个县联合组成了大纽约政府，但直至目前仍没有形成统一、具有权威的大都市区政府。由于美国是联邦制国家，地方自治意识浓厚，因此，在这种强大的地方自治制度传统和民主自由文化背景下，在这一地区建立统一的大都市区政府具有非常大的难度。

那么，如何克服地方性城市区划的局限，怎样以更广阔、更具综合性的视野来对这一地区进行协调治理成为棘手的难题。在现实的推动下，跨区域合作的第一批机构之一，可能也是最著名的一个组织，是纽约区域规划协会（Regional Plan Association in New York）[①]。纽约区域规划协会是一个非官方和非营利性的组织，它主要针对纽约大都市地区的发展，制定跨越行政界限的综合规划，并鼓励政府与私人组织合作来促进规划的实施。1921年以来，其先后对纽约大都市地区做过3次区域规划。当然，作为非官方的民间组织，其规划对区域的影响主要通过影响选民和政治家、官员意见从而影响区域决策，平衡公共服务设施提供。

美国始于20世纪20年代的另一个区域规划和城市合作的途径是创造了政府授权专营机构。政府授权专营机构通常是由州政府创造的组织，或者有时是两个或多个州政府联合行动。它是具有一定常规政府权力的准政府组织，但同镇或市那样具有普通目标的政府机构又不完全一样。因此，它通常具备发行免税债券筹集资金的权力，或许还具备通过征用获得不动产的权力或者超越土地利用管理之上的权力，通常"以任务为导向"而建

---

① 武延海：《纽约大都市地区规划的历史与现状——纽约区域规划协会的探索》，《区域规划》2000年第2期。

立起来。

如美国的第一个政府授权专营机构是纽约港政府授权专营机构，后来更名为纽约与新泽西港务局（Port Authority of New York and New Jersey），它是由纽约和新泽西的立法机关共同建立的，还有20世纪60年代成立的纽约大都市运输局。此外，针对一些具体的区域性问题，如供水、排水、垃圾处理等，各种专门的协调组织也在不断产生、变化以及消亡。然而这种方式的联合仍是松散的，机构的顺利运行是建立在各地方政府间的协商与谅解基础之上的。因此，在许多跨行政界限的公共服务项目上难以达成一致。单一功能组织的另一个问题是有可能引起都市区内不同功能间的矛盾和冲突，从而影响都市区公共服务的整体效率。

（二）区域委员会模式——东京大都市治理

东京大都市圈由东京都、神奈川县、千叶县等8个都、府、县，150多个市镇组成，总人口达4000万以上。1953年日本公布实施《首都圈整治法》，把原来的首都建设委员会更名为"首都圈整备委员会"，并作为总理府的下属机构加大了相应的权限，专门负责首都圈规划事务，审议首都圈的规划方案。委员中包括国会议员、规划涉及区域内的地方行政官员（县知事、市长、议会议长）、企业财团的法人代表、大学教授以及民间自治工会组织代表。国家级政府官员所占比例与大学科研机构所占比例相同，地方行政与地方县市人大常委会所占比例相同。规划提出的措施由整个都市圈的成员共同执行。

可见，日本区域规划协调机制的主要特色就在于自上而下的规划协调，通过强有力的规划行政体制，以项目规划为基础，通过项目规划和实施中的协调来平衡地方间的利益；区域规划机构主要是运用项目立项权，在区域规划过程中对地方的开发建设进行有力的指挥和调控，同时也在国土规划、都市圈规划和地方规划之间建立上下衔接的关系。不过从20世纪80年代以来，日本努力改革中央集权的行政管理体制，给予地方政府更多的决策权和自治权，并开始强调横向关系的区域性协调机制。例如，2001年东京都政府公布了首次由地方政府制定的《首都圈大都市地区构想》，其中提出近年来都市圈发展过程中出现的环境问题、交通问题，跨越了都县的地方行政界限而表现出向整个都市圈逐渐扩散的趋势，单纯依靠以前的地方政府单独解决或地方政府间简单协调的模式，难以解决这些问题，因此，需要突破现有的区域协调的机制，探索包括"行政区划调整和合并"在内的各种"区域行政"的新手段和新方法,其中主要包括设立协议会、共同设置机构、部分事务委托、设立事务协会、区域联合等。① 同年,"首都圈再生会议"作为首都圈内"七都县市首脑会议"的常设机构正式成立,以进一步推动防灾减灾、环境保护、国际性港湾物流设施、交通设施建设、电子信息网络开发等方面的政府间的合作。②

(三) 以大都市区政府为主的治理模式——巴黎大都市治理

巴黎大都市圈位于法国北部,是法国22个行政大区之一,俗称"法兰西岛",是由巴黎市和埃松、上塞纳、塞纳—马恩、塞纳—圣德尼、瓦尔德马恩、瓦尔德瓦兹和伊夫林等组成。全区面积12072平方公里,占法国总面积的2.2%。作为仅次于纽约和东京的世界第三大城市经济体,巴黎都市圈是法国的政治、经济、文化中心。法国地方政府由大区、省和市镇三级组成。巴黎大都市区大区政府的行政组织为经济和社会委员会,由直接选举产生的评议会、评议会选举产生的议长和社会各界代表组成的咨询机构组成。省的行政组织和大区行政组织相类似,区别在于省负责农村事务,而大区侧重于区域的经济与社会计划和领土整治,但在制订计划时要直接或间接听取市镇和省的意见,要得到它们的同意。市镇在城市规划、建设和管理方面享有充分的自主权。

从某种意义上说,20世纪末整个巴黎大都市区的复兴与繁荣,其根本动因来自国家、地区和城市三个层面对城市发展的逐渐共识和相互之间的积极配合。这一方面得益于有法律体系保障的多层次规划编制的约束,另一方面与地区政府的协调职能密切相关。地区政府通过区域规划发布城市发展的总体目标,地方政府则以此为依据编制详细的土地利用规划。总体计划与地方规划合理分工,确保了城市发展目标的一致性、持久性和可实施性。在总体规划和地方规划的编制和实施的全过程之中,国家、地区和城市始终保持着良好的合作关系,通过协商,以合同方式解决涉及整体利益的建设问题。地区政府作为一级政体,虽然不具备完全的自治权,但与美国完全非官方的区域管理体制相比,协调管理力度更大,区域规划的宏观调控作用也更加突出。

---

① 王郁:《城市管理创新——世界城市东京的发展战略》,同济大学出版社,2004,第140~143页。
② 王郁:《日本区域规划协调机制的形成和发展——以首都圈为例》,《规划师》2005年第10期。

第三节　中国的区域治理——以府际合作为视角

在中国，市场经济体制逐步完善、分权化改革逐层推进，地方政府发展经济的积极性和自主权不断增强，寻求合作的自发性和自主性也随之提高。此为地方政府间合作关系形成的宏观背景。在中观层面上，随着地方经济和社会发展水平的提高，交通运输、信息通信等基础设施建设日臻完善，资源和要素流动的广度、频度、自由度不断加强。这些变化集中体现为区域之间关联度、依赖性的不断增强与相对稳定的行政区划界限之间的矛盾，这可以视为地方政府间从竞争走向合作的根本动力。宏观和中观层面的背景和动力反映了地方政府间合作的必然性。在微观、具体的合作实践中，则存在着各自不同的诱发因素和推动力量。对这些诱发因素和推动力量的分析恰恰是认识和理解中国地方政府间合作多样性与规律性的起点。

一　府际合作的形成

从地方政府间合作的诱发因素来看，目前主要有两个方面：一是地方政府对经济和社会发展中面临的共同压力和突出问题作出的被动回应，可称为"回应性动因"；二是地方政府对区域经济和社会发展机遇的主动开发和积极应对，可称为"开发性动因"。(1) 回应性动因。在生态治理、区域综合治安管理、重大疫情和传染性疾病等公共危机事件中的地方政府间合作，都是为回应经济和社会发展突出压力和问题所采取的合作行为。此类合作行为多具有被动性、局部性和任务性特征。以长江流域治理中的地方政府间合作为例，由于长江流域横贯中国西南、华中、华东三大经济区，干支流涉及19个省（自治区、直辖市），流域的整体性和人为行政区划分割间的矛盾、排污的外部不经济性，使得上下游地方政府在无强制力协调解决环境问题的博弈中难以合作，在跨行政区水资源管理和水污染防治中低效甚至无效。从长江流域生态污染问题凸显，到地方政府间通过谈判、协商最终达成合作共识，并采取共治共管的行动，经历了相当长时期的博弈和反复磋商，而且往往需要经上级政府、媒体等第三方力量施加影响才得以实现。在这种局部性合作中，明确目标任务和责任主体是关键性环节。(2) 开发性动因。区域一体化、城市群发展、同城化建设中的地方政府间合作是适应经济和社会发展而采取的主动合作。基于这一动因的合作行为多具有主动性、战略性和全局性特征。

以武汉城市圈发展中的地方政府间合作为例，合作以《武汉城市圈总体规划》为指南，对武汉城市圈的地位、作用及未来的发展目标进行总体性战略规划，并从基础设施、产业发展规划、区域统一市场、城乡统筹建设、资源和生态环境五个方面对城市圈发展中地方政府的合作内容和任务进行总体部署。

从地方政府间合作的主导和推动力量来看，也表现为两个方面：一是地方政府的自发力量，可称为"自发性动因"；二是上级政府的引导、规划、协调甚至强制，可称为"诱导性动因"。一般而言，"当合作成本或交易成本较低，或从共同提供的公共物品中所获得的预期收益大于预期成本时，地方政府间倾向于自发性合作；当协商成本高时，地方政府缺乏共同提供公共物品的激励，中央政府可以通过统一的意识形态诱导地方政府间的合作，来满足公共物品的供给。"[①] （1）自发性动因。基于自发性动因的合作是作为合作参与者的地方政府自发建立起合作关系的过程。自发性合作便于合作参与者间充分协商、谈判和博弈，从而更有利于形成互惠互利的合作关系。但在地方政府间合作的相关法律法规等配套机制尚不健全的情况下，就容易出现合作不规范的现象，特别在合作参与者力量对比悬殊或信息不对称的情况下，不易解决合作的交易成本问题，难以形成公平合理的合作格局。（2）诱导性动因。由于参与合作的地方政府间没有领导和被领导的关系，在信息不对称、交易成本高的情况下，地方政府间缺乏共同提供区域内公共物品的内在动力，难以达成合作共识从而形成合作关系。此时，往往需要上级政府加以推动和协调。在目前中国地方行政体制下，地方政府作为经济和社会发展主体的独立性和自主性不断增强，彼此利益冲突加剧，这必然要求中央或上级政府在地方政府间合作中发挥作用。目前中国范围较广、规模较大的地方政府间合作中，不需要中央或上级政府干预力量的合作仍属少数。诱导性合作由于具有"权威"的比较优势，能够有效避免过度竞争，保证地方政府间合作的战略性和规范性，并在合作参与者之间无法形成公平博弈的情况下，起到调节作用，有效降低合作的交易成本。但诱导性合作不利于发挥地方政府间合作的自发性和自主性，在采取规划和强制等措施时容易忽视地方政府的实际情况，导致不切实际的"一刀切"式做法。同时，在发挥引导和协调功能时，也容易出现"寻租"等现象。

---

① Charles Tiebout, "A Pure Theory of Local Expenditures," *Journal of Political Economy* 64 (1956): 416–424.

二 府际合作的基本策略

从根本上说，合作是主体间通过建立相互作用关系实现合作收益的过程。主体在合作过程中的相互关系和合作收益的获得方式可以作为分析地方政府间合作策略的两个基本维度。一般而言，合作主体的相互关系可以分为单向依赖和双向互赖两种；合作收益则可能来源于资源整合或利益交换。由此，地方政府间合作可大致划分为四种策略（见图5-1）：基于资源整合形成双向互赖关系的共享型合作；基于利益交换形成双向互赖关系的互补型合作；基于资源整合形成单向依赖关系的吸纳型合作；基于利益交换形成单向依赖关系的补偿型合作。

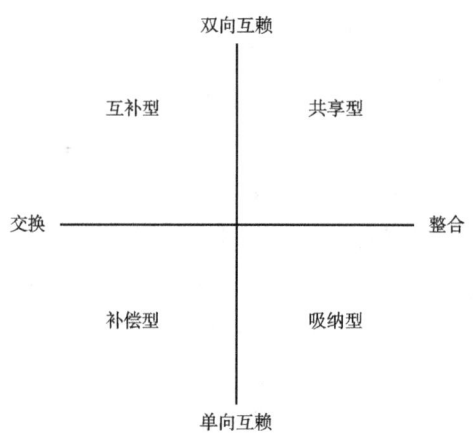

图5-1 地方政府间合作的四种策略

（一）共享型合作

共享型合作的核心特征在于，主体通过资源整合和利益共享促成双方共同福利的增长，从而达到帕累托最优；主体在合作过程中处于基本平等和相互依赖的地位。规模效益和成本分摊是资源整合的具体方式和关键所在。比如，广佛同城化过程中两地共建基础设施、共同规划产业结构和城市发展、共同管理公共事务和共同治理生态环境，正是通过规模效益和成本分摊实现资源整合和共享的过程。再如，东北三省通过签订《东北三省政府立法协作框架协议》建立起三省政府间利益分享和调节机制，也是共享型合作策略的典型。共享型合作策略中，主体间所掌握的资源具有较强的同质性而非互补性，合作中主体间不存在明显的强弱对比关系。一般而言，共享型合作往往容易受到信息不完全的影响，导致"囚徒困境博弈"的现象，合作关系和合作共识不易达成；合作过程中也容易受到"搭便车"心理的影响，陷入集体行动的困境。因此，此类合作过程中，需要通过充分的协商、谈判和信息沟通，明确主体间的权力归属、利益分享和责任承担方式，并建立起完善的监督和激励机制。必要时，需要上级政府通过政策诱导、资金支持和政绩激励等方式发挥引导功能。

（二）互补型合作

互补型合作是指合作双方的收益来源于互通有无和优势互补，主体在合作过程中处于基本平等和相互依赖的地位。比如，2005年8月，分别在西部大开发和振兴东北两大国家战略中处于重要地位的四川和辽宁两省就共同签署了《关于加强经济社会领域合作的协议》，实现了"西南—东北"之间的"对角线"合作。再以苏渝两地省级政府合作为例，"不求所在、但求所有""不求所有、但求所得""优势互补、互利互惠、长期合作、共同发展"[①]是两地合作的基本原则。遵循这一原则，两地积极开展产业、科技、旅游、物流等方面的合作，江苏和重庆两地的企业被鼓励到对方省份投资兴业，开展多种形式的合作，从而实现资源互补和共同发展。一般而言，在优势互补，合作双方相互依赖、地位相对平等的情况下，合作共识更容易达成。因此，互补型合作策略是四种合作模式中较常见和较容易实现的策略之一。通过协商、谈判，建立起互惠合作的关系，明确主体间的利益获得和责任承担方式是这一合作策略顺利推行的关键。

（三）吸纳型合作

吸纳型合作是指合作双方的收益来源于资源整合效应；合作主体在合作中的关系基本属于单向依赖关系。合作的最终目的是通过整合实力强弱不相当的主体，发挥实力较强一方的辐射和带动功能和实力较弱一方的辅助功能，实现合作主体间的资源整合和共享，从而提高公共产品和公共服务的供给效率、降低供给成本，或提升双方的整体竞争实力。在中国城市化加速进程中，就出现了所谓"城市兼并"现象。即特定中心城市利用行政手段或经济手段，有选择地兼并其周边的若干小城市（镇）。另外，上海都市圈、

[①] 顾雷鸣、陆峰：《江苏和重庆举行经济社会发展座谈会深化两地合作》，载《新华日报》2008年4月13日，资料来源：http://www.gov.cn/gzdt/2008-04/13/content_943554.htm，最后访问日期：2012年1月10日。

武汉城市圈等城市圈的建设也是比较典型的代表。上海和武汉作为核心城市，分别在其城市圈发展中起到辐射和带动功能，周边城市则在获得辐射和带动效应的同时，对核心城市起到辅助功能。这种合作类型，由于主体间属于单向依赖关系，中心城市和周边城市间可能存在信息不对称的现象。应注意通过充分谈判协商，明确主体间在合作中的地位，并保障周边城市的合理利益诉求。

（四）补偿型合作

补偿型合作是指补偿提供方的合作收益来源于补偿接受方的利益损失，补偿接受方的合作收益来源于补偿提供方的补偿和安置。合作双方在博弈和达成合作共识的过程中具有信息不对称和单向依赖的特点。避免资源开发和使用中的"公有地悲剧"现象，顾及最少受惠者或利益受损者的利益诉求，协调既得利益区域与利益受损区域之间的矛盾是这一合作策略的最终目的。但由于受到合作参与者之间力量悬殊或信息不对称的影响，公平的博弈格局往往不容易自发形成，且博弈过程的成本较高。这一特征决定补偿型合作一般需要依靠上级政府的协调甚至强制。三峡移民安置工程中的地方政府间合作是较为典型的补偿型合作。为确保三峡工程建设中利益受损居民的切身利益，国家在三峡工程移民安置过程中实施开发性移民政策，以确保移民在搬迁后生活水平能得到提高和移民安置区长治久安。国务院相关部门相继出台了《关于开展对三峡工程库区移民工作对口支援的通知》《长江三峡工程水库淹没处理和移民安置规划大纲》等文件。长江水利委员会在国家、湖北省和重庆市委托下，会同近百家科研设计单位和高等院校，历时两年多，完成了库区分县（市）移民安置规划、分省（市）移民安置规划和全库移民安置规划的编制工作。国务院移民工作会议提出移民工作"两个调整"的方针，大力提倡和鼓励农村移民外迁安置，并安排上海、浙江、广东等地接收安置三峡库区移民。在这一过程中，中央政府发挥了强大的引导、规划、协调和强制力量。江苏太湖污染补偿中的地方政府间合作也较为典型。为解决太湖水污染和跨行政区域河流交界断面水质长期超标问题，更好落实"政府对本辖区环境质量负责"的法律责任，江苏省政府相继出台了《江苏省环境资源区域补偿试点方案》《江苏省太湖流域环境资源补偿方案（试行）》等文件，明确了各市、县政府在流域环境污染中的责任及对流域下游地方的赔偿机制。可见，发挥上级政府的引导、规划、协调和强制力量，明确合作过程中主体间利益获得和责任承当方式是补偿型合作策略成功的关键。

总体而言，合作策略的选择并非基于各种策略的优缺点的差异分析，而更多是地方政府对所辖区域内外环境和自身优势、劣势的审视，或上级政府对地方间经济和社会发展利益的整体规划和协调。不同合作策略所面临的问题和需要注意的事项具有一定的差别。吸纳型和交易型合作由于主体间资源和要素具有较强的互补性，较容易达成合作共识。特别是互补型合作中主体间处于相对平等的关系，有利于充分博弈和协商，合作更容易实现。共享型合作策略中，主体间处于相对平等的地位，但资源同质性较强，容易受到"囚徒困境博弈"和"集体行动困境"的影响。需要明确主体间的权力归属、利益分享和责任承担方式，并建立起完善的监督和激励机制。必要时需要上级政府发挥引导和规范作用。补偿型合作策略中，合作双方处于力量悬殊或信息不对称的状态下，合作共识不易达成。一般需要上级政府的引导、规划、协调甚至依靠强制力量加以推行。

三 府际合作的基本过程

地方政府间合作共识和合作关系的建立、合作收益的实现还要经历协商与谈判、行动与调试和重复博弈等过程。整个过程既是顺应客观规律的自组织过程，又受到合作主体和上级政府行为偏好和合作能力的影响。一般来说，地方政府间合作需要经历酝酿与触发、启动与运转、磨合与调试，以及评价与拓展等几个阶段。这里主要以广佛同城化建设中的地方政府间合作为例来说明这一过程。

（一）酝酿与触发阶段

首先，从合作诱发因素的分析中不难发现，地方间经济与社会发展中现实问题的积累，以及地方政府对利益交集的认知、对合作收益的预期是合作的重要前提。随着珠三角地区经济一体化的推进，区域内产业结构相似性增强、经济和社会交往日益频繁，要素流动的自由性与行政区划界限之间的矛盾不断强化，统一规划区域经济发展，打破壁垒、构建统一市场的需求得以显现。广佛两市政府从行政区经济的弊端和现实问题出发，逐渐意识到合作将为彼此带来可持续发展的收益时，合作有了初始动力。其次，基础设施等物质条件的储备、地方间资源和要素的匹配性、前期合作经验的积累、地缘文化的积淀等使地方政府间合作具有可行性。广佛两地辖区在历史上基本都属于南海、番禺两县管辖，具有同根同源的历史和文化背景；目前两市分别是广东省的第一大、第三大城市，GDP 总和超过澳门，直追香港；辖区接壤边界长约 200 公里，路网衔接 60 多处①；同城化协议签订之前，两地已经在基础设施、公共安全等方面开展了不同形式和不同程度的合作项目。这些都为两市政府间合作奠定了基础。最后，当地方政府间合作的必要性和可行性达到一定状态时，还需要特定因素或特定事件的触发，方能使合作进入决策者的视野。这些触发因素可能来自上级政府的行政安排，也可能来自突发性事件的促动。国家发改委《关于珠江三角洲经济和社会发展规划纲要》的颁布为广佛同城中地方政府间合作提供了触发因素和契机。总之，现实问题与利益交集的显现，合作基础的积淀都需要一个长期的过程，触发因素的出现也是地方政府间合作不可逾越的环节。

(二) 启动与运转阶段

地方政府间合作经历了酝酿过程并具备触发因素时，将进入合作启动和运转阶段。在这一阶段，主要任务是通过沟通、磋商、协议等环节协调彼此利益关系，确定合作方案。首先，通过参观访问，召开论坛和研讨会等多种沟通方式，可以使合作意向、合作主体、范围、主题等进一步明朗化，促使地方政府间达成合作共识。2003 年，广佛两市联合举行了两次"广佛区域合作与协调发展研讨会"，发出了"建设广佛都市圈正其时"的呼吁，并从理论上为广佛都市圈作了充分准备②；2005 年，两地共同举办"广州·佛山区域合作发展论坛"，再次对提高双方合作的层次与水平，提高广佛都市圈的核心地位等问题进行了研讨③；2005 年，时任广州市市长的张广宁率团到佛山考察，两地就合作问题形成若干共识；2007 年，第四届"广州·佛山区域合作发展论坛"在佛山举行，围绕"广佛经济合作战略若干问题""广佛都市群区域合作发展的同城化整合""广佛产业合作"等三个课题展开细

---

① 张潇：《广佛同城化利好地产业，同城概念楼盘最畅销》，载《新快报》2009 年 10 月 5 日，资料来源：http://house.focus.cn/news/2009-10-05/768518.html，最后访问日期：2011 年 12 月 20 日。
② 王伟：《建设广佛都市圈正其时，专家建议两地落实合作事》，《佛山日报》2003 年 7 月 2 日，资料来源：http://www.southcn.com/news/gdnews/areapaper/200307020483.htm，最后访问日期：2011 年 10 月 20 日。
③ 毕式明等：《广佛区域合作之前景展望，整合需过六道坎》，《南方日报》2005 年 12 月 13 日，资料来源：http://www2.nanfangdaily.com.cn/osouthnews/tszk/nfrb/zsjxw/tk/200512130308.asp，最后访问日期：2011 年 10 月 16 日。

致探讨①。每一次沟通和交流都对合作意向、合作范围、合作主体、合作主题等进一步明朗化起到了重要的推动作用。其次,合作策略和合作方式的选择,一般要经过合作主体间反复谈判、协商和订立契约的过程。合作策略,是关于主体在合作中的地位、作用,合作收益获得方式和成本分摊方式的选择。谈判和协商是一个促进合作的过程,同时也是主体间反复博弈、充分互动的过程。合作方式是指主体间关联方式和组织形式。关联方式一般包括项目合作、联合(专项)行动、伙伴关系、联盟,以及合并等。不同关联方式的选择决定了主体间合作的广度和深度。合作组织形式一般包括会议、协议、制度和机构等。不同的合作组织形式决定了主体间合作的制度化和组织化程度,进而影响合作的规范性和可持续性。根据合作策略、合作方式订立合作契约是合作启动阶段的关键,也是合作开始的重要标志。合作契约一般包含主体间在合作过程中权力运行方式、利益分配方式和责任承担方式的规定,是地方政府间合作的重要依据。2009年3月,广州市和佛山市签署了《广佛同城化建设合作框架协议》,明确了广佛同城化的指导思想、发展规划、近中期重点合作方向。优势互补,统筹协调两市各类规划,实现错位发展、功能配套,提升广佛整体竞争力,是对合作策略的具体规定。由两市市委书记、市长组成"领导小组";两市市长为联席会议召集人的"市长联席会议制度";城市规划、交通基础设施、产业协作、环境保护等相关领域"专责小组"则是对合作组织形式的具体规定。在此基础上,两市就城市规划、交通基础设施、产业协作、环境保护等4个领域签署的《广佛同城化建设城市规划合作协议》《广州市佛山市同城化建设交通基础设施合作协议》《广州市佛山市同城化建设产业协作协议》和《广州市佛山市同城化建设环境保护合作协议》则是对《合作框架协议》的启动和具体落实。②

(三) 磨合与调试阶段

合作方案的制订与合作契约的签订只是对地方政府间合作指导思想、基本框架的一般规定。在具体的合作过程中,遇到管理层面和操作层面的细节

---

① 吴礼晖等:《第四届"广州·佛山区域合作发展论坛"》今日举行[N/OL],新华网,(2007-12-03). http://www.gdtv.com.cn/newpage/news/newsdetail.asp? node=17&xrl=/ccore/news/node17/20071203/2023181.xml,最后访问日期:2011年10月16日。

② 广州市政府、佛山市政府:《广州市佛山市同城化建设合作协议》,《广州日报》2009年3月20日,资料来源:http://finance.sina.com.cn/china/dfjj/20090320/08046002125.shtml,最后访问日期:2012年2月20日。

问题，仍须经历进一步的磨合和调试。谈判、磋商，甚至适当妥协，积极寻求解决办法，并对合作方案进行适度调试，是这一阶段的重要任务。以广佛同城化实施过程为例，《南方都市报》一篇评论中曾指出，广州和佛山毕竟是作为不同行政区域的两个城市，要实现同城化，势必牵涉到诸多利益纠结，很多现实问题无法回避。在推进同城化进程中，两市不得不面临很多利益上的痛苦抉择。比如年票互认，在短期内会造成两市财政性收入的减少；医疗和社保互通，会造成某些医院收入减少；通信取消两地间长途通信费，造成两地电信收入减少，从而减少政府财政收入；等等。同时，在操作层面上，年票互认、医保和社保互通、通信取消两地间长途通信费等也需要经历反复的尝试和调试过程。

（四）评价与拓展阶段

首先，合作效能的评价是地方政府间合作不可缺少的环节。从评价主体来看，主要包括作为合作方的政府对合作效能的自我评价、上级政府对下级政府间合作的效能评价，以及公众、专家和媒体对合作效能的舆论评价。从评价维度和指标来看，经济增长、人民生活改善、环境保护等都是地方政府间合作效能评价的重要维度。其次，合作的深化包括合作主体、合作领域和合作深度的拓展。例如，广佛同城化建设在"1+4"框架的基础上，进一步开展另外5项公共领域的合作；将肇庆纳入同城化体系，开展"广佛肇同城化"建设；广佛医保互通从2009年广州在佛山市指定8家定点医院实施医保互通，到2010年实现"一地参保可跨市报销"；等等。另外，逐步实现合作的组织化、制度化，逐步完善合作的配套机制和相关制度，也是将合作向纵深推进的重要环节。

四 中国府际合作的成效与前景

中国府际合作呈现出阶段式演进特征，总体上由相互隔离走向互惠合作，行政化手段和市场化手段交互使用。[①] 在计划经济体制下，由于生产资料由中央政府统一调度和分配，地方政府之间主要以中央政府的计划指令为中介而实现资源流动。地方政府经济发展的自主性差，普遍缺乏社会经济互动的动机和能力。进入市场经济发展阶段，政府间依靠对等协商以实现互惠

---

① 马学广、王爱民、闫小培：《从行政分权到跨域治理：我国地方政府治理方式变革研究》，《地理与地理信息科学》2008年第1期。

合作的机会越来越多。常见的操作方式有行政区划调整、建立城市联盟或中介协调机构等。通过行政区划调整，地方政府实现了版图扩张，经济规模扩大，降低了行政成本，但为行政区划调整付出了巨大政治、经济和社会成本，行政合并的正面效应往往被缓慢而艰难的磨合过程所抵消[①]。而建立城镇联盟或中介协调机构的方式则在保留地方自主权的前提下实现了功能整合，如通过建立"长株潭一体化都市区""厦漳泉城市联盟"等政府联盟形式以及"长江三角洲城市经济协调会""泛珠三角经济区行政首长联席会议"等城市和区域组织形式，实现社会经济资源的整合。此外，还有政府间通过交易、契约、协议等方式约束各方行为，实现互惠合作。通常可以通过地方之间签署公共服务协议、共同行动协议和行政协议等方式发展合作关系，达到地方政府间功能整合的目的，如建立跨境工业园区、共建产业转移园区、实行基本农田易地保护、共建城市轨道交通等。

未来一段时期，地方政府间关系从竞争走向合作乃大势所趋。这必然要求地方政府的领导者要转变思维、提升能力，顺应形势发展的需要。第一，利益结合点是地方政府间合作的关键因素，地方政府领导者应运用系统权变的思维方式，着眼于地方政府间的共同利益和共生关系，找出"高杠杆解"，从而撬动地方政府间关系从竞争走向合作共赢；地方政府领导者也应提高战略思考的能力，从地方经济和社会发展的前瞻性和全局性高度，对所辖区域内外环境和自身优势、劣势进行战略分析，积极寻求地方间发展的利益交集，适时促成合作关系的建立；地方领导者还应培养换位思考的思维习惯，在合作中充分考虑到对方的利益诉求和关切。第二，协商、谈判是地方政府间合作的重要环节。地方政府领导者应着重培养沟通、协调和谈判能力，在合作启动阶段充分磋商和谈判，保证合作协议的公正性和可持续性。在合作运转阶段善于发现合作中的现实问题、协调利益关系、及时调整合作策略，保证合作顺利进行。第三，明确合作主体间的权、责、利关系，并以有效的监督机制保证合作各方遵守契约和合作规则，是地方政府间合作的根本保障。在合作启动阶段，应重视明确合作主体间的权力运行、责任承担和利益分享方式。在合作过程中应通过组织化和制度化建设逐步建立起利益协调和长效激励机制。第四，在中国现行政府体制环境下，上级政府在地方政

---

① 张京祥、范朝礼、沈建法：《试论行政区划调整与推进城市化》，《城市规划学刊》2002年第5期。

府间合作中具有较为突出的主导性作用,但这种主导作用的发挥不应与地方政府的自发性和自主性相冲突。一般来说,上级政府应在补偿型合作中充分承担起规划、协调职能;在共享型合作启动阶段适当发挥引导、协调和规范功能;在互补型和吸纳合作中适当发挥规范功能,重视合作主体的积极性和创造性,保证合作双方的充分协商和博弈。

第六章　地方治理

引　例：① 2006年5月，由政府出资、共青团佛山市委以招投标的形式资助开展的"社区边缘青少年成长计划"项目在广东省佛山市三水区正式启动。该项目对本区域内闲散未成年人、单亲家庭子女、服刑人员未成年子女、进城务工人员未成年子女和流浪儿童等5个重点青少年群体开展了专项志愿服务工作。该区西南街道近30名社区青少年不仅获得教育、社会保障等优惠政策，而且有将近200名来自三水区的民警、教师等志愿者成为与他们朝夕相处的"知心人"。

事实上，"社区边缘青少年成长计划"仅仅是佛山市"政府委托人民团体购买公共服务"一系列项目的其中一个。2005年，佛山市委、市政府召开了佛山市工青妇工作会议，在"政府委托人民团体购买公共服务"这一理念下拨出志愿服务的专项经费，探索政府、人民团体及社会组织在公共服务领域合作运作模式。在对全市社会志愿服务需求和基层志愿服务组织状况摸底调查的前提下，2005年12月，团市委、市志愿者协会从社区发展服务、弱势群体服务、成长辅导服务、健康生活服务、环境保护服务、社会调研服务、新兴领域服务七方面服务内容向社会公布佛山市志愿服务招投标计划。至2006年3月，全市各区级团属组织上报项目37个，最终入选项目15个，标的总额达到49万元。经过一年的组织实施，15个项目共计组织志愿者服务5万人次，开展了近1000次志愿服务活动，直接为全市30多万名社会群众提供服务，项目投入资金49万元，带动社会赞助资金200余万元。

佛山市委副书记徐萍华认为，政府购买公共服务是和谐社会的需

---

① 根据《佛山市志愿服务模式开全国先河——佛山市政府每年出资150万元委托团组织购买公共服务》（http://29b.cyol.com/content/2006-07/11/content-1442746.htm，最后访问日期：2013年1月10日）改写而成。

求，也是"小政府、大社会"管理模式发展的必然趋势。政府把更多的与群众密切相关的公共事务管理职能，以授权委托的形式交给工、青、妇等人民团体承担，并接受政府的资金、监督和绩效评估。这样做有利于调动人民团体的工作积极性，保证公共服务的实效性，从而推动形成党委政府与社会力量互联、互补、互动的社会管理新格局。这是构建和谐社会、化解社会矛盾、发挥群众团体重要作用的一个探索。

当代地方治理的实践发端于20世纪70年代末80年代初的英国地方政府改革。面对日益明显的全球化趋势和欧盟一体化发展所带来的各种挑战，以及福利国家带来的种种弊病，撒切尔夫人针对传统官僚制实行了一系列大刀阔斧的激进式改革，这些改革措施强调国家力量的隐退，以管理主义、私有化以及国家向市场和社会分权的改革，动摇传统行政模式的某些特点。它一方面使地方政府获得了更多的自主权，越来越为独立的行动主体和利益主体，中央政府越来越强调对地方政府的"绩效评估"，而不是职能赋予。另一方面，市场组织、公民社会组织经过国家的允许，合法地成为公共事务治理主体中的一员。20世纪80年代中期，英国改革的思路开始向欧洲大陆国家（法国、德国、西班牙等）、北美国家（美国、加拿大）和大洋洲国家（澳大利亚、新西兰）传播，逐渐掀起大多数西方发达国家地方政府改革的浪潮。20世纪90年代中期以后，在联合国、世界银行、经合组织、亚洲开发银行等国际组织的推动下，作为一种改善国家政治与行政管理状况的手段，地方治理的观念以及实践经验逐渐被输入亚洲、非洲、中南美洲等一些发展中国家。面对全球范围内地方政府以及地方管理方式的一系列变化，西方学者以"地方治理"对其进行概括，并将这一演变过程称为"从地方政府到地方治理"。因此，虽然从理论上来讲，治理理论的分析框架应用于地方层面，随之产生了地方治理理论，然而从各国的政府改革过程来看，地方治理的实践要早于该理论应用和解释出现之前，可以说微观层面的地方治理实践是促成治理理论进入该领域的基础。本章将从地方治理兴起的现实背景出发，系统观察和分析西方各国的地方治理实践，在此基础上对相应的理论发展进行梳理归纳，最后审视中国地方治理发展的现状和未来。

第一节 地方治理兴起的背景

如前文所述，地方治理之所以会成为20世纪八九十年代席卷全球的地方政府改革运动，在于它是当今民族国家在"受到经济全球化冲击，社会形态和国家权力性质发生重大变化的背景下，政府组织为有效回应环境变化和危机挑战而选择的一条新型发展道路"[①]。经济全球化的迅速发展、各国分权化改革的逐步推进以及现代信息技术的日益成熟，既对传统的地方公共行政管理模式形成挑战，又为新的地方治理模式提供了各种机遇。一方面，民族国家的地位和作用逐渐削弱，地方政府的独立地位和功能得以体现，各类市场组织、社会组织在地方公共事务管理中的作用越来越突出；另一方面，传统公共行政管理模式的"单一中心论"逐渐被打破，由地方政府、市场组织、社会组织甚至公民个人参与的"多中心治理网络"逐渐形成，并在地方发挥着极为关键的作用。

一 全球化的推动

当代地方治理运动兴起的重要推动力来自全球化对民族国家政治与行政结构的直接挑战。在全球化浪潮的冲击下，当世界每一个角落都被"搅拌"到经济一体化和强势竞争体系的时候，所有民族国家都在经历着一场重大的抉择和较量。每一个国家和政府都应当充分意识到，全球化带来的不仅仅是发展的机遇，还有各种挑战。地方治理就是面对全球化冲击作出的积极回应，它既是一种创新的制度选择，也是一种应变策略的选择。

（一）全球化的迅速发展，使得民族国家的地位和作用不断削弱，次级地方组织的功能和作用不断增强

作为一种不可抗拒的历史潮流，全球化是人类社会发展到一定阶段，市场机制成为世界经济运行的主导规律时，全球经济走向紧密合作、相互依存的一种必然趋势。经济全球化的根本推动力是生产力和资本的扩张，随着这两种力量的不断扩张，其影响力已深入人类生活的一切领域并使人类生活发生巨大的变化：传统的、封闭的、科层制的等级结构及传统权威日益瓦解，霸权主义的衰落使世界范围内的各类组织有更多的机会作为独立、平等、自由的主体参与

[①] 孙柏瑛：《当代地方治理：面向21世纪的挑战》，中国人民大学出版社，2004，第1页。

到国际事务及全球发展中，分权成为全球化进程中的主要趋势，共同体中的各层级又出现了越来越多的权威中心。一方面，伴随着一体化进程，一些国际性或区域性的组织建立（如 WTO、IMF 等），回应着区域内民族国家共同面对的重大问题，从而扩大了国际区域组织在区域性事务决策和管理中的功能和作用，代替民族国家行使了一部分管制权力；另一方面，政策决定权同时向次级地方组织下移，地方组织拥有了更多处置地方公共事务的权力。

地方自主性的扩展一方面是来自联合国和世界银行等国际经济组织的直接推动。这些国际组织将它们倡导的分权化、地方政府责任、地方民主、公民参与等理念，随着其反贫困、生态保护等研究项目和投资项目，进入一国的地方层级，由地方政府直接承担这些项目的管理和运行。有时，国际区域组织在解决一些国际重大问题上，如防范艾滋病、防止生态环境恶化等事务，也会直接与地方政府甚至非政府组织联手，共同合作完成研究与治理项目。这些项目支持强化了地方组织在公共事务管理中的地位，同时也向地方组织灌输了分权、市场化的观念。另一方面，地方治理的发展也是源自地方组织自身利益的激励和要求。地方财政、资源配置的水平和社会秩序的稳定都与经济发展水平相关，因此促进地方经济发展是地方政府行为的动力基础。这就要求地方政府增强管理体制的灵活性，减少过多的干预，能够适应经济全球化时代的快速变化，获得并拥有促成地方体制创新的实质权力。受此激励，发展地方治理模式的呼声日益强烈。因此，在全球化时代，分权成为时代发展的主要潮流，各国的中央政府不断向地方政府分权，地方政府正作为相对独立的权威中心被推向历史舞台参与到全球化进程中，并履行相应的职责，承担相应的义务，扮演着"准国家"的角色。

（二）全球化向各国的地方组织提出了一系列挑战与问题，要求地方组织打破"单中心"的传统权威模式，建立多中心治理结构

在全球化发展的过程中，环境、人口、粮食、工业化、污染、资源、贫困、教育等全球性问题愈加突出，问题涉及的因素越来越多，传统的以政府为中心的单中心治理模式在面对这些高复杂性问题时显得越来越力不从心。从 20 世纪 60 年代末旨在研讨全球性问题的罗马俱乐部成立至今，已有越来越多的跨国集团、非政府组织、民间团体等加入解决全球性问题，特别是那些政治和意识形态色彩非常弱的问题与领域中。"统治"被"治理"取代成为全球化时代的重要变革之一。全球化时代的治理"不再是监督，而是合同包工；不再是中央集权，而是权力分散；不再是由国家进行再分配,而是国家只负责管理;不再是行政部门的管理,而是根据市场原则的管理;不再是由国家'指导',而是由国家和私营部门合作"①。这些问题反映到地方层次,就表现为原有的以地方政府为中心、以等级制或行政命令等方式为基础的管理方式不能适应新的环境变化。面对全球化时代日益复杂的公共问题,地方政府已经不再是唯一的决策者,必须要突破统治话语下自上而下的以政府权威和强制为主的单向度的政府法规命令,通过合作的方式,在以自愿为主的公民认同和共识的基础上,地方政府与公民社会、政府与非政府组织、公共机构与私人机构都参与到地方治理中,建立一个上下、纵横互动的双向管理过程,主要通过谈判协商、对话合作、沟通交流、伙伴关系,确立认同和共同的目标等方式对公共事务实施管理,实现多元治理主体之间的有效合作。

二 分权化改革的驱使

当代地方治理理论与实践的发展,不仅仅是全球化这一外部力量作用的结果,还是近年来东西方各民族国家政治体制与行政体制改革的必然结果。从这些国家的发展实践来看,地方治理实践的发展,均与各国的市场化和分权化改革密切相关。第二次世界大战之后,西方各国为了尽快恢复经济发展和国家实力,不断通过强化中央集权来控制国家经济、社会事务,无论是单一制国家还是联邦制国家,权力向中央政府上移是普遍现象。然而经过几十年的实践,中央政府及集权体制存在的反应迟缓、财政压力巨大、解决问题不力、决策失误等问题不断暴露,逐渐侵蚀政府的合法性基础,公民对政府普遍持不信任态度。一方面,中央政府集中统一的指令和计划管理、僵化的规制政策和过度的控制,导致了决策失误、社会需求偏离、反应与解决问题迟缓等一系列问题;另一方面,中央政府采取的大规模社会福利政策,不仅没有解决社会分配不公、贫困等社会问题,反而使得政府机构数量和财政支出庞大,纳税人的负担越来越重,引起民众的严重不满。

为了解决以上问题,自20世纪70年代后,全球范围内的政府改革浪潮逐渐兴起。在西方发达国家,一些政府大力推动新公共管理运动,将政府与市场、社会关系的调整和重塑政府的改革放在重要位置上,中央与地方政府

---

① 〔瑞士〕弗朗索瓦-格扎维尔·梅里安:《治理问题与现代福利国家》,《国际社会科学》1999年第1期。

间的关系调整也随之提上日程。在发展中国家，政府也在实行现代化、民主化的过程中，围绕着国家发展战略，探索着调整中央政府与地方政府权力体制，构建政府与市场、公民社会新型关系模式的道路。虽然东西方国家在改革领域、改革进程、改革力度和改革手段等方面具有较大的差异，但十分明显的是，这一时期各国的政府改革都围绕着分权化和市场化展开。也就是说，改革的目标均以分散政府权力，尤其是中央政府的权力为基础。改革过程的基本走向呈现出以下特点：第一，纵向上的不同政府层级间的分权，尤其表现为中央政府权力与管理责任向地方政府下放。第二，横向上的政府与市场、公民社会之间的分权。通过民营化、准市场化、放松规制等治理工具与策略，向市场组织和社区转移权力。

（一）各国政府实行的纵向分权改革，决定了地方政府作为独立的利益主体和行为主体，在地方治理中发挥着越来越重要的作用

20世纪80年代以来，伴随着单一制国家的地方分权改革，世界各国的地方治理呈现出趋同的发展趋势。联合国1999年的一项报告显示，在调查的75个国家中，有63个国家积极寻求分权政策，将许多功能和责任移交给地方政府。不仅联邦制国家尊重地方自治和实行法定分权，许多单一制国家也朝着"准联邦制"的方向发展，地方政府的权力自主性明显增强。不论是美国的"竞争型联邦制"、德国的"合作型联邦制"，还是英国的"完全地方自治"、法国和日本的"不完全地方自治"，经过制度变革，目前已经成为越来越类似的地方治理制度，并且大都由国家立法和规章予以确定。主要表现为：一是法律授予地方层次的政府组织自治地位；二是对组织机构设立明确的管辖权和功能范围或边界；三是将行使特定公共任务所涉及的计划、决策和管理权力转移并授予地方自治组织；四是授权这些组织雇用自己的工作人员；五是制定有关地方组织与政府体系中其他组织互动的规则；六是允许地方自治组织从一些特定的、具有指定用途的资源中提取财政收入，如财产税、商用农产品税、证照税、公用设施收费，其资源还可以来源于中央部委提供的补贴和贷款；七是授权地方组织建立和管理自己的预算、会计、审计和评估系统。① 在这一改革过程中，地方政府在新的分权框架下得

---

① D. Olown, "Central-Local Government Relations," in Seminar on Decentralization in African Countries: Banjul, Cambia, New York: United Nations Department of Economic and Social Development and African Association for Public Administration and Management, pp. 55 – 56.

到了更多自主管理的权力，其利益和权力在新的政府关系中得到加强，其在地方治理中的作用和影响力逐渐扩大。

（二）横向分权化改革为民间社会巨大能量和创造力的释放提供了广阔的空间，唤起了公民参与公共事务管理的热情

各国政府的分权化改革并不仅仅局限于政府部门之间权力的此消彼长，或局限于中央与地方之间的纵向权力分配格局上，它更注重在政府、市场和公民社会的三维关系中，寻求更广泛的力量支持，发展更有效的公共事务治理道路。因此，这一时期的政府分权化改革，除了纵向上政府体系内部的分权改革外，还体现为政府与市场、社会关系的调整和重塑方面。具体措施大致包括以下内容：一是通过出售的方式将原来由政府所承担的职能直接交由私人来承担。如英国撒切尔夫人上台后一项重要的改革措施就是将地方政府用于出租的物业直接出售给私人。二是通过竞争招标的方法将地方政府所提供的服务承包出去。英国自20世纪80年代开始陆续在道路维护、街道清扫、住房管理和政府的辅助服务方面实行强制竞争投标，实行合同外包政策。三是将一部分地方政府职能交由准自治的、非政府组织去承担。英国在20世纪80年代和90年代，先后将医院的管理、社区卫生服务、教育、住房、城市发展、社会治安从地方政府中剥离出来，分别交由医疗服务信托公司、教育委员会、住房协会、治安管理局、城市发展公司和住宅开发信托公司承担。这些组织的资金来自中央政府的拨款，人员由中央政府任命。四是设立更基层的地方治理机构并将地方政府的部分服务职能下放给它们。1991年瑞典地方政府法规定城市政府可设立城区委员会、邻里议事会或镇议事会，将学校管理、老年人的照料、幼儿的护理和文化娱乐项目等方面的服务职能下放给它们。这一系列的改革措施，一方面意味着政府向市场、社会的分权，这将使公民个人、社会组织、市场组织成为决策行为的主体，成为承担应有社会责任的主体；另一方面意味着在"政府统治"和"市场权力"之间发掘出"第三条道路"，试图避免由"政府失败"和"市场失灵"带来的管理问题，着力探索多种社会资源广泛合作，共同促进地方公共问题解决的治理途径和策略。

三 信息化的挑战与支持

现代信息技术的迅速发展，对人类经济、政治、文化生活产生了全方位、多维度的影响。信息化改变了人类的生产方式，世界从工业社会迈向后工业社会。工业社会以自然资源为基础,大量生产、大量消费的传统经济增长方式,逐渐向以网络为基础,以信息技术为动力源的新的经济增长方式转变。根据经济基础决定上层建筑的原则,新的经济增长方式必然要求新的社会治理结构。

(一) 信息技术的发展对政府管理方式形成挑战

信息时代,"坐地日行八万里,隔天遥看一星河"的梦想得以实现,新兴的技术手段大大提高了信息传播的广度、速度和深度。哈拉尔把信息看作一场新的社会革命的"引信",他说:"因为信息是把一个社会结合在一起的看不见的纽带,所以这种新技术具有明显地改变我们的现实感和加速所有其他形式社会变革的力量。计算机化通信网络可以使人们更广泛地交往,加快技术革新的速度,增强我们控制各种事情的能力,用更精确的信息丰富我们的环境,提供更广泛的选择,扩大我们的经验范围,提供更多的知识,增强我们的意识——从而提供推动社会进化的力量。"[①] 信息技术的发展带来了新的文明和冲突,各种舆论、观点和思想不再被主流思想淹没。一报独大、一刊独大的时代已经成为历史,信息发布、意见表达的渠道和立场都日益多样化。因此,以政府为中心、控制导向的管理模式必然被多元合作的治理模式所取代。

(二) 信息技术的发展为地方民主治理网络提供了技术支持与保障

信息化对公共领域的另一重要影响在于,它改变了人类参与公共生活的方式,为多途径、全方位、网络化、双向互动的参与方式提供了技术支持。信息技术的发展极大地提高了人类沟通和处理信息的能力,超越了传统的电视、实体报刊等传媒方式的单向沟通缺陷,实现了多途径、全方位、网络化、双向互动的参与模式,为人们参与公共事务、表达利益和要求提供了意想不到的便利。正如皮帕·诺里斯所说,"由于互联网直接成为了全世界人们的纽带,并且降低了交流成本,它很可能通过世界范围内的非政府组织孕育出新的国际性的号召运动"[②]。互联网等信息技术的发展瓦解了时空距离,各地方治理主体之间可以通过互联网等信息技术实现信息共享,使各主体在信息资源方面实现使用平等,既便捷了沟通,节省了沟通成本,更使各主体之间的合作更加有效,使合作治理成为可能。

---

① 〔美〕W. E. 哈拉尔:《新资本主义》,冯韵文等译,社会科学文献出版社,1999,第 128~129 页。
② 〔美〕皮帕·诺里斯:《新政府沟通:后工业社会的政治沟通》,顾建光译,上海交通大学出版社,2005,第 87 页。

第二节 西方国家地方治理实践与特点

作为当代多层次治理理论与实践的重要组成部分，地方治理是治理理论在地方层面的具体应用，是治理思想与地方行政改革和公共事务管理模式创新相结合的理论发展和实践过程。一方面，地方治理具有治理思想的一般性的实质与特征，如多元主体参与和网络化治理模式等；另一方面，地方治理也包含了当代地方政府改革和公共事务管理创新的基本内容，如分权化改革、政府间关系调整等。因此，世界各国的地方治理实践，最终旨在实现以下两大目标：一是依靠治理机制，调动整个社会的资源，发挥各种社会有生力量的作用，共同解决地方的公共问题，改善或提高公民生活的质量，形成地方可持续发展的能力；二是通过治理，改革地方政府的现有管理体制，重新定位地方政府的管理功能，调整政府与社会的关系，建立政府与企业、公民组织之间的战略合作伙伴关系，提升地方政府组织管理社会公共事务的能力。

一 西方国家地方治理实践

第二次世界大战后，西方各国纷纷建立福利国家制度，地方政府的职能不断扩张，公共开支逐渐增加，财政负担日益严重；地方政府对中央政府的依赖性逐渐增强，二者的关系越来越密切。巨大的财政负担和日益明显的集权化倾向，使得地方政府成为公众关注的焦点，以及各种潜在矛盾的对象。加之20世纪70年代的经济危机，使得地方政府不得不面对两个方面的压力：一是由于中央政府拨款减少和政府征税能力下降而导致的财政危机，二是公众对公共服务的需求仍在不断增加。这两者产生的矛盾使得各国政府不得不考虑如何花最少的钱办更多的事。伴随着私营部门、第三部门以及地方公众参与公共事务意愿的不断增强，地方政府不得不改变传统的封闭式的官僚层级制度，通过一系列变革来应对以上种种变化。这一系列变革包括：变革中央与地方关系，向地方分权；转变公共服务供给方式，实现公共服务市场化；改革府际关系，构建政府间合作机制；转变公共事务管理方式，实施多中心治理机制。

（一）变革中央与地方关系，向地方分权

近年来，许多西方发达国家的政府间关系呈现一种分权趋势，旨在扩大

地方政府的自主决策权，权力下放已成为一项重要策略和趋势，为越来越多的国家所接受。在北欧的瑞典、挪威、芬兰和丹麦，福利国家的发展战略逐渐形成了中央制定政策、地方负责执行的分权模式，地方政府事实上成为中央政府的代理机构。为了改变这种状况，从1983年到1991年，北欧四国的一些城市政府先后实施名为"自由城市试验"的改革，以培育和增强地方政府自我规制的能力，使地方政府的组织安排更具多样性，增强其适应能力。其主要内容包括以下几个方面：扩大地方政府的自主决策权，地方政府可根据地方特点安排自身的事务而不必受原先规范其行为的全国性立法和规定束缚；中央政府将一些职能转移到地方政府；中央政府改变那种对地方政府行为实行事无巨细规定的做法，代之以提出指导性意见。[①]

在具有浓厚国家主义传统的法国，中央政府一直处于明显的强势地位，地方政府只是中央政府的派出机关，只能依法执行中央的行政命令，必须服从中央政府的权威。自1982年开始，以《大区、省及市镇的权力与自由法》等一系列法案的颁布为标志，法国逐步推进其地方分权改革。第一，地方政府实行"民选民治"。改革前，法国地方分为省和市镇两级，省长和市长作为地方行政长官，分别为中央和省派驻在地方的代表，对中央和省长负责。1982年分权改革后，省长不再是省行政长官，该职由省议会议长担任，省议会被赋予地方自治的权力。市议会也被赋予地方自治的权力，市长不仅执行中央交办的事务，同时也是地方自治政府的首脑。另外，在省级层次之上，又设立大区级的政府机构，大区议会议长为所在地区的行政长官。各级地方议会为地方立法机关，负责地方事务法规的制定。第二，中央与地方职能重新分配。在20世纪80年代后陆续颁布的一系列法案中，中央政府将原先所承担的部分职能分别下放给市（城市规划、教育和城市内部事务）、省（社会福利和高等教育）和大区（职业培训、高级中学的管理等）。第三，中央政府对地方政府的监督也由"事前行政监管权"变为"事后行政监督权"。国家对地方团体自治行政的监督，原则上不再采取行政程序，而是通过行政诉讼方式。中央运用财政制度和法律制度及合同化等方式来规范和引导地方事业的发展，监督地方活动的方向。第四，实行"从属原则"，理清中央和地方职责分工。"从属原则"明确规定中央国家行政机关与其驻地方机构之间的职权划分，"唯有具备全国性或法律规定不能放到地方一级执行

---

① 万鹏飞：《地方政府改革：一种全球性的透视》，《公共管理评论》2004年第1期。

的任务，才可由中央机关执行"①，其他事务均由国家驻地方机构负责。

日本在20世纪90年代初期也加入了分权改革的行列。第二次世界大战后日本实行地方自治制度，地方政府既是中央政府的委派机构，也是地方行政机构，有权处理不属于全国事务的各种地方事务。但在实际运行中，中央政府控制着地方政府的财政资源、人事安排和服务的供应。因此，有人用"三分自治、七分集权"形容日本中央与地方关系。90年代初期，日本开始实行地方分权改革，最具代表性的当属1999年国会通过的综合性地方分权法案，这一法案的主要内容包括：明确中央与地方政府各自的目标，中央政府承担国际性和事关全国范围的决策事务，而与人民密切相关的事务则尽可能地交给地方政府办理；废除职能授权制度，在中央与地方之间建立起新的平等和合作关系；对中央政府参与地方事务的类型、程序以及与这种参与相关的争执处理程序作了重新规定；促进权威的下放，中央政府向都、道、府放权，都、道、府向市、町、村放权；修改个别法案，废除和放松中央政府对地方政府规制性义务；建立地方政府行政制度，推动城市之间的自愿合并，加强地方议会，放宽对核心城市的要求，增强地方政府的行政和财政能力。

在联邦德国，中央与地方关系一直比较稳定，立法和政策制定的大部分都集中在联邦层次，而执行层次主要集中在州和地方政府层次。作为地方政府的县和市除了承担地方自治的职能外，还必须履行由联邦和州（主要是州）授权实施的任务和职责。从20世纪60年代中期到80年代后期，德国的大部分州都实行了分权改革措施，即将一些行政职能从州政府下放给地方政府，同时废除那些服务于单一目的、驻地的州政府机构，进一步减少在地方政府之外运作的那些承担单个职能的州机构的数量。这一改革的总目标是强化地方政府作为多重职能承担者的角色。

（二）转变公共服务供给方式，实现公共服务市场化

一般情况下，发达国家的中央政府扮演"警察"和"外交家"的角色，而地方政府主要扮演"管理者"和"社会服务实业家"的角色，以服务为主。由于地方政府与居民日常生活的直接、广泛、密切的联系，其职能往往具有很强的综合性和多功能性，征税、选举、地区规划、土地管理、公共教育、公共工程、公共卫生、公用事业、环境保护、文化娱乐、社会福利、社会救济、公共安全、完成中央或州政府委托事项，职能广泛，但基本职能是

---

① 吴自斌：《法国地方治理的变迁及其启示》，《江苏社会科学》2010年第4期。

服务，而不是管制。服务原则成为发达国家地方政府的基本原则。

近年来，西方各国地方政府提供公共服务的方式逐渐发生变化，以市场为核心的治理工具和机制成为公共产品和公共服务提供机制的主流。一是通过出售的方式将原来由政府所承担的职能直接交由私人来承担。如在英国，撒切尔夫人上台后一项重要改革措施就是将地方政府用于出租的物业直接出售给私人。二是通过竞争招标的方法将地方政府所提供的服务承包出去。将政府所提供的服务承包出去在西方国家有很长的历史传统，但是作为一项普遍被采用的制度安排在美国却是 20 世纪 80 年代以后的事。如英国撒切尔政府 1980 年的地方政府、计划与土地法规定：将每年价值近 4 万亿英镑的新的建筑、建筑物的修缮与维修、高速公路的建造与维护纳入中央政府强制性竞标计划；1988 年的政府法规定：将每年价值 2.3 万亿英镑的垃圾收集、清扫街道、建筑物的清洗、学校和提供福利、其他娱乐项目、交通工具的维护、庭院维护及运动和娱乐设施的维护等项目纳入中央政府强制性竞标计划。三是将一部分地方政府职能交由准自治的、非政府组织去承担。英国在 20 世纪 80 年代和 90 年代，先后将医院的管理、社区卫生服务、教育、住房、城市发展、社会治安从地方政府中剥离出来，分别交由医疗服务信托公司、教育委员会、住房协会、治安管理局、城市发展公司和住宅开发信托公司承担。这些组织的资金来自中央政府的拨款，人员由中央政府任命。四是设立更基层的地方治理机构并将地方政府的部分服务职能下放给它们。1991 年瑞典地方政府法规定城市政府可设立城区委员会、邻里议事会或镇议事会，将学校管理、老年人的照料、幼儿的护理和文化娱乐项目等方面的服务职能委托给它们。

（三）改革府际关系，构建政府间合作机制

传统的府际关系，尤其是中央与地方政府间的关系，往往是建立在行政等级制基础上的，各级政府的法律地位和权利义务具有不平等性。随着现代社会公共事务的多样性和复杂性日益增强，各国中央政府和地方政府的管理职责都越来越繁重。中央政府职责范围内的许多经济和社会管理职能，必须通过地方政府才能更好地执行和实施；而地方政府受到人力和财力的限制，无力承担自身职责之外的其他事项，以及社会发展所额外附加的政府职能。为此，中央政府必须通过财政专项补助的方式，促使地方政府支持并执行中央政策。与此同时，伴随着城市化的快速发展，发达国家的大城市超越了原有的地域界线向周边地区扩展，中心城市与周边地区融为一体，形成了大都市地区和大都市复合体。大都市地区的发展客观上要求多个地方政府在交通运输、基础设施建设、社会治安以及环境保护等方面相互配合。因此，20世纪80年代以来，在全球范围内，中央政府与地方政府之间逐步形成新型的合作关系，即在地方自治和法定分权的基础上，通过自愿性的政策协调和财政补贴建立伙伴合作关系。在美国，中央政府会通过财政补贴、行政指导等多种途径，促成中央与地方合作以及地方政府之间的合作，以更好地解决大都市管理所面临的卫生、住房、供水、污水处理、照明、交通、教育、道路和财政等问题。

同样，地方政府之间的横向合作关系也获得了长足发展。根据尼古拉斯·亨利对美国政府间关系的研究，1789～1940年，美国各州只签订了57项州际合约，但接下来的50年，另外就有122项州际协定出现。平均而言，每个州签订了20项州际合约，许多州与州之间的协议已经演化成跨州机构。除了州际合约外，美国还有许多诸如政府间协议、地方政府协会、市自治团体协会、县议会协会、城区议会协会等合作机制。由于地方政府的多中心体制存在碎片化问题，难以解决跨区域的垃圾处理、环境污染、公共交通、土地利用、社会治安等问题，地方政府之间通过签订协议或成立联合委员会，可以协调解决跨区域性公共产品和服务的供给问题。20世纪90年代以来，地方政府之间的横向合作，已经不仅仅局限于协调地方政府间的问题，一些地方政府还通过横向联合形成政治力量，对中央政府的公共决策产生影响。例如1976年，美国东北部7个州组成东北部州长联盟，凭借统一的政治联盟在国会争取更多的联邦补贴资金。

（四）转变公共事务管理方式，实施多中心治理机制

近年来，西方发达国家的地方治理都呈现出明显的多中心治理趋向。所谓多中心治理，就是在地方治理的各个层次、各个区域同时进行调节，由多个主体同时供给公共产品和服务。人们越来越意识到，地方公共事务的有效治理绝不能仅仅依赖于地方政府，需要将视野扩展到私人部门、志愿部门和公民个人。通过构建一个以问题解决为中心的、高度弹性化的组织网络，由多个行动主体基于一定的集体行动规则，在平等、信任以及协商的互动关系下，形成多样化的公共事务治理机制。在西方各国的改革实践中，这种多中心治理机制就表现为地方政府与私营部门、第三部门甚至公民个人合作关系的构建，尤其是在公共服务供给方面。

以法国为例，地方政府与企业的合作形式主要有混合经济体和特许经营两种。混合经济体是公共部门和企业合作的合资公司，通常由地方政府占资金的大多数。其特点是在保留公共部门对合作控制的基础上引入私人部门的管理技术，因此比地方政府本身更具灵活性，也更能适应地方经济的发展。1983～1990年，法国的混合经济体以成倍速度涌现，并应用于城市建设、交通、博物馆、剧院、运动馆、旅游设施、会议中心甚至旅馆建设等各个方面。所谓特许经营，简单来说就是通过建立合同，将政府的公用事业交由企业经营。长期以来，法国发展了一套自己的公用事业特许经营模式，其基本特点是：设施公有；以合同形式规定双方权益；政府对其拥有监督权；企业拥有开发权；政府保留对价格的干预以及单方中止合同的权力。这种制度将公共部门的干预和私人部门的参与很好地结合起来，结合了政府的责任和私营企业竞争的积极性，成为政府与企业互动的重要方式之一。法国地方政府与公民社会之间的合作起步较晚，但发展迅速。从20世纪六七十年代开始，法国的第三部门获得了较大发展。到20世纪90年代，法国拥有70万个各类团体，并以每年6000多个的速度递增，"成为法国社会变革和改革的一种途径"[①]。其中积极参与到地方治理体系中的包括：一是政府咨询性机构，包括经济发展促进会、商业委员会以及青少年委员会等可以提出相关议案或对政府议案表示意见的组织；二是服务性组织，主要包括社会福利机构；三是公益性组织，包括环保协会、慈善机构以及各种文化组织等；四是自治性组织，包括社区组织、邻里委员会等。这些部门是公民自我管理、解决社区问题的协调组织，也是公民参与地方事务的重要渠道。

二 西方国家地方治理的特点

地方政府的设立，本身就意味着中央政府承认不同地方的差异性，通过划定地理范围，确定不同层级的政府之间的权限，划分各自的管理责任，以构建国家有效治理的组织框架。差异性是地方政府与中央政府的重要标志，因此在不同的政治体制和社会背景下，西方各国的地方政府管理实践各不相同。但回顾20世纪80年代以来各国的地方管理实践，我们发现，在受到经济全球化的巨大冲击，社会形态和国家权力性质发生重大变化的背景下，为

---

① 〔美〕莱斯特·萨拉蒙等：《全球公民社会：非营利部门视界》，贾西津等译，社会科学文献出版社，2002，第87页。

了积极有效地回应环境变化和危机挑战，西方各国的地方改革理念和实践呈现一些共同特点，包括从地方政府管理转向地方治理，在公共事务管理中借鉴私营部门的经验，通过立法推进改革等。

（一）从地方政府管理转向地方治理

在过去30多年中，西方各国地方政府改革的一个显著特点是超越地方政府本身进入地方治理的范畴。人们意识到，政府不再是唯一的公共管理主体，公民个人、私营部门、第三部门同样是公共服务的主体，它们共同承担着公共事务治理的责任，而有效发挥这些非政府部门在地方公共事务管理中的作用是提高地方治理绩效的重要途径。在许多公共问题上，单靠政府的努力是不够的，有必要与私营部门、第三部门和公民个人联结起来，形成一种建立在信任和规则基础上的相互依赖、持续互动、互利互惠、有着相当程度自主性的自组织网络。地方治理方式逐渐在转变为通过合作、协商、伙伴关系等方式对公共事务进行管理。总之，从地方政府到地方治理意味着人们治道思维方式的转变，这种转变表现在：从国家角度转到国家和市民社会两个方面；从公共部门角度转到公共部门、私营部门和第三部门共同参与角度；从静态的制度转向动态的过程；从组织结构角度转到政策和结果角度；从"划桨"、直接提供服务到"掌舵"和让其他部门或个人来提供服务；从命令、控制和指挥转向领导、推动、合作和讨价还价；从等级和权威关系转向网络和伙伴关系。

（二）在公共事务管理中借鉴私营部门的经验

20世纪80年代风靡于西方地方政府改革过程的新公共管理运动就是典型代表。在传统公共行政模式下，政府是公共事务的唯一中心和权威，政府内部上下级之间按照层级节制原则逐层执行决策，部门之间按照职责同构原则各司其职。这一模式强调权力控制、职责同构和非人格化，特别强调程序规则，强调公共部门与私营部门的分别。新公共管理运动则以经济学中的公共选择理论和委托——代理理论为基础，通过在公共管理领域引入市场和竞争机制，把企业经营管理的一些成功方法移植到政府中来，使政府能像私人企业一样提高效率。它强调在外部关系上适当放松对市场的管制，在内部关系上实行权力分散和下移。通过市场机制，部分公共产品和公共服务以外包形式交由市场提供；通过竞争，运用效率驱动和绩效激励提高政府的回应性；倡导为顾客服务，实施全面质量管理等改革，力图提高政府的管理能力和服务水平。总之，新公共管理运动"旨在促使政府变得更像商业组织，更加强调管理者角色的重要性"①。20世纪90年代初戴维·奥斯本和特德·盖布勒的《改革政府》一书集中表述了新公共管理理论的这些理念，并勾勒出一种新的政府形态——企业家政府。

(三) 通过立法推进改革

在近年来的地方治理实践中，各国政府普遍比较重视相关法律制度的建设，并以此推进相关改革。归纳来看，主要有以下三个方面：一是通过制定或修改地方政府法，推进地方政府改革。如从1979年到2000年的22年间，英国议会先后通过25部地方政府改革方面的法规，内容涉及地方政府合并与重组、地方政府财政、地方政府权责的重新定位、公共服务的强制性竞争招标、地方选举与地方民主。二是通过立法将地方政府改革的成果制度化。在加拿大，各省议会自20世纪90年代以来先后重新制定或修订地方政府法，安大略于2001年通过新的地方政府法。这些法律详尽规定地方政府的结构、基本权力和职责、地方政府财政、公共服务的提供等。1993年挪威议会通过新的地方政府法，将20世纪80年代中期以来的地方政府改革成果包括自由城镇试验的一些做法加以制度化。三是各国地方政府法具体、规范、翔实，如加拿大不列颠哥伦比亚省地方政府法分30个大部分，1040个条款；瑞典地方政府法分10章，258个条款，内容涉及地方政府的界定、层次划分、市民资格的认定、地方政府的成立和解散、地方政府的组织和权力、地方议会的形成、议员的选举和任期、地方行政机构的构成与职责、地方议会和行政机构工作程序、地方公共经济的管理、地方税收和财政、审计、行政行为的合法性评估等。

第三节 地方治理的理论分析

兴起于20世纪90年代的治理理论是当前公共管理领域的核心理论。虽然理论和实务界尚未对这一理论达成共识，但关于治理的一些关键要素是公认的，如分权、参与、多中心、网络化，等等。作为当代多层治理理论的重要组成部分，地方治理是治理理论适应全球化和分权化趋势下社会利益主体多元化的公共管理生态环境，与地方行政改革和公共事务管理模式创新相结

---

① 〔英〕克里斯托弗·胡德：《国家的艺术——文化、修辞与公共管理》，彭勃等译，上海人民出版社，2004，第3页。

合的理论产物。因此，它一方面强调综合利用政府、私营部门和公民社会多元主体形成的合作网络，旨在通过权力多中心化以及由此引发的主体多元化、过程互动化、方式协调化等路径来实现良好的公共管理；另一方面强调通过政府内部纵向的权力下放和分权化改革，赋予地方政府相对独立的地位和决策能力，以有效回应地方公民的需求和利益。

一　地方治理的基本内涵

（一）地方治理的概念

对于地方治理而言，"地方"的界定至关重要，因为它直接关系到我们分析对象的范围。然而在使用上，"地方"又不是一个统一、明确和固定的概念。对于全球而言，民族国家可以算作一个地方，以欧盟、东盟为代表的各区域一体化组织也可视为全球化趋势下的地方化倾向；对于民族国家而言，省、州、大区等也可构成地方；对于省级区域而言，市、县、乡镇、村落又是不同层次上的地方。此外，地方不仅指某个省、州、市、县、乡镇、村或特区的行政区域空间，还可指若干个省、州、市、县、乡镇、村、特区的行政区域的联合体。在社会学中，"地方"不仅包含地理区位空间，还包含地方公民间文化联结、惯例认同和心理归属等文化与心理。参考本书对当代多层治理结构的划分，本章对"地方"概念的适用基于以下标准：（1）本章中的"地方"不包含跨国或跨区域的空间范围，这一概念主要指向民族国家范围内、与国家级政府相对应的次级区域，即处于分省区划下的一定地理范围和人口数量的地域空间。例如，中国的"地方"指的就是省级及其以下区域内的地域范围。（2）"地方"指的是不同层次的公民生活、交往共同体的复合，小到农村的村落和城市的居民社区，大到乡镇和城市区域。（3）"地方"的界定既依赖于政府的行政区划，又不仅仅局限于行政区划的限制。它要比地方行政区划更有弹性，以公共事务或公共问题为主线，以适应地方治理的实践需要。

结合以上对"地方"的分析与界定，以及治理理论的精神内核，我们认为，地方治理，是在一定的贴近公民生活的多层次复合的地理空间内，依托于政府组织、私营组织、社会组织和民间的公民组织等各种组织的网络体系，共同完成和实现公共服务和社会事务管理的过程，以达成以公民发展为中心的，面向公民需要服务的，积极回应环境变化的，使地方富有发展活力的新型社会管理体系。相对于全球治理、区域治理以及国家治理而言，地方治理所关注的重点在于，地方公共事务如何能够经由地方政府与中央政府、私营组织以及社会组织之间的通力合作，获得及时有效的解决。从根本上来看，地方治理包括地方和治理两个部分，前者可以从政府系统内部纵向的多层级治理来理解，后者可以从所有参与地方公共事务管理的多元主体形成的横向多中心治理机制来理解。因此，它既包括正式的组织机构如地方政府和政府各层级在追求集体行动中的直接和间接作用，也包括非正式的准则、网络、社区组织、邻里联合会在追求集体行动中的作用。

（二）地方治理与地方自治

地方自治，是指由地方居民直接选举产生地方自治机关，依照宪法、法律或国家授权，自主管理地方事务的地方管理模式。从根本上来看，地方自治是相对于中央集权而言、基于分权原理而设计的一种地方政治制度，它强调一定区域内的居民对该区域内的公共事务拥有自主权，其精髓就是民主精神。自近代以来，由于各国历史传统、民族精神以及具体历史环境的不同，在地方自治的理论和实践中，逐渐形成了两大派别：英美学派和大陆学派。英美学派基于长期以来形成的自由主义观念，重视地方的自主性，认为国家权力的过分强大会不正当地损害地方利益，最终侵犯公民的个人权利，因此强调地方不只是构成国家的基本单位，其本身就是一个独立存在的权力主体。中央国家机关的权力与地方国家机关的权力是通过民主的宪法进行分权实现的，中央与地方不是一种直接的领导与被领导的关系。大陆学派强调地方自治的国家本位，倾向于认为地方自治是在以国家为主导的前提下，通过自上而下的制度性安排而授予地方一定的管理本地方事务的权力，因此将地方自治当作一种中央权力的纵向分配，与国家公权力的横向分割形成对应，且将此界定为民主制度的基本框架，即上下左右的权力制约。

当代地方治理理论与实践同传统的地方自治理论密切相关，也关注地方政治和民主制度、中央与地方的权力分配、地方权力行使的空间和行使方式等一系列政府体系内部的纵向权力分配和相互关系，但其关注重点又不止于此。它不仅仅将思路局限于政府部门之间权力的此消彼长，或局限于中央与地方间的纵向权力分配格局上，它更加注重在政府、市场和公民社会的三维关系中，寻求更加广泛的支持力量，发展更有效的公共事务治理道路。

（三）地方治理与地方政府治理

目前学界对"地方治理"与"地方政府治理"鲜有进行明确区分，有的甚至将"地方政府治理"等同于"地方治理"。事实上，"地方治理"与"地方政府治理"二者虽然关系密切但并不相等。从根本上讲，"地方治理"的范畴更大些，包括除地方政府外的第三部门、私人组织等，强调多主体的合作对地方公共事务的治理；而"地方政府治理"主要指在治理理论的指导下地方政府如何通过分权、重组等改革提高能力以适应全球化等不确定因素的挑战，如何促进公民参与，如何促进多中心网络的建立、发展，如何在多中心合作中起到核心作用，以更好地处理地方公共事务，促进整个地方治理的发展的过程。

从关注目标来看，地方治理最终的目标在于维护和促进地方居民的发展，重视落实社会公众、利益关系人的权益，不同于地方政府治理主要为了确保政府组织的发展。从主体间关系来看，地方治理涉及多元治理主体的参与和投入，其中既包括地方政府组织，也包括众多的私人组织、第三部门甚至公民个人等；在理想状态下，这些主体之间地位平等、彼此依赖、相互信任、共享资源，通过形成平行发展的、互动的多样化社会网络组织进行地方公共事务管理。地方政府治理虽然也涉及公共部门以外的主体参与，但地方政府仍处于主导地位，其他行动主体仅仅作为有效补充而存在，二者根本上还是管理与被管理的关系。从运行机制来看，地方治理以多个不同主体形成的政策网络为载体，通过对话、讨价还价、协商、谈判、妥协等形成集体选择和集体行动；而地方政府治理仍以层级节制的科层组织为载体，公共决策多以自上而下的行政控制和命令来实施，私营部门和第三部门仅仅以执行者的角色参与公共事务，是地方政府进行地方管理和公共服务供给的有效工具。

二 地方治理的分析框架

地方治理是一个政府权力调整与职能重新界定的过程，即治理权威在政府体系内部通过行政权力和责任的下放来增进地方（下级）政府的积极性、灵活性、回应性，以及在政府、市场和第三部门之间的分化和扩散，其实质是治理权从国家中心主义向多层次化和多中心化的变迁过程。因此，可以从权力的纵向和横向配置的双重维度来分析地方治理。

（一）政府间分权与合作

与全球治理、国家治理和区域治理相比，地方治理的特殊性在于：它不仅仅涉及政府、市场、公民社会三者之间权力关系的重新调整与塑造,也是政府间权力和组织结构的重新配置过程。这一理论的兴起,除了积极回应经济全球化的挑战与机遇外,更与各国政府的分权化改革密切结合,因此,不同层级政府间的分权与合作对地方治理理论与实践的发展至关重要。

1. 政府间分权

地方治理要求各个主体性力量的成长与自主,与国家形成适度平衡和建设性互动关系的多元结构,其内含的价值取向试图构建一个新的权力分配格局与民主政治模式。中央与地方以及上下级政府间的权力配置方式,对于基层自治发展空间具有根本性的意义,它在很大程度上影响着基层自治目标的选择和发展的进程。对于地方治理而言,政府间分权力求在中央政府的有效管理下,各级地方政府能够获得与自身相关的重要事务的决定权,其关注的重点在于政府内层级和功能间的有关权力和利益的划分上,内容主要包括地方公共决策、事务管理、人事管理、财政收支等权力的下放。权力下放的运作过程往往是在中央政府与省(州)政府、地方政府之间明确事权关系和职能划分关系的基础上,高层政府的权力向低层次地方政府组织的转移。其间,行政责任和一些执行权力也随之逐渐向下移动,使得地方政府逐渐成为直接管理地方公共事务、提供公共服务的主体。

2. 政府间合作

所谓政府间合作,是指在事权、财权明确的基础上,中央(联邦)政府、省(州)政府、地方政府之间,以及地方政府与地方政府之间建立长期的合作伙伴关系,通过讨价还价、对话、协商、冲突解决等渠道达成谅解和共识,共同处理公共事务,解决公共问题。客观来讲,政府间合作在促进地方公共问题解决,尤其是跨域公共事务管理方面具有至关重要的作用。第一,政府间合作有利于整合资源,形成区域间经济体系优势互补、分工合理的产业结构,进而促进地方和区域经济迅速发展;第二,借助政府间的协商、合作机制,能够共同解决区域内共同面对的问题和困境,以谋求区域内共同的可持续发展;第三,通过政府间合作,能够有效协商解决地方保护主义的问题,促进生产要素的合理流动,提高资源配置的效率;第四,在政府间合作的过程中,能够形成多样化、多层次的沟通合作网络,有利于地方政府间的共同学习与提高。因此,从地方治理实践的发展来看,一方面强调中央(联邦)政府和省(州)政府通过财政拨款和补贴,提升地方发展的能力；另一方面强调地方政府间在信息、资源、共同学习、意见分享、共同规划、合资经营等方面协力合作。

（二）横向的多中心治理

地方治理概念的提出最为明显的效应就是治理主体的多元化，它意味着公共事务不再仅仅是政府统领的范畴，非政府组织甚至包括私营部门在内的一系列公共行为主体正在以多元的模式承担着对共同事务管理的责任，形成了"分散化的公共治理"或"多中心治理"的格局。这种治理结构主要体现在以下三个层面。

1. 公民参与

地方治理的理念及其分权化的制度设计为公民进入并影响地方公共政策过程开辟了广阔的空间，它所要求的不是简单地将权力下放给正式的地方政府，而是积极地将地方居民纳入地方事务治理之中。伴随着公民社会不断发展强大，公民越来越成为地方治理发展的参与主体之一，公民参与地方治理的角色主要有：（1）地方选举的投票者；（2）公共服务的享有者或消费者；（3）表达一定利益取向，影响特定公共政策的社区公民；（4）参与社区公共服务提供，成为政府共同生产公共服务的合作伙伴。芭芭拉·卡罗尔等学者从五个方面概述了公民参与对于公共利益的体现和地方治理绩效的积极意义。其一，公民公共参与能够提高政治系统的代表性和回应能力；其二，公共参与能够增进政府与公民之间的相互了解和信任，消除二者间的疏离感；其三，公共参与可以增进政治团结和社区整合，通过合作网络实现地方公共事务的共同治理；其四，公共参与可以促进政府政策制定和执行的合法化，并使公民更加理解和服从公共政策；其五，公共参与能够发展公民个人的思想感情与行动力量，体验公共生活的价值，引导和促进公民政治参与文化的发展。

2. 市场机制

地方治理围绕着地方公共事务的有效管理、公共问题的迅速解决以及公共服务的高效率供给为中心展开，因此，直接面对地方居民的不同需求，提供多样化的公共服务是地方治理的主要内容之一。将市场机制引入公共部门的运作中，实行公共服务的市场化，是新公共管理运动提供的一剂良方。它主张打破政府组织对公共物品提供和生产的垄断，采用多种供给机制，如以提高政府和公营部门内部管理与经营的效率为目标的准商业化和内部市场化方式；以签约外包、服务购买契约、招标投标、特许经营协议和税收、规制激励等公私伙伴形式组织公共物品的生产；以委托、授权的形式，将一部分公共服务项目转由非营利组织、社区组织和公民自治组织来承担和执行；通过解除管制和民营化，将市场组织形式和市场竞争机制直接引入公共服务的提供和生产中。民营化运动的先驱萨瓦斯从公共服务安排者、生产者和消费者之间动态关系的角度，区分了公共服务提供的10种制度安排，包括政府服务、政府出售、政府间协议、合同承包、特许经营、政府补助、凭单制、自由市场、志愿服务、自我服务。① 奥斯特罗姆夫妇也归纳了公共服务供给的多种方式：政府经营自己的生产单位；与私营公司签约外包；确立公共服务的标准，让每一个消费者选择私人企业，并向它们购买服务；向家庭签发凭单，允许他们从任何授权供给者那里购买服务；与另外一个政府单位签约；某一服务由自己生产，其他服务则从其他管辖单位或私人企业那里购买。② 这一理念为公共管理者提供了以下两点启示：首先，在政府组织之外，存在着其他可以承担和履行公共事务管理的多种组织主体；在多个主体介入的基础上，实现公共事务治理的方式是多样化的。其次，政府的职能范围和作用方式是有限的，在公共事务管理和公共服务供给中，政府组织可以向市场组织、社会组织有效分权，形成合理的分权结构，并与这些组织之间形成相互依赖的伙伴关系。

3. 第三部门

伴随着地方公共事务的日益复杂化和多样化，人们逐渐地意识到，地方政府已经不是唯一的治理主体，治理责任的承担者已从政府扩展到多个非政府组织和机构。政府公共权力的治理边界不得不在适当的领域缩减，而作为社会自治力量代表的第三部门也就自然在适当的领域扩张，并一跃成为公共事务治理领域中的"关键加入者"。尤其是在公共服务供给领域，一种宽泛定义下的"第三部门"（包括准政府机构、公共企业、社会企业、非营利组织等诸多形式）构成了公共服务社会供给的主力。在地方治理视野下，第三部门具有民间性、组织性、灵活性、公益性等特征，它通过政府委托、合同承包、替代政府等模式，参与资源类公共服务（如公共文化服务、公共信息服务、公共设施服务等）、公益性公共服务（如社会救

---

① 〔美〕E.S.萨瓦斯：《民营化与公共部门的伙伴关系》，周志忍等译，中国人民大学出版社，2002，第69～70页。
② 〔美〕迈克尔·麦金尼斯主编《多中心体制与地方公共经济》，毛寿龙译，上海三联书店，2000，第113页。

助、志愿服务等)、集团性公共服务(如行业性、社区性公共服务等)的供给。由于第三部门的组织结构独立于政府官僚体系,它克服了政府机构权力等级制的缺陷,能够采用灵活多样、平等参与的运作方式,具有低成本、高效率的相对优势;同时,"第三部门"在功能立场上具有回应政府和市场双重失灵、有机结合公平与效率原则的特点,因而具有广泛的社会支持网络。

第四节　中国地方治理实践与评价

当代中国的地方治理实践,事实上始于1978年的改革开放。伴随着计划经济向社会主义市场经济转轨、政府与市场分权化改革的进程,中央政府与地方政府、政府与企业、政府与社会组织之间的权力关系经历了重大的调整。市场化、分权化改革不仅推动了政府间权力关系的重新调整,而且使得社会生活中的多元利益主体逐步获得了独立、自主的地位,激发了它们利益表达和参与公共事务的愿望和要求;反映到地方层面,就表现为地方政府主体地位的不断提升以及地方公共事务治理中的多元主体参与。"如果我们将地方治理看作一个制度变迁、演进的过程,看作公共管理策略工具不断改进和创新的过程,那么,毫无疑问,中国政府进行的分权化改革,不断调整着的中央与地方府际关系,演进中的政府、市场与社会的相互关系,以及基层参与性组织的发展,正是当代地方治理的核心内容。"[①]

一　中国地方治理实践

与西方发达国家的实践相类似,当代中国的地方治理"发生在地方,却又不仅仅限于地方的边界;它强调以分权化为主导的地方权力和自主管理能力,但又倡导不同层次政府之间、地方政府与民营企业组织之间、政府组织与公民社会之间广泛的合作与伙伴关系"[②]。但由于中国的政治生态环境与西方国家大相径庭,这就决定了当代中国的地方治理表现出以下鲜明的中国特色:首先,从地理空间上理解,当代中国地方治理中的"地方"是与

[①] 孙柏瑛:《当代地方治理:面向21世纪的挑战》,中国人民大学出版社,2004,第8页。

[②] See Richard C. Box, *Citizen Governance: Leading American Communities into the 21st Century* (Thousand Oaks: Sage Publications, 1998), pp. 66 - 87.

中央相对应的省（自治区、直辖市）级及其以下地方的地域空间范围，它包括省、市、县、乡（镇）多个地方层级。其中，省级政府是最高层级的地方政府，是国家在地方上的总代理，统筹协调本辖区范围内经济社会发展的一切事务；省级政府以下的市、县、乡（镇）政府，通常都是通过省级政府与中央政府发生联系的；省级地方治理目标的实现，必须依托于市、县、乡（镇）政府的贯彻和执行。其次，从地方治理作用主体及角色的角度来看，当代中国地方治理是地方政府发动的、以地方政府为主导的治理，它更强调在政府、市场与社会互动基础上以公共权力运作为中心的地方治理，而非西方的"权力中心多元"或"没有政府的治理"。在中国现有的制度安排中，地方政府是地方治理最重要的主体。"中国地方治理是以政府为中心的权力主导型治理格局，不同层级的地方政府之间、地方政府与外部主体之间围绕着一个权力中心形成了上下隶属关系，从而在地方治理中出现了地方政府围绕中央转、下级地方政府围绕上级地方政府转、非政府组织和私营部门围绕地方政府转的单中心、集中化的治理体制。"① 最后，当代中国的地方治理，实质上是一个以公共权力在政府间合理配置为主要内容的治理变迁过程。理解中国的地方治理应以公共权力的配置为中心，从纵向和横向的两个维度来把握。所谓纵向维度，即指公共权力在政府间的合理调整和配置；所谓横向维度，是指治理权威在政府、市场和社会三者之间的调整和分配。在中国这样一个具有中央集权传统的单一制国家，纵向的政府间权力配置在地方治理中具有决定性意义，纵向维度的权力配置过程决定着横向维度权力配置的实现程度和演进过程。

（一）纵向的政府间分权

权力归属中央的一元化权力格局是分析中国地方治理的逻辑起点。改革开放之前，中央政府通过行政层级控制力求将权力和国家意志渗入社会的各个角落，以尽可能地动员一切社会资源。中央集权的单一制国家的制度安排，决定了地方治理发展的前提条件和首要任务是政府间关系的调整，即中央向地方的权力下放和上下级政府间权力的合理配置，以启动和提升地方组织公共事务管理的参与能力。因此，就地方治理的实现而言，纵向的政府间分权包括中央政府向地方政府分权以及上级政府向下级政府分权。

---

① 马斌：《政府间关系：权力配置与地方治理》，浙江大学出版社，2009，第4页。

1. 中央政府向地方政府分权

20世纪80年代以来，下放权力成为打破中央集权，调动地方组织积极性的一项重要措施。这一措施主要包括三个方面：干部管理权的下放、财政收入关系的重新划分以及社会经济事务管理权的下放。第一，在经济建设成为国家首要任务的背景下，财政收入关系的调整非常必要。1980年，在除三个直辖市之外的所有省和自治区实行财政"分灶吃饭"，1988年又在当时的省级地方政府和"计划单列市"实行了"财政包干制"。这种被称为"行政性分权"的财政改革按照行政隶属关系把国有企业的利润和企业所得税规定为所属政府预算的固定收入。1994年实行分税制改革，在兼顾中央政府财力和宏观调控能力的同时，考虑地方利益，调动地方发展经济、增收节支的积极性。这一系列改革使地方政府有了自己可以控制的收入来源，成为独立的利益主体，激发了它们促进地方经济增长的积极性和自主性。第二，1984年，干部分级管理的权限范围由下管两级改为下管一级，地方政府对于自己的直接下级干部有了更大的管理权。这不仅密切了直接上下级之间的关系，而且扩大了地方政府在干部任用方面的自主权。第三，在财政、人事权力下放的同时，各级地方政府所承担的事权内容也大大增加。主要有三大类：一是中央下放的部分管理权，比如计划管理权、不定期的固定资产投资权和城乡建设权；二是上级下放企业的管理权，尤其是把一些亏损企业下放给下级政府管理，不仅增加了后者的经济管理职能，而且使其担负起解决下岗职工生活困难等社会职能；三是一些临时性任务。

分权化改革重塑了中央政府与地方政府之间的权力关系，将以计划经济为基础的中央集权体制逐步转型到以市场经济为主导的地方分权体制，形成了中央与地方政府分权化的格局。虽然行政分权化改革带来了一些负面的后果，如地方保护主义、"诸侯经济"、资源配置效率低以及中央政府宏观调控能力的削弱，但不可否认的是，中央政府通过行政分权化改革，赋予了地方政府促进经济发展的动力与活力，调动了地方政府制度创新的积极性；同时，在这一改革过程中，地方政府拥有了一定的决策和管理空间，能够依据地方的现实情况，充分发挥其在地方治理中的有效作用，并逐步建立起与市场、社会组织相互依赖的治理网络，共同参与地方公共事务的治理和公共问题的解决。

2. 上级政府向下级政府分权

从1992年始，在中央政府的支持下，包括浙江省在内的多个省份陆续推行了以"强县扩权"为核心的"省—市—县"政府间关系改革试点,其主要内容包括两个方面:第一,下放部分经济管理权和社会管理权给县市政府。最早开展这一改革的是浙江省,自1992年至今已进行了五次强县扩权改革。从空间范围来看,县域扩权的改革从最初在全省13个经济发展较快的县市进行试点,发展至全省所有县市;从扩权内容上看,从最初在基本建设、技术改造和外商投资项目等方面的审批权,扩展至包括计划、经贸、外经贸、国土资源、交通、建设等在内的443项经济社会管理权限。从2003年开始,山东、河南、湖北、河北、广东、吉林等全国多个省份均不同程度地推行了扩权强县改革。第二,在财政体制上实行"省直管县"。为了确保县级事权、财权的统一及壮大县域经济实力,浙江省自1983年以来开始在财政上实施"省直管县",主要做法就是财政拨款与结算由省直接对县(市)。这一改革也带动了其他地区此项改革的进展,到2007年为止,全国有浙江、湖北、河南、江苏、安徽、福建、江西、山东、北京、上海、天津、重庆等多个省市先后在财政上实施"省直管县"。

2005年开始,浙江省开始进行"强镇扩权",将县级职能部门的部分执法权以委托执法的方式下放到乡镇。这一改革实践在很大程度上解决了县级政府鞭长莫及、社会管理滞后的问题,促进了乡镇职能转变,强化了公共管理和社会服务。到2007年底,浙江全省共有141个强镇获县级管理权限,权限范围包括环境保护、社会保障、集镇规划、审批处罚、财政、户籍等10方面。2010年4月,中央编办、中农办、国家发改委、公安部、民政部、财政部联合下发了《关于开展经济发达镇行政管理体制改革试点工作的通知》。试点选在河北、山西、浙江等13个省的25个镇进行,改革内容以推进体制创新、继续下放经济社会管理权限以及创新机构编制管理为主。

综合看来,"扩权强县"与"强镇扩权"具有共同点,即通过下放、扩大县级政府和乡镇政府的相关权力,使有限的公共资源在省、市、县、乡政府之间实现优化配置,实现地方治理中权力的优化配置。这两项改革的实施,有利于基层政府转变职能,提高社会管理和公共服务能力,更直接、高效地为公众服务。同时,权力配置的向下转移有利于地方政府有针对性地了解本地区居民的公共服务需求偏好,可以灵活运用手中的权力,实现地方公共服务的多元化供给。

(二)横向的多中心治理

地方治理并非将思路仅仅局限于政府内部的纵向权力分配格局上,它更加注重在政府、市场和公民社会的三维关系中，寻求更广泛的治理支持力量，发展更有效的公共事务治理道路。从当代中国地方治理实践的内容来看，横向的多中心治理机制主要表现在两个方面：一是政府与市场的分权与合作，二是政府与社会的分权与合作。

1. 政府与市场的分权与合作

改革开放前，中国政府将全部的国民经济纳入指令性计划经济体制中，市场力量被挤出体制范围，政府成为实现资源有效配置的唯一主体。而1978年开始的经济体制改革实现了资源配置方式的转变，由政府主导走向市场主导。社会主义市场经济体制的逐步确立，在中国经济领域产生了两个最直接的影响：一是逐步完成了国有企业的改革以及政府与国有企业之间的关系变革，政府逐渐从国有企业的直接生产经营活动中退出，成为资产所有者，而绝大多数的国有企业已经脱离政府的直接控制，逐步建立现代企业制度，成为自主经营的法人；二是催生了大批的非公有制企业，这些非公有制企业逐步取得与公有制企业同等的地位，并成为市场经济的支柱，极大地活跃了国内的市场环境，促进了国内经济增长。

社会主义市场经济体制的逐步确立以及政府与市场关系的转变，要求切实转变地方政府的经济管理方式，将其职能定位于"经济调节、市场监管"。在管理观念方面，要求各级地方政府树立面向市场的观念，将企业看作市场的主体和经济运转的中心，并通过提供公共服务、制定相关政策为企业服务，成为整个经济运行的服务者、保障者和规范者。在管理权限方面，要求地方政府从无限政府转向有限政府和效能政府，根据市场经济条件下政府新的职能定位确定其权限，明确划分政府与企业之间各自不同的权力范围，解决"缺位""越位""错位"等现象。在管理手段方面，各级地方政府要从注重单一的行政管理手段向注重综合管理手段转变，要善于运用经济、法律、行政等综合手段进行宏观管理，引导、协调经济稳定发展。在与其他市场主体间的关系方面，地方政府要在明确划分其与企业之间权力范围的同时，注重综合运用其他市场主体的资源和力量解决各类经济事务和社会事务，实现有效治理。

2. 政府与社会的分权与合作

党的十一届三中全会之前，中国处于一种社会发育程度较低，政府对社会实行严格控制的传统社会结构模式。经济体制改革的深入、经济的持续增长以及政府管理的变化，为政府和社会建立一种新型的关系提供了强大的动力。经济体制改革和行政体制改革的深入，从根本上打破了政府对社会的组织控制；市场机制的导入，为传统社会的利益分化和利益阶层的形成创造了条件；行政管理体制的改革，为社会组织和团体的形成提供了契机。从实践层面来看，政府与社会关系30余年来的变化，主要体现在两个方面：一是以农村村民自治、城市居民自治和行业自治为主要内容的基层自治制度的逐步建立和完善；二是以社会组织和团体的成长和发展为标志的公民社会的逐渐成长。

随着各社会主体的不断成长以及政府与社会关系的逐渐变化，各级地方政府与社会之间的关系逐渐发生变化：政府自上而下地对社会实施控制和管制，无法适应社会主体利益多元化的趋势；政府通过指令性、强制性的控制性手段进行社会管理，难以应对立体的、纵横交错的新型社会利益格局；以政府为单一主体的社会管理方式，难以吸收社会协同力量，无法有效应对复杂多变的社会事务。社会管理的特质决定了社会管理的主体具有多元性，除了政府之外，还包括党组织、社会组织、公民等。因此，为了适应变化，中央政府将中国社会管理体制改革的目标设定为建立健全"党委领导、政府负责、社会协同、公众参与"的社会管理格局。这就要求各级地方政府切实转变社会管理方式，做到以下两个方面：一是要建立和完善多元主体间有序合作的社会管理方式。地方政府应当明确其社会管理的范围与边界，什么该管、什么不该管、该管的管到什么程度，为其他社会管理主体让出足够的空间。二是要探索和形成多元主体共同参与的社会管理方式，包括还权于社会，为其他主体参与社会管理创造条件；完善合理的社会利益表达机制和协调机制，通过一系列体制机制创新与保障，推进政府社会管理方式的创新。

二　中国地方治理实践评价

（一）中国地方治理实践存在的问题

20世纪80年代以来，中国社会一直进行的政府间关系调整、地方政府改革与创新、基层民主政治的发展、公民社会的成长等，均体现了地方治理分权化、市场化与合作治理的基本要求。当然，在中国地方治理结构形成的过程中，仍然存在一些问题。

1. 地方政府的主体地位不够明确

在中国逐渐形成的地方治理结构中，无论是市场经济发展与公民社会成长,还是地方政府自主性的逐步确立,都发轫于政府间关系的调整与权力结构的变迁。政府间权力配置模式直接决定了地方市场的繁荣和公民社会的发育,因此政府间关系的调整对于中国地方治理结构的形成具有至关重要的作用。然而,从法律地位来看,中国法律关于政府间职权划分的规定过于笼统,中央与地方政府之间以及地方各级政府之间的职能、权力关系不够清晰,导致地方政府在地方治理过程中的独立自主地位模糊。现行宪法第三条规定:"中华人民共和国的国家机构实行民主集中制的原则。中央和地方的国家机构职权的划分,遵循在中央的统一领导下,充分发挥地方的主动性、积极性的原则。"这一富有弹性的规定,无疑给地方政府的活动营造了积极的空间。然而,这种过于笼统的规定实质上强调的是中央与地方分权的行政性特征,中央与地方的分权缺乏制度规范,中央掌握着地方生杀予夺的大权。从现实权力运作来看,中国目前的行政体制是"中央—省—市—县(区)—乡(镇)"五级政府体系。这种行政体制以及与此相伴而生的财税制度、政权运作机制在很大程度上决定着中国地方治理的特征。各级地方政府除自主负责本地区的公共事务外,还执行始于中央并层层下达的指令性任务。因此,作为最重要的地方治理主体——地方政府,其职能定位和治理能力不仅取决于本区域的行政生态,更取决于政府间权力配置状况。只要政府间的关系体制没有根本性改变,即维持一种命令与服从的支配型体制,那么,地方政府在地方治理中的自主性、创造性和主体性往往很难实现,更不必寄希望于地方政府能够有效地动员社会资源,建立政府、企业以及社会组织的地方治理网络。

2. 公民社会成长不足

作为对国家失效和市场失效的补充的一种机制,治理是在政府与公民社会间相互合作达成共识的一种状态,其基本精神即政府、企业和公民社会之间所形成的地位平等、自愿合作的公共事务治理模式。因此,它要求各个主体力量的成长与自主,特别是要求公民社会的出现。没有一个健全和发达的公民社会,就不可能有真正的治理。然而在中国地方治理实践过程中,一方面,受到高度集权的传统体制和"大政府、小社会"传统观念的影响,政府向市场和公民社会的放权始终"犹抱琵琶";另一方面,中国公民社会的发育程度并不成熟。因此,中国的地方治理或者地方化过程是有限的,地方的公共事务仍然是围绕地方政府或者说围绕一个中心进行,而非多元化的分担和共同参与过程,各种体制外的力量依然必须被纳入体制内才能展现其力量和身份,更不用说各个行为主体平行化的治理参与了。这样的情况比比皆是,如许多社会组织参与社会治理的热情受制于"双重管理体制",有的不得不变身为工商登记的企业法人,有的无奈沦为没有合法身份的民间组织;城市社区和农村社区自治组织多"行政化",成为政府组织的延伸和附属机构;行业组织亦多与相关政府部门保持密切联系;大多数国企虽经改革,但其人事任免、管理体制等仍偏行政化。

3. 中央与地方分权的结果不是分工与合作,而是诸侯割据

就中央与地方关系而言,中国形成了延续 30 年之久的中央高度集权、地方缺乏必要的自主权和独立权的一体化格局。改革 30 余年,虽然出现了一定程度的经济性分权与行政性分权,中央与地方关系也有了一定程度的松动和改观;但由于此间的分权是在体制外围进行的,中央下放给企业的许多权力被地方截留,"分权化的改革客观上把高度统一的政治经济一体化分解成许多分散的政治经济一体化"①。这样看来,分权仍然是在高度一体化的社会体制框架内进行,政治经济一体化的局面没有发生根本改变。因而,整个社会表现为在每一个层级上和每一个部门都存在着各自的权力中心,就像一块块积木,形成排他性的封闭性格局。中央与地方分权的结果不是彼此的分工合作、行政效率的提高,反而是权力的分散。这样的结果自然不是地方分权,而是地方保护主义;地方治理也就成了诸侯鼎立了。

(二) 中国地方治理的发展前景

从当代中国地方治理的实践过程可以看出:一方面,从中央抽身,进入地方社区,由以中央为导向和依托的模式转向以立足地方、打造地方为基础的治理模式,这在转型期的中国地方治理和政治发展中体现明显。另一方面,各种市场化的自主性力量逐步渗入社会层面,使社会结构发生明显变化,相对扩展了社会民间性力量的活动空间。乡村里的村民自治、民营企业的扩张与成长等正是这种力量的体现。但这种政府性角色和功能的转化与社会性力量的成长和自主并不意味着中国的地方治理必然走向西方的"权力中心多元"或"没有政府的治理"模式。就目前中国的现状而言,地方治理并不意味着政府的简单退出和政府功能的弱化。大市场、大社会并不必然

---

① 郭为桂:《中央与地方关系 50 年略考:体制变迁视角》,《中共福建省委党校学报》2000 年第 3 期。

要求小政府。在维持有效的市场运作、提供规范的竞争秩序和公共产品、维护社会公正等方面，国家和政府仍然具有其不可替代的作用。

中国地方治理模式应该是这样的一种政府与社会的合作状态：首先，地方政府依然是治理的主要主体，是地方政府主导下的政府与社会的合作。一是受到高度集权的传统体制和"大政府、小社会"传统观念的影响，中国政府在社会管理过程中始终发挥着重要的作用；二是由于市场固有的自发性和市场中个人"趋利避害"的自利倾向，政府在提供公共物品、维护社会秩序等的制度安排和制度创新方面有着无可比拟的优势，这是其他组织无法代替的。其次，地方政府与社会的合作又是必然的。"政府组织规模庞大和复杂性以及提供商品与服务成本过高，是政府缺乏效率和效能的根源。解决这一问题的根本办法在于对公共权威结构进行调整，打破政府对公共权威的垄断，即利用私人组织和半私人组织来提供公共服务。"[①] 即面对所谓的"政府失败"，公共权力配置开始由政府一极向政府与社会分享权力转变，一些地方社会组织开始承担某些公共管理和公共服务的职能。这种治理模式既强调了转型期地方政府在治理中的主导作用，又体现了治理主义多元权威的理念；不但提高了地方政府的治理能力和效能，也促进了中国市场经济的完善和公民社会的成长，达到地方社会的善治。

[①] 〔美〕B. 盖伊·彼得斯：《政府未来的治理模式》，吴爱明等译，中国人民大学出版社，2001，第 37~38 页。

第七章 社区治理

引　例:[①] 汪清县位于吉林省延边朝鲜族自治州东北部,是一个普通北方县城。直到20世纪90年代,计划经济时代形成的社会管理模式仍起主要作用。90年代中后期以来,"流动社会""市场社会""信息社会"等给汪清县城的社会管理带来了挑战。2010年3月,汪清县正式启动社会管理体制改革,聚焦于现有的体制框架内整合政府资源与更好地利用社会资源,尝试把以城市执法为主的政府资源与原有的管理体系有机结合起来,突出面对群众的特点,把"综合执法、综合救助、综合服务、平安创建"四大任务融为一体。具体而言,就是整合县政府各个组成部门的权力资源,打破过去的条条块块重新梳理,对于涉民涉企的权力,特别是诸如道路规划、小区布局、营业店铺设置等与居民生活密切相关的城市管理事项,全部实行"块管"。与中国各地普遍实行的由街道办事处担负"块管"职能不同,汪清县撤销了街道办,设置8个社区,使之成为城市工作综合发展平台,直接面对群众和利用社会资源。按"属地管理、权责利一致"和"统一领导、重心下移"原则,把部分权力和人力直接下放到社区,由社区全面管理,充分体现出下沉一线、授权基层的改革思路。同时成立汪清县人民政府社会运行服务监督管理委员会(简称政府社管委)成为社会运行服务监督管理工作的领导机构,代表政府行使职能。进而汪清县根据城市发展格局,搭建了"1+8"的城市工作综合发展平台,建立了县域社区发展的"汪清模式"。其特征是:(1)组织结构上,由集权式到扁平式;(2)人财使用上,由少而单一到多而复合;(3)职能权限上,由条块分割到内容整合;(4)管理方式上,由各行其是到协同配合;(5)支持系统上,从缺乏到健全。

[①] 本案例根据麻宝斌、任晓春《政府与社会的协同治理之路——以汪清县城市社区管理改革为个案》(《吉林大学社会科学学报》2011年第6期)改写。

面对当今世界政治、经济、社会和文化快速发展中出现的问题，各国政府都显得力不从心，进而把目光投向社会和社区，"新社会治理观"也应运而生。在西方国家，伴随着"新公共管理运动"和"治理"的兴起，社区管理理念与实践不断地上升到"治理"的框架体系中。在中国，伴随着改革开放，社区制逐渐浮出水面；随着开放程度的加深，社区管理逐步转向社区治理。社区治理是基于治理的精神内核，在"社区"这一基本单元或层面上，由社会各类组织（包括基层政府、企业和各类社会中介组织）实行的多形式的合作治理，是政府社会管理与社会自主治理的统一。社区治理的目标是通过多元主体对社区公共事务的多形式参与，在多元权力格局职责分明而又相互依赖的基础上整合社区资源，满足居民需求，维护公共利益，推动社区发展。

第一节　社区治理的兴起

社区治理是一个逐步发展的过程，与"社区"概念的提出紧密相连。社区概念最早出现在德国社会学家 F. 滕尼斯（Ferdinand Tönnies，1855～1936年）于1887年出版的《共同体与社会——纯粹社会学的基本概念》一书中。在滕尼斯看来，社区即"共同体"，是由传统的血缘、地缘和文化等自然意志占支配地位的共同体，是有着相同价值取向、人际关系亲密无间、人口同质性较强的共同体。

一　社区概念的发展

自"社区"的概念产生以来，学者们对社区内涵的理解不断升华。社区内涵的升华，从某种程度上也反映了"社区治理"的不断兴起。借鉴北京大学夏学銮教授对社区概念的"组织论""区域论"和"综合论"三阶段的划分，我们认为，社区治理的兴起也经历了相对应的三个阶段。

（1）社区的"自组织"阶段。这一阶段与社区的"组织论"阶段（1887～1917年）相对应。组织论阶段的社区是自然社区，即农村社区。把自然形成的农村社区看作与理性城市社会相对立的组织形态。可见，这时的社区仅指"农村"这一聚落组织；这时的"社区"仅仅停留在概念层面，尚未发展为现代意义的社区实践。但这一时期的农村社区公共事务也需要农村"熟人社会"的自我管理或传统的"精英治理"，因而这一时期也为现代意义的社区治理的"自组织"奠定了一定的思想和文化基础。

(2) 社区的"政府管理"阶段。这一阶段与社区的"区域论"阶段 (1917~1975年) 相对应。区域论阶段把社区看作人们在其中共同生活的区域。此时,社区进入了实践层面。在城市化和工业化进程中,社区层面产生的问题间隔性来临,西方国家的政府和社区不断解决这些问题,也促使社区管理功能不断发挥与完善。联合国早在1951年提出通过建立社区福利中心来推动全球经济社会发展。1952年,联合国成立了社区组织与发展小组,旨在通过社区发展促进社会发展。中国学者接触"Community"一词,可以追溯到1932年底美国社会学家罗伯特·帕克到中国讲学。1933年,费孝通等人在翻译其论文时,将"Community"一词译成"社区"。但这一时期的社区实践赋予了政府的社区层面上的"义务",要求政府积极投入社区的管理中,社区实践成为促进社会进步和经济发展而倡导的社会运动。社区的"政府管理"阶段对社区治理的积极意义在于,它要求政府参与到社区发展中,为"社区治理"的"政府参与"提供了一定的理论指导和实践基础。

(3) 社区的"综合治理"阶段。这一阶段与社区的"综合论"阶段 (1975年至今) 相对应。这一阶段把社区既看作一个互动的体系,又看作一个冲突的场所,还看作一个行动的场域。从学理的角度理解,社区是由一定数量居民组成的、具有互动关系与文化维系力的地域性的生活共同体;地域、人口、组织结构和文化是社区构成的基本要素。[1] 社区概念的"综合性"的界定,赋予了社区复杂性,使社区需要协同学意义上的"综合治理",不仅需要政府各部门的综合治理,更需要政府、公民、企业、社会组织的综合治理。

二 社区治理的意义

社区实践的发展,使社区的形式在现代社会中多种多样,遍布社会的各个角落,成为抽象社会的缩影。因而,在公共事务与公共事物的治理这一层面上,社区显示得更加具体与形象,社区治理成为21世纪公共治理的基本单元。

从社会学的视角来看,社区是社会结构的一个重要组成部分。德国社会

---

[1] 徐永祥:《社区发展论》,华东理工大学出版社,2001,第35页。

学家 F. 滕尼斯的《共同体与社会——纯粹社会学的基本概念》标志着社区纳入了社会学研究的范畴。然而，早期的社区概念中有"自然性"和"情感性"的基本特征，是区别于"城市"的"农村"，在社会的"城乡二元"结构中撑起了半边天。随着工业化、城市化的发展，社区的概念逐渐发生变化，特别是随着后工业社会和信息社会的来临，不同地域的人口构成、社会分层、功能要素及文化特征更加明显，社区被不断地赋予"地域性"特征，成为社会生活和地域生活的共同体，成为城市和农村两大社会结构中的下一层级的概念。随着城市化与逆城市化的互相交织，随着市场化的加强，社区的类型趋于多样化、丰富化，从简单的乡村社区和都市社区不断发展为商业区、贫民区、高薪区等各种类型。社区类型的多样化使社区不断地成为社会结构的重要组成部分。宏观上看，社会的三大部门（公共部门、第三部门、私营部门）的活动都会沉淀到一定的社区内；微观上看，社区不断地代替着家族、单位的社会生活和地域生活的功能，成为与家庭相并列的社会基本结构。从某种意义上说，家庭是社会人生活的私人空间，社区是社会人生活的公共空间。"如果说20世纪的人类是从'社区'迈向'社会'即社区社会化发展趋势的话，那么21世纪的人类则是从'社会'回到'社区'即社会社区化发展的趋势。"① 因而，社会的和谐，离不开社区的和谐；社会的发展，离不开社区的发展。

  从政治学视角看，社区是国家干预与社会自主性相妥协的场所。东西方国家的事实都表明了一个基本原理：有效的国家治理，不是通过国家权力的无限扩张来完成的，相反，是通过合理范围内的国家权力运作、社会自治的有效开展以及这两者的相互配合与合作来实现的。② 因而，国家应该给社会留出必要的权力空间，改变社会管理的模式。社会管理无非包括两方面：（1）政府社会管理，包括政府对社会组织的管理和政府直接对社会事务的管理。（2）社会自主管理，即社会组织对社会事务的治理。社会管理是政府社会管理和社会自主管理的统一。但无论是政府的社会管理还是社会的自主治理，都离不开社区这一重要平台。因为，社区能够基于一定的产权、契约和利益等关系而超越单纯的居住单元，能够基于一定的权利（或权力）比较有效地整合社会中的各种资源和要素，从而形成与公共领域相关的、呈

---

① 张康之、石国亮：《国外社区治理自治与合作》，中国言实出版社，2012，第107页。
② 林尚立主编《社区民主与治理：案例研究》，社会科学文献出版社，2003，第316页。

现行政以及自治的复合空间。因而，国家应该以社区为基本单位，建立适应社会发展的调控与沟通体系，把社区转化为国家政治建设和政治发展的资源，以社区建设带动政治发展。

第二节　西方社区治理的实践

自20世纪50年代联合国倡导社区重建以来，西方国家便积极地介入社区建设中，掀起了一场深刻的社区重建运动，也带动了各国社区治理实践的发展。

一　西方社区治理的形成

西方社区治理的形成，得益于三个基本条件：一是政治民主的追求，二是社会自治的自然逻辑，三是社区重建运动的盛行。政治民主的追求成就了西方社区治理的沃土，社会自治的逻辑孕育了西方社区治理的社会资本，社区重建运动催生了西方社区治理的组织网络。

1. 政治民主的追求

政治民主，主要表现是在政治领域通过民主（或代议制）的形式对公共权力的制衡。无论从近代的政治思想还是政治实践，都是一部对公共权力制衡的历史。在资产阶级革命时期，思想家们通过论证人的自然权利和社会契约表达了以民主的方式保护他们的自然权利的要求。如洛克认为，人们在依靠妥善保留自然权利的契约建立的市民社会中也享有自然权利。卢梭认为，虽然人民已交出的自然权利是不可以收回的，但保留着让渡自然权利的权利。资产阶级国家建立后，思想家们便认为行使人民主权的"政府是必要的邪恶"（英美国家的主流意识），行使人民主权的"政府是半神半兽"（法国人的主张）。因而为了限制政府权力，密尔论证了个人自由的意义，实现以"权利制约权力"；洪堡勘定了国家作用的范围，实现以"法制制约权力"；孟德斯鸠将国家权力一分为三，实现以"权力制约权力"。反映在实践领域便是宪政制度的建立。宪政关心的是"政府应统治我到什么程度"即政治权力的限制问题，宪政制度安排的权力应该由谁行使以及怎样行使。宪政制度以"如何限制统治权力"架构了政治民主基本框架。在现代西方的语境中，政治民主是由所有公民平等参与决策，并以多数统治为原则。可见，政治民主的追求，从根本上是为了实现个人权利和自由，也就成就了西方人以保护自身利益和自由的参与精神,成就了社区治理中居民参与的沃土。

2. 社会自治的逻辑

在西方社会,与政治民主相伴的便是社会自治。社会自治最初的含义便是国家不能干预社会事务,国家与社会的分离,含有自由主义的韵味。特别是中世纪后期市民社会产生后,社会自治的逻辑正式形成。在欧洲,中世纪存在教权和王权两种势力。然而,随着宗教改革和社会生产力的发展,一些城市的实力不断增加,城市政权不断强化。在教权和王权的争斗中,城市便可以周旋在两者之间。因而,在欧洲的发展史上,便有了自治城市,自治城市通过领主颁发的特许状,自主管理内部事务,封建领主不得随意侵犯。在中世纪后期,虽然王权压倒了教权,但自治城市政权的力量也没有随之减少,只是不同城市拥有自治权范围的不同而已。例如,意大利的城市自治权就比较完备,之后逐步发展为城市国家,贵族和市民共同分享国家权力;英国以资产阶级革命前便是由不领薪水的地方精英实施城市地方自治;资产阶级革命后,1835年便创设自治市并制定《市镇自治机关法》,1872年创设具有自治团体性质的市区,1894年又创设乡区和教区。美国的国家形成史不同于欧洲国家的历史。美国的国家形成史的最大特点是,先有乡镇(Township),其次是县(County),然后是州(State),最后才有联邦制国家。① 这一特殊的国家形成史,使美国的绝大多数乡镇一开始就有了较高的自治共同体色彩。在国家成立后,先是在商业集中的地方设立了自治市,后来又成立了学区和特别区为所辖区提供特别的服务。可见,西方国家有着社会自治的逻辑。

3. 社区重建运动的盛行

"对绝大多数国家政府而言,社区发展计划最初是解决政府因资源不足改善人民生活的问题,但随之带来的另一种效果是创造了一条走向政治过程平民化的道路,地方居民通过社区参与的方式,使地方居民有权参与国家建设。"② 1948年,联合国提出"以社区为基础的社会发展"理念,之后又倡导和实施了"社区发展运动",推动了社区的兴起和繁荣。1951年,联合国

---

① 徐永祥:《社区发展论》,华东理工大学出版社,2001,第11页。参阅〔法〕托克维尔《论美国的民主》,董果良译,商务印书馆,1988,第65~66页。
② 〔美〕桑德斯:《社区论》,徐震译,台北:黎明文化事业股份有限公司,1982,第531页。

决定建立"社区福利中心",推动全球经济和社会的发展。不久,又将"社区福利中心计划"改为"社区发展计划"。1954年联合国改造社区组织发展小组,建立联合国社会事务局社区发展组,在许多国家和地区积极推进社区发展计划。1955年联合国社会局在《通过社区发展推动社会发展》一书中提出社区发展的10条基本原则。1957年,联合国开始研究社区发展计划在发达国家的应用。1959年举办"欧洲社区发展与都市社会福利研讨会",推动社区发展计划在发达国家的应用,并于1960年发表了《社区建设与经济发展》文件。1961年联合国发表了《都市地区社区发展报告书》,并把社区发展计划推广到亚洲,于1962年在新加坡召开了"亚洲都市地区社区发展研讨会"等。在联合国的推动下,社区发展运动得到了多个国家和地区的重视。在20世纪60年代,英国和美国便率先实施了以解决贫困为主要目标的"社区发展工程"(英国)和"反贫困战争政策"(美国)。澳大利亚政府从1983年起也实施了"地方政府社区发展""家庭和社区护理""农村社区"等一系列项目支持社区发展。[①]

二 西方社区治理的模式

由于各国社会发展情况和文化的不同,各个主体在社区治理中的地位或作用是有所差异的,形成了不同的治理模式。

学者们普遍认为,存在三种典型的社区治理模式,即美国所代表的社区自治模式,新加坡所代表的政府主导模式,日本所代表的混合模式。[②] 社区自治模式的主要特色是非营利组织成为以志愿者身份吸纳社区公民参与社区服务的组织载体,社区治理依靠非营利组织实行民主管理,发挥着非营利组织的结构性功能。政府主导模式的最大特色是政府设置自上而下的社区组织管理体系,依靠政府组织实行官僚制式的管理。新加坡社区治理的行政色彩由于政府和执政党的党政强介入而显得格外浓厚。具体表现在:一是全国有一套自国家层面到地区层面,到社区层面的完整的社区管理组织体系;二是由政府部门规划、组织有关社区发展的事务;三是社区建设和发展的经费主要是政府的财政拨款。混合型模式的特点是政府与社会的双强模式,政府行

---

① 参见张康之、石国亮《国外社区治理自治与合作》,中国言实出版社,2012,第118~121页。
② 参见谢守红、谢双喜《国外城市社区管理模式的比较与借鉴》,《社会科学家》2004年第1期。

政色彩与社区民间自治特点在社区发展的许多方面相互配合。就日本的混合特色来看，是地方自治政治环境中的"行政—自治"二元结构，即：日本的行政区划单位是行政自治单位，形成了一种"虚都实区"的行政体制；作为基层区划的社区，又有行政社区和居民社区之分，行政社区为基层政府行政范围，居民社区属于居民自治领域；作为区域性行政管理机构的"地域中心"（相当于中国的街道）。三种模式的不同点参见表7-1，但总体而言，最大的不同在于政府力量与社会力量的差异程度。它们也有共同点：一是组织管理机构健全，权限职责清晰；二是非营利组织在社区发展中具有重要作用；三是社区志愿者组织是社区建设和发展不可或缺的力量。[1]

表7-1 国外社区治理模式比较

	政府主导型	混合型	社区自治型
产生背景	社会发展中行政力量比较强大	社会发展中有明显的政府主导特点，但民主化进程也很快	具有悠久的自治传统，公民社会也比较发达，公民参与意识和民主意识比较强
政府角色	政府社区不分，政府对社区的干预较为直接和具体	政府与社区相结合，政府对社区的干预较为间接	政府和社区相对分离，政府以规划、免税等形式间接介入
社区治理主体	政府设置专门社区管理机构	"地域中心"与"住区协议会"相互制衡	中介组织成为主力军，依其实行民主管理
运行机制	政府设置自上而下的社区组织管理体系，依靠政府主导的官僚制式管理，居民在政府指导下自治	政府与社会的双强模式，政府行政色彩与社区民间自治特点在社区发展的许多方面相互配合，自上而下与自下而上并行	非营利组织成为以志愿者身份吸纳社区公民参与社区服务的组织载体，非营利组织自下而上发挥着结构性功能
代表国家	新加坡	日本	美国、菲律宾

三 西方社区治理的特点

与治理理论强调合作主义、多边互动的理念一致，社区治理强调多元主体之间的互动、协调与合作。在社区治理实践中，每个权力主体都有自己的优势和缺陷，任何一个权力主体都没有足够的能力单独进行有效的治理，只有通过相互之间的沟通、协调与合作，才能弥补各自的缺陷从而增进公共利

---

[1] 参见北京社会科学院"大城市社区发展国际化比较研究"课题组《大城市社区建设管理体制比较与借鉴》，《北京社会科学》1998年第3期。

益,实现社区的善治。从理论来看,社区治理的主体包括公共部门、第三部门和私人部门。社区治理应当调动政府组织、企业组织、第三部门等多个主体的积极性,达到"善治";社区治理应当利用政府资源、市场资源、社会资源等多种资源,达到"利用最大化"。从各国的社区实践来看,社区治理由扁平的网状结构替代了传统的垂直结构,基本上形成了"政府行政介入、社区组织自治、企业组织支持、社区公民参与"的社区管理体制。但西方社区治理也呈现出与中国社区治理不同的一些特点。

1. 西方社区治理强调社区内部事务的管理,一般不扩大到社会层面

从实践角度来看,西方各国所理解的社区概念强调由有重要共同点的"人口"组成,可以由有人际传统且居住临近的人组成,也可以由有相同的兴趣、问题和取向的不住在一起的人组成。① 事实上,在西方有共同点的"人口"一般是居住在同一社区的,因为,西方城市文明从一开始就是建立在以宗教为核心的区域空间组织管理基础之上的。如美国的"街"不仅仅是一个地域概念,更重要的是它体现该区域的人们的共同价值观。因此,西方社区研究主要在社区层面、社区内部展开,围绕社区人际关系的改善、以人为本理念的落实等内容展开,即使是社区权利研究,也并不扩大到社会的层面,并不是讨论与政府的关系,其实质是研究社区内部决策的科学化,从如何能更广泛地代表社区居民的利益的角度展开。②

2. 西方社区治理参与主体的积极性更高,体现了更多的自治性

受其"政治民主"和"社会自治"的历史传统影响,西方社区居民有着较强的参与热情和公民责任感。社区居民通过广泛地义务参与,感受和塑造着社区的共同价值和精神;通过广泛地义务参与,要求政府、企业、非政府组织等切实地负担其责任,并对他们的需求作出回应。

第三节 中国社区治理的实践

中国在 20 世纪 30 年代出现的乡村建设运动可以看作早期的社区实践。新中国成立后城市的"街居制"和农村的"公社制"使"社区治理"沉寂

---

① 社区概念的最早提出者滕尼斯曾把社区分为地理社区、精神社区、亲属社区三种类型。在加拿大,华人在多伦多就组成了一个社区。
② 张玉枝:《转型中的社区发展》,上海社会科学院出版社,2003,第 80 页。

了一段时间。改革开放后，社区制又一次浮出水面。中国目前的社区强调由有聚落特点的"地域"组成，其范围一般是指经过社区体制改革后作了规模调整的居民委员会辖区。

一 中国社区治理的环境：从总体性社会到多样化社会

美国著名学者艾森斯塔德在其名著《现代化：抗拒与变迁》的开篇中指出，持续的结构分化与变迁是现代化发展的基本特征。为适应现代化发展的需要，中国的改革开放打破了一元化的集权体制，从总体性社会逐渐演变为多样化社会。

总体性社会，即一种结构分化程度很低的社会，在这种社会中，国家对经济以及各种社会资源实行全面的垄断，政治、经济和意识形态三个中心高度重叠，国家政权对社会实行全面控制。[①] 在这种社会中，"单位组织"成为城市社会结构的主体，"公社组织/生产队"成为农村社会结构的主体；在这种社会中，"我国城乡的微观地域社会尚未成为现代意义上的社区共同体，而只是人们居住的地区，是一种社会功能萎缩、社会机制发育不良、社区角色不清、居民参与度极低的单一行政化了的'亚社区'"[②]。在城市，虽然早在新中国成立后就设立了街道办事处和居民委员会，但它们只是对"单位"的一种暂时性补充，只是管辖城市人口中无"单位"依托的无业人员或社会闲散人员，而这部分人员仅占城市人口的很小一部分。从1962年《关于加强城市闲散劳动力的安置和管理工作的意见》的数据来看，无业人员或社会闲散人员只占1%左右。因而，"街区"只是人们的"居住单位"，"人们居住在社区，但利益却在单位；人们生活在一个地域，但却分属不同的利益团体（单位）；人们生活起居于社区，但这里无政治参与的舞台，也无市场搏击的战场以及社会活动的结构和空间，人存在于这样的社区，没有依存感、归属感、休戚与共感，感情上疏远、漠然、实用主义，这都是很自然的。这样的社区只是一个地方，没有社群性，没有团体感，没有同胞爱和情感纽带，是place，而不是community"[③]。在农村，为解决小农生产与大生产的矛盾，从20世纪50年代开始，农村传统的以家庭或家族组织为主体的

---

① 孙立平等：《中国社会结构转型的中近期趋势与隐患》，《战略与管理》1998年第5期。
② 徐永祥：《社区发展论》，华东理工大学出版社，2001，第149页。
③ 参见谢遐龄等《社区居民自治研究》，林炳秋主编《社区发展的理论与实践——上海市社区研究优秀成果汇编》，上海交通大学出版社，1999，第37页。

社会结构逐渐变为以公社组织和生产队为主：从农户个体组织到初级农业合作社（1951年底），再到高级农业合作社（1953年），再到高级农业合作社合并转为人民公社（1958年），至此公社经济代替了传统的家庭经济。人民公社实行"政社合一"的管理体制，"三级所有、队为基础"的根本制度。人民公社的范围相当于乡，生产大队与高级社的范围相当，基本以地理意义上的自然村落为基础，1962年生产小队又成为基本核算单位。至此，公社经济又调整到了生产队经济。综观改革开放前乡村社会的公社组织和生产队，它们主要是农村集体经济的"生产单位"，而且淡化了"居住单位"的特性。因为"居住单位"应该是人们自由选择的结果，而不应该是权力与计划安排的结果。

以经济体制改革为先导的改革开放，使中国社会发生了巨大的变化，逐渐成为一个多样化社会。多样化社会，即经济成分和经济利益格局多样化、社会生活多样化、社会组织形式多样化、就业岗位和就业形式多样化。经济成分的多样化，出现了自由流动的资源；社会流动的加剧，出现了人口自由流动的空间；市场经济的发展，出现了要素的重新组合……多样化社会的出现使得城市的"单位制"和农村的"公社制"走向解体。在城市，"单位制"解体，使"街居制"（街道办事处和居民委员会）职能超载：承接单位外移出来的社会职能；人口老龄化、无单位归属人员①和外来人口的增多；城市管理改革新增加的管理项目。由于制度的路径依赖，城市的居民委员会在改革开放后的一长段时间内（1980~1996年）还主要是一个个"生产组织"——城市通过"乱搭乱建""占道经营"等发展街居经济。② 在农村，"公社制"解体，"家庭"成为基本的生产组织，家庭经济又生长起来，进而使农村的社会利益出现个体化、复杂化和多元化。进入20世纪90年代，中国才开始推广村民代表大会制度，实行村民自治。之后，中国又在城市居民委员会和街道、农村村民委员会的制度框架下进行社区制的实践。应该看到，虽然这样的社区不是自然形成的，很多情况下还只不过是原有制度安排的一种"翻牌"，然而问题的关键是，这种"翻牌"主要不是政治的结果，而主要是经济和社会发展的结果，具体体现为社区居民的生产方式、生活方

---

① "无单位归属人员"，除了原有的少数未就业的家庭妇女和个别的社会闲散人员外，还包括个体户、私营业主、待业青年和失业下岗人员。
② 参见陈伟东《社区自治：自组织网络与制度设置》，中国社会科学出版社，2004，第64页。

式、财产结构、权利意识以及利益要求变化对原有制度安排"翻牌"具有决定性作用。①

二 中国社区治理的内容

1987年初，为适应社会转型的客观要求，为深化城市社会福利事业的改革，民政部在大连市民政工作现场座谈会上首次提出了"社区服务"的概念。但这时社区服务主要是指由社会力量参与兴办社会福利事业。此后，"社区"一词开始被广泛使用，社区服务成为此时社区实践的主题。但此时对社区服务的认识存在模糊性，也处于起步阶段。1987年9月，民政部在武汉召开了全国性的城市社区服务座谈会，明确了社区服务的目标和任务，要求在全国的街道和居委会积极开展社区服务，把社区服务工作推向了全国。1989年12月26日通过的《城市居民委员会组织法》又规定了居委会开展便民利民的社区服务的职责。到1992年底，全国70%以上的城市街道程度不同地开展了社区服务。

随着中国社区实践的发展，有几个问题摆在了现实面前：（1）社区服务概念极度膨胀，但又不够全面，容纳不了社区民主之类的内容；（2）当时的社区服务还主要是民政服务②，但社区工作需要政府、社会、市场、公民的协同；（3）当时正值基层民主从农村向城市推进，社区服务的提法与基层政权建设不吻合；（4）当时正值企业转换经营机制和政府职能转变，社区服务的提法与政治体制改革不匹配。因此，1991年5月民政部提出"社区建设"的概念和思路。

随后民政部又在天津市河北区、杭州市下城区开展社区建设试点；在1991~1992年又举办了三次社区建设理论研讨会。1998年民政部的"基层政权建设司"又改为"基层政权和社区建设司"，把原来由社会福利司分管的社区服务工作职能划归该司，推动社区建设实践发展。1999年民政部先后选择北京、上海、天津、武汉、青岛、沈阳等城市的26个城区为"全国社区建设实验区"，开始了社区建设的新探索；同年，还制定了《全国社区建设实验区工作实施方案》作为指导。社区实验中，形成了上海模式、沈

---

① 林尚立主编《社区民主与治理：案例研究》，社会科学文献出版社，2003，第314页。
② 1993年11月《关于加快发展社区服务业的意见》的出台，标志着传统的民政服务向社区服务拓展。

阳模式、青岛模式、江汉模式、天津模式、南京模式等多种模式，社区建设逐渐成熟。于是，2000年11月，《中共中央办公厅、国务院办公厅关于转发〈民政部关于在全国推进城市社区建设的意见〉的通知》（中办发〔2000〕23号）的下发，标志着社区建设进入了推广普及阶段。2001年7月12日，民政部在青岛市召开首次全国社区建设工作会议，标志着社区建设工作的全面启动与整体推进；同时，在当月底还印发了《全国城市社区建设示范活动指导纲要》，推动社区建设向纵深发展。

从社区服务到社区建设的提出，标志着中国社区治理进入了综合发展的阶段，社区治理不再局限于社区服务领域，而扩张到了社区参与的领域，社区服务与社区参与成为社区治理的两大任务与功能，并不断培育和完善社区治理的功能。首先，社区服务是社区治理功能发挥的首要任务，是社区治理的基础。社区作为居民居住生活的共同体，首要任务便是满足人们的生活需求。人的生活需求又是多样的，既包括物质生活的需求，又包括精神和文化生活的需求。这些需求的实现，需要社区服务的提供；这些需求的实现，需要利用社区所有可利用的资源——需要营利组织提供有偿的专业化服务，需要中介组织提供低偿或无偿的志愿服务，需要公共部门提供无差别的行政服务等。其次，社区参与是社区治理功能发挥的动力来源，是社区治理的精髓。社区作为人们认识社会、参与社会生活的第一场所，维系着人们的生活、娱乐、利益、权利等各个方面，社区民主参与不仅要求人们参与社区内的公共文体活动，而且要参与选举等一系列政治活动，要参与决策与监督等自治活动。通过社区组织将自由、独立的居民个体凝聚在一起，使之成为一个规范的、参与的、自治的、群体的公民集体，从社区参与的过程中不断体现社区民主。

三　中国社区治理模式的比较

自1999年社区建设实验方案实施后，在社区主体的组织建设上有代表性的为上海模式、沈阳模式、青岛模式。这些模式的出现，也标志着中国开始了社区治理的实践探索。

上海模式始于1995年上海市实行的"两级政府（市、区）、三级管理（市、区、街）、四级网络（市、区、街、居）"的城市管理体制改革。1996年《关于加强街道、居委会和社区管理的政策意见》提出了街道社区一体化的管理模式，在街道层面进行行政权力整合的体制改革。到1997年，上海初步形成了以政府为主导，由领导系统、执行系统和支持系统相结合的街居一体化管理体制。社区管理领导系统由街道党工委、街道办事处、城区管理委员会构成。城区管理委员会是由街道党工委或街道办事处牵头，派出所、房管所、环卫所、工商所、街道医院、房管办、市容监察分队等单位共同组成。它主要是为了克服条块分割，作为条与块之间的中介而设立的临时机构。社区管理执行系统由市政管理委员会、社区发展委员会、社会治安综合治理委员会、财政经济委员会等四个工作委员会构成。社区管理支持系统由辖区内企事业单位、社会团体、居民群众及自治组织等组成。常见的组织为居民区组织，包括居民区党组织、居民会议、居民委员会和小区事务监督委员会，并且把居民委员会作为"第四级网络"支持社区发展。此外，还有由街道政府、企事业单位、社会团体及居民代表组成的，作为临时性议事协商机构的社区管理委员会，还有相当于社区内"小政协"的社区事务咨询协商委员会（见图7-1）。上海模式的特点可以概括为：定位于街道层面的街道社区；街道办行使部分城区规划的参与权、分级管理权、综合协调权、属地管理权等四项的整合权力；政府剥离事务性、技术性的服务职能；城区管理委员会、社区管理委员会等的横向协调。① 2001年又对社区管理体制进行新的改革，重点是进行街道政府组织与社区自治组织之间的分权改革。

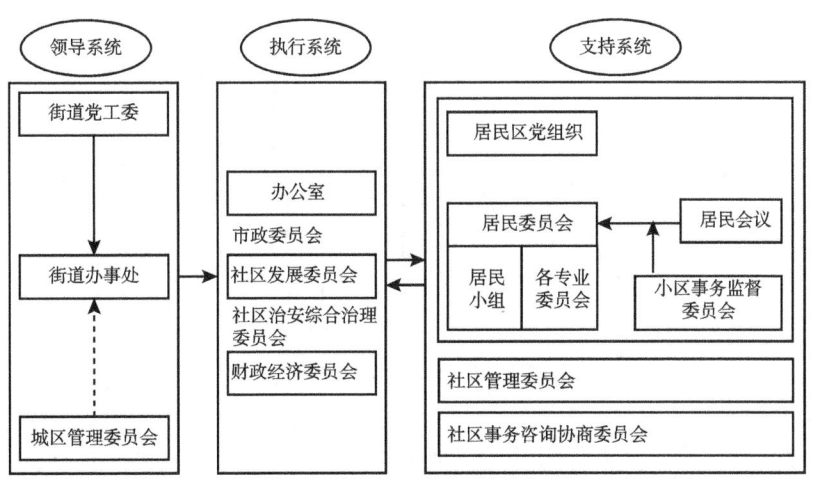

图7-1 上海社区治理模式

---

① 参见陈伟东《社区自治：自组织网络与制度设置》，中国社会科学出版社，2004，第81页。

沈阳模式的确定始于1999年10月民政部组织召开的专家论证会。沈阳模式模仿国家政权机构的设置及其相互关系，构筑了领导层、决策层、执行层、监督层互动的社区组织自治体制（见图7-2）。领导层为社区党组织，社区成员代表大会、社区委员会①、社区协商议事委员会为三个自治组织，分别属于决策层、执行层、监督层。社区成员代表由社区居民、驻社区单位、团体按一定比例推荐产生。社区议事协商委员会，即"议事层"，是社区成员代表大会推荐产生的议事协商机构。社区议事协商委员会由社区内有声望的知名人士、居民代表以及单位代表等组成，是社区成员代表大会闭会期间常设的义务的工作机构。社区委员会是经社区成员代表大会选举产生的执行机构。沈阳模式的特点可以概括为：小于街道大于原居委会的大居委会社区；将单位纳入管辖范围的完整社区；议、行、监督分设的自治组织架构；建有各种居民协会的邻里网络。到2000年底，沈阳市明确了政府组织与社区组织之间的权责关系，赋予了社区组织明确的自主权。

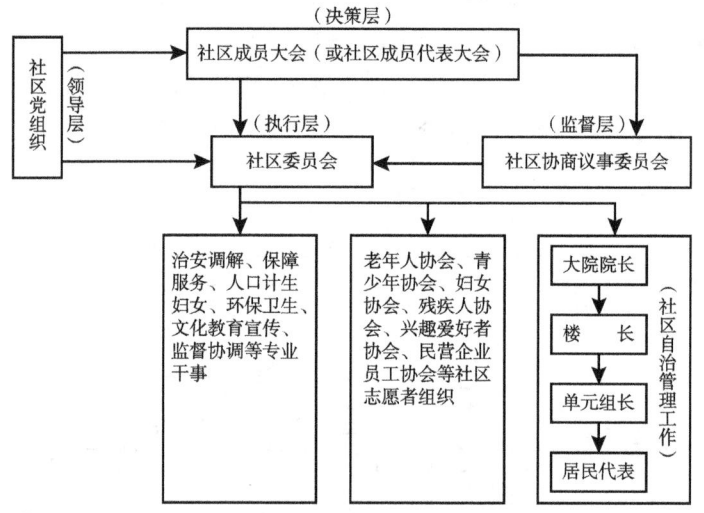

图7-2 沈阳社区治理模式

青岛模式以社区服务为龙头，建立区、街道、居委会三级社区服务中心，形成便民利民服务、为老年人服务、为残疾人服务等服务系列。与社区服务相配套的便是"一个中心、三套工作体系"的管理架构（见图7-3）。"一个

---

① 1999年是"社区管理委员会"，2000年改为"社区委员会"。

中心"为社区党工委,"三套工作体系"分别为由区政府各职能部门的派出人员组成的社区行政事务工作体系,由社区服务中心、居民小区服务站和社区服务志愿队伍组成的社区服务工作体系,由社区代表会议、社区委员会和居民小区群众自治组织构成的社区自治工作体系。此外,青岛模式对街道管理体制也进行了探索。具体做法是:改街道党委为社区党工委,作为区委在社区的派出机构;取消街道办事处,将原来由街道办承担的行政管理职能移交各职能部门,但各职能部门"集中服务",建立社区行政事务受理中心。

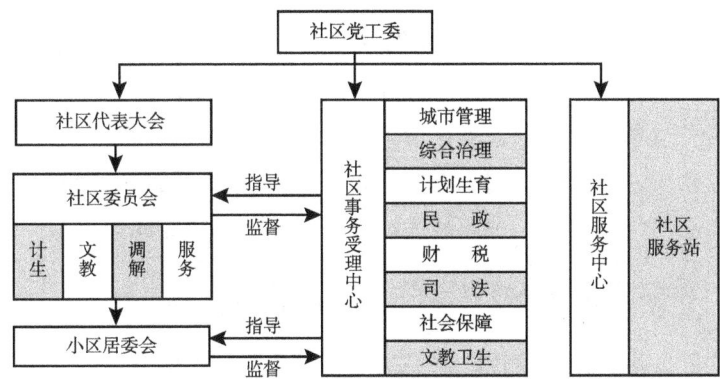

图7-3 青岛社区治理模式

表7-2 国内社区治理模式比较

	上海模式	青岛模式	沈阳模式
社区范围	街道	原街道	大居委会社区(小于街道大于原居委会)
社区空间	行政空间	混合空间	社会空间
触及街道体制	强化街道,行政权力整合在街道,以块为主管理	撤销街道,行政权力移交职能部门,以条为主管理	不变
与居委会关系	居委会为不同于社区的又一级管理网络	居委会为不同于社区的又一级管理网络	居委会等同于社区,为同一级管理网络
社区性质	街道社区	无街道的街道社区	居委会社区
管理网络	区—街道/社区—居委会	区—社区—居委会	区—街道—社区/居委会
主导主体	街道办	社区党工委	社区自治组织(居委会)
社区服务组织	街道办及其改组的4个工作委员会	社区行政事务受理中心;社区服务中心;社区群众自治组织	社区专业干事和社区志愿者组织

上海模式与沈阳模式的主要区别在于社区治理的主导主体,上海模式倾向于强化街道政府组织的管理功能,沈阳模式倾向于强化社区组织的自治功能。上海模式与青岛模式相比,主要区别在街道体制的探索上,上海模式将街道作为一级准政府加以改组,实现以块为主的管理;而青岛模式却不设街道派出机构,街道层面的政府行政职能和社会管理职能分离。青岛模式在社区范围上类似于上海模式,但在社区组织结构上类似于沈阳模式,但在社区服务方面更具代表性(见表7-2)。

第四节 中国社区治理的思考

中国自改革开放以来,社区治理实践的探索前进推动着中国社区治理理论的研究创新。此时,我们思考的问题是:在当代中国社区治理实践中,能否提炼出规律性的东西?中国社区治理的成效和未来走向如何?

一 中国社区治理的规律性:三大领域的配合

中国社区治理的规律性,需要提炼中国社区治理的机制,它应该包括这么几个问题:中国社区治理的主体是什么,这些主体是怎样协同治理的,主要体现在哪些领域的协同。

1. 中国社区治理普遍主体

在当代中国的社区治理中,党组织、基层政府、营利企业、社区自治组织和中介组织成为社区治理的五大主体:(1)党组织。主要是指街道党委/党工委或乡镇党委;居委会辖区层面的党组织,包括居民区党支部或党总支、楼院党支部、楼门党小组等。(2)政府组织。在城市,参与社区工作的政府组织主要是街道办事处以及有关职能部门。在农村,参与社区工作的是乡镇政府,一般设乡镇社区管理委员会及其办公室。(3)社区自治组织。除城市街道的居委会和农村村委会两个基层群众性自治组织外,还有业主委员会、社区成员代表大会、社区议事会等。(4)具有营利性质的物业公司。(5)社区中介组织。它是指参与社区事务,与社区密切联系的一切团体。

从世界范围的社区治理发展趋势来看,社区中介组织在社区发展中的作用越来越突出;从社区中介组织的类型来看,社区中介组织多种多样。在中国,就社区中介组织与居委会的关系,可以将其分为两大类:(1)社区行政性中介组织,即与居委会具有行政性关系的社区中介组织。根据其活动范围分为社区范围外的社区行政性组织和社区范围内的社区行政性组织。社区范围外的社区行政性组织主要是指服务或管理社区的全市或全国性的社会团体或民办非企业单位。这类社区组织常见的有爱卫会、红十字会、计生协会、残疾人协会、科普协会等。如深圳市的"盐田模式",成立了社区工作站来统一管理社区的这些行政性的事务。社区范围内的社区行政性组织主要是社区服务中心(站)和社区工作者/志愿者组织。社区服务中心(站)是从事各种公益性活动的民办非企业单位;社区工作者/志愿者组织是从事各种公益活动的中介组织。(2)社区民间性中介组织,即与居委会具有非行政性关系的社区组织,包括社区范围内的民间性的服务组织和文体组织。民间性服务组织,即为社区全体居民或部分居民提供服务的组织,如治安联防队、护绿队、环保队、老年人协会、妇女协会、癌症患者团体、互助组织等。民间文体组织主要是为社区居民提供科、教、文、体等活动的组织,如钓鱼协会、摄影协会、秧歌队、拳操队、戏剧爱好者联谊会、读书协会、书法协会等。

2. 中国社区治理的基本关系

社区治理的五大主体形成了三种基本的关系,即居委会与党组织、政府组织构成了政治系统的"二元半"结构,居委会与社区居民、社区中介组织构成了社会系统的"三点共线",居委会又与业委会、物业公司构成了经济系统的"三驾马车"。居委会是这三种关系的联结点,促使其相互作用,推动中国的社区治理不断走向成熟。

(1)政治系统的"二元半"结构:党组织—居委会—政府组织

"二元半"结构即两个完全官方性的组织和一个半官方性的组织。党组织和基层政府属于完全官方性组织,居民委员会属于半官方性半自治性组织。党组织和居民委员会是中国基层政治中的两个特色。三者的结构关系如图7-4所示。

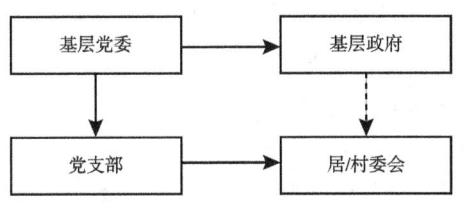

图7-4 政治系统的"二元半"结构共享

第一，纵向上的领导关系。从党口来看，由于上级党组织与下级党组织之间是领导与被领导的关系，因而，基层党委对下属的各党支部具有领导权。从政口来看，基层政府（包括街道）虽然对居委会没有绝对的领导权，但居委会却受到政府的控制，更多体现为政府权力在基层的延伸。首先，街道掌握居委会的人事任免权，即经居民代表大会选举产生的居委会成员需由街道任命；其次，街道严格控制着居委会的财政。居民委员会接受街道办事处的领导，其工作的主要动力一般来自政府和街道的推动，承接大量的社区工作实务，成为政府与居民之间的桥梁。居委会实际承担的社区工作内容繁多，据统计，可以列出名称的工作、任务已达100多项，诸如社区环境、社区治安、民政帮困、计划生育、纠纷协调、人口普查、再就业工程、宣传教育、文明达标等。居委会利用从"费用、权力、责任"维度的均衡选择优先执行的行政项目、"和稀泥"式的管理办法、管理创收、寻找法定依据或索要补贴等方式对基层政府的反抗式欺骗等实现其独特的治事逻辑。①

第二，横向上的党政合一。在街道辖区层面，体现为党政的二元行政体制。在居委会辖区层面，体现为"支部建在居委会上"的"介入治理模式"②。这种模式具体表现为：第一，居民党支部与居委会人员的"交叉任职"，即居委会主任兼任党支部副书记。交叉任职使党支部书记可通过组织关系驾驭居委会的工作，既为党组织直接介入社区治理提供合法性，也避免居委会和党支部之间发生冲突。第二，居民党支部和居委会功能的交叉重叠，即党支部书记和居委会主任的主要职责互相兼容，共同掌握居民公共事务的决策权和执行权。

从社区治理中的党组织来看，首先，党组织依靠其组织体系发挥领导作用。中共设置"横向到边、纵向到底"的组织遍布社会各个层面乃至每一角落，使党的影响力渗透于社会之中，发挥社区发展的领导作用。（1）政治领导，体现在从对党负责和对人民负责的原则出发，把握社区发展方向，推进民主决策等。（2）思想领导，主要体现在对社区居民及组织的思想导向和示范作用上，动员社区党员参加志愿者队伍，发挥党员在社区建设中的先锋模范作用，激励非党员居民参与社区志愿者行动。（3）组织领导，即

---

① 王巍：《社区治理结构变迁中的国家与社会》，中国社会科学出版社，2009，第139页。
② 参见陈周旺《党与社会：党的组织与社区治理》，林尚立主编《社区民主与治理：案例研究》，社会科学文献出版社，2003，第53~55页。

凝聚人心，协调各方利益，将下岗职工、离退休职工、外来人口中的流动党员均纳入社区党组织的管理范围。其次，党组织利用其政治资源发挥社区服务与社区参与的功能。党的组织资源，一是居民区党支部的离退休党员和在职党员，二是单位党组织的在职党员。党组织通过动员党员参与社区事务，进而带动居民群众的社区参与。

从社区治理中的政府组织来看，它应转变自身职能，给社区留足自治的空间。但"政府与公民社会之间并不存在永远的界限。根据情况的不同，政府有时要比较深入地介入干预公民社会的事务，有时又必须从公民社会中退出来。当政府撤回自己的直接干预时，它的资源对于接受某些活动的地方群众来说仍然是不可或缺的，在比较贫困的地区尤其如此"①。"政府介入的一个主要关注点，应当是帮助恢复在这些群体中的公共秩序"②，因而对于社区来说，政府应从物质、政策、资金等方面对社区给予支持，包括制定社区发展的政策和运作法规，采取财政支持的举措，激励或约束第三部门、企业对社区的支持等。此外，政府在社区权力淡出后，还必须参与社区民政性服务和行政性服务的提供。

从社区治理中的居委会来看，它是居民自我管理、自我教育、自我服务的基层群众自治性组织。居委会的自治权包括财产自治、选举自治、组织与管理自治、教育自治、服务自治等。社区居民在党和政府的领导下享有选举权、监督权、知情权、决策权，通过选举、监督、决策参与社会政治生活。通过社区参与调动社区成员的积极性，大力推进社区民主的发展。社区民主的发展有助于政治民主化发展。这是因为社区民主发展为政治民主化建设提供民主生长的基础和空间，社区民主发展为政治民主化提供合格的公民，社区民主发展为政治参与提供必要的空间。

（2）社会系统的"三点共线"：社区居民—居委会—社区中介组织

"三点"即社区居民、居委会、社区中介组织，"共线"即三者通过其中一方相互联系，行使社区服务的功能。不同的社区中介组织与居委会、居民的关系不同。

第一，社区范围外的社区行政性中介组织的工作与街道的行政工作通常

---

① 〔英〕吉登斯：《第三条道路：社会民主主义的复兴》，郑戈译，北京大学出版社，2000，第83页。
② 〔英〕吉登斯：《第三条道路：社会民主主义的复兴》，郑戈译，北京大学出版社，2000，第86页。

融为一体，与居委会多是指导与被指导的关系。居委会接受这些组织所委托的工作，帮助这些组织履行职责。如深圳市的"盐田模式"成立了社区工作站来统一管理社区的这些行政性的事务。对于这类行政性中介组织而言，其提供的服务往往与居民的生活直接相关，而且各种专业信息需要居委会加以采集和落实。因此，居委会应通过真实地了解居民生活中存在的问题，建立居民与这些组织之间的关系，进而改善居委会的职能实现方式。因此，三点之间的共线是沿着"社区中介组织—居委会—居民"的方向联系起来的。

第二，社区范围内的社区行政性中介组织多为社区居委会举办或牵动的中介组织，它与居委会的关系多为被领导与领导的关系。如深圳市的"盐田模式"便在居委会下设立了社区服务站来为社区提供无偿或低偿服务；上海潍坊新村街道的源竹居委会下设由居委会成员、居民代表和社区工作者组成的五大委员会管理社区公共事务。对于这类行政性中介组织而言，其提供的服务往往与居民的生活直接相关。因而，居委会既能有针对性地服务于居民生活中存在的问题，与居民建立联系，又能通过合法收取一定的服务费，改善居委会运行的财力基础。因此，三点之间的共线是沿着"居委会—社区中介组织—居民"的方向联系起来的。

第三，社区民间性中介组织一般是由居民自愿参与的自治性组织，往往直接联系着社区居民，居委会通过这些组织能够加强与社区居民之间的沟通，密切与社区居民的关系。因此，居委会为这些组织提供一定的支持（如到街道为这些组织争取少许的活动经费，从辖区的企事业单位中争取一定的物力和财力的支持），与其建立协作的关系，得到它们对居委会工作的支持。因此，三点之间的共线是沿着"居民—社区中介组织—居委会"的方向联系起来的。此外，与住区的自然人（居民）相似的还有驻区的法人——企事业单位，社区治理也需要这些组织的参与。

从社区中介组织来看，它们从产生之初便承载社区服务的功能。行政性的社区中介组织提供行政性服务和民政性的服务，民间性中介组织提供志愿性服务。也正是社区中介组织和社区服务体系，成为微观社区生活和宏观社会制度的空间联结点。从社区居民和驻区单位来看，通过其社区参与，不断地促进社区治理的功能发挥。居民和驻区单位的参与不仅能够带动社区道德建设，使社区表现为一种"我为人人，人人为我"的"道德共同体"，而且能够促进社区心理维系，使社区表现为"天、地、人和"的"情意共同体"

与"信念共同体",更能够规范社区行为活动,使社区呈现为"安定和谐"的"生活共同体"与"社会共同体"。

(3) 经济系统的"三驾马车":业委会—居委会—物业公司

随着住房产权的个人化、多样化,特别是当前的城市社区存在的商品房、售后公房、公房三种不同的物业结构,经济领域的具有纯利益性质的社区服务便显得尤为重要。物业公司是受聘于业主委员会(或物业所有人和使用人),依据物业管理委托合同,管理小区物业的专业性市场组织。业主委员会是代表某辖区内全体业主(即物业所有人)对涉及本辖区内物业管理的公共事务和公益事业实施管理的自治性组织。建设部1994年第33号令《城市新建住宅小区管理办法》第一次正式要求"住宅小区应当成立住宅小区管理委员会"。这也是国内第一个与物业管理有关的法规。2003年5月国务院通过的《物业管理条例》规定,同一管理区域内的业主,应当在物业所在地的区、县人民政府房地产行政主管部门的指导下成立业主大会,并选举产生业主委员会;业主大会和业主委员会应当积极配合社区居委会依法履行自治管理职责,支持社区居委会开展工作,并接受其指导和监督;选聘和解聘物业管理企业必须经物业管理区域内全体业主所持投票权2/3以上通过。该条例是新中国第一部物业管理法规,以政府法规的形式明确了物业管理与社区建设的关系,为住宅区诸多公共问题的解决确立了原则和程序。2003年6月建设部《业主大会规程》增加了街道办事处对业主大会及业主委员会的指导,并规定业主大会(注意:并非业主委员会)作出的决定对物业管理区域内的全体业主具有约束力;规定业主委员会应当督促违反物业管理合同约定逾期不缴纳物业管理费的业主,限期缴纳物业管理费。除此之外,各地在实践过程中,还制定了配套的政策和制度以规范与物业相关的治理主体间的关系。因此,与物业相关的组织不断地参与到社区治理中。一般而言,在社区治理中,物业管理公司和业主委员会都是物业管理的机构,它们共同管理一定范围的物业;居民委员会是物业管理公司和业主委员会之间的协调者和保障监督者。

从规范的意义上看,两者在完全契约关系下地位平等和工作合作。两者通过双向的市场选择,依靠委托合同,形成受委托人和被委托人、服务者和被服务者之间的关系,只不过业主委员会是决策者,物业公司是雇员。然而,从经验的发展来看,两者的关系则主要表现为非完全市场条件下的相互关系。这种关系的特点是:其一,物业的委托人是一个企业或一个机构,不是一个由许多业主依法组织起来的群众自治组织。其二，物业管理企业作为子公司是在母公司的支持下直接组织产生出来的，其日常的经营活动多受到母公司的监督和制约。其三，物业管理权的取得是通过单方授权产生的，不是市场竞争。

产生这种不完全的契约关系主要是因为：从物业公司的产生途径来看，中国的物业公司要么由原国有房产部门直接转制而来，要么是由开发商组建的物业公司。从业主委员会的产生起源来看，业委会是与物业公司斗争的产物。在物业公司提供服务的过程中，单个业主或者全体业主难免会与物业公司发生利益冲突，且分散的业主处于弱势地位，难有公共决策的能力，业委会便应运而生。从业委会的产生时间来看，它基本上比物业公司的产生要晚。如深圳早在1981年成立了中国第一家物业公司——深圳市物业管理公司，而1991年9月全国第一个"业主管理委员会"组织才在深圳万科天景花园正式成立。此外，业委会也可以代表全体业主约束单个业主的行为。

然而，物业公司与业主委员会都是处于政治系统之外的单纯利益性组织，两者之间稳定的调控平衡还需要借助其他组织的力量。目前普遍的实践经验是：将业主委员会和物业公司纳入居委会的管理体系，居委会一方面成为业主委员会和物业公司之间的协调者，另一方面成为业主利益的保障者和物业公司服务的监督者。基于协调关系，居委会不仅拉近了自身与业主、业主委员会之间的距离，使业主或业主委员会成为居委会自治建设中的重要力量，而且拉近了自身与物业公司的距离，从而与物业公司形成合作互助的关系；基于保障和监督关系，居委会拉近了自身与居民利益、社区利益之间的关系，使自身在社区管理中更具代表性和公益性，为提高居委会在居民心中的地位奠定了重要基础。① 然而，需要思考的是，居委会力量的介入是否有助于业委会和物业公司双方契约能力的形成，是否有助于社区治理能力的提升。从目前的实践来看，居委会也并非在三者的关系中居于领导地位，三者之间处于一种相互斗争又相互合作的复杂关系中。三者的沟通与合作不仅能够满足社区服务的需要，而且能够形成共同的社区利益，进而使居民产生对社区的依赖感和认同感。为加强三者的沟通与合作，上海长海坊小区则实行了业委会与居委会的交叉任职，使居委会的很多想法能够及时贯彻，发挥了"业主委员会有钱、物业公司有专业管理的优势、居委会综观全局"的优势。

---

① 林尚立主编《社区民主与治理：案例研究》，社会科学文献出版社，2003，第23页。

由此看来，居委会成为中国社区治理中三种关系的联结点，促使其相互作用，推动着社区治理不断走向成熟。

二 中国社区治理的成效

中国的社区治理实践顺应了经济社会发展和改革开放的要求，获得了突飞猛进的发展。近年来，各地社区治理取得了相当大的成效，主要体现在两大方面。

1. 改善了社会管理体制方面存在的问题

中国当前的社区研究，尤其是实证研究，常常触及社会管理体制问题，解决问题的对策主要着眼于调整政府的政策和政府部门间关系的调整。[①] 具体而言，主要体现在以下两个方面。

（1）社区治理成为城市管理体制改革的突破口。在中国原有的高度集中的计划经济体制下，城市管理一直采取垂直型的专业管理，忽视了分级的多层次管理，在管理体制上存在严重的条块分割。就基层政府管理体制来看，街道办事处作为派出机关只拥有"块"上的协调功能，而没有"条"上的管理职权；公安、司法、工商、财税、审计等职能部门则拥有"条"上的管理权限，而没有"块"上的协调职能。因此，政府"条"上的职能很难一统到底。[②] 很多城市都在街道这一层级理顺管理体制。中国目前的街道管理体制改革主要出现了四种途径：一是不设街道派出机构，在城郊结合部成片开发的商品房住区不再设街道办事处，直接建立社区，如青岛市市北区的浮山后社区、北京市石景山区的鲁谷社区。二是撤销街道派出机构，如南京市白下区撤销老城区的淮海路街道办、吉林省汪清县县城撤销街道办。三是保留街道派出机构但剥离专业服务职能，如北京东城区的东直门街道、和平里街道。四是加强街道派出机构的职能，如上海模式。但不管采取什么样的途径，各地都在积极理顺城市的现代化管理体制，应对日益复杂和不断增加的社会事务。

（2）社区治理促进了政府职能的转变和管理权限的下放。在中国原有的高度集中的计划经济体制下，权力过于集中。虽然自改革开放后不断进行着行政管理权限的改革，但没有改变集权的实质，权力还是过分集中于上级部门，集中于政府部门。社区治理促进了政府作用的"弱化"与"淡出"，

[①] 张玉枝：《转型中的社区发展》，上海社会科学院出版社，2003，第80页。
[②] 林尚立主编《社区民主与治理：案例研究》，社会科学文献出版社，2003，第140页。

政府通过授权、委托等方式不断地将部分管理权限下放，或下放给下级基层单位，或下放给社会。通常将涉民涉企的权力，特别是诸如社区规划、环卫绿化、房管市政等与居民生活密切相关的城市管理事项，下放给社区或街道办；把一些技术性事项转移给社区中介组织或营利组织。此外，许多城市还按照"权随事走，费随事转"的原则，建立了责权统一的良性运行机制。

2. 带动了政治发展和社会发展

中国在社区治理的实践中形成了社区服务和社区参与两大功能，社区服务带动了社会发展，社区参与带动了政治发展。

（1）从社区服务来看，社区服务的对象与内容不断扩张。服务对象从民政对象不断扩张为全体居民，服务内容从社区办的社会福利和职工福利等10余项逐渐扩张为便民生活服务等200多项。北京会议（1991年11月）指出社区服务的主要内容包括老年人服务、残疾人服务、优抚对象服务、便民利民服务。《关于加快发展社区服务业的意见》（1993年民政部等14个部委联合颁布）指出社区服务分为社区福利服务、便民利民服务和职工社会保险管理服务三类。《民政部关于在全国推进城市社区建设的意见》（2000年11月）指出社区服务，是"社区建设重点发展的项目，主要开展面向老年人、儿童、残疾人、社会贫困户、优抚对象的社会救助和福利服务，面向社区居民的便民利民服务，面向社区单位的社会化服务，面向下岗职工的再就业服务和社会保障社会化服务"[①]。《关于加强和改进社区服务工作的意见》（2006年国务院印发）将社区服务分为政府开展的公共服务，社会中介组织开展的非营利服务，市场组织开展的营利性商业服务，社区居委会组织开展的自助、互助和志愿服务等四大类。从1997年开始，中央陆续出台了一些专业性的政策规章，分别阐述了完善各类社区服务的思想，如《中共中央、国务院关于卫生改革与发展的决定》《国务院关于建立城镇职工基本医疗保险制度的决定》《关于发展城市社区服务的若干意见》《关于加强社区残疾人工作的意见》《关于推动社区再就业工作的若干意见》等。

（2）从社区参与来看，社区治理促进了基层民主的发展。中国的基层民主政治建设，就是要通过广泛的社会动员为广大基层群众更好地参与、管理国家和社会事务提供一个基础性平台。社区成员通过参与社区治理，在社

[①] 参见民政部基层政权和社区建设司《中国社区建设年鉴2003》，中国社会出版社，2003，第137页。

区范围内,以居委会为依托,民主选举、民主决策、民主管理、民主监督社区公共事务和社会政治活动,实现自我管理、自我教育、自我服务、自我监督。在社区治理中,随着公民参与水平和基层自治自主化程度的不断提高,公民和非政府公共组织在社区公共事务中显示出越来越明显的作用。从这个意义上讲,徐勇又强调"社区自治的发展创造了国家与社会分权治理的一种新模式,有力地促进了公民社会的形成,也推进了公共服务意识,改善了党和政府的治理"①。

三 中国社区治理的发展

我们应该看到,中国的社区治理仍处在探索阶段,地区发展还不平衡,主要关注社会管理体制,对社区治理其他方面的关注还不够,等等。目前,中国社区治理中的主要问题表现在以下三个方面。

1. 自治化与行政化的协同不足

自治化与行政化的复杂交织以及矛盾冲突是目前中国社区治理改革遇到的一个棘手难题。就目前的社区实践来看,上海模式是典型的行政化倾向,而沈阳模式是自治化倾向。其实,不同模式的背后,体现不同的社区空间认识。自治化倾向模式下,社区是一种"社会空间",是从私域逐渐产生出来的公域,但又是独立于国家的社会;行政化倾向模式下,社区是一种"行政空间",是一个行政之内的公共活动空间。但由于制度变迁的惯性、中国传统文化的影响以及基本国情国力的约束,中国的社区治理在自治化与行政化的交织中表现出一些不足:第一,作为行政区的街道又具有社区的属性。街道既是政府行政管理的基本区域,又是社会生活的区域性社会,容易将街道办代替或等同于社区,进而混淆社区与行政区的区别,很难真正实行自治。过大的行政权力也可能挤压社区中介组织能力生存发展的空间。因此,今后应该将街道行政区与社区区分开,还社区以本色。第二,作为自治组织的居委会高度行政化。居委会多于听命而少于自治,多于协助政府进行管理而疏于推进社区建设。这些问题的出现与居委会的自身因素有关,更与政府对居委会工作的强烈干预有关。② 第三,低程度的居民参与又需要行政权力

---

① 刘春荣:《中国城市社区选举的想象:从功能阐释到过程分析》,《社会》2005年第1期。
② 雷洁琼主编《转型中的城市基层社区组织——北京市基层社区组织与社区发展研究》,北京大学出版社,2001。

的引导。虽然近年来中央陆续出台了以社区参与为主的关于社区建设的一些配套政策，如《关于积极推进企业退休人员社会化管理服务工作的意见》（2003年6月）、《关于开展第二批社会工作人才队伍建设试点工作的通知》（2009年6月），但在转型时期，社区内部的联结仍比较松散，既不是一个稳固的利益共同体，也不是一个稳固的情感共同体，因而社区参与仍处在较低水平。居民参与意识还比较淡薄，参与者多为老年人和妇女，参与内容多局限于出席居民会议、卫生清扫和文体等一般性社区活动，社区参与初级化。社区参与是一个逐步发展的过程，公民依参与程度的不同，可以分为假性参与、象征性参与和实质性参与三种（见图7-5）。各个社区在其实践的过程中，需要制定独具地方特色的具体制度和政策，推动社区参与的发展。因此，从这种意义上说，中国的社区治理具有较强的政治权威性。

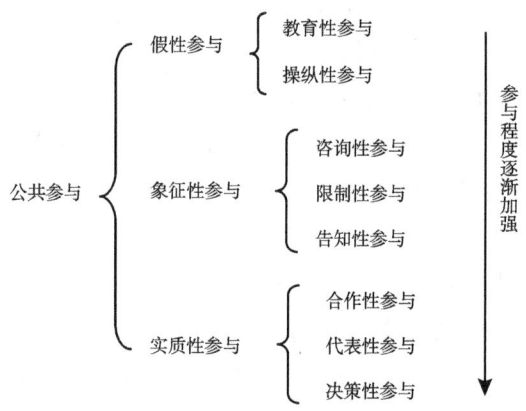

图7-5　社区公共参与类型与层次

资料来源：高鹏：《社区建设对城市规划的启示——关于住宅区规划建设的几个问题》，《城市规划》2001年第2期。

2. 多样化与均衡化的协同不足

就中国现有的社区来看，在（居住）空间区位上存在不同的社区类型，主要有：一是由过去单位体制下的家属院演化过来的"单位型社区"；二是以政府开发的或房地产商开发的大型住宅区为主的"商品房社区"，而商品房又有福利商品房、微利商品房、市场商品房之分；三是以农村城市化后的原村民居住区为主的"村改居型社区"；四是各镇政府所在地的"卫星镇社区"。这些社区主要是城市社区，也体现出设立时的规划性和目的性的中国特色。

但除了城市社区外,农村社区显然少了些规划性,可谓参差不齐。农村和城市社区类型的多样化使得社区管理复杂化;随着经济市场化和人口流动化的发展,社区阶层化成为一种必然。社区阶层化在空间区位上表现为不同收入水平、不同文化水平、不同就业类型的人群向不同居住水准和档次的居住区域聚集的趋势。社区阶层化的出现,直接的后果便是社区贫富区位的分异现象。低收入群体、弱势群体、困难群体基本都集中在居住环境很差的"薄弱社区"。居住多年的老居住区,旧城改造回迁的"回居区",新中国成立之初建的工人新村等居住区的居住环境和人员构成都在不断恶化。在这些薄弱社区中,居民更容易成为无政治阶层的人群,很少政治参与,更不乐于参加社区政治活动;企业和中介组织由于其运营的最小赢利点高于居民的经济承受能力也无法进入或不愿进入社区。因而,多样化的社区,更需要政府的社区规划,需要在公共资源缺乏和公共服务设施不足的社区搞好社区公共服务设施的布局,在规划力的作用下,强化公平,实现基本公共服务的均等化。

3. *情感化与法治化的协同不足*

社区作为一个利益共同体,社区治理离不开法治化的方法;社区作为一个情感共同体,社区治理又离不开情感化的方法。情感化和法治化的方法,在社区治理的过程中,发挥着不同的作用。但在社会转型时期,两种方法却不够协同:第一,无法可依,情感化补充法治化。如党支部书记和居委会主任通常以私人感情为基础,采用说服、交流等非正式的商讨方式融入公共事务的治理,但两者的冲突也不可避免。第二,无法可依,政策化补充法治化。国务院《物业管理条例》对业主大会和业主委员会自治组织的法律地位没有作出明确的规定,极易引发这样一个法律危机:根据中国《民法通则》和《中华人民共和国合同法》的有关规定,不具备法律主体资格的业主委员会与物业管理企业签订的物业管理合同不具备法律效力。[①] 在现实的运行中,业主委员会的性质规定主要有两种:一是以《上海市居住物业管理条例》为代表的业主委员会不具备法人资格;二是以《深圳经济特区住宅物业管理条例》为代表的业主委员会可以取得社团法人资格。第三,有法不依,情感化取代法治化。社区治理中,经常依靠社区内有一定威望的社区精英来维持社区安定,依靠人际关系来协调社区问题。社区精英群体或因政治身份,或因经济实力,或因社会权威而比别人拥有更多的优势社会资

---

① 唐娟主编《城市社区业主委员会发展研究》,重庆出版社,2005,第260页。

源,因而较之于普通社区居民更有可能主导或参与社区公共权力的分配,对社区公共事务产生影响。① 然而,现代化需要法治化,社区治理离不开对法律手段的积极运用。第四,有法不依,违法化制度创新。中国社区治理多具有明显的地方特色,但各地在推动社区治理的过程中有时却缺乏法律依据。如《居民委员会组织法》中明确规定企事业单位不得参加居民委员会,但有的社区为了协调与物业管理的关系,将物业公司的代表纳入社区居民委员会,担任副主任。

综上所述,虽然目前中国的社区治理还不尽如人意,但这也意味着社区治理在中国还有很大的提升空间。随着社区功能和作用的不断扩展,社区治理也需要有效培养、发展和开发。社区治理不断深入发展,有助于从社区的层面着手,不断培育和壮大社会资本,并通过多样化的治理实践或政府主导的治理训练,使社会组织和公民个人学会运用社会协商和谈判的方法参与社区公共事务的管理,从而不断赋予社区治理以实质性内容,也不断为其他层面的治理实践积累宝贵的经验。

---

① 刘晔:《公共参与、社区自治与协商民主:对一个城市社区公共交往行为的分析》,《复旦学报》(社会科学版)2003年第5期。

第八章 组织治理

引 例:① 2011年6月下旬,被认证为"红十字会商业总经理"的网名"郭美美Baby"在新浪微博上炫富,引发上千万名网民关注、数十万次搜索的重大舆情事件,由此被网民挖出的商红会项目运作问题使红十字会的管理受到舆论质疑。据了解,商红会是由中国商业联合会申请、经中国红十字会批准,于2001年成立的行业红十字会组织,主要职责是在商业系统开展人道领域的紧急救援和救护等红十字活动。面对舆论的质疑,2011年7月1日,中国红十字会对外宣布暂停商业系统红十字会一切活动,商请有关方面开展审计和调查,并将及时公布调查结果。由监察部、中国社会科学院社会学研究所、北京刘安元律师事务所、中国商业联合会、中国红十字会总会相关人员组成的联合调查组,对商红会及相关项目进行了调查并形成结论。调查报告显示,商红会中不存在"红十字商会"这一机构,也没有设立"红十字会商业总经理"这一职务;郭美美未在商红会及其合作企业王鼎公司、中红博爱公司中任职。商红会的"博爱服务站"项目不涉及公众捐款和红十字会资金,中红博爱公司的银行对账单及财务支出明细均显示该公司未向郭美美支付任何费用。但该调查报告同时指出,商红会的管理存在严重问题,并且建议红十字会总会切实加强对下级红十字会的业务指导和财务监督,完善内部治理结构和管理制度,加强信息化建设,建立统一透明、准确及时、规范有序、方便获取的红十字会系统信息平台。中国红十字会总会表示,将认真总结教训,深入推进改革和制度建设,打造公开透明、运作规范的各级红十字会,努力提升社会公信力,确保红十字事业健康发展。为了进一步推进信息公开,中国红十字会正在建设全国统一的红十字会系

---

① 根据《红会公布"郭美美事件"调查结论》(《新华每日电讯》2012年1月1日,第2版)改写。

统信息平台,将纳入全国红十字会系统的公众捐助信息。根据及时准确、方便获取、规范有序的原则,切实保障捐赠人和社会公众的知情权、监督权。此外,红十字会总会还表示,将加强对地方红十字会和行业红十字会的监督管理,加强红十字品牌管理,加强反腐倡廉,实现"两公开两透明",即捐赠款物公开、财务管理透明、招标采购公开、分配使用透明。同时,红十字会总会正在考虑全面加强红十字会系统的纪检监察和审计工作,建立健全自律、他律与问责相结合的监督体系。这一案例反映公共服务组织治理结构应当如何设计才能更加有效运转的问题。接下来,本章将对国内外公共服务组织法人治理的相关问题进行系统介绍。

组织是社会成员为了实现特定的目标,按照一定方式联合起来的集合。人类社会是一个高度组织化的社会,它由低级向高级不断演进的过程,也是一个公共领域和私人领域逐渐分化、组织形式日益多样化的过程。在现代社会中,组织分布的领域十分广泛,组织的形式多种多样、纷繁芜杂,"常常包含令人迷惑的实体名单"①。按照性质的差异,可以将现代社会组织②划分为公共组织和私人组织两大类。组织治理是组织层面的治理,是为具有独立法人地位的不同社会组织确定适当的制度安排,以有效地实现其目标的过程。因此,组织性质的差别,也就决定了不同组织之间治理模式的差别。本章将在介绍国内外组织治理兴起背景的基础上,从理论基础、改革过程、成效与未来方向等方面对中国公共组织的法人治理问题进行分析。

第一节 组织治理的兴起

一 西方国家组织治理的兴起

从社会组织的发展轨迹来看,组织法人治理问题最早产生于西方国家,首先出现在企业领域。企业法人治理是在企业制度不断演进的过程中产生

---

① 〔美〕莱斯特·M. 萨拉蒙等:《全球公民社会:非营利部门视界》,贾西津等译,社会科学文献出版社,2002,第3页。
② 社会组织的定义可以有广义和狭义之分,广义上的社会组织指社会上的各种组织,狭义上的社会组织则与中国的民间组织相对应。本章将根据具体情况交换使用两种含义。

的，是公司制企业发展的必然结果。西方国家的企业制度大致经历了业主制企业、合伙制企业和公司制企业三个阶段。业主制企业是由业主个人所拥有的企业。在业主制企业中，业主控制企业，享有经营所得，对企业的经营债务承担无限责任。业主制企业无法克服的规模较小、责任承担方式、资金筹集困难等缺陷，使其逐步被合伙制企业所取代。合伙制企业是由两个或两个以上的出资人共同拥有的企业。这类企业归出资人共同所有，出资人分享企业的经营收益，承担相应的债务责任。相比业主制企业，合伙制企业的资金来源更广泛，但它依然无法克服责任承担方式、出资人变动等因素可能带来的风险。随着经济、社会的不断进步，公司制企业逐步取代业主制企业、合伙制企业而成为现代社会中主要的企业形式，它在获取资金、化解风险、长期生存等方面具有独特的优势。在公司制企业的发展过程中，其参与主体日益丰富所导致的自身股权构成多元化、所有权与经营权分离所引发的管理层约束等问题日益突出。在这种情况下，如何有效约束、激励管理层的行为，维护相关利益者的利益便成为公司制企业发展过程中面临的突出课题。

20世纪70年代以来，公司法人治理的问题引起了西方社会的高度关注，是为有效维护出资人及相关利益者的利益而进行的重要体制和机制创新。回顾公司制企业的演进历程，可以发现法人治理问题一直与现代公司制企业的成长紧密相随，在此过程中，公司治理的理论也因应现代公司制度的发展而不断得以丰富。"安然丑闻""金融危机"等事件充分说明，完善的治理结构是现代公司制企业必不可少的组成部分。展望现代公司制企业的未来发展前景，在经济全球化日益加深、信息技术突飞猛进、跨国企业蓬勃发展、股权结构多元化、组织结构日趋扁平化的时代背景下，公司治理的问题必将与现代企业的发展同行。权责分明、运转高效的治理结构是一个企业经久不衰的根本保障。

组织法人治理的问题虽然首先出现于企业，但它并不仅仅是公司制企业独有的问题，公共组织的发展过程中同样面临着类似的问题。随着政府公共服务职能的不断强化、公共服务机构的持续增长，政府组织的性质与组织形式之间的张力越来越突出。20世纪末期以来，为了有效应对福利国家的危机，解决政府职能的多样化与组织形式单一化之间的矛盾，探索区别于科层组织的、适合公益服务机构的组织形式，一些国家相继在公共服务领域中实行法人化改革，初步形成了一种"分散化的公共治理"。其中，英国是公益服务机构法人化改革的典型代表。1988 年，英国内阁办公厅效率小组起草了调研报告《改进政府管理：下一步行动方案》（又称《伊布斯报告》）。该报告针对公益服务机构的特点，采用"决策—执行"二分法对公共部门进行改革，将部分负责政策执行且不适合转为企业的公共部门改为执行机构。这些执行机构在运作模式上与传统的政府部门有着很大的不同，政府改变原来直接管理的方法，不再干预执行机构的日常经营活动，而是通过一份为期 3～5 年的"政策与资源框架文件"实现对这类机构的间接管理，在框架文件的范围内，执行机构负责人在业务经营、资金使用以及人事管理等方面有很大的自主权，政府则定期对执行机构的绩效进行评估，并根据评估的结果提出改善业务的指导意见。其他一些西方国家也进行了类似的改革，如日本于 1999 年通过了独立行政法人法则，推行独立行政法人改革。尽管这些国家的具体改革策略存在差异，但是，其实质都是"管理革命而非机构革命""不是机构的调整，而是提升管理的地位并推动管理的现代化，组织结构的调整不过是为现代管理理念、原则、机制和方式奠定制度基础"[①]。此后，改革一直是西方国家公共机构领域不变的主题。如 2010 年，为了增强公共服务的透明度，英国政府计划对 481[②] 个公共机构进行改革，并发布了《公共机构改革——变革的建议》[③]。

与政府部门内部的公务分权改革相对应，20 世纪末期以来，随着政府向社会分权的不断深化，公共服务社会化成为一种普遍的趋势。以"全球结社革命"为标志，非营利组织开始作为独立的力量登上社会治理的舞台，志愿机制也因此成为与政府机制和市场机制相并列的资源配置机制。"组织性、私有性、非营利属性、自治性、自愿性"[④] 是非营利组织区别于其他社会组织的根本特征。这也就决定了非营利组织产生基础、资产性质和运行机制的独特性。例如，从资产性质上来看，非营利组织的资产属于社会公益资产，由社会所拥有，没有终极意义上的所有者。在这一点上，非营利组织的资产既不同于私人资产，也不同于国有资产，"结果，在第一次委托代理

---

① 周志忍：《英国执行机构改革及其对我们的启示》，《中国行政管理》2004 年第 7 期。
② http：//www.cabinetoffice.gov.uk/news/public - body - review - published.
③ "Public Bodies Reform-Proposals for Change"，http：//www.cabinetoffice.gov.uk/sites/default/files/resources/public-bodies-proposals-for-change.pdf，最后访问日期：2011 年 10 月 20 日。
④ 〔美〕莱斯特·M. 萨拉蒙等：《全球公民社会：非营利部门视界》，贾西津等译，社会科学文献出版社，2002，第 3 页。

中，出现所有者缺位"①，从而使得非营利组织的运作在多重的"委托—代理"关系中容易受到出资人或者管理人员的影响。正因为如此，一个完善的、运行良好的、自主运作的治理结构是确保非营利组织有效避免因出资人干预或内部人控制而产生的"志愿失灵"问题，实现其"以志愿求公益"目标的重要保障。

二　中国组织治理的兴起

新中国成立后，在高度集中的计划经济体制下，中国的社会组织同质化程度较高，不同功能的组织之间并没有明显的分化；国家组织一切、计划一切，社会组织不仅没有运行的自主权，也缺乏独立的市场经济主体地位；单位制度和人民公社制度在一定程度上限制了社会成员自由活动的空间。正如邓小平同志在《党和国家领导制度的改革》一文中指出的，"我们的各级领导机关，都管了很多不该管、管不好、管不了的事，这些事只要有一定的规章，放在下面，放在企业、事业、社会单位，让他们真正按民主集中制自行处理，本来可以很好办"②。始于20世纪70年代末期的改革开放，带来中国经济、社会领域的全面转型，开启了由国家与社会不分、国家主导社会的"总体性"社会向政府、市场与社会既相互分离又积极互动的"三元分立"社会转型的进程。

社会转型在社会组织领域产生了诸多影响：第一，社会组织性质的多样化，在党政机关、国有企业和事业单位之外，兴起了许多民办企业、社会组织（社会团体、民办非企业单位和基金会），相关统计数据显示，截至2011年底，中国共有社会组织46.2万个③；第二，社会成员组织方式的多元化，计划经济时代的单位制度和人民公社制度逐步解体，社会成员由"单位人"向"社会人"转化，基层群众自治组织和新兴社会团体成为社会成员之间联系的新纽带；第三，社会组织功能的专一化和异质化，计划经济时代那种组织"办社会"的现象逐步消失，具有不同功能的社会组织之间的分化日

---

① 《中国非公募基金会内部治理报告》，http://a196823675.oinsite.cn/mod/briefcase/BriefCaseDownLoad.aspx?fid=271061909&ip=，最后访问日期：2011年8月12日。
② 《邓小平文选》第2卷，人民出版社，1994，第328页。
③ 《2011年社会服务发展统计报告》，http://www.mca.gov.cn/article/zwgk/mzyw/201206/20120600324725.shtml，最后访问日期：2012年6月20日。

益明显，大多数社会组织开始由"群组织"向"类组织"①转化，不同种类的社会组织逐步向其应然角色归位；第四，社会组织的法人化与运行的自主化，经过放权、搞活、市场化、两权分离、法人化等环节的改革，国有企业、事业单位等组织都不同程度地具备市场主体地位、具有法人资格，拥有了运营的自主权，《中华人民共和国民法通则》《中华人民共和国公司法》《事业单位登记管理暂行条例》等一系列法律、法规的实施为社会组织的自主运作提供了强有力的保障；第五，社会组织资产构成的复杂化，经过股份制改革后，中国一些国有企业、民营企业的股权结构呈现出多元化的特征，同样，事业单位所接受的来自社会的捐赠使得其资产来源日益复杂化。

组织法人治理是达成组织目标的有效工具。中国社会组织领域所发生的深刻变化，必然要求确立起符合不同性质组织特点的治理结构和机制，借此实现组织治理模式的根本性转变。质言之，就是顺应社会组织领域的发展趋势，与社会组织的法人化改革方向相一致，一方面通过政府职能从微观管理向宏观管理的转变，在宏观层面上建立健全实现政企分开、政事分开、政社分开和政府与社会中介组织分开的制度安排和实施机制；另一方面从微观层面上明确社会组织的基本性质、界定组织的治理主体、厘清组织的治理边界、健全组织的组成机构、完善组织的运行机制，使组织高效、自主地运转起来。

但是由于缺乏相应的治理结构和机制，中国的社会组织在运行过程中出现了一些问题：国有企业中的政企不分、效益低下、国有资产流失、内部人控制、经营者腐败等问题；事业单位中的政事不分、行政化倾向严重、事企不分、公益性持续衰退、市场化过度等问题；社会组织中的政社不分、缺乏自主性、自主决策能力不足、专业服务水平不高、自身社会公信力的削弱等问题。这些问题不仅影响了社会组织职能的实现，有的甚至违背了组织的原有宗旨。也就是说，中国"社会组织主体分化改革依然面临很多问题，需要进一步探索和研究，从而找到改革的目标、方向和路径"②。因此，如何根据不同组织的性质特点设计相应的治理结构与机制，成为中国社会主义现代化建设过程中一个亟待解决的课题。

---

① 王颖等：《社会中间层——改革与中国的社团组织》，中国发展出版社，1993，第6~7页。
② 黄恒学：《事业单位管理体制创新的思考》，《人民论坛》2010年第35期。

第二节 组织治理的学理分析

一 组织治理的定义

组织治理问题最早出现于西方的公司制企业,因此,西方学术界对公司治理问题的探讨也最早,最为丰富。"据考证,'治理结构'(Governance Structure)概念是威廉姆森于1975年首先提出的,而'公司治理'(Corporate Governance)概念最早出现在经济文献中的时间是20世纪80年代中期。"[①] 尽管西方学者探讨的侧重点有所不同,但总体上看,他们对于公司治理问题的探讨主要是从"控制和监督经理人员行为以保护股东利益、保护包括股东在内的相关利益者利益"[②] 两个方面进行的。随之,政府组织、公益服务机构以及非营利组织的治理问题也成为西方学术界关注的热点问题。

在中国,组织治理问题萌生于改革开放的大潮中,扎根于独特的文化传统基础之上,成长于社会主义市场经济不断完善的进程中,因此,它必然会为中国改革开放的进程、独特的文化传统和社会主义市场经济的发展阶段所规定。与西方国家相类似,中国学术界对于组织治理问题的讨论也开始于企业领域,具体来说,是从国有企业领域的扩大企业经营自主权、两权分离、现代企业制度建立、企业法人治理等问题由浅及深依次展开,随着改革开放的不断深入逐步向事业单位和社会组织扩展的。20世纪80年代开始,国有企业的两权分离问题成为法学、经济学的研究重心,20世纪90年代以来,公司治理结构问题成为中国学术界的热点话题之一。林毅夫指出,"所谓的公司治理结构,是指所有者对一个企业的经营管理和绩效进行监督和控制的一整套制度安排"[③],包括"外部治理"和"内部治理结构"两部分。张维迎认为,"公司治理结构就是这样一种解决股份公司内部各种代理问题的机制。它规定着企业内部不同要素所有者的关系,特别是通过显性和隐性的合同对剩余索取权和控制权进行分配,从而影响企业家和资本家的关系"[④]。

---

① 李维安:《公司治理学》,高等教育出版社,2009,第11页。
② 李维安:《公司治理学》,高等教育出版社,2009,第11页。
③ 林毅夫等:《现代企业制度的内涵与国有企业改革方向》,《经济研究》1997年第3期。
④ 张维迎:《企业理论与中国企业改革》,北京大学出版社,1999,第106页。

此外，他还从五个方面对有效的公司治理结构机制进行了分析。针对国内外对公司治理内涵的理解存在的不足，李维安认为，"应该从更广泛的利益相关者的角度，从权力制衡与决策科学、治理结构与治理机制两个方面去理解。所谓公司治理，是指通过一套包括正式或非正式的、内部或外部的制度或机制来协调公司与所有利益相关者之间的利益关系，以保证公司决策的科学化，从而最终维护公司各方面的利益的一种制度安排"①。之后，学术界对于组织治理的研究不断扩展，一些从事非营利组织研究的学者指出，"非营利法人的治理结构就是在法人内部合理分配权力，使法人内部各机关权责分明，形成互相协调、互相制衡的关系，同时要向各方利益相关者负责，接受外来监督，以保证非营利法人运行平稳、健康，使各方（包括社员、董事、监事、债权人、受益人）利益得到平衡和保护，最终实现非营利法人的宗旨"②。同时，大学治理成为组织治理研究的热点，它"是在大学利益主体多元化以及所有权与管理权相分离的情况下，协调大学各利益相关者的相互关系，降低代理成本，提高办学效益的一系列制度安排"③。

从上述对企业、非营利法人以及大学治理的探讨来看，有两点值得注意。第一，对组织治理的探讨逐步取代了对组织治理结构的研究，两相比较，组织治理的内涵更为丰富，分析的视角也更为宽广。第二，组织治理应当包含两个层面的内容，一个是静态层面，组织治理的参与主体有哪些，权力和责任如何在相关利益主体之间进行划分，组织内部的机构如何设置；另一个是动态层面，也就是组织是如何运转的，组织的不同机构之间是通过何种机制来有效配合的。

综上所述，我们可以将组织治理定义为，在准确界定组织性质等基本问题的基础上，以治理理论、委托—代理理论、利益相关人理论等为理论指导，通过系统的外部治理结构、内部治理结构的设计以及运行机制的不断完善，充分协调好所有者、控制者和利益相关者之间的关系，使得组织有效达成其目标的过程。

具体而言，组织治理的定义应当包括以下内容。

第一，组织治理的首要目标就是尽最大可能达成组织自身的功能。对于

---

① 李维安：《公司治理学》，高等教育出版社，2009，第14页。
② 金锦萍：《非营利法人治理结构研究》，北京大学出版社，2004，第63~64页。
③ 李福华：《大学治理的理论基础与组织架构》，教育科学出版社，2008，第17页。

公共组织来说,治理的首要原则就是追求"善治"的目标、实现公共利益的最大化;对于私人组织来说,治理的首要原则就是力争实现企业的利润最大化。

第二,组织治理模式的动态化。从历史发展的角度来看,组织治理模式不是一成不变的,它应随着经济和社会的发展,自身规模、组织使命以及外部环境的变化,不断进行一些必要的调整。

第三,组织治理模式的差异化。从不同组织以及不同国家的横向比较来看,组织治理因组织性质、资产结构、产品性质、组织规模、具体国情、社会资本孕育状况、文化传统等因素的不同,而在治理主体、机构设置和运行机制等方面呈现出不同程度的差别,表现为不同类型的组织治理模式。

第四,组织治理的公开化。组织的治理过程不是一个封闭的过程,而是持续的与外部环境进行互动的过程。组织的使命是在与外界的互动中达成的,因此,组织的治理应当在发布有关信息的基础上广泛接受政府、各方利益相关者、社会媒体、审计机构以及社会公众的监督。

第五,组织治理过程中的广泛参与。广泛参与是治理理论的核心特质,也是以人为本的重要体现。因此,组织治理必然要求组织内部人员以及组织外部广大利益相关者积极、广泛的参与。

第六,组织治理结构的内外相连。一个完整的组织治理结构应当包含外部治理与内部治理两个层次的内容。外部治理结构主要处理组织与外部主体之间的关系,内部结构则涉及组织内部的机构设置问题,两者相互支持、相互促进,缺一不可。外部治理结构为组织的内部治理创造一个良好的自主运作的空间,组织的内部治理结构则为组织的自主运作提供有力的支撑。

第七,组织治理的动静结合。组织治理要求结构与行动的相互统一,它不仅是一个制度设计与安排的问题,同时也是一个动态的过程。因此,组织治理不仅需要完善的治理结构,更需要一个良好的运行机制,两者缺一不可,其中,"治理结构是组织有效性的基础,是组织有效运行的物质保障;运行机制是组织常态运行的制度保障"[1]。

二 中国组织治理的分析框架

根据组织治理的定义和内容,结合中国转型社会背景下社会主体逐步分

---

[1] 徐家良、张玲:《治理结构、运行机制、与政府关系:非营利组织有效性分析——浙江省义乌市玩具行业协会个案》,《北京行政学院学报》2005年第4期。

化的现实,我们提出组织治理的一般性分析框架。该分析框架主要由六个部分组成,其中,组织性质是组织治理分析的逻辑起点,它主要涉及的是法律地位、组织规模、资产构成、产权结构和产品类型等内容;组织的内部、外部治理结构因组织性质的不同而呈现差异,两者是组织治理的实际载体;治理机制反映的是组织治理结构的实际运行状况;组织的制度环境为组织治理提供良好的保障;而组织良好的治理状况则是其社会公信力的重要来源。与国外的组织治理集中于内部治理相比,该分析框架突出了对组织性质、外部治理等问题的分析,可以更好地理解中国现阶段的组织治理问题。

1. 组织性质

组织性质主要包括以下几个方面。

法律地位。法律地位的差别影响着组织治理结构的选择。组织有无独立的法人[①]地位,组织的法人地位是由公法确定的还是由私法确定的,组织的构成是以人还是财产为基础等是考察组织法律地位的重要维度。《民法通则》规定,"法人是具有民事权利能力和民事行为能力,依法独立享有民事权利和承担民事义务的组织"。由于中国的法人分类尚存在一些不足,本章对于法人的分类主要借鉴大陆法系的做法。在大陆法系国家,法人分为公法人和私法人两类。公法人分为公法财团、公法社团和公营造物等。私法人分为社团法人和财团法人,其中社团法人是以人为基础的;财团法人则是以财产为基础的。社团法人可以分为营利法人、公益法人和中间法人,而财团法人只能是公益法人。

组织规模。组织规模的大小与组织治理结构的复杂程度呈高度正相关的关系:第一,组织治理结构随着组织规模的变化而变化,"当一个组织规模足够小时……并不需要复杂的治理结构;只有当组织规模较大,才需要有一套复杂、正式的治理结构……治理结构的完善必须与其发展规模相匹配"[②];第二,不同组织的治理模式因组织规模的大小而呈现差异,一般来说,小规模组织的治理结构比较简单,大规模组织的治理结构相对复杂。

资产构成。资产是组织运作的重要基础。组织治理分析框架中的资产构成主要探讨组织的资产是由国有资产、社会公益资产、个人资产中的哪一种

[①] 本章主要探讨的是具有法人地位的组织,那些不具法人地位的组织不在本章的讨论范围之内。

[②] 郁建兴、江华、周俊:《在参与中成长的中国公民社会:基于浙江温州商会的研究》,浙江大学出版社,2008,第75~76页。

或者哪几种组成的。对于企业组织来说，股权结构的多元化是一个普遍的趋势；对于公共组织来说，国有资产、社会捐赠、政府购买公共服务使得其资产构成不断多元化。资产构成的差异是影响组织治理参与主体的重要因素，因此，了解组织的资产构成是明确组织治理主体、确立组织治理结构的先决条件。

产权结构。产权结构是组织治理结构设置的决定性因素。产权包括对财产的占有、使用、收益和处置等多方面内容。不同性质的资产具有不同的产权结构：国有资产、个人资产具有明确的所有者；而社会公益资产则没有明确的所有者，出资者在捐出资产的同时意味着他已放弃了对所捐赠资产的所有权，而成为一个有权利了解资产使用状况的利益相关者。在组织法人化的背景下，所有权与控制权相分离是组织治理领域一个普遍的趋势。所有权包括剩余索取权和剩余控制权，不同组织的剩余索取权和剩余控制权具有相异的特征。

产品类型。从性质上看，社会组织向社会提供的产品可以分为私人物品、公共物品以及俱乐部物品。私人物品的受益人为其所有者，俱乐部物品的受益人为特定的少数人，公共物品的受益人为不特定的多数人。产品性质的差异决定了组织受益人范围的不同，而组织受益人的不同又会决定不同组织治理主体的差别。

2. 组织的外部治理

组织的外部治理指的是通过外在的赋权机制、问责机制和竞争机制等既为组织的内部治理创造空间，又促使组织不断提高绩效的制度安排。公司制企业的外部治理主要体现在资本市场、银行、股票市场、劳动力市场、政府的宏观管理、竞争机制、消费者的品牌忠诚度等方面。公共组织的外部治理则主要体现在市场竞争机制、政府的宏观管理、服务对象的选择权、第三方购买机制、社会媒体的监督等几个方面。以公共组织的外部竞争机制为例，使公共服务组织"面对一万条使其努力提高效率的规章，不如使其面对一条无形的规则：竞争"[1]。对于任何一个掀起新公共管理运动的国家来说，市场化都是公共服务改革的主旋律，有学者称之为"市场狂想曲"[2]。为了

---

[1] 周志忍：《英国公共服务中的竞争机制》，《中国行政管理》1999 年第 5 期。
[2] 〔德〕克里斯托弗·理查德：《德国公共服务的市场化》（下），孙晓莉译，《北京行政学院学报》2003 年第 3 期。

打破公共部门在公共服务提供上的垄断，西方国家精心设计了一系列的制度，既有公共部门之间的非市场竞争，又有不同性质部门之间的市场竞争。此外，公众也可以通过教育券、第三方购买等机制来发挥重要的作用。

3. 组织的内部治理

组织的内部治理是相关主体通过制度安排而形成的一种结构，主要包含两个方面的内容。其一，组织治理的参与主体。一般包括党的组织、政府部门、出资人、组织管理层、组织成员、组织的服务对象、组织的广大利益相关者等。不同主体在组织治理中承担着相异的角色，以公共服务组织为例，政府部门在公共组织治理过程中扮演着多重角色，既是一部分公共服务组织（中国称之为事业单位）的举办者，又是整个公共服务市场的监管者，担负着协调不同公共服务主体的职责。其二，组织内部的机构设置。组织内部的机构设置因组织性质的不同而有所差异：尽管都有决策部门、执行部门和监督部门，并且内部治理结构都是以决策部门为核心的，但是企业组织的权力机构是股东大会，董事会接受股东大会的委托对重大事项进行决策；互益类非营利组织的权力机构是全体会员大会，理事会由其委托负责决策事务；公益类公共服务组织的情况比较特殊，它既不能实行股份制，又不是以会员为基础，因此，它的权力机关和决策部门事实上是重合的，即理事会。

4. 组织的治理机制

组织的治理机制，是指为了促进组织治理结构的不同组成部分之间的有效配合、实现组织的自主运作而进行的制度安排。组织的治理机制主要包括组织的决策机制、执行机制、监督机制和激励机制等内容。组织的决策机制可以从组织领导人的产生方式、组织的决策方式、组织决策过程的民主化等方面分析；组织的执行机制可以从组织管理人员有无自主权力，与决策层的权责划分是否明确等方面来观察；组织的监督机制可以从监督人员的产生方式、有无独立性等维度来进行研究；组织的激励机制可以从组织内部的分配机制等角度来考察。

5. 组织的社会公信力

组织的公信力反映的是组织绩效为社会各界所认可的情况。组织公信力的强弱与组织治理状况的好坏有密切的关系，从一定意义上说，它是组织治理状况的"晴雨表"，是组织生命力的重要源泉。企业组织的公信力可以通过其资本市场状况、顾客对产品的忠诚度来考察。公共组织的公信力则可以从公众的满意度上来分析。2011年7月，凤凰网针对红十字会的信任危机问题做了一个网络调查，共有 224107 人参与了此次调查，其中 103129 人认为红十字会陷入信任危机的深层原因是，"红十字会内部长期的不透明、不公开，组织神秘"，约占总人数的 46%；有 107600 人认为红十字会需要迫切解决的问题是，"接受国际有公信力会计师事务所审计"①，约占总人数的 48%。

6. 组织的制度环境

"制度是一个社会的博弈规则，或者更规范地说，它们是一些人为设计的、型塑人们互动关系的约束。"② 它"通过为人们提供日常生活的规则来减少不确定性"，包括"正式约束和非正式约束"③。在组织治理领域，正式约束主要是指与组织相关的政策、法律和法规；非正式约束主要是指整个社会的文化传统，社会资本发育状况，社会成员的契约意识、合作意识、公益意识以及参与意识等，这些成为影响组织运行的无形因素。在一定程度上，社会组织可以理解为一种文化现象，对于它而言，这些非正式约束与包括"礼貌、非暴力、宽容心、同情心、自愿者精神、相互尊重、共同体意识"④ 等要素构成的公民性高度相关。两种制度的高度契合是公共组织治理达到理想状态的必要条件。

三 中国公共组织治理的理论分析

在现代社会，公共组织与私人组织的划分是十分普遍的现象。就公共组织而言，由于具体情况的差异，不同国家和地区的公共组织在组织名称、具体形态上呈现一定程度的差别。与其他一些国家和地区的做法相似，可以将中国的公共组织分为公共部门（包括党政机关、人民团体、事业单位、国有企业）和社会组织（包括社会团体、民办非企业单位和基金会）两部分。下面，我们将运用组织治理分析的一般性框架，主要围绕事业单位、社会团体、民办非企业单位和基金会等四类公共组织进行探讨。

虽然事业单位、社会团体、民办非企业单位和基金会是中国独有的概念，但是这并不意味着其他国家和地区就没有类似功能和性质的组织。从发生学的角度来看，社会组织与事业单位的产生基础存在很大不同：社会组织

---

① http://survey.news.ifeng.com/result.php?surveyId=12785，最后访问日期：2011 年 12 月 16 日。
② 〔美〕诺斯：《制度、制度变迁与经济绩效》，杭行译，上海人民出版社，2008，第 3 页。
③ 〔美〕诺斯：《制度、制度变迁与经济绩效》，杭行译，上海人民出版社，2008，第 4 页。
④ 高丙中、袁瑞军主编《中国公民社会发展蓝皮书》，北京大学出版社，2008，第 4 页。

"是以社会旨趣而不是以国家职能为基础。政府是国家意志的体现,它按照国家制度需要定义职能,不同国家制度下政府的职能不同,其中维护国家安全、提供公共服务是基本的职能,这些职能通过各级各类国家机关、政府机构以及国有事业单位(大陆法系国家也称为公共营造物和公法财团)得以贯彻和实现"①。事实上,在世界范围内,政府利用国有资产举办公共服务组织以及社会成员利用社会公益资产自主举办公共服务组织是一个较为普遍的现象。不同的是,"在中国,我们把提供教育、科技、文化、卫生等公益服务的机构,统称为事业单位,事业单位是中国公益机构的主体,是提供公益服务的重要载体"②;而社会成员利用社会公益资产自主举办的公共服务组织则被称为社会组织,包括社会团体、民办非企业单位和基金会三类组织。从事业单位和社会组织的自身性质上分析,它们分别对应于国际通行话语中两类不同性质的公共服务组织,也就是说,事业单位是政府公共性的体现,而社会组织则是社会公共性的体现。正是这种共性的存在使中国的公共组织治理可以向其他一些国家和地区的公共组织治理学习和借鉴经验,正如国内的一些专家学者所指出的,"我们也注意到……国外公益机构普遍建立了法人治理结构,我们将借鉴这种有益经验,结合中国实际,逐步探索总结"③。

公共组织治理就是在明确公共组织的性质等问题的基础上,通过结构设置和机制完善,促使组织达成其公益目标的过程。因此,从应然的角度来看,事业单位与三类社会组织之间内在发生机理的不同决定了各自举办主体、成立基础和资产构成的差异,不同性质的资产具有相互区别的产权结构。从产权结构来看,事业单位的剩余控制权、剩余索取权一致,它的所有权与控制权分离;公益类非营利组织的剩余控制权、剩余索取权、控制权三权分离;而互益类非营利组织的所有权、控制权分离,受益人有不充分的剩余索取权。④ 这种产权结构以及产品性质的差别又会影响到组织治理主体的选择和治理结构的设计。公共组织治理的动态功能则是以公共组织的静态治理结构为基础,通过系统的机制设计将各个组成部分有序联结起来,最终实

---

① 王名、刘培峰等:《民间组织通论》,时事出版社,2004,第7页。
② 黄文平:《深化公益机构改革 促进公共服务发展》,http://www.scopsr.gov.cn/jbc/zbzy/201007/t20100708_13819.htm,最后访问日期:2011年10月18日。
③ 黄文平:《深化公益机构改革 促进公共服务发展》,http://www.scopsr.gov.cn/jbc/zbzy/201007/t20100708_13819.htm,最后访问日期:2011年10月18日。
④ 郁建兴等:《在参与中成长的中国公民社会:基于浙江温州商会的研究》,浙江大学出版社,2008,第79页。

现整个组织的高效运作。上述几个方面的内容便构成了中国公共组织治理的应然架构。

具体来说，这四类公共组织治理架构的差别主要体现在不同组织的成立宗旨（互益或公益）、举办主体（政府或社会）、构成基础（人或财产）、资产构成（国有资产或社会公益资产）、产权结构（所有权和控制权的分离）、产品性质（公共产品或俱乐部产品）、参与主体（政府管理部门、出资人、管理人员以及其他利益相关人等）、治理结构（外部治理结构、内部治理结构）、动态功能（运行机制）等诸多方面（见表8-1）。

表8-1 中国不同公共组织治理的比较

比较点＼组织类型	事业单位	社会团体	民办非企业单位	基金会
宗旨	公益	公益、互益	公益	公益
举办主体	政府	社会	社会	社会
构成基础	财产	人	财产	财产
资产构成	国有资产	社会公益资产	社会公益资产	社会公益资产
产权结构	所有权与控制权分离	所有权与控制权分离 受益人有不充分的剩余索取权	剩余控制权、剩余索取权、控制权分离	剩余控制权、剩余索取权、控制权分离
产品性质	公共产品	公共产品 俱乐部产品	公共产品	公共产品
外部结构	政事分开 竞争机制	政社分开 竞争机制	政社分开 竞争机制	政社分开 竞争机制
权力机关	理事会	会员大会	理事会	理事会
决策机构	理事会	理事会	理事会	理事会
监督机构	监事会	监事会	监事会	监事会

四 中国公共组织治理的制度安排

在中国，事业单位指"国家为了社会公益目的，由国家机关举办或者其他组织利用国有资产举办的，从事教育、科技、文化、卫生等活动的社会服务组织"；民办非企业单位指"企业事业单位、社会团体或其他社会力量以及公民个人利用非国有资产举办的，从事非营利性社会服务活动的社会组织"；社会团体指"中国公民自愿组成，为实现会员共同意愿，按照其章程开展活动的非营利性社会组织"；基金会指"利用自然人、法人或者其他组织捐赠的财产，以从事公益事业为目的，按照本条例的规定成立的非营利法人"。

目前，中国的公共组织治理主要是以相关法律、法规为基础，通过具体的组织章程来体现的，且大多集中在内部治理结构及运行机制等方面。

1. 民办非企业单位的治理

《民办非企业单位（法人）章程示范文本》① 对民办非企业单位治理的诸多问题进行了规定。第一章规定了民办非企业单位的名称、性质、宗旨、登记管理机关和业务主管单位。第二章规定了举办者应该享有的权利：了解本单位经营状况和财务状况，推荐理（董）事（以下简称理事）和监事，有权查阅理（董）事会（局）（以下简称理事会）会议记录和本单位财务会计报告。第三章规定，理事会是本单位的决策机构，理事由举办者（包括出资者）、职工代表（由全体职工推举产生）及有关单位（业务主管单位）推选产生；理事会行使下列事项的决定权：修改章程，业务活动计划，年度财务预算、决算方案，增加开办资金的方案，本单位的分立、合并或终止，聘任或者解聘本单位院长（或校长、所长、主任等）和其提名聘任或者解聘的本单位副院长（或副校长、副所长、副主任等）及财务负责人，罢免、增补理事，内部机构的设置，制定内部管理制度，从业人员的工资报酬；理事长的职权，理事会的议事规则，理事会与执行层的权力划分、监事会的产生方式及职权范围。第四章规定了法定代表人的资格条件。第五章规定了资产管理、使用原则及劳动用工制度。

2. 社会团体的治理

《社会团体章程示范文本》② 内容涉及社会团体治理的多个方面。其中，第一章对社会团体的名称、性质、宗旨业务主管单位和登记管理机关等进行了规定；第二章对社团的业务范围进行了规定；第三章对会员种类（单位会员、个人会员）、会员入会条件、程序、权利和义务等作了规定；第四章对团体的最高权力机构（会员代表大会）的职权、议事规则，理事会的职权、议事规则，理事长、副理事长和秘书长的任期和职权等进行了规定；第五章规定了团体的资产管理、使用原则；第六章规定了章程的修改程序；第七章规定了终止程序及终止后的财产处理。

---

① http://www.chinanpo.gov.cn/web/showBulltetin.do?id=18393&dictionid=1304，最后访问日期：2011年8月15日。

② http://www.chinanpo.gov.cn/web/showBulltetin.do?id=16925&dictionid=1302&catid=，最后访问日期：2011年8月15日。

3. 基金会的治理

《基金会章程示范文本》①内容涵盖了基金会治理的多个方面。第一章规定了基金会的名称、类型（公募或非公募）、宗旨、原始基金数额、登记管理机关和业务主管单位；第二章规定了基金会的业务范围；第三章规定了基金会理事的人数、资格条件、产生、罢免、权利和义务，理事会的职权和议事规则，监事的产生、罢免、权利和义务，理事长、副理事长和秘书长的资格条件、产生方式以及各自的职权范围；第四章规定了基金会财产的使用和管理；第五章规定了基金会的终止和剩余财产处理；第六章规定了基金会的章程修改。

4. 事业单位的治理

到目前为止，本章所主要探讨的公共组织中，只有事业单位领域还没有出台全国范围内统一的章程文本。相关文本只是散见于一些大学的章程、个别省份（如广东）的一些规定。其主旨是"建立和完善以决策层及其领导下的管理层为主要构架的事业单位法人治理结构"②。这些章程对事业单位理事会的设置、理事会的职权、理事会的议事规则、资产的使用和管理等若干问题进行了规定。

第三节　中国公共组织治理改革的历程

一　党的十一届三中全会至党的十四大

从时间跨度上来看，这一阶段是从党的十一届三中全会到党的十四大；从内容上来看，这一阶段的改革主要是针对事业单位运行中存在的一些问题进行的，涉及自主权、管理体制、行政首长负责制、拨款制度、人事制度等内容。

改革开放以来，针对计划体制下事业单位存在的一些弊端，为了适应经济改革以及社会各项事业发展的需要，充分激发事业单位的生机与活力，党中央、国务院和有关部委相继作出了《中共中央关于科学技术体制改革的

---

① http：//www.chinanpo.gov.cn/web/showBulltetin.do? id = 16956&dictionid = 1303&catid = ，最后访问日期：2011 年 10 月 5 日。
② 《关于推进我省事业单位法人治理结构试点工作的指导意见》，http：//www.gdbb.gov.cn/detail.jsp? infoid = 12748，最后访问日期：2012 年 5 月 10 日。

决定》(1985年3月)、《卫生部关于卫生工作改革若干政策问题的报告》(1985年4月)、《中共中央关于教育体制改革的决定》(1985年5月)、《国家体委关于体育体制改革的决定(草案)》(1986年4月)等文件,对科技、卫生、文化、教育以及体育等行业事业单位的改革提出了一些要求。《中共中央关于科学技术体制改革的决定》(1985年3月)指出,"在运行机制方面,要改革拨款制度,开拓技术市场,克服单纯依靠行政手段管理科学技术工作,国家包得过多、统得过死的弊病……在组织结构方面,要改变过多的研究机构与企业相分离,研究、设计、教育、生产脱节……促进研究机构、设计机构、高等学校、企业之间的协作和联合"。《卫生部关于卫生工作改革若干政策问题的报告》(1985年4月)指出,"各级卫生机构要积极创造条件实行院、所、站长负责制,院、所、站长由上一级任命,或民主推荐上级批准,并实行任期制"。《中共中央关于教育体制改革的决定》(1985年5月)指出,"改革管理体制,在加强宏观管理的同时,坚决实行简政放权,扩大学校的办学自主权;调整教育结构,相应地改革劳动人事制度";"加强高等学校同生产、科研和其他各方面的联系,使高等学校具有主动适应经济和社会发展需要的积极性和能力";"学校逐步实行校长负责制……要建立和健全以教师为主体的教职工代表大会制度,加强民主管理和民主监督"。

总体上看,这一阶段的改革措施并没有真正触及公共组织治理中的组织性质定位、治理结构设计等核心问题,只是属于一些旨在应对事业单位自主性不足等问题的、局部的改革;从改革主体上来看,由于社会组织尚未快速发展,事业单位几乎处于"一枝独秀"的地位,是这一阶段改革的主角。

二 党的十四大至党的十六大

从党的十四大明确提出"建立社会主义市场经济体制"的目标以来,中国一直在积极探索建立与社会主义市场经济体制相适应的事业单位管理体制,这是事业单位改革的主要目标。这一阶段的突出特征是事业单位的改革开始逐步深入,其组织性质等一系列基本问题的探讨日益急迫,一些改革的基本原则逐渐明确并且在实践中得到了初步的探索,事业单位激励机制的改革进一步推进。也是在这一阶段,社会组织成长迅速,并且在经济和社会发展中发挥了重要的作用,社会组织规模的持续壮大使得其组织治理问题开始提上议程。

1996年,中央机构编制委员会办公室出台了《关于事业单位机构改革若干问题的意见》,初步明确了事业单位改革的指导思想、方向和重点,提出了政事分开等事业单位治理的基本原则。1998年,中国颁布了《事业单位登记管理暂行条例》,开始探索实施事业单位法人登记制度。2000年发布的《国务院办公厅转发科技部等部门关于深化科研机构管理体制改革实施意见的通知》指出,在分类推进科研机构改革的基础上,对于"主要从事应用基础研究或提供公共服务、无法得到相应经济回报、确需国家支持的科研机构,仍作为事业单位,按非营利性机构运行和管理"。2000年2月,国务院办公厅转发了教育部等部门《关于调整国务院部门(单位)所属学校管理体制和布局结构实施的意见》。

与此同时,以事业单位"社会化"的改革原则为指导,社会力量开始大量进入公共事业领域。伴随着中国社会组织的蓬勃发展,其组织治理的探索有了新的进展。1995年,在北京召开的联合国第四次世界妇女大会,使社会各界对于非政府组织有了进一步的了解。1998年,国务院通过了《社会团体登记管理条例》《民办非企业单位登记管理暂行条例》;1999年民政部通过了《民办非企业单位登记暂行办法》。

与前一阶段相比,这一阶段的改革措施仍然没有从根本上触及公共组织治理的核心问题,但是相关改革措施大都属于组织性质、内部治理结构、政事关系、政社关系等与公共组织治理密切相关的问题。

三 党的十六大至党的十七大

党的十六大报告指出,"按照政事分开原则,改革事业单位管理体制"。此后一段时期,事业单位管理体制改革继续深入,资产管理体制改革有了新的进展;在社会组织方面,随着政社分开的推进,社会组织的法人治理不断完善。

在这一阶段,事业单位国有资产管理体制改革正式启动,2004年9月,财政部在其行政政法司与科教文司分别组建行政资产处与事业资产处两个新部门,专司行政与事业单位资产的管理工作;与之相对应,一些地方政府也在积极探索事业单位资产管理的新机制,出现了"上海、南宁、南海、乌鲁木齐"① 模式。为了更加有效推进政事分开、管办分开,无锡市卫生局②、

---

① 财政部财政科学研究所"事业单位资产管理改革研究"课题组:《事业单位资产管理改革研究》,《经济研究参考》2006年第65期,第11~22页。
② 参见邓国胜、纪颖《从治理模式看公立医院改革——以无锡市为例》,《国家行政学院学报》2007年第2期。

北京市海淀区政府公共服务委员会①、上海市申康医院发展中心②、潍坊市卫生局等为改革政府主管部门与所属事业单位的关系，有效实现管办分开进行了卓有成效的探索。2005年，中央机构编制委员会办公室通过了《事业单位登记管理暂行条例实施细则》，对事业单位法人登记制度作了更为详细的规定。

社会组织治理的制度进一步健全。2002年全国人大通过了《中华人民共和国民办教育促进法》，2004年国务院通过了《基金会管理条例》，2004年财政部通过了《民间非营利组织会计制度》，2007年国务院通过了《关于加快推进行业协会商会改革和发展的若干意见》，同年教育部通过了《民办高等学校办学管理若干规定》。这一时期，有关部门还出台了《民办非企业单位（法人）章程样本（试行）》和《社会团体章程示范文本》。这些法律、法规从组织性质、管理体制、理事会设置、运行机制等多个方面对社会组织治理作出了规定。一些地区或领域在探索政社分开、改革社会组织双重管理体制方面迈出了重要步伐。在行业协会领域，一些地区相继出台文件，积极推动政府与行业协会分开。如深圳市于2004年通过《深圳市行业协会民间化工作实施方案》，通过人员脱钩、办公场所基本分开、财务独立建账来实现组织机构的民营化；通过自主运作与政府扶持的结合来实现组织运行机制的民营化。在社会组织双重管理体制改革方面，行业协会的管理体制出现了"新双重管理体制、三重管理体制、单重管理体制"③ 三种模式。

四 党的十七大至今

党的十七大报告指出，"加快推进事业单位分类改革"。2008年，《关于深化行政管理体制改革的意见》指出，"加快推进政企分开、政资分开、政

---

① http://61.49.38.23/hdxxweb/docs/www/zwgk/jgzn/jbxx.jsp? orgid = 232，最后访问日期：2011年10月12日。
② 上海申康医院发展中心是市政府设立的国有非营利性的事业法人，是市级公立医疗机构国有资产投资、管理、运营的责任主体和政府办医的责任主体。一方面，申康医院发展中心受市国资委托，承担投资举办市级公立医疗机构的职能，对市级公立医疗机构的国有资产实施监督管理，履行出资人职责，承担国有资产保值增效责任；另一方面，作为市政府的办医主体，申康医院发展中心将根据市政府的要求，坚持正确的办医方向，办好市级公立医疗机构，进一步提高市级医疗机构的整体水平，为患者提供质优、价廉的医疗服务。http://www.shdc.org.cn/shenkang.action，最后访问日期：2011年10月8日。
③ 王名、孙春苗：《行业协会论纲》，《中国非营利评论》第四卷，社会科学文献出版社，2009，第31页。

事分开、政府与市场中介组织分开"。这一阶段最突出的特征是以《关于分类推进事业单位改革的指导意见》的出台为标志，事业单位改革开始进入系统化实施阶段，一些地区的事业单位法人治理探索继续深入；社会组织的治理模式继续创新。

2008年国务院印发了《事业单位工作人员养老保险制度改革试点方案》，决定在山西、上海、浙江、广东、重庆五省市展开试点；"聘用制度推行范围继续扩大，全国事业单位签订聘用合同人员的比例达到90%。岗位设置管理实施工作稳步推进，中央和国家机关所属事业单位岗位设置方案核准率为80%以上，全国各省（区、市）以及新疆生产建设兵团全部启动岗位设置工作。进一步推行公开招聘制度，召开了全国事业单位公开招聘工作座谈会，会同中组部下发了《关于进一步规范事业单位公开招聘工作的通知》"[1]；"事业单位工作人员收入分配制度改革稳步推进，义务教育学校绩效工资2009年基本兑现到位，公共卫生与基层医疗卫生事业单位绩效工资抓紧实施，部分省份基本兑现，其他事业单位按照分类指导、分步实施、因地制宜、稳慎推进的原则，实施绩效工资"[2]。一些地区和行业的事业单位改革继续推进，2010年中共广东省委、广东省人民政府发布关于印发《广东省事业单位分类改革的意见》的通知；《关于公立医院改革试点的指导意见》指出，"改革公立医院管理体制。探索政事分开、管办分开的有效形式，建立协调、统一、高效的公立医院管理体制，科学界定公立医院所有者和管理者的责权，探索建立医院法人治理结构"。

事业单位"在经历了多年的发展和二十年分散的改革后，它形成了一个缺省的组织范畴。时下政府正试图采用完整的政府前景规划，并且调整事业单位的组织结构，以使事业单位能够与其在现代市场经济中的新角色相匹配"[3]。总体而言，事业单位改革问题是一个系统性的工程，包括公共服务的投入、财政资金的流向、收入分配制度改革、社会保险制度改革、公共服务主体再造

---

[1] 《2010年度人力资源和社会保障事业发展统计公报》，http://www.mohrss.gov.cn/page.do?pa=402880202405002801240882b84702d7&guid=e60c0ef72ddd4e8eb968ac5f11900f59&og=8a81f0842d0d556d012d111392900038，最后访问日期：2012年3月10日。

[2] 《2010年度人力资源和社会保障事业发展统计公报》，http://www.mohrss.gov.cn/page.do?pa=402880202405002801240882b84702d7&guid=e60c0ef72ddd4e8eb968ac5f11900f59&og=8a81f0842d0d556d012d111392900038，最后访问日期：2012年3月10日。

[3] 经济合作与发展组织：《中国治理》，中国科学院-清华大学国情研究中心译，清华大学出版社，2007，第45页。

以及相互之间竞争机制的建立、政事分开、事业单位治理结构的完善等。由此可见，事业单位的治理需要系统的顶层设计，需要相关方面的整体推进。

2011年，中共中央、国务院出台了《关于分类推进事业单位改革的指导意见》。该文件对事业单位改革进行了系统规划和总体部署，明确了事业单位改革的短期和长期目标，"到2020年，建立起功能明确、治理完善、运行高效、监管有力的管理体制和运行机制……今后5年……从事公益服务事业单位在人事管理、收入分配、社会保险、财税政策和机构编制等方面改革取得明显进展，管办分离、完善治理结构等改革取得较大突破"。《关于分类推进事业单位改革的指导意见》着重强调了事业单位的激励机制改革，指出"进一步理顺体制，完善机制、健全制度，充分调动广大工作人员的积极性、主动性、创造性，真正激发事业单位生机与活力"。此外，《关于分类推进事业单位改革的指导意见》还对事业单位的外部、内部治理结构提出了新的要求，"改革管理体制。实行政事分开，理顺政府与事业单位的关系。行政主管部门要加快职能转变，创新管理方式，减少对事业单位的微观管理和直接管理，强化制定政策法规、行业规划、标准规范和监督指导等职责，进一步落实事业单位法人自主权"；"建立健全法人治理结构。面向社会提供公益服务的事业单位，探索建立理事会、董事会、管委会等多种形式的治理结构，健全决策、执行和监督机制"。同年，广东省陆续制定了《关于推进我省事业单位法人治理结构试点工作的指导意见》《关于在部分省属事业单位和广州、深圳、珠海市开展法定机构试点工作的指导意见》，开始试点事业单位法人治理结构，积极创新事业单位治理模式、完善治理结构、健全监督管理机制。

在社会组织治理方面，以前一阶段的改革为基础，社会组织的法人治理不断完善，相关制度日益健全。例如，北京市通过建立"枢纽型"组织来改革现行的社会组织管理体制，以更好地服务于社会组织的发展。

第四节　中国公共组织治理成效与未来

一　中国公共组织治理成效

1. 初步明确了公共组织的基本性质

改革开放以来，经过30多年的探索，中国事业单位、民办非企业单位、社会团体和基金会等主要公共组织的法律地位、资产性质、产权构成等基本问题已经初步明确。

就事业单位来看，成效主要体现在两个方面。第一，法人地位初步明确，《中华人民共和国民法通则》明确将事业单位法人列为中国四类法人之一。近年来，通过法人化改革、落实事业单位自主权、完善法人治理结构的改革目标，开始为社会各界所接受。值得注意的是，事业单位法人化改革的理论来源有两个，一是行政法、行政诉讼法的视角，有学者为解决行政诉讼法律关系中事业单位的行政主体地位问题，运用大陆法系的公务法人理论来考察事业单位的改革方向[①]；二是公共管理学的视角，有学者以社会的全面转型为分析背景，为了解决自主性不断增强的事业单位如何实现公益性目标的问题，提出了确立事业单位法人地位，建立健全法人治理结构的改革目标。第二，事业单位的公益属性也渐趋明朗，30多年来，经历了放权、搞活、产业化、按非营利机构运作等环节的尝试后，通过改革来增强事业单位的公益属性成为全社会的共识。基于这一考虑，中国逐步确立了"分类改革"的总体战略，即行政执法类事业单位转制为政府部门，生产经营类事业单位改制为企业，公益服务类事业单位确立为公立事业法人，并逐步完善治理结构。

就社会组织来看，在国外非营利组织理论相继引入中国的过程中，中国社会组织的公益性质、产权性质和产权结构逐渐开始明确，并且在一些方面逐步开始和国际通行话语接轨，如在举办主体上以社会力量与公共部门相对应，在组织资产构成上以社会公益资产与个人资产和国有资产相对应；与此同时，《中华人民共和国民法通则》等法律、法规也赋予了一些类型的社会组织（社会团体）以独立的法人地位。

2. 公共组织外部治理的基本原则逐渐清晰

随着社会转型的不断深入，在公共组织治理方面，政社分开、政事分开、管办分开的基本原则日益清晰。中国公共组织多元化的进程内在地要求政府的职能定位及其实现方式的积极转变，即通过政事分开、管办分开等机制设计来改善社会组织和公益类事业单位的外部治理结构，为它们的内部治理创造良好的环境。在实践过程中，公共组织的外部治理模式已开始进入探索实行阶段。由于公共组织外部治理结构的确立并没有统一的模式和现成的

---

① 参见马怀德《公务法人问题研究》，《中国法学》2000年第4期。

经验可以参考，这就需要在实践中不断地摸索。跨入21世纪以来，不同领域、不同部门、不同地区在实践过程中对于相关的问题进行了一些改革，例如，政府管理部门积极推动对各类公共组织的绩效评估；无锡市卫生局、海淀区公共服务委员会、上海市申康医院发展中心、潍坊市卫生局等部门在管办分开等诸多方面进行了一些具有积极意义的尝试。尽管这些改革的具体成效还有待进一步观察，但是，这种尝试无论如何都值得肯定。此外，社会组织的外部治理结构开始确立：政社分开的机制不断丰富，一些地区的政府与社会组织逐步实现了机构和人员的分离；政府购买公共服务进展较为迅速，从国家到地方的各级政府陆续出台了一些旨在推动政府购买社会组织公共服务的文件。伴随着教育券、第三方购买等机制在一些地区的实施，社会公众的选择权和话语权不断加强，在公共组织外部治理过程中发挥着越来越重要的作用。

3. 公共组织的内部治理结构开始建立

经过十几年的探索和改革，目前为止，中国依法登记的社会组织大都按照相关要求制定了各自的组织章程，初步建立起了较为完善的内部治理结构，并且突出了理事会在组织治理中的核心地位和决策功能，在利益相关人理论的指导下不断实现理事会组成人员的丰富化。与此同时，公益类事业单位的内部机构设置有了一些初步的进展，具有一些法人治理的基本元素，例如，一些大学陆续出台了各自的大学章程，还有一些大学建立了由多方人员组成的董事会；公益类事业单位的法人治理逐步开始由一种政策上的规划变为现实，在相关政策、法律和法规的指导下，广东等地区的一些事业单位开始试点实行内部治理结构。

4. 一些公共组织治理的运行状况良好

考察中国公共组织治理的实践，可以发现，相比尚未实行法人治理的公共组织或自身实行法人治理之前的状况，一些公共组织的运行状况有了明显的好转，自主性得到了较好的发挥。从民办非企业单位来看，相关实证调查发现，"一半以上的民办非企业单位是民间自发成立的"，在决策方面，"20.1%的民办非企业单位由理事会等正式决策机构决定，有17.6%的民办非企业单位由全体成员协商决定"[1]。此外，事业单位的治理机制也有所改观，聘任制、绩效工资制的实行使事业单位的人力资源管理、激励机制有了

---

[1] 邓国胜等：《事业单位治理结构与绩效评估》，清华大学出版社，2008，第42~46页。

一定程度的改进；从运行机制来看，有学者对已经实施法人治理的事业单位的一项实证调查显示，"接近五成的被调查者对建立法人治理结构后组织运行状况表示满意或很满意""接近四分之三的被调查者认为建立法人治理结构后单位管理更加规范"①。

5. 公共组织的社会公信力逐步提高

从资源依赖的角度来看，任何社会组织都不能摆脱对于外部环境的依赖而独立地生存。公共组织同样如此，它的社会公信力是获取外部资源的重要依据。20多年来，中国公共组织的社会公信力得到了不同程度的提升。我们可以看到，在公共服务领域，出现了一些专业服务能力突出，信息公开全面、及时，讲诚信，社会责任意识比较突出，具有很好的社会公信力和良好口碑的公共组织。这些公共组织通过自身的积极努力和不懈追求，逐步赢得了包括党政部门、社会公众等多方的信任。

6. 公共组织治理的制度环境不断改善

从正式制度方面来看，公共组织治理的动态演进历程也是制度环境不断完善的过程。改革开放30多年来，中国已经初步建立起了包括政策、宪法、法律和行政法规在内的公共组织制度体系，从宏观层面到微观层面对公共组织的法律地位、内部和外部治理结构、运行机制等问题作出了较为明确的规定。中国的公共组织治理也因此开始走上制度化、规范化的道路，初步形成了多层次、立体型的法律、法规体系。

从非正式制度方面来看，改革开放以来，随着中国经济市场化、政治民主化进程的不断深入，中国公民的契约意识、民主意识、参与意识有了很大程度的提高。这种进步反映在公共组织治理领域就是，社会公众的公益意识逐步增强，参与意识日益提高；社会组织数量持续增长，社会公益捐赠的数额不断增加。尤其值得注意的是，2008年汶川特大地震发生后，公众的社会捐赠和志愿者的公益活动标志着中国公民的公益意识和行为达到了一个前所未有的高度，以至有学者认为，"在汶川特大地震之后国人的总体表现非常充分地彰显了中国社会的公民社会品质"②。

---

① 《事业单位法人治理结构问卷调查报告——以浙江省嘉兴市为例》，http://rky.org.cn/c/cn/news/2009-11/19/news_8163.html，最后访问日期：2011年10月26日。
② 高丙中、袁瑞军主编《中国公民社会发展蓝皮书》，北京大学出版社，2008，第1页。

二 中国公共组织治理的未来

1. 与公共组织性质相关的基本问题有待深入研究

第一，进一步加深对于公共组织性质的认识。中国的事业单位和社会组织在诸多方面与理论上的规定还存在一些较大的差距，"对于是什么构成了企业以及什么叫'非营利'，还没有一个清楚的概念。"① 从事业单位方面来看，事业单位的基本性质等一系列基础性的问题尚需深入探讨，如事业单位资产性质的多样化与股份制企业股权结构的多元化是否为同一个问题，换言之，也就是事业单位能否和企业一样实行股份制的问题；事业单位究竟能不能等同于西方的非营利组织。这些问题直接导致中国事业单位治理的理论基础薄弱，事业单位法人治理结构究竟是以企业治理理论、公务法人理论、公共治理理论还是非营利法人治理理论为基础尚不明确。从社会组织方面来看，其基本性质同样不是十分明确。以民办非企业单位的组织性质为例，问题突出表现在两个方面：一是宗旨不清。既然具有社会组织的身份，那么民办非企业单位就应当严格遵循"不分配约束"和社会公益资产的相关要求。但是，有关实证研究发现，许多民办非企业单位的举办者在对于自身的出资动机、举办宗旨、产权结构等一系列基本问题的认知方面与理论上的相关规定还存在一定程度的差距。二是资产构成复杂。不仅个人、合伙两种类型的民办非企业单位的资产构成复杂，难以与出资者的个人资产区分；法人类民办非企业单位的资产同样如此。根据相关规定，中国民办非企业单位的资产可以概括为：可以包含不超过 1/3 的国有资产；国有资产中可以包含非国家财政性经费、实物、土地使用权、知识产权以及其他财产。事业单位、国家出资企业和一些社会团体②等公共部门参与民办非企业单位的举办，不可避免地会使得民办非企业单位的资产构成中存在着国有资产。近年来，中国一些省份（如湖北省）开始大规模推行乡镇事业单位向民办非企业单位的改革，事业单位的资产通过租赁等形式进入民办非企业单位中，使得民办非企业单位的资产构成变得更加复杂。国有资产和社会公益资产性质的区别说明国有资产参与举办民办非企业单位的过程，实质就是国有资产"被捐赠"

---

① 经济合作与发展组织:《中国治理》，中国科学院 – 清华大学国情研究中心译，清华大学出版社，2007，第 46 页。
② 包括参加中国人民政治协商会议的人民团体，由国务院机构编制管理机关核定并经国务院批准免于登记的团体等。

的一个过程。因此，任何形式的国有资产都不应该参与举办民办非企业单位。在这一问题上，一些实践者的观点能够给出一个最为鲜活的例证。"湖北省民政厅也认为'转制的民非单位作为民间组织，不应当拥有国有资产的所有权，固定资产只能由乡镇政府无偿或有偿提供给转制单位使用，所有权归乡镇政府所有。鼓励有条件的转制单位购买原乡镇事业单位资产，作为转制后的固定资产'。"①

第二，公共组织的法人地位有待明确。从事业单位的角度来看，尽管《中华人民共和国民法通则》明确了事业单位的法人地位，但是这主要是从民事关系的角度进行的界定。由于中国缺乏公法与私法的明确划分，导致事业单位与政府、事业单位与服务对象的关系缺乏明确的规定。因此，事业单位的公法地位有待进一步明确。从社会组织的角度来看，《中华人民共和国民法通则》并没有涵盖中国社会组织的所有类型，基金会和民办非企业单位的法人地位没有明确；与事业单位一样，社会组织的公法地位同样不明确。

第三，一些公共组织规模弱小，规模需要继续壮大。尽管从绝对数量上来看，中国社会组织有了长足发展。但从组织规模上来看，绝大多数规模小、生存艰难，这是中国社会组织领域不争的事实。实证研究发现，"目前上海民办非企业单位总量不多……民办非企业单位的规模普遍较小。如以成人教育为主的民办非企业单位为例，调查资料显示，平均每个单位职工人数为16.6人，最少的仅2人。""目前，本市民办非企业单位的财务状况普遍较差，生存艰难。据调查资料显示，民办非企业单位中72.2%处于勉强维持状态，10.1%的存在着较大的赤字，只有7.6%获得微利。"② 在这种情况下，组织的治理结构很难在民办非企业单位中确立。同样，一些事业单位也因为规模太小而无法按照相关要求建立起完善的内部治理结构，组织治理尚难提上正式议程。

2. 公共组织的外部治理结构有待进一步健全

第一，积极转变政府职能，推进政事分开、政社分开。目前，政府对公

---

① 景朝阳：《乡镇事业单位转制民办非企业单位的制度分析——以湖北省为例》，《晋中学院学报》2008年第6期。
② 民进上海市委会：《关于大力扶持本市民办非企业单位发展的建议》，http://www.shzgh.org/renda/gonggao/node2524/node8975/node8979/node8980/node8982/u1a1369919.html，最后访问日期：2011年6月5日。

共组织的干预突出地表现为政事不分、政社不分。政事不分大致包括，政府与事业单位名称不分，政府与事业单位职能混淆，政府的所有者职能与管理者职能不分，政府的决策职能与执行职能不分等方面的内容。中国社会组织的管理体制被称作双重管理体制，在这种体制下，所有依法登记的社会组织必须接受登记管理部门和业务管理部门的双重管理。在双重管理体制的影响下，登记管理部门和业务管理部门往往会过多地干预社会组织的日常事务，影响其自主运作。此外，中国的社会组织与政府之间在人员和财产上也没有完全地分开。

第二，继续完善公共服务提供的市场机制。"尽管没有明确的战略，而且改革措施的实施也往往基于短期考虑，但过去20年的事业单位改革仍然有一个大体可辨的方向。总体上看，改革使得事业单位越来越不像政府机关，越来越像企业，这也就是改革的市场化方向，或者人们经常说的'推向市场'。"① 这种泛市场化的改革背后反映了人们对市场化的扭曲理解，它所提倡的市场"是垄断下扭曲的市场，不是真正的市场，今天出现的问题也不应该由市场来承担"②。作为一种高效的资源配置机制，市场的本质应该是通过独立市场主体之间的平等、有序竞争来实现资源的高效配置。"市场化并不是改革不成功的根源"，根源在于中国没有着力引入竞争机制，忽视了各个公共服务组织主体之间公平竞争环境的培育，忽略了社会公众所能发挥的作用。而是将一些原本属于市场失灵范畴的公共服务推向市场，将一些不应由市场提供的服务交由市场提供，通过买卖双方的市场交易来推行所谓的"市场化改革"，由公众根据自身的支付能力来决定是否消费，使公益性目标受到严重损害，结果引发了公众享有公共服务的不平等等一系列的问题。此外，在行业协会方面，目前的一业一会、一地一会制度客观上限制了行业协会之间的竞争。

第三，加快公共服务购买机制的改革。制度化的、公平竞争的社会组织公共服务购买机制还没有形成，从制度上来看，"公共服务购买尚未被纳入政府采购范围，缺乏相应的法律制度保障"；从购买模式上来看，"独立竞争性购买有待加强。在程序上，公共服务购买欠缺规范流程，资金信息不公

---

① 世界银行东亚和太平洋地区减贫与经济管理局：《中国：深化事业单位改革　改善公共服务提供》，中信出版社，2005，第6页。
② 胥晓莺：《卫生体制改革的失败不是市场化的失败》，《医院领导决策参考》2005年第16期。

开，公开竞争未成为一般原则，依靠内部监督"；从购买主体的关系上来看，"存在购买双方非独立、平等关系，政府单向主导，低成本购买，职权介入的问题"①。

3. 公共组织的内部治理结构尚需完善

第一，公共组织的治理主体有待进一步厘清。中国公共组织内部治理的主体存在着参与人员范围狭窄、主体错位等问题。以民办非企业单位的治理主体为例。在西方发达国家，公共服务中的合作关系已经相对成型，如美国的第三方治理。在中国，尽管社会转型赋予了我们实现公共服务主体多元化的任务，但是理论研究的滞后却严重影响着实践中的制度供给。在没有明确公共部门应当如何介入社会组织运作的情况下，公共部门已经通过并不合理的方式介入其中，导致中国公共服务中普遍存在"变形"的合作治理关系。实践表明，公共部门参与民办非企业单位的举办是一个较为普遍的现象。一些学者的实证研究所获得的材料也证明了这一点，"根据浦东新区2004年对民办非企业单位举办者所作的分类统计，在民办非企业单位的举办者中，国有企业占14.2%；国有事业单位占34.2%；私营企业占19.2%；外资企业占2.5%；其他（基金会、社会团体、自然人等）占30.11%；真正民营的不到30%"②，其中，国有企业、国有事业单位两项之和为48.4%，占了接近一半。在教育领域，民办学校"有不少是有政府直接或间接投资的背景的"③。高等教育领域的民办学校被称为"独立学院"，它的办学主体是多样化的，主要有"公办学校单独或合作举办""公办高校+地方政府（+企业）""公办高校+民营企业"④ 等模式。教育部公布的数据显示，截至2011年5月23日，中国共有独立学院309所，分布在全国的30个省、自治区和直辖市⑤。在基础教育领域的民办学校则包括公办中小学开办的民营性质"分校""民办公助学校""公办民助学校"等形式。因此，中国民办非

---

① 《中国政府购买公共服务研究终期报告》，http：//www.chinanpo.gov.cn/web/showBulltetin.do? id=44315&dictionid=1831，最后访问日期：2011年7月21日。
② 民进上海市委会：《关于大力扶持本市民办非企业单位发展的建议》，http：//www.shzgh.org/renda/gonggao/node2524/node8975/node8979/node8980/node8982/u1a1369919.html，最后访问日期：2011年6月5日。
③ 范恒山主编《中国事业单位改革探索》上卷，人民出版社，2010，第17页。
④ 周兆农：《制度设计的初衷与实践运行的矛盾——由〈独立学院设置与管理办法〉所引发的思考》，《教育发展研究》2009年第6期。
⑤ 作者整理，http：//www.moe.edu.cn/publicfiles/business/htmlfiles/moe/moe_271/201010/109693.html，最后访问日期：2011年10月12日。

企业单位的治理主体处于错位状态，一方面公共部门过度介入，另一方面相关治理主体却不能参与到组织治理的过程中。

第二，根据各自的不同特点，逐步建立健全组织的内部治理结构。首先，从社会组织方面来看，虽然中国大多数依法登记的社会组织都按照相关要求建立了以理事会为核心的内部治理结构，并且配备了组成人员，但是，这种治理结构还很不健全，存在一些问题，例如，理事会组成人员的来源较为单一；组织内部的机构设置也不是十分完整，一些社会组织内部并没有建立负责监督整个组织运作的监事会。其次，从事业单位方面来看，全国范围内真正实行法人治理的公益类事业单位并不多，公益类事业单位的内部治理结构并没有真正从全国的范围内得到大规模的推进，目前，中国的"事业单位基本上不采用理事会形式的治理结构"①；由于缺乏统一的指导，实行法人治理的公益类事业单位的内部机构设置也存在一定程度的差异，甚至有些内设机构并不符合事业单位治理的要求，没有凸显公共服务组织与营利组织之间的根本区别。

4. 建立高效的公共组织治理运行机制

总体而言，公共组织治理的运行机制在实践领域的推进较为缓慢。虽然事业单位治理改革一直在进行，但是经过近30年的改革，"事业单位的自主性并不尽如人意"②。从决策机制上来看，"党委拥有最高决策权，书记和行政主管是最高领导。然而，事业单位的上级主管部门往往对事业单位的决策过程具有重大影响。虽然如此，但某个事业单位完全由书记或行政主管控制的情况也并不罕见"③。已经实行法人治理的事业单位的实际运作状况也不让人乐观，有学者对此类事业单位的实证研究发现，"接近八成的被调查者知道所在单位已经建立法人治理结构；而其知晓渠道主要是组织传达，超过六成。""仍有接近四成的被调查者不知道"董事会的成员构成情况，"仍有超过三成的被调查者不知道单位有监事会"④。虽然事业单位已经初步建立了人力资源管理的激励机制，但是以公益服务为导向的激励机制尚未建

---

① 世界银行东亚和太平洋地区减贫与经济管理局：《中国：深化事业单位改革　改善公共服务提供》，中信出版社，2005，第4页。
② 邓国胜等：《事业单位治理结构与绩效评估》，清华大学出版社，2008，第39页。
③ 世界银行东亚和太平洋地区减贫与经济管理局：《中国：深化事业单位改革　改善公共服务提供》，中信出版社，2005，第4页。
④ 《事业单位法人治理结构问卷调查报告——以浙江省嘉兴市为例》，http://rky.org.cn/c/cn/news/2009 - 11/19/news_ 8163.html，最后访问日期：2011年10月26日。

立,"总体而言,事业单位激励机制的特点是强烈的创收动机和薄弱的政府约束及客户约束"①;聘任制、绩效工资制等激励机制的实行还仅仅处于初级阶段,未能在实质层面形成有效的激励。

社会组织的治理机制也存在着同样的问题。无论是理事会成员的产生方式还是组织的日常决策,社会组织治理的状况都与应然的要求存在一定的差距。从理事会成员的产生方式来看,出资人指定理事会成员的现象依然存在,社会组织往往会因为受到出资者的干扰,不能按照章程的规定选举理事会成员和管理人员;有学者经过实证研究发现,在实际决策过程中,一些社会组织治理遇到的"最大挑战就是决策"②,理事会往往形同虚设,成为"橡皮图章","很少能够发挥真正作用"③,不能充分发挥其应有的决策功能;理事会与执行层的责任划分并不明确,错位现象比较严重;监事会的独立监督地位不能得到保障;相关治理主体也缺乏足够的机会参与到组织治理的过程中,"慈善组织问卷调查统计结果显示,23%的组织没有在慈善信息发布时提前征求捐赠人和受益人的意见"④。由于缺乏合理的激励机制、问责机制和分配机制,社会组织的违规操作问题较为严重,并且缺乏足够的活力。

5. 努力提高公共组织的公信力

公信力建设堪称现阶段中国公共组织领域的"阿喀琉斯之踵"。客观地说,中国公共组织治理状况并不让人满意。公共组织服务能力不强、违规运作、信息不透明、缺乏诚信等问题依然存在,严重影响了组织社会资源的获取,侵蚀了社会组织公信力的基础。2011年下半年,据民政部中民慈善捐助信息中心介绍,"今年6月郭美美事件发生后,公众通过慈善组织进行的捐赠大幅降低。3~5月,慈善组织接收捐赠总额62.6亿元,而6~8月总额降为8.4亿元,降幅86.6%""与之相对应的是,政府和点对点的个人捐赠数量增加……公众选择慈善组织来捐赠的概率降低,从某种程度上可以说

---

① 世界银行东亚和太平洋地区减贫与经济管理局:《中国:深化事业单位改革 改善公共服务提供》,中信出版社,2005,第17页。
② 丁元竹主编《问责性、绩效与治理:中国非政府公共部门治理状况研究》,中国经济出版社,2005,第21页。
③ 康晓光、冯利主编《中国第三部门观察报告(2011)》,社会科学文献出版社,2011,第21页。
④ 《2010年度中国慈善透明报告》发布,http://www.chinanpo.gov.cn/web/showBulltetin.do?type=next&id=46962&dictionid=1940,最后访问日期:2011年11月20日。

是对慈善组织的不信任"①。此外，中国慈善组织的慈善信息披露也存在很多问题，一项在线调查显示，"分别有79%和73%的公众希望了解慈善组织的业务活动信息和财务信息，而慈善组织信息披露实际情况与公众的期望不符，财务信息透明指数最低，为1.52，业务活动信息透明指数为2.43"②。

6. 加强制度供给，进一步优化公共组织治理的制度环境

第一，从正式制度方面来看，首先，逐步解决法律、法规之间的冲突问题。这种现象在教育类民办非企业单位领域表现得较为明显。《中华人民共和国教育法》第二十五条规定，"任何组织和个人不得以营利为目的举办学校及其他教育机构"。这表明，教育类民办非企业单位同样面临着公益组织"强制性同形"的约束，遵循"不分配约束"的要求。但是，《中华人民共和国民办教育促进法》第五十一条却规定，"民办学校在扣除办学成本、预留发展基金以及按照国家有关规定提取其他必需费用后，出资人可以从办学结余中取得合理回报"。这一规定不仅与《中华人民共和国教育法》的相关规定冲突，也违背了非营利组织"不分配约束"的相关要求，与《民间非营利组织会计制度》的相关规定相抵触。法律之间的冲突不仅会影响民办非企业单位的发展，也会为一些以营利为目的的举办者提供牟利的机会。其次，加强相关立法工作。中国的公共组织治理需要法律的支持。虽然国家陆续出台了一系列的政策支持公共组织的发展，但还缺乏具体的法律、法规来落实政策的内容，使得中国的公共组织治理缺乏足够的制度支持。在公共组织治理方面，中国的一些行业性、专门性的法律、法规位阶较低，尚缺乏统一的法律，例如《事业单位法》《社会组织法》等；相关内容主要是程序性规定，缺乏实体性规定。中国的公共组织治理也因此不能走上有法可依的轨道，公共组织治理缺乏应有的权利保障和救济途径；社会组织得不到足够的人才、人事、财税等政策的支持，导致一些运行良好的社会组织只能依靠既存在"普遍性限度、又缺乏可持续性的道德驱动的自律"③来保证实现其公益目标。

---

① 《全国慈善组织受捐额剧降近九成 点对点捐赠增加》，http://www.donation.gov.cn/fsm/sites/newmain/preview1.jsp?ColumnID=362&TID=20110826091212546685977，最后访问日期：2011年10月15日。

② http://www.chinanpo.gov.cn/web/showBulltetin.do?type=next&id=46962&dictionid=1940，最后访问日期：2011年11月21日。

③ 周志忍、陈庆云：《道德驱动的自律与制度化自律——希望工程公共责任和监督机制研究》，《中国行政管理》2001年第3期。

第二，从非正式制度来看，既然公共组织治理的非正式制度与社会公众的参与意识、合作意识、民主意识、公益意识、社会资本发育状况有关，那么这也就决定了它的演进是一个长期的过程，很难在短期内有一个明显的改变。在这一点上，它显然不同于正式制度，人们可以在很短时间内针对公共组织治理建立较为完善的正式制度。但是，非正式制度却不可能在短时间内完全改变。目前，中国公共组织治理决策过程中的民主化不足等问题，"毫无疑问受制于儒家法律传统中缺乏合议、共管、投票决策的知识"[1]。中国公共组织的治理还受制于社会资本以及公益意识的发展状况。一些实证调查的结果也证明了上述判断，有学者的调查发现，在民办非企业单位的成立动机中，"具有公益特色的、造福于社会的价值观所占比例并不高，第一选择与第二选择的总和也只有29.2%，而同时，却有7.4%的单位的第一选择是营利的动机，第二选择中这也占5.8%，这些数据的含义是：通过举办非营利组织来营利"[2]。另外，社会组织举办者对产权结构的认知也不符合相应的要求。调查显示，"有高达61.2%民非认为，其产权归出资者所有！此外，与此类似的，20.5%的认为归本单位所有，12.6%的认为归合伙人所有……目前以民非的形式存在的机构，它们实际上并不具备作为NPO而存在的基础"[3]。因此，努力提升、培育整个社会的公益意识是有效推进中国公共组织治理改革进程的一个重要环节。

公共组织治理问题是中国现代化过程中出现的新问题。虽然目前中国的公共组织治理处于起步状态，但有理由相信，因社会转型、市场经济发展而生的公共组织治理问题，随着中国现代化进程的不断深入、市场经济的持续完善，在各个方面、多个环节齐头并进的基础上，一定能够逐步走向成熟，最终形成具有中国特色的公共组织法人治理模式。

---

[1] 邓峰：《董事会制度的起源、演进与中国的学习》，《中国社会科学》2011年第1期。
[2] 陶传进、王名：《中国民间组织研究报告》，吴玉章主编《社会团体的法律问题》，社会科学文献出版社，2004，第412页。
[3] 陶传进、王名：《中国民间组织研究报告》，吴玉章主编《社会团体的法律问题》，社会科学文献出版社，2004，第412页。

第九章　电子治理

引　例：①《中华人民共和国车船税法》（以下简称《车船税法》）由中华人民共和国第十一届全国人民代表大会常务委员会第十九次会议于 2011 年 2 月 25 日通过。该法自 2012 年 1 月 1 日起施行，2006 年 12 月 29 日国务院公布的《中华人民共和国车船税暂行条例》同时废止。《车船税法（草案）》于 2010 年 10 月 25 日提请全国人大常委会首次审议，并于当年 10 月 28 日，全国人大常委会全文公布了法律草案，并向社会公开征求对草案的意见，全国各地社会公众通过网络、来信和报刊等方式踊跃表达意见。同年 12 月 14 日，全国人大常委会通过中国人大网，公布了社会公众对《车船税法（草案）》意见的征求情况。在本次征求意见的过程中，中国人大网共收到 22832 位网民提出的 97295 条意见，其中：赞成草案将行政法规上升为法律的 35779 条，占 36.77%；要求对草案进行修改、降低税负的 53137 条，占 54.62%（提出应明确车船税的立法目的，认为车船税不能承载过多经济功能，不能借节能减排之名，搭立法便车而提税，加重车主负担的意见 7695 条，占 7.9%；要求降低或者持平 2.0L 以下乘用车的税负等意见 7066 条，占 7.26%）；反对制定车船税法的 8379 条，占 8.61%。另有群众来信 40 封。

自从《车船税法（草案）》进入立法程序以来，社会争议最大、民众最关心的就是按排量征收将普遍增加民众负担，民众担心最终搞成变相增税。这个草案在上次人大常委会会议审议期间，就没少受全国人大常委会委员批评。全国人大常委会委员温孚江坦率直言，立法"不要总想从老百姓腰包里掏钱"，而是要考虑怎么给老百姓减税。应该说，

---

① 根据《车船税法草案收到 10 万条意见，过半要求降低税负》（http://npc.people.com.cn/GB/14957/13481542.html，最后访问日期：2012 年 12 月 16 日）改写。

这样的说法代表了老百姓的心声，也是当时社会舆论的主流意见。

《车船税法（草案）》在公开征集意见4个月后，经过"大修"后提交二审，全国人大常委会于2011年2月23日审议的《车船税法（草案）》二审稿吸纳民意，对原草案规定作出大幅调整，在吸取公众提出的近10万条立法意见基础上，对不同排量乘用车的税额进行了大幅调整。

开门立法，向社会公众征求意见，是近年来中国法治建设的进步。《车船税法（草案）》的征求和公布社会公众意见本身，也是在践行这一立法理念和程序。因为，相对于相关部委、地方政府、专家、社会组织和企业等，公众对车船税的税收杠杆更为敏感，经过多年的探索，立法机构收集公众意见的手段与方法越来越丰富，其中信息技术手段的作用逐渐凸显出来。借助现代信息技术手段收集民意，并通过对民意的分析，科学、公正立法是国家与社会发展的必然趋势。

信息技术（Information Technology，IT）的普及带来了劳动生产率的提高，信息技术革命加快了劳动力尤其是科技人才在不同产业、不同国家之间的流动，促使管理方式、组织结构和人事制度等发生了深刻变革。到20世纪90年代后期，信息技术取得了突飞猛进的发展，逐渐渗透到政府部门、公共组织及公民社会等领域，并不断向全面的社会变革演进。而早在20世纪80年代末提出的"治理危机"，引发了"治理"被广泛地用于政治发展研究中。[1]如何实现"善治"，各国从理论到实践都不尽相同，而利用信息技术可以促进"善治"理想的早日实现是普遍的共识，因此，信息技术的迅猛发展客观上促成了电子治理出现，为电子治理提供了支撑。2004年在韩国汉城（现为首尔）召开的第二十六届行政学国际会议，主题是"电子治理——给民主、行政和法律带来的机遇和挑战"，该次大会的主题报告对于电子治理的意义进行了深刻的阐述："电子治理不是信息通信技术在公共事务领域的简单应用，而是一种更多地与政治权力和社会权力的组织与利用方式相关联的社会—政治组织及其活动的方

---

[1] 俞可平主编《治理与善治》，社会科学文献出版社，2000，第1页。

式，电子治理涉及到公众如何影响政府、立法机关，以及公共管理过程的一系列活动。"①

第一节　电子治理的兴起

一　信息技术的发展

从古至今，信息技术共经历了五次重大变革，每一次都对人类社会的发展产生了巨大的推动力②：第一次是语言的使用，语言成为人类进行思想交流和信息传播不可缺少的工具；第二次是文字的出现和使用，使人类对信息的保存和传播取得重大突破，较大地超越了时间和地域的局限；第三次是印刷术的发明和使用，使书籍、报刊成为重要的信息储存和传播的媒体；第四次是电话、广播、电视的使用，使人类进入利用电磁波传播信息的时代；第五次是计算机与互联网的使用，让人类在信息的交流管理等诸多方面都有了突破性的进展。在这个阶段，信息技术是信息时代的基石。信息技术，即主要用于管理和处理信息所采用的各种技术的总称，亦称为信息通信技术（Information and Communication Technology，ICT），主要是应用计算机科学和通信技术来设计、开发、安装和实施信息系统及应用软件。信息技术主要包括传感技术、计算机技术和通信技术。

当前信息技术发展的总趋势是以互联网技术的发展和应用为中心，从典型的技术驱动发展模式向技术驱动与应用驱动相结合的模式转变，实现信息技术多元化、网络化、多媒体化、智能化、虚拟化发展。云计算、物联网等诸多新的信息技术应运而生，并不断地推进社会生产、生活方式的转变。

二　信息技术的应用

信息技术的应用领域非常广阔，信息技术在认知、科学探索、知识传播、社会生产的控制管理、娱乐以及人与人之间的交流等领域迅速发展，这些信息应用领域极其宽广。首先，信息对各行各业的渗透已不完全是控制的

---

① 王浦劬、杨凤春：《电子治理：电子政务发展的新趋向》，《中国行政管理》2005 年第 1 期，第 75～77 页。
② 程玉、张兴柱、杨君普：《浅论信息技术的发展历程及主要应用》，《电脑知识与技术》2008 年第 19 期，第 19～20 页。

问题，一些行业的发展本身就是信息发展的过程，新的信息形式不断出现，如现代金融业其本身的物理过程就是个信息过程，现在的银行正在大力发展电子银行，实物货币以及纸币正逐渐被电子货币取代，未来的金融业务主要是通过电子交易方式进行。其次，信息技术的应用本身需要做大量的开发工作，应用技术也是一个很大的技术领域。信息技术在农业、工业、服务业等领域都已得到了广泛的应用并形成了相应的信息系统，发挥着越来越重要的作用，如农业生产自动化系统、工业制造自动化系统、信息通信系统、办公自动化系统、电子政务系统，等等。当然，我们在利用信息技术的同时，也要防范信息技术给社会生产生活带来的负面影响，如20世纪90年代的东南亚金融危机以及始于2008年世界范围内的金融危机的产生和不断蔓延，与信息技术的发展有很大关系，没有信息技术的支持，金融危机不会发展到如此程度，绝不会传播得这么快。

三　政府治理中信息技术的应用

21世纪是信息社会，随着现代科学技术对国家经济实力和综合国力提升的影响日益增加，在科学技术的研发和推广应用方面，各国都投入了大量的资源和精力，现代信息技术的发展也是一日千里，信息技术的使用，提高了公共部门的管理能力，并得到了迅速发展。在这个过程中，政府也不可避免地成为现代信息技术的重要实践者、应用者和推动者。

现代信息技术在政府管理中发挥着越来越重要的作用，如电子政务，电子听证会和电子投票等，多媒体技术和仿真软件等相关技术在某些国家已经得到一定程度的推广和应用，其中尤以互联网的应用最为广泛，其在政治活动中的影响力日益增强，尤其是在年轻人中更是如此。

电子政务作为以网络技术为核心的信息技术在政府管理与服务中的基本应用，正在世界范围内蓬勃兴起，将使传统的政府管理活动产生根本性的变革。电子政务所包含的内容极为广泛，几乎可以包括传统政务活动的各个方面。根据近年来国际电子政务的发展和中国电子政务的实践，目前，以政府为主导的电子政务主要模式有GtoG模式、GtoE模式、GtoB模式和GtoC模式四种。①

GtoG电子政务即政府（Government）与政府（Government）之间的电

---

① 姚国章：《电子政务主要应用模式探析》，《邮电商情》2002年第24期，第17~21页。

子政务，又称作 G2G，它是指政府内部、政府上下级之间、不同地区和不同职能部门之间实现的电子政务活动。GtoG 模式是电子政务的基本模式，具体的实现方式可分为以下几种：政府内部网络办公系统；电子法规、政策公告系统；电子公文系统；电子司法档案系统；电子财政管理系统；电子培训系统；纵向网络化管理系统；横向网络协调管理系统；绩效评估系统以及城市网络管理系统。

GtoE 电子政务是指政府（Government）与政府公务员（即政府雇员）（Employee）之间的电子政务，又称作 G2E。GtoE 电子政务是政府机构通过网络技术实现内部电子化管理的重要形式，也是 GtoG、GtoB 和 GtoC 电子政务模式的基础。GtoE 电子政务主要是利用互联网建立起有效的行政办公和员工管理体系，为提高政府工作效率和公务员管理水平服务。具体的应用主要包括：公务员日常管理和电子人事管理。

GtoB 电子政务是指政府（Government）与企业（Business）之间的电子政务，又称作 G2B。企业是国民经济发展的基本经济细胞，促进企业发展、提高企业的市场适应能力和国际竞争力是各级政府机构共同的责任。对政府来说，GtoB 电子政务包括：政府电子化采购，电子税务系统，电子工商行政管理系统，电子外经贸管理，中小企业电子化服务等企业和政府之间直接或间接的政务活动都可以采用电子政务方式代替传统形式，以提高效率，降低成本，为企业提供更大的方便。

GtoC 电子政务是指政府（Government）与公民（Citizen）之间的电子政务，又称作 G2C，是政府通过电子网络系统为公民提供各种服务。GtoC 电子政务所包含的内容十分广泛，主要的应用包括：电子身份认证、电子社会保障服务、电子民主管理、电子医疗服务、电子就业服务、电子教育，培训服务。

自 20 世纪 90 年代初，信息产业及网络通信技术的快速发展为电子治理提供了良好的支撑平台。从某种意义上说，信息产业和网络通信技术发展到一定程度催生了电子治理。技术的发展为电子治理提供一种可能，如果没有这些技术的广泛应用，电子治理依旧只能是想象中的理论。当然，政府对于信息产业及网络通信产品的需求和稳定可靠的财力支持也是不可或缺的因素。

治理是一个内容丰富、包容性很强的概念，治理理论的发展带来了治理主体的多元化、主体间责任界限的模糊性、主体间权力的互相依赖性和互动性、自主自治的网络体系的建立以及政府作用范围及方式的重新界定等诸多问题的研究探讨。治理理论的发展给全球公民社会带来了巨大冲击。这些治理理论符合人们进行良好治理的美好愿望，具有强大的生命力和再生能力。因为治理的包容吸纳，治理理论与现代的科学技术的结合使电子治理成为现实。

20世纪末，各国都在大力发展"电子政府"和"电子政务"，这是政府公共管理改革的需要和"政府再造"的要求。电子政府就是指在政府内部采用电子化和自动化技术的基础上，利用现代信息技术和网络技术，建立起网络化的政府信息系统，并利用这个系统为政府机构、社会组织和公民提供方便、高效的政府服务和政务信息。电子政务是指政府机构在其管理和服务职能中运用现代信息技术，实现政府组织结构和工作流程的重组优化，超越时间、空间和部门分隔的制约，建成一个精简、高效、廉洁、公平的政府运作模式。电子政务的实施顺应了时代发展和社会进步对政府服务的要求。从本质上讲，电子治理与电子政务和电子政府是殊途同归的，都是对传统的政府公共管理的改革和再造。电子政务是电子治理实现的最重要的途径之一，电子政府是政府管理模式电子化的目标形式，其蕴含了电子治理的本意，因此，电子政府、电子政务和电子治理这三种模式与理念共同存在和发展，日趋完善。

另外，全球社会以及民主意识的提高使治理理论和电子治理实践成为时代的呼声。联合国的相关组织和世界银行等国际机构对发展中国家的公民社会的培育和支持，使全球电子治理逐渐变得可能并初显成效。各国政府出于发展的需要，也在积极主动地推进各种形式的变革，这也使得电子治理逐渐被各国所重视。

第二节　电子治理的理论分析

一　电子治理及相关概念

（一）电子治理的内涵

善治的治理理论给人们带来的不仅仅是一种对未来美好的憧憬，而且是日益成为全世界的人们创造和平与发展的重要工具，善治已成为世界各国重要的治理理论。而为了实现善治，电子治理就是其中一个途径。那么，对何为电子治理就需要有一个认知。对电子治理的理解有广义与狭义之分。

徐晓林、周立新认为，广义的电子治理是指在电子技术的支持下整个社会运行和组织的形式，包括对经济和社会资源的综合治理。狭义的电子治理是指在政府与市民社会、政府与以企业为代表的经济社会的互动中，以及在政府内部的运行中应用电子技术，简化政府行政事务的处理程序，并提高其民主化程度。①

相对而言，狭义的电子治理内容更加具体，更具可操作性。所以多数情况下，我们对于电子治理是针对狭义的理解。

刘邦凡对电子治理进行了如下规范：所谓的电子治理，就是指社会共同体各行为主体有效利用现代信息和通信技术，通过不同的信息服务设施（如电话、网络、公用计算机站等），在其更方便的时间、地点及方式下，对政府机关、企业、社会组织和公民社会提供自动化的信息及其他服务，从而建构一个运转有序、信息畅通、各行为主体相互影响并共同作出决策的多层次组织形态。② 也就是说，电子治理就是国家通过对信息和通信技术的改进以及通过信息的管理服务，在治理决策的程序中鼓励公民参与并使之成为可能，进而让政府成为更负责、透明和有效的政府。电子治理重要的核心在于建构一个虚拟的社会服务体系，这是种全天候、一站式的服务体系。在某种程度上，中国的电子治理还是以政府机构作为最主要行为体的多层次管理体系中实现"良好治理"的一种表现形式，这个进程现在更多的是由政府组织推动并逐渐实现的，而公共组织在这方面所发挥的作用还比较有限。当然，政府在发展电子政府、实现电子政务的过程中所起的作用至关重要，发挥了主导作用，政府营造和创建了对于电子治理十分重要的关键因素：丰富的多元行为主体；日益提高的公民素质和充分激发的政治参与热情；相对自由的网络；逐渐成熟完善的公民社会体系以及与其适应的高水平硬件支持等，这些都是政府善治实现的基础条件。除此之外，随着公共组织的不断发展，政府也在不断调整治理中的角色定位，充分发挥公共组织在治理体系中的作用。

（二）电子治理与电子政务、电子政府

在现实条件下，我们经常把电子治理与电子政务和电子政府联系在一起加以思考。

狭义的电子治理也不仅仅是指信息技术在公共事务领域的简单应用，而

---

① 徐晓林、周立新：《数字治理在城市政府善治中的体系构建》，《管理世界》2004 年第 11 期，第 140~141 页。
② 刘邦凡：《电子治理引论》，北京大学出版社，2005，第 40 页。

更主要的是指利用信息技术实现政治权力和社会权力的重组与分配,实现社会—政治组织及其活动方式的优化;不仅关注政府,而且更关注公众如何影响政府及其他公共事务管理机构,以及公共管理过程。因此"电子治理"与"电子政务"的概念,无论是在对象还是范围方面都存在一定的差别。如果说电子政务是主要集中于政府、政府管理和政府服务范围内的虚拟政府形式及其活动,那么电子治理就是更广泛地应用于政治、社会群体相互间关系领域的虚拟政治—社会结构及其相互关系方式,这种结构在不同的情况、条件和应用中,会呈现不同的形式,具有不同的价值和功能。具体而言,电子治理具有以下一些特征:电子治理首先要求公共部门能够提供良好的管理和服务;其次,电子治理应当有助于建立一个更开放的、覆盖面更广的公共部门。可以预见,在电子治理条件下公共部门会更加公开和透明,并能够得到公众的充分理解,以及对公众负责;能够彻底抛开繁文缛节,实行过程的公开、民主;也有利于公众监督的实现;能够为每一个人提供需要的、个性化的服务;有助于提高纳税人的资金价值;使公众为获取政府服务而耗费的时间更少,大量减少政府工作过程中不可避免的失误;大大提高政府公职人员工作的价值含量和工作成就感等。显然对公众而言,这是政府管理得到改进以后非常值得期待的前景。

不难看出,尽管电子治理和电子政务的概念存在明显的不同,但在目前信息社会的形成和发展过程中,二者面临的问题有很多是重叠的,二者在一些基本问题的解决上是互为因果的。

另外一个与电子治理紧密相关的概念是电子政府。从某种意义上讲,电子治理的进步和实现是与电子政府的建设和实践同步的。当一个完善的电子政府建立并得以实施,我们可以说电子治理的理论得以实现。但电子政府强调,将现代信息技术整合到政府管理中去,进而实现政府管理的目标;政务信息公开,进而创造更高的附加值;增强政府与民众的互动,促使政府更有回应力和责任感;有效整合政务信息资源,理顺、简化政务流程,改变传统的政府组织形式,提高政府效率。

电子治理不同于电子政府,二者具有不同的治理程度体现。但是前者是在后者基础上的发展,后者是人们最初的电子治理印象,体现人们对电子治理的要求从最初的政府信息发布到实现治理的动态过程。由此,电子政府可以被看作电子治理演进过程的一部分。

综上所述,电子治理是将理想化的善治模型置于网络化、数字化环境下的一种治理方式和途径。其目的是改进政府内部的机构化过程，提供更好的信息和服务交付，降低腐败和增加政府透明度，加强政治可信性和责任性，通过民众参与和协商促进民主的贯彻。电子政府与电子政务的最终目的都是为了提升政府工作效率，而电子治理最终是为了实现多元主体参与的治理，实现善治的目标。

二　电子治理的理论研究

相对而言，国外对电子治理的研究较之国内无论从数量还是内容上都要丰富一些。国外关于电子治理的研究起步于20世纪90年代末21世纪初，研究与分析呈现从特殊到一般、从表面到本质的发展过程，文献及成果数量呈快速增长之势。电子治理的研究方向主要有四个范畴①。

（一）关于电子治理的内涵和意义研究

1. 对电子治理内涵的分析

从比较典型的成果看，主要从两个方面来阐述电子治理的概念。一是政府工作的自动化，实现政府上网。即电子治理就是政府业务通过电子信息技术实现自动化，更方便地为公民提供政府的信息或服务。二是实现信息化的政府治理模式。即电子治理依靠信息技术手段，促进社会经济文化全面发展和民主政治进步。随着信息技术的不断发展，治理理论的成熟完善，电子治理不仅是指政府提供公共服务，而且直接和社会发展及民主问题联系在一起。

2. 对电子治理作用的分析

学者普遍认为，电子治理是连接政府和公民的有效途径，是架起数字鸿沟的桥梁，利用现代信息与通信技术构建一个更加透明、责任、民主、有效的新政府，实现善政，促进善治。研究的内容主要有：信息技术对政府统治的效用；公民在数字社会中的角色扮演；政府目标（政府体制、增大政府服务、高质高效的政府行动、公民在民主程序中的参与、行政和公共机构改革）的检验。

（二）关于电子治理面临的挑战和机遇研究

1. 发展中国家要不要电子治理的问题

电子治理是一个全球性的问题，是一个世界性的现象，它源于发达国家，对发展中国家产生了极大的影响。关于发展中国家要不要电子治理有两

---

① 朱现新：《国内外电子治理研究文献综述》，《中国行政管理》2010年第10期，第100～103页。

个对立的观点：一种是否定的态度，认为在制度上、行政管理上、文化上等方面存在着差异，单单把信息通信技术的方法和相关组织观念从发达国家搬到发展中国家，这是不合时宜的。另一种持肯定的认识，认为电子治理是发展中国家融入世界的一个途径。

2. 对电子治理发挥应有功能的质疑

主要有以下三个方面原因：一是由于电子治理单向流动，或由于实施的迟疑拖拉，或由于政治家的不坚定，或由于政府越来越透明，作为公民职责和权力应用的电子治理的可能性变得不起作用。二是电子治理破坏了信息通信技术在支持公众服务、政府管理、民主程序，以及公民、社会、自组织和国家之间的正常联系。在这种网络社会中，充满着复杂性和敏感性的新威胁，影响着社会的稳定、隐私、安全、工作模式等。三是电子治理对社会发展的民主化进程所起的作用值得探讨。尽管运用信息通信技术改进代议民主确实很好地改善了议会的规程和使机构设置更接近公民，但信息通信技术往往成为加固现有机构的工具，使得代议制机构难以进行更深层次的革新。

3. 电子治理应用中遇到的难题和瓶颈

电子治理的实施过程遇到了各方面有形和无形的制约和阻力，主要表现在信息技术支持、政府管理观念的转变、经济实力的保障、数字鸿沟的存在、文化冲突等方面。电子治理涉及政治、经济、文化、技术诸多领域困难，各国自身的环境条件不同，电子治理的发展状态不同，因此需要解决这些难题的方式方法也就有所区别。各国政府针对电子治理存在的问题，提出从健全电子民主、发展经济、政府机构再造、培育多元文化等角度进行建设，为电子治理提供各种支持。

（三）关于电子治理的范畴和模式研究

电子治理是个综合的体系，它包含不同的内容，具有不同分支。电子治理不仅包含行政层面的电子政务，也包含经济、政治和社会等层面的电子商务、电子民主及电子社会等范畴，不仅涉及政府与政府之间的内部治理，还应扩展到政府和企业之间、政府和公众之间等环节上的公共治理范畴。在电子治理的框架下，至少有四种不同的治理模式：自我管理模式、开放系统模式、理性模式和层次分析模式。推行电子治理要经历与电子政务同步的起步阶段、提高阶段、互动阶段、在线处理阶段、无缝阶段五个阶段。

（四）关于电子治理的案例研究

不同国家实行的电子治理计划有所不同，通过对各国推行电子政务的案例研究，取长补短，可以避免本国在实行电子治理计划时走上错误道路。案例研究多以电子政务成熟度较高的国家诸如美国、加拿大、英国、新加坡、韩国等国的发展历程作为研究对象，发展中国家电子治理案例以研究南非、印度的发展状况较多。

起源于国外的电子治理理论也备受国内学者关注，并成为公共管理理论研究的一个重点和热点问题。在中国，电子治理研究是在研究电子政务的基础上产生的，还没有突破电子政务研究的框架，前者还是研究的主流，而电子治理是相对的新兴研究领域。电子治理研究可以分为两个阶段：第一阶段是2005年以前，电子治理研究处于萌芽阶段，主要探讨治理的理念对电子政务的影响、电子治理的一般意义、对电子治理与电子政务关系进行一般性描述，电子治理还没有完全作为一个整体提出来；第二阶段是2006年后，电子治理研究成熟发展阶段，从电子治理的本质到电子治理的应用，从机制到体系，电子治理理论也逐渐完备。国内电子治理的研究基本上与国外学者同步，更有本国特色，主要研究方向有：电子治理与电子政务关系的研究，电子治理内涵的研究，电子治理特征的研究，电子治理理论基础与范畴的研究，电子治理作用的研究及电子治理应用的研究。

三　电子治理面临的风险与挑战

电子治理是政府实现善治的重要手段，它是政府公共部门通过应用现代信息通信技术和网络技术为公众提供信息及服务，以鼓励公众参政议政以及建立透明和责任政府。现代信息通信技术和网络技术的快速发展是电子治理成功的重要保障，但这导致技术决定论，束缚了人们的思想。电子治理的发展不仅是由技术决定的，也需要社会环境及制度的配合。信息技术只是提供一种服务某种目的的工具，信息通信技术应用的意义是在既定的价值体系和制度安排下，达成组织的目标，这由科技和科技应用所处的政治、社会和文化的环境系统所决定。电子治理是在科技与社会和政治的互动中形成的，也是社会建构的过程。电子治理面临的风险与挑战主要来自政治、经济、社会和技术方面。[1]

---

[1] 宋迎法、尹红：《电子治理风险研究——基于PEST分析模型》，《前沿》2010年第11期，第166~169页。

(一) 政治风险：制度、决策困境与政治欺骗电子治理的发展需要一定的政治环境。然而，传统官僚制、行政决策的困境以及政治欺骗的存在成为电子治理发展的政治风险

制度风险：官僚制的困境官僚制是以马克斯·韦伯等西方学者为代表所建构的一种经典管理范式。它诞生以来，一直在各国公共管理领域中发挥着重要的作用和影响。但随着各国治理理论与实践的发展及信息通信技术的发展，官僚制的内在缺陷日益暴露，官僚制在现代社会中的专业化危机、服从危机、民主危机、信息危机，使其受到了广泛的批评与质疑。官僚制作为电子治理实现的政治环境，对电子治理实施产生的阻力包括官僚制的结构和作风、腐败、缓慢的决策过程、政府的短视行为等。官僚制与信息技术以及民主的关系受到官僚制自身体制的阻碍。网络使现有公共管理组织结构从金字塔型向扁平化发展，管理形式也从金字塔模式向网络化转变，组织等级关系逐渐弱化，组织从无机性向有机性转化，即向一种低复杂化、低正规化和分权化的松散、灵活的具有高度适应性的组织转化。通过网络，工业化时代的大政府模式正转变为新的基于知识的电子治理系统。而官僚制对规则、程序和等级的倚重所导致的大量官样文章和迟缓及无效等，都是电子治理发展过程中必须面对的政治环境。电子治理是公共部门改革、政府创新的新模式和新手段，是公共部门机构重组和工作流程改造的重要工具。在官僚制下，电子治理的发展往往取决于政治家和官僚，这是一个非常大的问题。比如让一个在官僚制下运转正常的业务流程不加修正地直接电子化，就可能给管理带来极大的风险。

决策风险：信息是决策的基础，信息的多寡、正确与否都对正确的决策产生重大影响，信息通信技术的日新月异和社会的日益复杂多变促使行政领导在决策过程中对信息的依赖性愈益增大，信息成为行政决策的控制力量；网络技术发展，又使行政系统越来越多地依赖网络进行信息的存储、利用与传输。一旦行政机构集中的信息系统发生意外，就直接影响到决策过程的进行，而社会生活中需要政府机构发挥管理、控制职能的领域就会出现问题。海量的信息使得决策者面对这些纷繁复杂的信息无从下手，过犹不及，容易形成决策上的风险。

政治欺骗的存在：在推行电子治理的规划过程中，西方各国的行政领域都在积极推广电子公告版，这一制度有助于增强政府的透明度，便于民众的监督和参与。网络技术的发展，对电子公告版的应用会起到很大的促进作

用。但是，在压力和利益等的驱动下，行政决策领导可能会对电子公告版的信息进行修正，这种政治欺骗的存在使电子治理的相关活动难以正常和顺利地进行，从而减慢了公共部门的创新和改革，降低了办事效率和公信度。

对于政治风险，我们要做的是：完善法律、法规，提高领导能力相关法律法规的配套建设是电子治理实施的重要保障。创造良好的法制环境是电子治理实施的保障，需要与电子治理相适应的稳固的法律法规框架，如国家信息基础设施保护法、信息自由法、政府信息资源管理法、隐私权保护法、信息安全服务法、电子交易法及电子通信法等。领导阶层和战略思考是否准备就绪，在信息社会也成为衡量电子治理是否能够成功的考虑。此外，加快加强各级政府部门系统化、制度化、规范化的电子培训，提高办公自动化水平，以推进电子治理的实施和发展。

（二）电子治理的经济风险

关于电子治理的实现一个重要的问题是经费。有限的财政资源是电子治理实现的巨大障碍，特别是对于发展中国家来说，一个完整的电子治理方案必须把可用的资金作为考虑的重要指标。关于电子治理的成本问题涉及资金来源以及利用企业家精神发掘政府的有效资金等。对于管理者来说，电子治理的最初几年就是建立一个补充的管理渠道，这一渠道的每个用户比现有系统（如邮件、账户及电话）更昂贵，而且不产生任何即时的收益，其实际成本难以估算。由政府还是企业出资建设并维护系统等问题的存在必然成为电子治理进程中的路障。

应对经济风险，需要突破资金与技术瓶颈，充分发挥和利用相关经济政策优势，引进和吸收相关技术人才和专业人士。公共部门在发展电子政府和实施电子治理时，都会遇到资金和技术这两大瓶颈。在资金方面，可以大胆吸收民营资本以及非政府组织的资金投入，在确保电子治理实施有效、安全的前提下，考虑通过适当方式授权企业参与筹资、建设、运营和管理。在技术人才方面，要积极主动地联合有实力的IT企业共同开发相应的软硬件产品，缩短产品开发时间，提高电子招标、电子采购的透明化。另外，采用成本—收益分析方法提高电子治理实施和发展的资源利用率。

（三）电子治理的社会风险

电子治理所产生的社会风险包括公民参与缺乏、数字鸿沟扩大及网络传媒的负效应。首先，公民参与的缺失。在电子治理语境下，搭建公民与政府间的交流互动平台已无技术壁垒，但现实的情况是公民仍然缺乏参与。主要原因是公民对电子参与认识不足，只是将其当作传统参与的补充，缺乏完善的公众电子参与的运作程序。其次，数字鸿沟的扩大。进入信息时代，随着网络在全球的快速扩张，世界范围内，发达国家与大多数发展中国家进一步拉大了经济的差距，因为发达国家占有了全球化经济的更多利益，在一个国家范围内，信息的获取和使用不平等，数字鸿沟的存在，使部分民众不能享受到电子治理的善果，造成不公平的现象而成为社会的隐患。最后，网络传媒的负效应。信息社会，网络逐渐成为主导的大众传媒，在发挥媒体正面的舆论宣传引导功能的同时，也会带来一定的负面影响。因为网络传媒的可控性差，网络传媒如何体现国家意志是个问题；网络海量难辨真伪的信息存在给政策制定者带来很大的麻烦；网络传媒为如"政治欺骗"等非正常政治操作提供了便利。

应对社会风险，应当培育公民社会，缩小数字鸿沟，使公众参与的成本变得很小，使个体需求倍增，这样，大量的公民参与便成为必然。需要公众转变观念，提高认识。国家要普及信息技术的基础教育，培训社会民众的文化技能，为信息社会培养电子公民，充分体现信息通信技术和网络技术价值。电子治理服务的对象是最大多数的公民，公共部门、公民社会及私人部门之间的合作，是电子治理成功的重要保障。然而，普遍存在的数字鸿沟成为电子治理受到攻击的主要威胁。缩小数字鸿沟成为电子治理发展的重要任务，需要加快信息基础设施建设，大力推广电子政府；营造有利的市场政策环境；提高公民的文化素质和信息能力，维护公民的信息权利，并实现与政府的双向互动。

（四）电子治理的技术风险

信息安全问题是各国发展电子治理过程中不可忽视的重要问题。随着科技的发展，政府信息化必然由专属主机、封闭网络、开放式分散处理系统，逐步走向国际互联网的多媒体信息系统和业务处理，在此情况下，信息安全便成为一个极其重要的问题。在网络时代，政府可能面临各种意外灾害。政府上网所面临的安全威胁主要有外部侵入和内部破坏。对于外部侵入，目前主要是设置防火墙、对内外网进行物理隔离等。但另一方面，政府对于内部破坏的关注要比外部安全威胁少得多，然而，来自内部的破坏在某些情况下成为政府上网的主要威胁。在电子治理的整个链条中，如果某个环节出现问题，就有可能引起整个系统的崩溃。信息安全涉及保密性、完整性、可用性等问题。政府信息事关国家主权、国家安全、电子政府的生命，如何保护网络安全，不仅关系到个人、团体的利益，对国家、政府更是生死攸关。电子治理发展过程中的信息技术创新是其成功的重要保障。由于信息安全问题的现实，其在给信息技术的进一步发展和创新带来机遇的同时也使信息技术面临着挑战。

面对技术风险，应该保障信息安全，加快技术创新。首先，电子治理成功面临的技术障碍就是网络信息安全问题。网络自身的缺陷、病毒入侵和黑客攻击构成对电子治理的最大威胁，要努力做好防范措施，要充分利用物理隔离、网络防火墙、数据加密、权限设施、电子认证等安全技术，确保网络安全。在具体设计某一方案时，应根据系统的实际应用情况，设定不同的安全级别，平衡安全和效率的关系。其次，科学技术改革和创新是电子治理实施和发展的生命。为了适应不断向前发展的信息社会，国家要积极参与国际信息技术交流与合作，借鉴国外经验和思想，吸收先进技术和工具，引进专业技术人士，培养自主创新人才，增强国家自主创新能力，提高技术竞争力，提高将科学技术转化为生产力的能力，为社会公众提供更好、更快捷的服务。在技术层面之外，公共部门还要顺应时代潮流进行各方面的改革和创新，与私营部门合作并增强和提高竞争优势，才能有效地促进电子治理的实施和发展。

第三节 电子治理的发展状况

一 电子治理的发展现状

（一）电子治理的发展

实际上，早期政府机构出于"民主的目的"投资于IT并努力发展电子民主，电子治理用于描述政府机构的电子民主活动，但是，议会和地方选举委员会在选举国家首脑组成政府的过程中对IT的使用却相当落后。在现实中，电子治理首先是一种在线服务交付，民主还在其后，但随着电子治理的发展，电子民主必须引起足够的重视。目前，各国政府正在探索由电子服务向电子民主过渡的方式和方法。这要求政府在促进电子民主和有效统治的过程中达到以下目标：改进政府决策；增加公民信任；增强政府责任感和透明度；适应公众获取信息的能力；对公众网络保持敏感，包括NGO在线、电子商务和政府在线决策程序等。

电子治理的发展大致要经历如下四个阶段。

（1）起步阶段。该阶段主要是通过网站发布与政府有关的各种静态信息，如法规、政府机构、指南等。因此，政府信息网上发布和电子政务初步发展是起步阶段较为普遍的一种形式。

（2）政府与用户单向互动阶段。即政府除了在网上发布与政府服务项目有关的动态信息之外，还向用户提供某种形式的服务。例如，居民可以从网络下载政府的各种表格。

（3）政府与用户双向互动阶段。互动性是治理成功的关键，政府可以根据需要，随时就某件事情安排在网上征求居民的意见。同时，居民也可以向政府提出建议或询问，使居民参与政府的公共管理和决策。

（4）全社会全民参与阶段。在这一阶段中，所有治理主体都可以参与社会决策，多向互动，反复循环，争取通过电子化实现善治理想。

电子治理是电子政务的发展与延伸，基于电子政务且高于电子政务。电子政务的发展从某种程度上制约着电子治理的实现。20世纪90年代初期，美国、欧盟、澳大利亚和新西兰等开始建设国家电子政务工程，并在建设过程中逐步提出了电子政府的概念，并将电子政务的建设重点定位在公共服务方面，这是因为发达国家经过持续数十年信息化的努力，政府内部的管理信息系统和各种决策支持系统已经基本完成，有条件利用互联网将政府的信息系统在技术上和功能上向政府外部延伸。通过电子治理实现"善治"是一个长期的过程，政府、公共组织及公民社会的每个人都要为之付出努力。目前电子政务系统建设与逐步完善为实现电子治理迈出了坚实的一步。

（二）电子政务发展现状

电子政务是治理理论的实践平台，是电子治理实现的重要条件，从电子政务建设的状况我们可以看出各国电子治理的基本发展现状及发展趋势。

可供研究各国电子政务建设状况的主要依据有：联合国经济与社会事务部的电子政府准备度调查、早稻田大学的国际电子政府排名、埃森哲的全球电子政府报告、世界经济论坛的网络化准备度排名以及马克的全球主要城市政府网站评估等。

根据这些机构以及权威专家的调查统计，电子政务建设在北美洲的美国、加拿大，欧盟的主要国家以及亚洲地区的韩国、新加坡、日本等做得比较好，在经济不发达的非洲少数国家诸如南非、埃及电子政务的发展也有其独到之处。中国电子政务建设无论是在电子政务准备度、网站准备度、人力资本准备度、基础设施准备度还是电子化参与度方面，都与发达国家存在着较大的差距。因此，我们有必要对电子政务发展突出的国家进行研究分析，进而为推动中国电子政务的发展作出贡献。

1. 美国的电子政务发展现状

美国的政府网站建设已经相当完善和成熟。美国联邦政府一级机构已全部上网，州一级政府也全部上网，几乎所有县市都建有自己的站点。美国的政府网站内容非常丰富，以人口调查站点为例，用户可以通过直观地图的形式，查看到州一级甚至县一级人口的极其详尽的统计数据，包括当地从事各种职业的人口组成等。

2011年，美国联邦通信委员会（FCC）公布了《美国宽带上网计划》（Connecting America: The National Broadband Plan），这份计划以提高网速为重心，强调扩大网络普及范围，并计划腾出更多波段用于移动服务。

2. 韩国的电子政务发展现状

韩国在实施电子政务的过程中，围绕下述工作重点开展了一系列卓有成效的建设工作。（1）建立、完善电子政务的法律与制度保障。（2）实现政务信息数字化，建立公用电子资料库。（3）重视政务信息的公开。（4）政府信息公开。（5）再造行政业务，提高公务员的能力和素质。

2011年，韩国已制定IT政策议程"Smart Korea"（智能韩国）的基本蓝图。"Smart Korea"由三大体系构成，分别是Smart Life（普及未来网络、智能服务等）、Smart Economy（软件、广播通信、IT主力产品、培育IT综合产业等）、Smart Planet（绿色增长、绿色IT）等，即实施综合IT战略，以改善社会基础设施、经济、产业、国民生活等方面。①

3. 新加坡的电子政务发展现状

新加坡从20世纪80年代起就开始发展电子政务，其在2005年被埃森哲推荐为电子政府发展的10个经典案例国家之一。② 早在2006开始实践的"智慧国2015计划"，在这个为期10年的蓝图框架下，新加坡提出了两个阶段的电子政府规划，目前处于第二个阶段。第一个阶段的整合政府计划已经完成，推出了1600多项电子政府服务。第二个阶段是2011~2015年

---

① 穆梓：《2011电子政务新元年：世界各国电子政务行动计划盘点》，国脉电子政务网，http://www.echinagov.com/gov/zxzx/2010/12/29/122324.shtml，最后访问日期：2012年12月28日。

② 董礼胜、刘作奎：《发达国家电子治理》，社会科学文献出版社，2012，第102页。

的电子政府总体规划，政府将借助新兴技术，顺应社会发展趋势，与私营机构和公共部门采取新的合作模式。新规划的愿景是建立一个与国民互动、共同创新的合作型政府。其期望的最终成果主要包括：通过资讯通信丰富国民的生活；通过资讯通信加强经济竞争力和创新力；加快资讯通信产业的发展；提高产业竞争力，已实现了部分预期成果，主要表现在四个方面：一是电子公民中心的建设运转及完善，二是在线综合服务应用系统推出，三是以"新加坡一号"工程为重点的网络建设，四是提供便捷的公众服务咨询。

4. 加拿大的电子政务发展现状

加拿大的电子政务虽然起步较晚，但进展较快。在电子政务建设方面，加拿大政府大力推广和加大电子政务在各行业的应用，不仅实现了教育、就业、医疗、电子采购、社会保险等领域的政府电子化服务，而且根据需要不断增加和集成新的政府门户网站，先后建立了加拿大政府门户网站、加拿大出口资源网站、加拿大青年网站等政府网站。加拿大政府建设电子政务的目标明确，就是为了使每一个加拿大公民都有公平享受就业、教育、投资、娱乐、医疗保健及社会福利信息的机会，并使加拿大成为全球信息高速公路的主要使用者及服务提供者，以促进加拿大经济、社会及文化建设方面的发展，促使加拿大转变为世界上主要的、具有竞争力的知识社会。

5. 英国的电子政务发展现状

英国电子政务建设的主导思想从一开始就是建立"以公众为中心"的政府。通过加强跨部门合作，以更好地满足公众需求，并通过实施电子政务，提高政府工作效率并改进服务方式力求把复杂的问题简单化，在网络上更便捷地为公众服务。秉承以群众为中心是英国电子政务建设的一大特点。英国政府大力加强信息技术教育和基础设施建设，确保实现全民上网的目标。

2010年1月，英国政府颁布了新的IT战略。此战略作为英国IT发展的十年规划，揭示了英国政府将如何运用信息化技术促进政府管理与服务模式转型，并强调政府会向更智慧、更经济、更环保的方式转变。2011年，英国计划在未来4年内建成无纸化社会，按照计划，无纸化社会将分两步建成。首先，在1年时间内，政府将为每名公民建立个人专属网页，公民经身份认证后，可办理诸如申请、预约、纳税等自助服务。之后，在接下来的3

年里，这一网站将增设互动服务，成为类似 Facebook 的社交网站，实现诸如求医、求教等互动服务。

6. 南非的电子政务发展现状

2010年南非成功举办了第19届世界杯足球赛，使其声名大振，其中电子政务的功劳是不可磨灭的，而移动政务是其电子政务的一大特点。[①]南非是地处非洲的发展中国家，其宽带网络基础设施和电脑终端普及的不完善限制了电子政务的发展和应用，但南非利用移动通信技术，通过更快捷、更方便的移动政务，为广大民众提供了更为优质高效的医疗保健服务、民政事务办理等基本的公众服务，使民众能够更好地享受移动政务带来的便利。南非借助自身移动通信发展迅猛的优势，大力推进移动政务的应用和发展，在较短的时间内取得了较为显著的成效，为了全面提升政府的管理能力和水平，为发展中国家推行移动政务提供了有益的借鉴。

总的来说，全球各国的电子政务的发展目标大多指向提高政府工作效率、树立政府形象等方面，出发点基本上都是以满足国民对政府经济事务的管理和社会服务等方面的要求为主。

二　电子治理发展经验

国外的电子治理也是围绕电子政务展开的，共享良好的电子政务实践经验是必要的[②]，发达国家电子政务的发展经验可以给中国发展电子政务，推进电子治理很好的启示。以下是发达国家发展电子政务较成功的经验。

（1）以政府业务流为主线发展电子政务。从国外的情况看，无论是中央政府各部门，还是地方政府，在电子政务的发展中均以政府的业务流为主线，一个一个地实现政府业务流的信息化，以避免固化或强化现有的政府结构，有利于通过信息化来实现政府的重构。

（2）遵循"审慎规划，小步快走"的战略原则。"审慎规划，小步快走"是全球对于信息系统工程建设的一个原则共识，即想的要大，起步要小，扩展要快。就电子政务而言，"审慎规划"是根据实际情况以及对信

---

① 姚国章、王星：《南非移动政务的发展》，《电子政务》2010年第12期，第22~29页。
② 《从国际电子政府建设看未来发展》，《信息系统工程》2009年第12期，第15~16页。

技术发展的预期,审慎地确定电子政务长远的发展目标。

(3) 确立电子政务发展的优先级。电子政务要取得成功必须确立优先级,提出实施策略。从实践来看,世界各国几乎无一例外地以电子税务作为电子政务的启动工程或第一优先项目。因为电子税务不仅大大地提高了政府税收的有效性和效率,而且有效地提高了全社会的完税率。

(4) 以规范化和标准化的方法发展电子政务。规范化和标准化是电子政务建设的基础性工作,是电子政务系统实现互联互通、信息共享、业务协同、安全可靠的前提。它将各个业务环节有机地连接起来,并为彼此间的协同工作提供技术准则。

(5) 建立政府和企业的合作关系。建立政府与企业某种形式的伙伴关系有可能使双方都从中受益。在未来的治理模式下企业不再是政府简单的管控对象,更多的是合作伙伴关系。

(6) 加强电子政务的安全管理。首先要进行安全、成本、效率之间的权衡。不同的电子政务应用系统,对安全的要求是不同的。因此,在设计系统安全措施的时候,必须根据系统的实际应用情况,考虑安全、成本、效率三者的权重,并求得适度的平衡。

当然,在借鉴发达国家成功的经验同时,也要避免他们走过的弯路和曲折。

(1) 政府信息公开方面存在的问题。政府信息公开是确保公民知情权的重要举措,然而,在运用电子政务公开政府信息方面,很多地方政府的作为并不理想。

(2) 网络民主与网络舆情方面存在的问题。网民的人数虽然不断增加,但网络舆情并不能完整体现社情民意。在某些特殊情况下,网络舆情也可能被一些人或组织左右,甚至被放大,影响领导决策。

(3) 数字鸿沟衍生出的问题。数字鸿沟是信息富有者和信息贫困者之间的鸿沟。在发达国家中也存在信息获取使用的严重不平等,因为信息的使用是与经济紧密相关的。在发达国家与发展中国家间同样存在着这种不平等。

(4) 信息共享方面存在的问题。因为部门的利益分割、安全保障的复杂等原因造成信息不能共享,信息使用率低下。

(5) 电子政务建设中的形式主义问题。投入巨额的网站建设经费后,网页常年不更新,电子政务中最有价值的电子公共服务却不见踪迹。

第四节　中国电子治理实践

一　中国电子治理的历程

谈及中国电子治理的历程，要先说明一下信息化建设在中国的发展过程，中国信息化建设始于20世纪50年代，并在《1956～1967年科学技术发展远景规划纲要》中将信息技术的发展列为重点，在规划中将电子数字计算机的研制作为战略重点，揭开了中国应对当代信息革命挑战的序幕。①经过了50多年的发展，虽然中间也经历了各种劫难和波折，但中国的信息化与中国的经济和社会发展同步，取得了举世瞩目的辉煌成就。进入21世纪，中国的信息化水平已经迎头赶上，超过了世界的平均水平，基本达到了世界中等发达国家的水平，在一些经济比较发达的城市和地区，其信息化的水平已经可以和发达国家相媲美。伴随信息化建设进入21世纪，电子政务、电子商务建设成为主要内容，这些都为电子治理提供了必要的基础。

因为中国的公共组织相对起步比较晚，所以电子治理在中国的发展基本上是围绕电子政务展开的。中国电子政务的发展可以划分为四个阶段②：初始期，在20世纪80年代中期，中央和地方党政机关开展办公自动化工程，在国内引起办公自动化热，政府机构的一些部门开始使用计算机办公，初步建立起一些信息中心，这使部分政府机关初步适应了使用计算机进行文件处理的新工作方式。起步期，在20世纪90年代中期，由中央政府主导，启动了一些以政府信息化为特征的系统工程，如"三金"工程，这个时期的工作重点是建设信息化的基础设施，为重点行业及部门传输数据和信息。发展期，20世纪末，因为网络技术迅速发展及信息基础设施的不断完善，在1999年1月，由多个中央部委的信息主管部门共同倡议发起了"政府上网工程"，1999年也被称为"政府上网年"，在接下来的两年时间里，中国从中央到地方各级政府部门大部分都实现了上网并设立了一定的网上办事窗口，由此拉开了中国电子政务由局部建设向全面应用的序幕。整体发展期，

---

① 周宏仁：《中国信息化形势分析与预测（2010）》，社会科学文献出版社，2010，第2～3页。
② 丁乃鹏、卫严喜：《发达国家电子政务发展对中国的启示》，《电子政务》2010年第10期，第77～77页。

进入21世纪后,中国的电子政务进入了快速发展时期,电子政务建设的系统指导和科学规划得到加强,2002年7月国家信息化领导小组通过了《国民经济和社会信息化专项规划》和《关于我国电子政务建设的指导意见》。前者作为中国第一个信息化发展规划,标志着中国信息化建设已经进入系统指导、科学规划的新阶段,后者明确了电子政务在信息化建设中的先行者的地位,强调要抓好电子政务,推动其他领域的信息化,走出一条有中国特色的信息化道路,使电子政务建设有章可循。经过20多年的发展,中国的电子政务网络基础设施已经初步形成规模,政府网站及其网上服务能力得到了比较充分的发展。目前,各级政府正围绕着促进服务型政府建设的根本任务在提高政府透明度、促进政府与民众互动、提升行政效能和改善公共服务等方面积极发展电子政务。

二 中国电子治理的现状

近几年,中国的电子治理伴随电子政务的加速发展产生了更大作用,对构建服务型政府具有重要的现实意义。以政府核心业务为主线建设的电子政务系统已取得了一系列巨大的成功,产生了明显的经济和社会效益。[①]

电子政务对政府行政的支撑能力日益提升,有效提高了政府行政效率。进入21世纪,电子政务建设明显提速,自2002年以来中央投资建设了金财、金审、金盾、金保、金质、金土、金家等四十多项电子政务工程,建设了各级信息系统,支撑了政府部分核心业务,在政府宏观调控、市场监管、社会管理和公共服务方面这些信息系统发挥了不可替代的作用。同时,在国家政策引导和中央政府大力发展电子政务的示范带动下,地方政府围绕行政管理体制改革,以行政审批和行政监察业务为主线,建设了一大批业务信息系统,通过这些业务信息系统的建设,政府行为更加规范、透明,行政效率大幅提高。

电子政务的公共服务能力显著增加,为推动服务型政府建设提供了新手段。政府网站的服务能力稳步提高。中国互联网飞速发展,中国的网民人数已居世界第一位,这为政府通过网络提供公共服务创造了必要的条件,近年来,各级政府都在不同程度上加大了网站建设管理的力度,各级各类政府网

---

① 王长胜、许晓平:《中国电子政务发展报告(2010)》,社会科学文献出版社,2010,第1~5页。

站普遍具备了信息公开、网上办事、政民互动三大服务功能,政府网站的服务框架已经形成。

信息共享提高了政府行政效能,电子政务的经济社会效益明显。各级政府积极推进跨部门、跨地区信息共享。中央部门之间以业务需求为导向、开展局部信息共享,效益非常明显。如,公安部与中国人民银行进行人口信息联网核查,有效地遏制了利用假名开设账户进行诈骗的非法行为;又如,江苏、浙江、上海三省市每年都要召开省际电子政务协同工作会议,在交通、社保等方面开展信息共享;再如,广东与四川、安徽、江西等省在就业信息、计划生育等方面进行信息共享和业务协同,提高了流动人口管理和服务工作的水平。

统一集中的管理模式是保障电子政务健康、高效发展的关键。通过一些部门和地区在集约化、统筹发展方面进行的有益的探索,积累了推进电子政务可持续发展的经济。如海关总署、审计署、商务部等政府部门通过构建统一协调的领导机制,形成了电子政务领导小组、电子政务主管司局和信息中心三位一体的管理体制,实现了政务与信息技术应用的高度融合,电子政务的可持续发展能力明显增强;如江西、云南等省通过统一建设、运行维护、安全保障体系等方式,节约了建设与维护费用,使网络的安全性、系统的可靠性得到了保障。再如部分城市在推进电子政务建设时部分乃至全部基于互联网,大大节约了政府投资。

当然中国的电子政务建设也不是尽善尽美,在电子政务建设中,以下问题比较突出,一是政府职能转变的融合度不够,电子政务战略意义并未凸显;二是业务联动、资源整合难度大,影响效能发挥;三是部门管理功能强化,公共服务功能相对薄弱;四是推进信息化主要靠的是传统路子,主要是业务部门和技术部门发起,电子政务没有通过部门的日常管理和服务融合起来一起推进。

三 中国电子治理评价

中国的电子治理是以电子政务建设为主线展开的,因此,通过对电子政务发展的回顾,总结经验教训,对中国电子治理的发展具有极其重要的现实意义。

中国的电子政务发展经历了办公自动化、专业领域信息化建设、政府上网、电子政务全面建设、调整以及信息资源整合,从最初的单纯将信息技术引入办公过程，到建设专门领域的信息系统，再到全面建设电子政务系统，发展十余年后，进行反思和总结，主张从规范化、制度化抓起，突出电子政务的网上办事、信息公开等功能，电子政务不断地在调整中进步发展。

中国的电子政务建设受政策驱动的特点突出，回顾中国电子政务的发展历程，可知中国电子政务建设投入与政府政策紧密相关，政策的稳定性对于电子政务的发展至关重要。

电子政务在中国的发展是快速的，但是其中也有一些投入与实际成效存在差距的问题需要我们去解决。很多事实显示，政府对电子政务持续且不断地增加的投入并未完全达到预期，有些电子政务的实际绩效不容乐观。

比如，据联合国经济与社会事务部对世界电子政务调查报告，中国电子政务准备度指数排名自2005年的第57名降至2008年的第65名，2010年的第72名，再到2012年的第78名。这不是说中国电子政务发展倒退了，而是中国电子政务相对于其他国家发展慢了。实践中主要出现的问题有：办公项目的在线办理效率低，电子政务系统的实际使用率偏低，因低使用率导致的低满意度等。[①] 这些问题产生的原因主要有以下几个方面：电子政务建设模式总体上还是分散式建设方式，政府工作人员对电子政务认识及使用动力不足，政府网站能提供的业务处理功能不足，政府网站信息公开的广度和深度不够[②]，相关的配套法律、规章、制度还不完善。这需要改变我们在对电子政务绩效评估时重系统产出、功能、形式，轻效益与功效的思维方式。

此外，随着社会公共组织的不断发展，善治理想在中国也不断地实现，电子治理正展现其有效实现善治的工具作用。尽管如此，电子治理还存在一些值得思考的地方。

首先，电子治理主体是多元化的。电子治理的主角不只是政府，不能把电子治理拘泥于政府电子治理，把电子治理与电子政务混为一谈。目前，电子治理研究还是围绕"政府中心论"这个框架展开的，实际上，电子治理也不仅仅是进行政府管理，其本身也是具有丰富内容的体系，应将多元的主体纳入其中，从更长远的眼光去看待电子治理。

其次，电子治理的目标是实现善治。善治是公民社会不断追求的一个方

---

① 张维迎：《中国电子政务发展报告（2010）》，北京大学出版社，2010，第33~42页。
② 魏礼群：《中国行政体制改革报告（2011）》，社会科学文献出版社，2011，第117~119页。

向和趋势，但不是成为衡量电子治理成败的一个标准，善治随着客观实践的发展而不断前进，其内容和形式也在不断地完善，治理模式也将与时俱进。电子政务不是电子治理的追求，更不是电子善治的目标。当前，电子治理研究仍存在目标模糊不清的现象，扰乱了人们的视野，甚至因为各种内在或外在的原因抵制电子治理，使之不能在实现善治的实践中发挥作用。

最后，电子治理产生源于科学技术和公民社会。电子治理产生根源可以分为两个层次：直接根源是信息技术和治理理念变革的结合，最终根源是科学技术和公民社会的出现与发展。后者决定了前者，前者是在后者的基础上或者推动下发生作用。无论政府愿意与否，公民接受与否，只能顺应这个趋势，或者在驾驭这个趋势上下工夫，或者在改变自身上下工夫。中国的科技发展在某些领域可与世界发达国家齐头并进甚至领先于全球各国，但在中国欠缺的是适应现代社会发展的、完备的公民社会，这是需要时间去改变的。

四 中国电子治理的前景

电子治理的发展在国内外都不是很长，中国的电子治理与发达国家基本处于同一起点，而且我们的信息技术领域在世界范围内也是处于领先地位的，因此，我们有信心赢得电子治理的未来。

在中国，电子治理是为实现善治理想的可操控方式，其未来的发展可从国家信息化建设及社会经济政治民主化的发展两个角度去思考。

首先，作为国家信息化建设的重要内容，电子政务的未来发展值得我们关注和期待。从政策环境、体制环境、社会环境、技术环境四个方面的影响来分析，未来中国电子政务的发展，整体上用10个字概括：整合、互联、共享、重构、效率。① 整合是指对已有电子政务系统要深入整合，实现重点业务领域的跨部门协同。互联是指克服条块分割、信息孤岛，加快实现互联互通。共享是指在整合、互联、协同的基础上，提高资源共享的水平。重构是指按照政府组织体系的调整，重构一些重大综合应用项目。效率是指提高电子政务的应用服务水平和资金使用效率。

当前，"十二五"发展规划正在执行之中，中国电子政务建设正处在一

---

① 汪玉凯：《中国电子政务的未来：整合、互联、共享、重构、效率》，《信息系统工程》2010年第8期，第8页。

个新的发展起点上。两化融合、大部制改革、经济发展方式转型对电子政务建设正产生影响。在这种新形势下要切实搞好电子政务建设,就更加需要大力推行电子政务创新。

在中国,电子政务的应用未来的发展主要体现在以下五个方面。一是提升政府为社会提供的应用服务及信息发布信度和效度。二是增强政府部门之间的应用协作。三是完善政府部门内部的各类应用系统。四是充实涉及政府部门内部的各类核心数据的应用系统。五是加大政府电子化采购。

要实现上述目标,在推动政府信息化的过程中,必须创造电子政务的体制条件,不断推进行政体制改革。

(1) 对政府行政流程和组织结构进行必要的重组,这是进一步深化电子政务的前提,电子政务的发展会改善政府内部的沟通阻断、合作缺失,促进政府向互联互通的整体化方向发展。

(2) 重视电子政务系统的信息收集、传递和发布,这是充分发挥电子政务信息功效的重要方面,电子政务系统在政府决策中所发挥的作用,将有力促使政府由传统的被动、封闭的模式向通达性、参与型的决策及治理模式方向转变,为建设政务透明化、法制化、规范化的政府提供动力。

(3) 改变信息的高度垄断,走向对外开放与积极外联,这是发展电子政务的重要方向,而信息的充分开放与交流,将促进政府由故步自封的僵化状态走向不断改进的学习型组织。

(4) 转变政府管理思路,正确认知电子政务系统的意义,这是电子政务朝正确方向发展的重要保证,电子政务的顺利发展,将有效促使政府向面向公众、服务公众的服务型政府转变。

其次,在理念上要不断革新,从政府官员到普通的公民都要适应从传统统治到现代治理的方式转变。

(1) 更加强调"以公众为中心"的理念。信息技术带来的最大影响之一就是缩短了服务提供者与接受者之间的距离,未来的政府更加强调是公众的政府,各国政府将利用信息技术增强民众对政府政务的参与程度,及时获悉公众所需,以公众需求为导向,把未来的政府建设成以公众为中心的电子政府。

(2) 促进政府服务全面上网,提高服务质量。电子治理的目标让政府更好地给公众和社会提供服务。世界各国政府正积极应用互联网为公众提供在线服务,政府也将运用"公共信息站"及自动柜员机等自动化服务设施,为公众提供获取政府服务的多元化渠道。

(3) 实现"单一窗口"和"一站式"服务。信息技术的发展，使得公众对未来政府的期望值不断提高，不仅仅是要求服务质量得到提高，而且要求获得服务的方式和程序也要不断改善。

(4) 消除"数字鸿沟"，促进社会信息平等。在电子治理的发展过程中，各国政府将会积极致力于消除"数字鸿沟"问题，努力缩小"信息富人"和"信息穷人"之间的差距，使每一个人都具有获得政府电子服务的权利。

最后，增强公众参与意识，发展电子民主。电子民主不仅是中国也是未来世界各国电子治理过程中的一个焦点。

信息网络技术的应用毫无疑问将成为新时期民主政治发展的重要推动力量。民主政治要求公民不仅要知政，更重要的是参与。网络可以被看作政府与公民之间、选民与代表或议员之间的一座电子桥梁，它推动了公民与政府的直接对话，提高了民意在政府行动和议会活动中的分量，从而在很大程度上改变未来政治参与的结构与模式。

电子民主是以发达的信息技术、网络及其相关技术为运作平台，以直接民主为发展趋向，以公民的全体、主动、切实参与民主决策、民主选举等民主运作程序为典型特征的一种民主新形式。电子民主借助信息通信技术和网络技术，通过公民更切实、全面的政治参与，保持民主的本质理念，并且更好地发挥积极效应，更好地体现这种理念。

现代信息技术尤其是互联网的发展，突破了地域制约的瓶颈，使公民参与具有较强的可能性与直接性。如沟通、对话的双向性使公民在数字化政治运行过程中能够表达自己的思想、意图和价值取向，从而影响政治决策和政府行为。它是现代社会民主制度赖以生存的基础，也是民主政治的基本特征之一。信息网络技术以其便捷性、廉价性，为公民参与提供了机会和现实条件，激发了人们政治参与的热情，大大提高了社会成员政治参与的程度。同时这种参与的平等性、公开性也有助于强化公民的民主意识。公民通过网络直接参与公共政策的讨论、协商，对社会政治现象进行评议，获取政治知识和能力，了解和感受作为一个政治共同体的公民的权利、义务和责任，将大大地推进公民个体政治社会化的水平，有助于提高公民参与的能力，培养新时代的电子公民，使公民更好地了解政治过程并得到教育，进而主动参与，这无疑对民主政治进程有着积极的推动作用。

第十章 共享型领导

引　例:① 负责管理美国金门国家休闲娱乐区（GGNRA）的旧金山国家公园服务局主管布赖恩·奥尼尔（Brian O'Neill）是新型领导的典型代表。其实，自1916年成立以来，旧金山国家公园服务局一直奉行的是"岛屿"文化，体现的是一种堡垒思想，也就是在公园周边竖起壁垒，防止其他社团进来干预。但这种观念在金门行不通，因为奥尼尔和他的同事们要维护1000多座历史建筑，管理7.6万英亩的环境敏感地段，还要提供稳定的教育和环境项目；此外，金门国家休闲娱乐区的基础设施建设需要投入上千万美元，相比之下，联邦预算简直是杯水车薪。事实上，金门国家休闲娱乐区的管理者没有受传统组织文化的局限，奥尼尔带头把组织改造成了一个连锁式的公私伙伴关系网络，使之成为美国第一个邀请外部服务组织代表公园占用园内建筑的一个公园。自金门国家休闲娱乐区于1972年成立以来，各种伙伴组织共为公园的设备改造投入了1亿美元。其中两个重要的合作伙伴是金门自然保护局和福特·马森基金会，它们每年给公园的投资约占投入总量的20%。此外，还有另外20个左右的非营利实体共同代表国家公园服务局经营并维护休闲娱乐区的所有建筑和娱乐设施。在长期的租赁合同下，这些组织承担所有的维修经费和修缮资本。实际上，公园服务局自己的员工数量仅占该休闲娱乐区劳动力总量的18%，而其他的82%则是由合作伙伴、授权人、承包商、合作协会和志愿者共同组成的。

20世纪90年代以来，经济全球化不断深入，信息技术高速发展，人类

---

① 参见〔美〕斯蒂芬·戈德史密斯等《网络化治理：公共部门的新形态》，孙迎春译，北京大学出版社，2008，第1~6页。

进入一个以"治理"为标志性特征的时代。在现代信息社会，原来封闭的社会生活格局逐渐被联系越来越紧密的"地球村"取代，人们生活的环境逐渐开放并相互融合，边界逐渐消失。利比亚发生战乱，中国的汽油价格会随之上涨；日本地震引发核辐射，中国便出现购盐高潮……一些原来看似毫无联系的事物，在当今时代却产生了密切的联系，彼此相互影响和作用。在这样的时代背景下，跨部门、跨组织、跨行业、跨地区乃至跨国界的交往行为越来越频繁，也势必激发不同地区、组织、人群之间的利益冲突与观念分歧。为迎接这些挑战，专家学者们提出治理理论，试图以合作、平等、多中心和网络化的治理结构和管理模式作为未来管理的发展方向。面对治理的时代要求，作为实现公共利益的执行者、公共组织改革方向的引导者，公共领导者应该如何调整自身的角色、思维来适应越来越复杂的公共事务？如何解决无时无刻不存在的冲突？如何将人们重新团结起来？如何提高自身的领导能力，为组织发展改革提供正确的方向和战略规划？这一系列的问题迫使我们不断思考：治理变革的时代，公共领导者应该何去何从？

第一节 治理时代呼唤新型领导

随着经济全球化、现代信息技术的发展，人类逐渐进入新的时代，近百年来科技文明的进步远远胜过以往千百年历史文明的累积。在我们接受了现代文明带来的各种便利（尤其是通信技术的进步，使整个地球的联系更加密切、频繁，成为彼此资讯共享的"地球村"）的同时，也面临着许多纷繁复杂的问题，如人口膨胀、温室效应、环境污染等，是百年前的人们所无法想象的，而且靠任何单一的组织或个人都无法解决。这些问题直接考验着公共领导者和公共组织治理的能力。对处于转型时期的中国公共组织而言，固有的官本位思想、墨守成规的思维、偏好强制与命令的领导方式并没有随着时代的变革发生根本性变化，表现为公共领导者不能适应一体化与多元化、国际化与本土化、集中化与分散化并存的治理时代所带来的变化。一句话，新的时代要求与传统领导方式之间的矛盾越来越突出，公共组织环境和社会环境的变化要求领导者转变自己的思维观念和价值观，走向新型领导模式。

一 治理时代及其影响

伴随全球化进程的加快、全球性问题的增多，西方福利国家出现管理危机，市场和等级制调节机制失灵。与此同时，众多社会性团体组织迅速成长。"治理"成为学术界的"时髦"。随着微博、微信等即时分享工具的出现，全球悄然进入治理时代。在剧变的治理时代，社会和个人发生了深刻的变化，公共组织的环境动态化、结构网络化、组织成员个人角色和意识的不确定性都是治理时代对当前领导方式提出的挑战。

（一）进入治理时代

21世纪，组织的生态环境发生了深刻变化，呈现出DDCU的特点，即多元性、多变性、复杂性及不确定性（Diversity, Dynamics, Complexity & Uncertainty），世界正在步入全新的治理时代[①]。治理时代与农业社会的统治时代、工业文明社会的管理时代相对应，是以公共治理为治理模式，以平等、合作、多中心、网络化为特征的当前社会时期。在 R. B. 登哈特（R. B. Denhardt）和 J. S. 登哈特（J. S. Denhardt）的著作《新公共服务》中提到现代社会具有三大明显特征：高度的不稳定性、密切的相互信赖与合作和需要高创造力、厚想象力来解决社会所面临的问题。这些论述反映了作者对治理时代的深刻理解和亲身体会。厘清治理时代的特征，有助于我们更加清晰地认识当前社会，寻找更好地实现社会协调和全面发展的治理方式和领导方式。

1. 环境更加开放

经济全球化的深入发展，跨国公司的全球发展，各国边界和城墙的日益消失，大大开放了人们的生活、生产和贸易区域，生存环境被打通，国家与区域的边界模糊化甚至消失，任何组织、任何区域都是对所有人开放的。整个世界被网罗在全球化编织的网状系统中，每个节点之间都是双向开放的。

2. 联系更加密切

全球化改变了人们对传统国家和社会的观念，信息化方便了人们的信息收集、交流和传播，国家成为社会的基本单位。"地球村"大大密切了人与人之间、组织与组织之间、人类与环境之间相互影响、相互依赖的关系，联动性增强，世界成为牵一发而动全身的"多米诺骨牌"。

3. 主体更加多元

主体多元化不仅包括主体种类的多元化，还包括主体间关系的多元化。治理时代，众多社会性团体组织迅速成长，与公民、政府一起参与公共治理。各

---

① 李辉：《治理时代：政府改革的新挑战》，《山东师范大学学报》（人文社会科学版）2011年第4期。

个主体之间的关系由单向度依赖转向双向相互依赖,政府不再是整个社会事务的唯一控制中心,而是各个主体平等地共同治理公共问题。

4. 冲突更加频繁

因价值观、目标、教育程度等差异,冲突成为生活中必不可少的一部分。随着世界越来越小,发生冲突的可能性成倍增长。而这些频繁发生的冲突直接影响到我们的生活质量、社会的协调和全面发展。处理好这些冲突,可能会获得机会,但处理不好,会产生灾难性的后果。

(二)"动态化"的组织环境

经济全球化的发展促进资本、技术、人才、知识、文化等资源在全球横向大规模流动,几乎所有国家都被卷入新的国际分工中。中国作为积极参与全球化的一员,社会环境和公共组织环境正向动态化、复杂化趋势发展。

传统的公共组织,尤其是行政组织,处于一个相对稳定、简单和彼此分割的组织环境中,领导者着重管理组织内部,使组织内部的工作变得简单化、标准化,降低复杂性,从而在精准的计划与控制和常规化的严格等级制度下,运用组织中的规章制度和科层结构有效控制组织中的事务,促进组织发展。在这传统公共服务模式中,公共领导人只需要了解自己的组织——自己组织的规章制度、标准操作程序以及文化——通常就足以获取管理成功。

但随着全球化的发展,相对简单、稳定的组织环境发生了深刻的变化。不同组织之间经常会面临共同的问题,需要合作来共同解决;组织内部非常规、突发性事件增多。组织环境差异性和动态性大大增加。总的来说,周围环境越具有差异性与动态性,组织的内部结构就越错综复杂。① 20 世纪发展起来的官僚主义管理模式只适用于有限的环境,无法适应今天的组织。从科层制、官僚制和政府主导型公共管理环境,向公共部门、私营部门以及非营利组织共同提供公共物品和服务的"网络式"公共管理环境的转化,要求公共服务专业人员具备新的领导能力。自上而下的、指令和控制式的领导方式尽管并非完全过时,但正逐渐让位于共享式的、协作式的领导方式。这种领导方式需要更加重视环境力量对组织的影响,需要公共领导者拥有更为广阔的视野去了解合作伙伴们是如何在不同的环境中运营的。

---

① 〔美〕弗莱蒙特·E. 卡斯特等:《组织与管理》,傅严等译,中国社会科学出版社,2000,第163页。

(三)"网络化"的组织结构

治理时代的公共组织趋向于"无缝隙组织"①,组织结构和社会结构逐渐扁平化,即由金字塔型结构变成网络型结构。一般而言,网络可被界定为联结一组人、物或事件的特殊关系形式。② 组织结构的网络化是组织基于治理时代的回应,继承金字塔结构的科层制基础上,改变组织的形态,将关系组织发展的所有因素纳入网络中,成为重要节点,使组织具有更强的适应性。

在网络型组织结构中,存在多中心权力。领导者权力被分散,责任和机会也被分散。领导不再是单纯的发号施令者,而变成组织目标的先行者,靠自身的积极作用和影响力成为实现组织目标的先行者。

在网络型组织结构中,领导者和被领导者的角色变得模糊,从"有界领导"向"无界领导"转换③。公共领导者应善于挖掘组织中具有领导才能者,充分发挥组织内的领导力,与组织成员共同实现组织目标。

在网络型组织结构中,不存在绝对权威和统一的控制中心。组织中,决策的形式从垂直化变为水平化,领导方式也由领导单纯下达命令演变为组织所有成员协商、沟通、协调,领导者身兼引导和决策的责任。领导者应该将更多的权力、更多的机会、更多的责任与组织成员共享,而不能独揽大权,发号施令。

(四)"开放性"的个人角色

治理时代,信息革命和网络通信行业的发展改变了人们的空间感和交往方式,也大大增加了垄断信息的成本。网络崇尚的平等、公开地获取信息和表达观点对每个人都敞开了可能性。每个人的角色是"开放的",都可以通过网络、电话等方式及时获取发生在地球任何一角的信息。人们有了更多的表达自己的利益、发表自己的评价、交流自己的观点的机会和可能,而非完全被等级制、封闭式的条条框框所束缚。

个人角色的"开放性"对公共领导提出了更高的要求。在组织外部,公

---

① "无缝隙组织"指可以用流动的、灵活的、弹性的、完整的、透明的、连贯的等词语来形容的组织形态。无缝隙组织的形式和界限是流动和变化的,组织内部和组织之间是网络化结构,内部以跨职能团队为子集。

② 史美强:《政府治理的制度选择》,http://www.thu.edu.tw/~deptpuad,最后访问日期:2003年6月14日。

③ 贺善侃:《领导理念和领导方式转化的逻辑进程》,《探索与争鸣》2008年第8期。

共领导要接受公众的任何言论，解答公众的疑惑，满足公众提出的要求；还要在了解公众价值观和利益需求的同时寻找与公众合作的契合点，发动公民社会的力量，引导公民自治。在组织内部，充分重视组织成员，建立充分的利益表达平台和政策协商机制，挖掘内部成员的领导力和聪明才智，在平等、协商、和谐的组织文化下共同实现组织的目标。

二 治理时代的传统领导的困境

在治理时代，团队合作成为重要的工作模式，知识型团队、跨职能团队等形式的出现在理论上为未来公共组织提供模式，但在实践中，知识型等团队的工作绩效并不总是高于传统组织，这主要是由于用缺乏协调团队成员行为能力的领导模式来指导团队工作进程，导致团队不能发挥最大潜能。[1] 治理时代已经对公共组织的环境、结构和个人角色等产生了深刻影响。作为回应性组织中的公共领导者在领导活动中不断改变自身，积极适应并试图以前瞻性目光看待这个世界。正因为这种改变，传统领导方式呈现一些新的特点，却未能达到理想效果。这促使我们思考领导方式改革的根源和前进方向。

领导方式是领导者实施领导活动，实现组织目标过程中形成的思维方式、决策方式、角色定位、执行方式等具体活动的模式化。治理时代改变了传统社会的封闭独立、等级分明的组织环境，在各个方面对传统领导方式提出了挑战。传统领导方式发生回应性变化，呈现以下特点。

1. 倡导服务理念，但官本位思想依然严重

新公共管理和公共服务理论的发展，对领导方式提出了新的构想。"顾客导向""服务理念"逐渐渗透到传统的领导方式中。在官僚主义的基础上，公共组织意识到本身的价值是服务于公众，并积极为公共提供良好的公共产品和公共服务。但这些改变是新公共管理运动带来的形式化的改变，在诸如官本位等观念和思维的层次上，变革来得不会那么容易。官本位思想主要表现在三个方面：首先，不是将公共利益作为组织和个人的核心价值追求。治理时代的公共组织突破原来政府的范围，在整个社会领域调动、联合和协调各方面力量，共同实现社会利益最大化。作为治理主要主体之一的公共组织，要始终以实现公共利益为价值目标，不能用公众赋予的权力谋取私

---

[1] 转引自任旭林、彭天宇《共享型领导研究述评与展望》，《领导科学》2009 年第 8 期。

利。其次，缺乏群众观念。不重视、不改善民生，甚至对群众的冷暖漠不关心。一些关系民众切身利益的基础教育、医疗、住房等利益问题一再拖延，未能有效解决。最后，缺乏合作观念。治理时代需要密切联系、协作共赢才能有效整合社会资源，实现共同目标。但具有官僚主义思维的领导者由于长期处于控制中心地位，高高在上，常常忽略与第三部门和公民、社会的合作，最终失去有效解决问题的最佳时机。

2. 决策方式逐渐开放，但社会力量参与仍很欠缺

传统领导方式在公众与政府之间、领导者与被领导者之间架起壁垒。"参与可以说是一种价值"[1]。传统领导方式摒弃这种价值的嵌入，对公众参与政策制定过程表现出极度冷漠。这样忽视了公众自身利益表达的同时往往导致公共政策偏离公众需求甚至伤害公众利益。治理时代打破了层层壁垒，促使政府和领导者开放决策过程，吸纳公众参与。现在网络媒体经常宣传的听证会就是决策方式开放的表现。但正如登哈特所说，在盖布勒和奥斯本所著的《重塑政府》一书中，几乎找不到诸如参与、公平、正义的词语。这些理论倡导的治理主体多元化，仅仅限制在执行主体的多元化，而决策的权力仍然掌握在政府手中。虽然在公共活动中强调顾客导向，但服务标准的制定和服务方式的选择仍然没有公众参与，没有发挥社会力量。

3. 试图转变领导角色，但没有清晰的定位。随着历史的进步，领导角色由"当家人"转向"服务者"，再到现在变为"治理者"

形式上看领导不断变换着角色，应对组织内外环境的变化。公共领导者虽然也已经深刻认识当前形势的急剧变化，并积极探索适合这个巨变时代的领导模式，但领导变革的方向不明、成效不足等问题依然存在，彰显公共领导者并没有真正把握治理时代的要求。正如一位美国学者所调侃的那样，"如果在公寓大楼里发现一只老鼠，那是住房检查员的责任。如果老鼠跑到一家餐馆，那就归卫生部门管辖。如果它跑了出去，死在一个小巷里，那就归公共工程部门管理"[2]。在治理时代，这种现象普遍存在。组织越来越多、分工越来越细，彼此间的联系也越来越紧密，合作共赢才是最佳选择。要真

---

[1] 〔美〕B. 盖伊·彼得斯：《政府未来的治理模式》，吴爱明等译，中国人民大学出版社，2001，第61页。
[2] 转引自周志忍《"大部制"：难以承受之重》，《中国报道》2008年第3期。

正实现合作共赢，就需要公共领导者具备系统思维、合作精神，为解决某个共同的问题，在社会范围内整合资源。

在治理时代，政府、企业、第三部门结成了复杂的网络关系。公共组织领导者只有掌握了系统整合的思维，实现从传统型领导向共享型领导的转变，才能在复杂多变的社会环境中激流勇进、成功转型。缺乏系统思维导致领导者对组织的发展前景把握不清，对自身角色定位不准，对组织成员的影响力认识不到位。系统思维有助于领导者提出组织共同的愿景。系统思维要求领导者将组织看作动态发展过程的一个阶段，用前瞻性的眼光看待组织发展，跳出组织现在的发展模式，在更高的视角下提出组织的发展趋势和前进方向。系统思维有助于领导者定位自身角色。当今世界，领导者与被领导者的界限模糊、差距变小、地位相互平等。领导者要不断学习，用系统思维武装自己，开放决策环境，引导组织中的积极力量，激发组织成员的积极性和创造性，为成员的成功、个人成长做好服务支撑。系统思维有助于领导者准确认识组织成员的影响力。组织成员是价值的直接创造者，是组织改革与发展的基础和动力。领导者需要用系统的思维培养组织成员，激励引导成员自我领导，站在领导者的高度思考组织的发展和面临的问题，并发挥聪明才智积极解决这些问题。只有这样的组织，才会有不竭动力。

第二节　共享型领导模式

在治理时代，公共领导者要用系统整合思维应对纷繁复杂的世界。共享型领导在以往理论发展的基础上，意识到这种思维的重要性，强调建立共同愿景、承担共同责任、分享领导力和平等协作，在培养和提高自身能力的同时激发组织成员的自我领导、自我发展能力，共享公共治理的成果。

一　领导转型的相关理论

公共组织中领导的变动性是新公共服务发展过程中的一个特别重要的主题。蒙哥马利·范·瓦特（Montgomery Van Wart）在《公共服务中的领导动力学》中探讨了这个问题。瓦特通过对领导的特质、技能、思维、行为等的观察，分析了领导理论从早期的管理学和交易的方法到魅力型领导和转型理论的发展。学界普遍认同的观点是：传统的科层制领导需要随着时代的变革而发生模式转变,这个转变集中表现在领导模式的变化上。有关领导模式的理论研究大多起源于私营部门、跨国公司等,随着历史发展和政府改革的发展,新理论新模型不断出现在政府组织、社会团体、公益组织等公共服务部门。下面从个人和组织两个层面阐述公共领导者模型的相关理论,这些研究成果为共享型领导的提出提供了理论的准备。

(一) 从个人层面探讨的领导模型

领导模型在个人层面研究指领导者作为组织中的个体,在时代变化下,其自身能力、角色、思维、价值等方面的转变。

国际领导协会是着眼于研究世界范围内领导学理论和发展的协会,近几年来,协会主题与全球化领导息息相关,涌现出大量的新型领导模式。英国国家政府学院大卫·斯维尼(David Sweeney)提出跨文化领导方式,认为要在不同组织文化之间达成理解和相互合作,就必须出现一种能够超越地域和文化差异的公共领导。美国创新领导力研究中心的杰弗里·叶(Jeffery Yip)和克里斯·厄斯特(Chris Ernst)通过实地研究,提出有效利用中止、重构、嵌套和迂回策略可以跨越边界有效领导不同种族、宗教、性别和文化的群体。美国波利斯大学杰弗里·P.米勒(Jeffrey P. Miller)研究了多元文化领导的复杂性,认为领导要有系统思维、服务意识和合作精神,坚持社会奉献、仆人式领导和能力建设等基本原则。美国哈佛大学的芭芭拉·凯勒曼(Barbara Kellerman)教授提醒领导者应该注意提高自身的追随力,认为权力和影响力从领导者正向追随者转移,并且追随者们会制造变化改变领导。

世界知名调节专家马克·盖尔宗(Mark Gerzon)认为,领导者有三副面孔——煽动者、管理者及调节者[①]。煽动者倒置了组织和社会,运用建立在人们的恐惧、信仰驱动上的领导战略妖魔化人与人之间的差异,设立各种"边界"以创造充满暴力和恐惧的世界。时至今日,从中东恐怖分子的密室到西方当权者的会议室,这种残暴却"简单"的领导策略仍在延续,依旧人为地操纵人们之间的不和,并以此为获取权力的理由,制造暴行甚至进行大规模的屠杀。这是一种有毒的领导力。管理者通常尽力避免或减弱政治和经济方面的冲突,并且明确区分组织的管辖范围和工作范围。这类领导者在履行

---

① 参见〔美〕马克·盖尔宗《领导艺术:化冲突为机会》,范志宏译,商务印书馆,2007。

职责的过程中，尽职尽责，保护自己代表或负责的单位的利益，推动能够改善绩效的各种培训和学习，创造和谐的、相互信任的组织文化，从而在职责范围内全面促进生产率。管理型领导者重视效率，促进社会价值创造，成就了现代优越生活，然而，领导者不愿意也不能处理超越自身职权的问题和争端，仅仅局限在固定管辖范围内实施权力，跨越边界的事简直超出了他们的思维范畴。在治理时代，边界越来越模糊，管理者因为囿于狭窄的固定角色而可能会导致思考和处理问题变得越来越艰难。调节者为了整体利益，不断在前进中学习并系统思考问题，善于通过架设跨越界限的桥梁建立信任、相互合作，为转化冲突寻求机会。调节型领导者将冲突置于问题的中心，认为冲突是自然秩序的一部分，并且可以转变为学习的机会。当今世界充满差异和分歧，调节者用开放的心态迎接这些差异、冲突的挑战，用完整的视野、系统的思考、顺应现实的能力看待冲突，并采用质询、有目的的交流、对话和创新等方式，促使冲突向积极方向发展，化冲突为机会，在冲突中实现领导力。

美国佛罗里达州立大学詹姆斯·S.鲍曼教授等人则提出了公共服务中的技能三角理论。他们认为："今天的公共服务要求公共服务人员具有三方面的技能：技术水平、道德品质以及领导能力。拥有这三方面的能力对于成为一名优秀的公共服务专业人员来说，是必不可少的。"① 技术水平包括战略规划、项目管理和资源整合，高超的技术将有助于确保公务员准确定位、有效整合资源来完成公共服务工作。道德品质由道德推理、价值观管理和审慎的决策能力构成，良好的伦理道德品质则会引导公务员去做正确的事。领导能力内含评估能力、协商能力和变革管理能力，是处理不同公共服务提供者之间的意见分歧，以及促使他们协同改善公共利益所必需的。公务员能够拥有上述三方面的丰富技能，是他们为公众提供优质的服务的必要基础。

（二）从组织层面架构的领导模型

治理时代，团体组织和学习型组织成为重要的工作模式。组织的变革需要也要求领导转变角色、改变领导方式。对话治理、学习型领导是组织层面架构领导模型的代表。

组织的领导者为适应治理时代，解决所面对的问题，需要扮演好对话治理的领导角色。林水波、李长晏认为，与治理相适应的组织领导者需要遵循

---

① 〔美〕詹姆斯·S.鲍曼等：《职业优势》，张秀琴译，中国人民大学出版社，2005，第16页。

对话之道，通过建立协力关系和对话的机制来形塑共同的理解，消除理解的落差，运用联合的力量，产出较为周全的问题观、方案观及目的观。① 对话治理对组织创新十分必要，如果领导者能妥当安排与运用，可将冲突的窘境转变成合作的顺境。为了实现这一转变，领导者需要扮演六大角色②：（1）倾听者。在对话过程中，领导者不能主导对话，而要细心倾听对话者的观念、意见和论述，理解对方表达的意思与重点，并将其融入自己的思维架构，使之互相碰撞，相互启示，以形成顿悟，以解决内在调适、外在因应的问题。（2）填补者。领导者要充分意识到组织成员在理解等方面常常存在差异，需要及时处理，否则，冲突因素常存，共识难达，一致对外难成。组织领导者要通过沟通与对话的过程，了解成员的需求及目标取向，进而发展某种程度的共同理解，联合一切力量，与人协作，共同工作。（3）鉴赏者。领导者要给予组织员工在公开讨论场合表达意见的机会，并展露尊重与肯定之意，以期建立信任关系，鼓舞员工洞穿问题的本质，提供必要资源为员工排除障碍，了解员工的立场以便调适决定，协助员工认清自身的不足，帮助其学习与成长。（4）提供者。领导者要提供对话的平台，纳入各类员工，让其抒发不同见解，从中激发创意。只有通过不同见解的碰撞，才会让人激发出多元化的联想或推理，进而导出创新、综合、复制及扩展的方案，提高服务的品质，增强顾客的满足感，提升组织的信誉。（5）降低者。组织领导者要增强自己存在的正当性，降低成员的不信任感，凝聚组织、集思广益，以集体的力量从事组织运营，提高组织绩效，实现组织既定目标。（6）排除者。对话的过程常常有诸多障碍，比如，临阵脱逃、思维定式、过早行动、执迷已见、反对差异等。这些障碍都会破坏对话的氛围，影响对话的进行，领导一定要设法及时排除这些路障，学会缓和它们的影响之道，以推动对话的持续进行，达致共识的方向。

学习型领导来源于学习型组织的客观要求。20世纪90年代以来，在彼得·圣吉（P. Senge）的名著《第五项修炼》的推动下，包括公共部门和私营部门在内的组织管理领域掀起了建立学习型组织（learning organization）的热潮。在动态、剧变、知识快速更新的时代，学习型组织还是起到重要作用。K. 沃特金斯

---

① 林水波、李长晏：《跨域治理》，台北：五南图书出版股份有限公司，2005，第133页。
② 林水波、李长晏：《跨域治理》，台北：五南图书出版股份有限公司，2005，第151~152页。

(K. Watkins）和 V. 马西克（V. Marsick）用 7 "C" 描述学习型组织：持续不断（continuous）的学习、亲密合作（collaborative）、相互联系（connected）的网络、集体共享（collective）的观念、创新（creative）精神、系统存取（captured and codified）方法和塑造学习能力（capacity）。学习型领导在组织中不仅要自身学习，还要积极争当创新者、服务者和分权者，发挥自己在组织内外信息交流与协调的作用，实现组织 7C，为组织发展注入持久活力。

二 共享型领导的含义与特征

（一）共享型领导的提出

在西方，共享型领导的概念可以追溯到 20 世纪 80 年代盛行的共同管理学说。正如杰克逊（Jackson）所言，"共享型领导是一种建立在共同管理哲学基础上的管理模式。"领导理论的发展历经特质理论、行为理论和权变理论，为领导实践活动提供了经验支撑和理论引导。权变理论的贡献至今仍很明显。治理时代的来临改变了行政生态环境，传统的直线领导方式已经不能适应未来组织发展的需要。当代西方国家政府改革先后经历了新公共管理和后新公共管理两个发展阶段[1]，来寻求适合治理时代的模式。在前一阶段，各国政府提倡"掌舵"角色，将掌舵与划桨区分开，从而提高了政府的管理效率，推进政府治理变革。但在这个过程中不经意地引发了参与价值的丢失、社会公平的欠缺和治理失灵等诸多问题。第二阶段的后新公共管理，多数政府改革则强调一种区别于掌舵的政府角色——"共享型领导"（Shared Leadership）。

20 世纪 90 年代后，学界开始广泛讨论共享型领导。关于共享型领导概念的界定也是众说纷纭。休顿（Houghton）等人认为共享型领导是责任的共享。在组织内部，为了实现组织目标而共享权力、信息、资源和责任的过程，实际上就是责任在团队成员中的转移，将团队作为一个整体参与到领导活动中[2]。罗珀（Ropo）等人支持共享型领导是一种知识分享的过程，认为领导者分享工作职责的同时，通过分享经验、知识、信任等吸纳所有成员参与决策，但在这个过程中存在妥协和博弈成本。恩斯利（Ensley）等人提出，共享型领导就是一种管理过程。团队成员都以团队目标为导向，通过协作的

---

[1] 纪丽萍：《略论当代西方国家行政领导模式的嬗变》，《行政论坛》2010 年第 1 期。
[2] J. D. Houghton et al., *Self-leadership and Super-leadership: The Heart and Art of Creating Shared Leadership in Teams* (Thousand Oaks: Sage, 2003), p.123.

方式、持续的交流和协调，互相激励，全部精力注入实现整体目标上。皮尔斯（Pearce）和孔格（Conger）则认为共享型领导是"组织中每个人相互影响的过程，其目标是引导彼此实现团队成就或达到组织目标"①。

近年来，国内一些学者也在进行共享型领导的研究工作。比如，罗向菲认为，共享型领导指的就是一个围绕群体或组织目标，由群体或组织的相关成员根据具体情境共同协作开展的、相互影响的动态交互领导过程②。这些都是认为共享型领导是在组织层面上的一个团体或一个人，是领导者在治理背景下群体化的称谓。

综上所述，大多数研究者将共享型领导视为将领导权在团队中分享的一种领导模式，这是区别于传统直线领导（见表10-1）的新型领导模式，这种模式多存在团体组织中。

表 10-1 共享型领导与传统直线领导之间的比较

	传统直线领导模式	共享型领导模式
领导方式	领导自上而下影响团队成员	团队共同领导
团队结构	采用科层或集中结构	团队成员网络式交互沟通
成员行为	决策主要依靠领导者的权威进行	工作自治和自我领导
团队行为	团队成员在工作中响应团队领导	基于工作任务的团队协商一致
团队愿景	团队领导为团队成员提供愿景	团队成员拥有共同或共享愿景
领导作用模式	团队领导 影响、沟通、指导 协调 团队成员	团队领导 ⇄ 团队领导 团队成员 团队成员 团队成员 团队领导

资料来源：边慧敏等《共享型领导：知识团队中领导模式的新发展》，《中国行政管理》2010年第5期。

（二）共享型领导的含义

共享型领导是结合治理背景，对前人关于共享型领导的研究进行重新定

---

① C. L. Pearce, A. Conger, *Shared Leadership: Reframing the Hows and Whys of Leadership* (Sage Publications, 2003), p.140.
② 罗向菲：《善治视角下公共组织共享型领导模式的构建》，《学理论》2010年第11期。

义和整合，将治理时代的本质融入共享型领导中，试图从领导者个人素质和能力出发，探讨作为公共组织领导者应该如何应对治理时代提出的挑战。这意味着政府等公共部门中的领导者应该转向一种新型的领导——共享型领导，这种新的领导模式不是试图掌控整个社会发展新方向，而是强调建立共同愿景，充分关注并分享价值观，拥有公共精神并持续不断学习，着眼于整体而非单个组织的利益，用合作思维、批判的眼光看待问题和冲突，化危机为机会，变对峙为合作。

1. 共享型领导的素质构成

共享型领导的素质构成是一个有机统一体，主要包含公共精神、合作思维、价值观管理、共享学习和批判精神等五个要素（见图10-1）。这五个要素在整个系统中发挥不同的作用，并且相互影响，相互作用，缺一不可。

公共精神是共享型领导的前提。弗雷德里克森指出："公共行政是建立在价值与信念基础之上的，用'精神'这个概念描述这些价值和信念是最适合不过了。对于个人而言，公共行政的精神意味着对于公共服务的召唤以及有效管理公共组织的一种深厚、持久的承诺。"[①] 本书探讨的共享型领导者是针对公共组织部门的领导者而言，公共精神是领导者从事公共服务活动的前提，只有具备民主、法治、公正、服务、责任和参与意识，才能领会公共精神的内涵，才可以更好地为了公共利益而努力，这是领导者一切素质的前提，并直接影响到其他四个要素的效果。

合作思维是共享型领导的核心，贯穿在价值观管理、共享学习和批判精神的过程中。共享型领导的合作思维实质就是用系统整合思维——系统地看待组织内活动和整合地处理组织间合作与竞争——解决冲突，实现合作。在组织内部，系统思考自身的角色，全面分析组织的优劣势，尽量获取问题的原型并寻找根源，用完整的视野对待组织中的管理对象和面临的问题，呈现事物的发展变化全貌。对于组织外部，用整合思想看组织间的联系和冲突。充分认识到在这个时代，跨越部门和多重主体共同管辖是正常的现象，相互之间的冲突也是自然秩序的一部分。共享型领导会将冲突置于处理问题的中心，积极应对，将冲突快速转化为促进组织间合作的积极力量。

价值观管理是共享型领导的领导工具。共享型领导认为，领导力的真正

---

① 〔美〕乔治·弗雷德里克森：《公共行政的精神》，张成福等译，中国人民大学出版社，2003，第13页。

本质是关注人的价值观。领导者的工作就是创建一种共享价值观的文化，明确或隐含地将组织的战略目标和组织成员的日常工作和个人成长发展结合起来，从而简化组织各个层级为适应新变化而造成的复杂性、清晰传递组织的未来愿景和获得组织成员对实现组织目标的承诺。

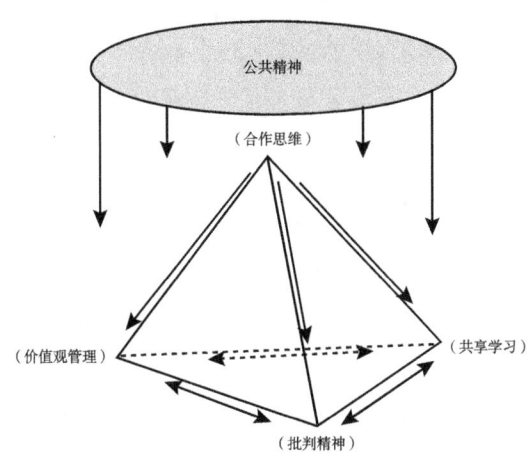

图10-1　共享型领导的要素

共享学习是共享型领导的内在要求。在知识社会，信息、知识和智能是社会发展的决定力量。由于网络等信息技术的发展，信息资源满天飞，再加上知识更新速度快，周围世界的信息知识良莠不齐、真假难辨。共享型领导的共享学习要求领导者创造平台、提供服务，支撑组织共享学习成果、分享学习方法、交流学习经验，促使组织团体以最快的速度获得最大的信息量和最准确的知识，建立会学习的学习型组织，把握应对高速发展的信息技术的主动权。

批判精神是共享型领导的动力。哲学上，矛盾是事物发展前进的动力，并且矛盾存在于一切事物中，贯穿事物发展的整个过程。共享型领导者面对的组织环境、社会环境也是充满矛盾的。完全和谐的组织存在于理想当中。共享型领导者要求公共领导者用批判性眼光看待"一致通过"，能从和谐的表面现象中寻找内在的矛盾冲突，并将隐藏的矛盾通过合适的途径变为显性，然后化解冲突，促进组织健康良性发展。

2. 共享型领导的能力构成

网络化的治理环境要求领导者具有一系列特殊的能力和才干。在计划制定、预算编制、人员安排和其他传统的管理职能之外，还要精通许多其他的工作任务，包括激活、安排、稳定、集成和管理网络等。为了完成这些任务，共享型领导者"一定要至少拥有一定的谈判、调解、风险分析、信任建立、合作和项目管理的能力"①。他们必须具有并愿意跨越部门界限和资源限制进行工作的能力，以战胜网络化治理所面临的各种棘手问题。为了在更为多元、复杂、动态的环境中取得高绩效，公共部门必须在今天缺乏专业人才的许多领域内开发核心能力。其中三个最为核心的能力分别是构思网络、管理网络和共享知识。

（1）构思网络

构思一个网络常常需要从高级领导者开始，需要公共领导者注重公共价值的实现，他们没有把眼光仅仅局限在组织内部或管理的过程，而是在"外部的世界"中发现并确认出能够被用来提升公共价值的其他组织或机制；需要公共领导者能够透过组织壁垒建立各种伙伴关系，这些关系可能创造价值并提出一些经常被政府等部门忽视的基础性问题：要生产什么样的结果？谁应该实施必要的活动？他们应该在哪里开展活动？开展活动的顺序又是什么？

（2）管理网络

设计网络本身已经十分困难，而管理网络就更为艰难。那么，什么样的人适合管理网络呢？一般来说，"他们应该具有一定的素质：他们非常善于组织，拥有很强的口头沟通能力，能够创造性思考问题，而不是'按照以往已有的思路想问题'。他们在解决问题的时候有极强的适应能力，知道如何创造双赢的局面"②。在管理网络的过程中，领导者一定要超越各种狭隘的限制条件，必须明确了解政府工作的宏伟蓝图；他们必须适应网络环境独具的间接和谈判式控制模式，灵活地调整领导方式，知道在什么时候倾听，在什么时候领导；他们还必须制定获得结果的反馈回路，跨公共部门和私人部门进行有效的绩效监控。

（3）共享知识

如今，成功与失败之间的差别往往就在于如何更好地让网络各方在多个触点以不同的方式进行沟通和共享知识。共享知识胜过纯粹的机制或技术问

---

① 〔美〕斯蒂芬·戈德史密斯等：《网络化治理：公共部门的新形态》，孙迎春译，北京大学出版社，2008，第135页。
② 〔美〕斯蒂芬·戈德史密斯等：《网络化治理：公共部门的新形态》，孙迎春译，北京大学出版社，2008，第142页。

题：它应该是网络的真正核心。如果我们坚信信息与知识的广泛共享能够产生更好的结果，就应该着力去开发这种技能。但目前来看，无论是在私人部门，还是在公共部门，跨组织、跨部门的知识共享都还处于发展阶段。各层级的领导者仍习惯于传统的管理模式，他们更多的是在必要的时候认真收集和发布各种数据；而在新的治理环境中，宏观思考、灵活处理和共享知识应该成为解决问题的主要手段，为此，必须有更多的领导者具有过程和组织的广泛知识，深入认识公开信息对于一个持续学习型组织的重要性。

（三）共享型领导的特征

领导工作是一种社会分工，而且是社会分工中作用重大的一种。美国密执安大学的一位专家提出，在现代毁灭社会的十大危险中，各类各级组织的劣质领导与管理位列第三。[①] 在这个联系越来越密切、矛盾冲突不断、沟通无极限的治理时代，共享型领导的出现完善了以官僚制为主的传统领导方式的不足，回应了治理背景对公共领导者的挑战。根据上面对共享型领导含义的阐释，可以看出共享型领导具有以下特征。

1. 共享型领导是一种开放型领导

这个主要指共享型领导注重参与的价值，用开放的心态接受来自不同地方的不同声音。在这种模式中，组织拥有共同的愿景、知识分享平台、共同的责任和平等协作的氛围，为组织成员和利益相关者参与共同目标的实现提供可能。

2. 共享型领导是一种催化型领导

现代社会公共问题越来越复杂，利益纠纷越来越频繁，靠单一的组织或机构往往很难解决问题，需要多个组织或部门合作，共同治理。共享型领导者在这个过程中起到催化剂的作用。公共领导者要在各个治理主体之间沟通、协调和谈判，同时为不同组织的激烈对话和谈判提供条件，促进相互之间的"化学反应"，形成共同治理的合作多赢局面。

3. 共享型领导是一种并肩型领导

并肩，主要指领导者和组织成员之间的平等合作关系。共享型领导充分尊重个体的自由和意志，与组织成员相互发展、分享知识和共同学习，摆脱了传统中领导者与跟班者的关系，重视双向沟通，尊重并认可双方，增强双方的信任，与组织成员并肩"作战"，实现公共利益最大化。

---

① 朱立言：《变革时代的艺术》，《管理》2004 年第 1 期。

4. 共享型领导是一种批判型领导

批判，指共享型领导者对合作、参与结果的态度。要用批判的眼光看待最后的"达成一致"。合作，并不是意味着矛盾冲突的消失，因为冲突本身不会消失，并且不能消失。当我们用一种批判的态度去审视知识时，我们不得不去寻求一种更有效的沟通，因而寻求一种更大的自治和更强烈的责任感。矛盾冲突为组织发展提供动力。通过共享型领导的开放、催化和并肩，冲突成功转化为促成合作的积极因素，并因为合作的实现，而将冲突的消极因子降低，转化成促使治理主体自身实现共同目标的动力源泉。

三 共享型领导的实证研究

时至今日，共享型领导已经不再是学者们依据各自理由而提出的理论假设，事实上，已经有很多学者在进行有关共享型领导的实证研究。当然，目前这类研究成果还相对较少，并且不成体系。

这方面的研究成果首先体现在人口学领域。库侬（Konu）和维泰南在2008年通过发放共享型领导的调查问卷，对共享型领导在芬兰社会服务和公共医疗部门中级管理人员中的情况进行调查，结果发现：共享型领导往往被专业医疗工作经验欠缺的女性管理者采用，管理人员的年龄和工作经历与是否采用共享型领导没有必然联系[1]。

其次，企业管理也有一系列研究成果。比如，艾沃里奥（Avolio）、皮尔斯（Pearce）等人研究发现，共享型领导已经在知识团队的工作中得到了广泛实践，主要集中在医疗诊断、学校教育、新产品开发等知识密集型工作领域，运用共享型领导可以促进组织成长，使其表现出明显的竞争优势。皮尔斯（Pearce）和西蒙斯（Sims）通过对一家汽车制造公司的跟踪调查，发现共享型领导对提高团队绩效方面作用还是很明显的。并且还研究发现共享型领导与管理者和顾客对团队绩效的高度评价、团队成员的额外付出、满意度、团队潜能的发挥、社会化以及问题解决的质量等密切相关。

在对公共部门的研究方面，沃德（Wood）等人在获得美国教会从事组织工作的200多名高层管理人员的调查数据后，分析研究了团队成员参与共

---

[1] 任旭林、彭天宇：《共享型领导研究述评与展望》，《领导科学》2009年第8期。

享型领导与工作角色、工作压力及工作满意度之间的关系。他们运用结构方程模型分析这几个变量的关系模型，发现团队成员参与共享型领导可以有效调节团队成员的工作状态，缓解工作冲突和工作压力，提高员工的工作满意度。

斯蒂海尔德（Steinheider）等人对城郊警察部门的共享型领导工作模式的效果进行个案分析，结果显示：在该个案实行共享型领导18个月后，领导者对组织成员的授权在情感承诺方面产生了积极影响。

共享型领导工作模式在政府工作部门获得了验证。英国"协同政府"要求各个部门围绕跨越边界的统一目标或愿景展开工作。统一目标是"战略性的、整合的，以结果和服务为中心、有事实依据、兼容并包以及有明确的目标规定"①。在这个目标的引导下，英国不同层级、不同部门以及不同行政区划经常合作，增进了政府内部的纵横合作治理，解决了很多跨区域、跨边界、跨组织的公共问题。

这些实证性研究不仅丰富了共享型领导的研究成果，也为共享型领导的现实发展指出了方向。

第三节　共享型领导与治理时代的契合

治理时代对社会的影响是全方位、立体式的。全球治理、国家治理、区域治理、社区治理和组织治理是不同层面的治理方式。而共享型领导是一种特殊的治理主体，治理在各个层面的发展和效果都会受到领导者的影响。作为公共领导者，要圆满完成公共组织的"治理任务"，其领导模式也必须在格局、目标、职能以及行为方式上作出相应的调整与变革，在公共精神的约束下，用价值观管理、共享学习和共享愿景为手段，有效解决组织内外存在的一切冲突，促成合作，有效实现治理。共享型领导就是这样一种新模式，从应然角度看，共享型领导的核心要素——公共精神、合作思维、价值观管理、共享学习和批判精神——适应了治理要求的合作主义、多变互动、战略思考和多元学习的要求。从实然角度看，虽然共享型领导是新提出的概念，但是在世界某些地方、某些区域已经有共享型领导的缩影。某些公共领导者面对日益复杂的社会环境和管理环境，不断创新思维、系统思考、积极学

---

① 解亚红：《"协同政府"：新公共管理改革的新阶段》，《东南学术》2002年第5期。

习，结合自身的岗位职责和角色，有效实践了共享型领导并取得了较为良好的效果。可见，共享型领导是与治理时代高度契合的领导方式。这种模式有效弥补了已有领导方式的局限，适应国家、市场与社会界限日益模糊的现实，从微观层面推动治理的发展。①

一 共享型领导的理念与治理时代的要求一致

菲德勒（Fiedler）提出了领导科学上的权变理论，他认为，领导的有效性与领导情景有很大关系，优秀的领导者必须具有很强的适应能力。由于所处的历史环境、政治经济状况各不相同，领导模式一直在变革。从统治者向管理者再到共享型领导提倡的协作者，公共领导者在领导角色、领导思维、领导方式上不断对组织环境的变化作出回应性改变。共享型领导坚持主体间的平等关系、合作关系、网络化关系以及坚持主体多元化等这些理念都是符合治理时代的要求的，从理论上证明共享型领导是治理时代要求下的新型领导模式。

（一）治理主体多元化要求领导者具备开放视野

在治理背景下，社会问题多元化、动态化、复杂化，牵涉的利益主体很多，通常会有不同层面、不同领域的行动者，他们共同构成了多元的治理主体体系。这就要求与之相适应的领导者具有开放视野，能够跨越组织边界思考问题，协同各治理主体寻求公共事务的解决之道。共享型领导恰恰体现了这一要求，共享型公共领导者充分意识到治理主体多元化，承认并尊重其他主体的地位和权力。而且，在共享型领导中，组织成员也是治理的主体，同样可以成为领导者，成为治理实践中的主体。

（二）治理主体平等性要求领导者依靠群众路线

从理念上看，治理倡导平等观念，共享型领导也贯彻平等的理念。这一领导模式改变传统的领导者控制、管辖被领导者的关系，坚持领导者与被领导者平等交流，团队成员共享愿景、共享学习，并且在与外界的关系层面，共享型领导同样坚持平等理念，认为公共组织与公民、私人组织之间也处于平等地位，应该注重合作，平等协商，共同解决问题。近年来，中国一些地方出现的群体性事件，很大程度上都是与干部脱离群众，背离了群众路线的要求有关。如果干部对群众的事情不关心，把小问题拖成大问题，

---

① 罗向菲：《善治视角下公共组织共享型领导模式的构建》，《学理论》2010 年第 11 期。

大问题拖成老问题，老问题拖成老大难问题，就必然引发大量的社会矛盾。

（三）治理主体依赖性要求领导者增强合作意识

从解决问题的方式看，合作意识是治理时代的要求也是共享型领导的核心。在治理时代，社会环境被打通，彼此之间的边界模糊乃至消失，越来越多的社会问题和社会事务跨组织、跨部门、跨区域甚至跨国家。社会事务的复杂性和动荡性增强了不同主体之间的依赖性。解决这些问题，需要不同行动者之间改变竞争关系，转为合作共赢。共享型领导以合作思维为核心，改变管理者的自我封闭态度，充分意识到合作在当今时代的重要性。共享型领导要求领导者在领导活动中，不仅有效解决职责范围内的工作，还要积极应对跨部门、跨领域、跨主体的公共问题。这就需要领导者改变观念，倡导合作，以开放心态迎接不同主体间的共同治理。

（四）治理结构网络化要求领导者创新领导方式

从主体间关系看，网络化成为趋势。在治理背景下，网络化是有效密切联系各治理主体，形成共同行动机制的治理结构。在网络化体系中，各个治理主体都是网络中的节点，对其他治理主体都是开放的。治理主体间可以根据面临的公共问题，将两者或多者之间的关系显性化，一旦问题解决（或任务结束），可以恢复各自主体的原来面貌。共享型领导倡导挖掘组织成员的领导力，针对问题组成临时项目，增强组织灵活性和稳定性的同时，践行了网络化治理结果，在微观层面上实现网络化治理，有效推动组织治理、社区治理等网络化结构的形成。

综上所述，共享型领导的理念与治理时代的要求是一致的。共享型领导的合作思维能够积极调动各个治理主体，形成合作共赢的网络体系，运用价值观管理、共享学习和共享愿景等方法恰当地解决治理时代错综复杂、无边界的公共问题，回应了治理时代网络化、合作和多主体治理的要求。共享型领导在理念上是与治理时代高度契合的新型领导模式。

二　实践证明：共享型领导能适应并推动治理的发展

领导者是治理时代的微观主体，在全球治理、区域治理、国家治理、社区治理和组织治理中都会有不同的领导者，对治理大背景作出回应。在治理发展的近二十年中，不同治理层面上的领导者在自己具体工作岗位上，充分考虑时代的变化，结合自己工作性质和工作内容变化着自己的领导方式。虽然没有提出他们是否就是共享型领导,但在某些方面他们都具备了共享型领导的思维、角色和行为等。这些领导人有非正式组织的领导者,有政府的领导者,等等。他们都是治理背景下,共享型领导者能适应并推动治理发展的有力证据。现实中这样的领导不胜枚举,都在某一方面或某一领域隐含着共享型领导的影子,下面只是几个典型案例。

(一) 改革初期的"新星":吕日周

吕日周,1945 年生于山西省大同县,现任山西省改革创新研究会会长。1969 年吕日周从山西大学毕业后,先后在大同齿轮厂、广灵百疃村、中共雁北地委政策研究室、中共山西省委农工部、省委政策研究室等单位工作。1983 年后,他先后担任中共原平县委书记、忻州地委委员、中共朔州市委副书记、市长,山西省体改委副主任、主任和省政协常委等职。2000 年初到 2002 年担任中共长治市委书记。柯云路的成名作《新星》中主人公李向南的改革经历就取材于吕日周在原平的改革实践。吕日周是一位学者型官员,他兼任北京大学、山西大学教授,中国社会科学院及国务院发展研究中心特邀研究员,曾著书 30 余本,600 多万字。他更是一位共享型领导,这从他主政地方时期的诸多表现中可见一斑。

首先,吕日周坚持价值共享、利益共享,奉行群众路线。吕日周经常教育干部不要脱离群众,"什么叫脱离群众呢?一是干部和群众不见面;二是坐着小车来小车走,见了群众没话说;三是只说了些空话,没有到老百姓家去吃过一顿饭;四是在一块吃了顿饭,但没有在一块劳动;五是在一块劳动,却没有在一块交心,群众的困难和问题他肚里没有装着,心里没有想着;六是没有用群众的交通工具,群众坐过的牛车、驴车,领导干部不坐,群众坐拖拉机,领导干部不坐,群众坐大卡车,领导干部不坐,群众骑自行车,领导干部不骑;七是没有使用过群众的东西,群众吃的公共食堂领导不去,群众用的公共厕所领导不去,群众洗澡的公共澡堂领导不去。一切东西都和群众有了界限、有了距离。"① 正是因为吕日周能够做到在生活上与群众同茶同饭、同甘共苦;在环境上与群众同污共染、同清共净;在生产上与群众同劳共息、同流血汗;在精神上与群众同忧共乐、同歌共舞;在交通上与群众车共型路同途;在发展上与群众同穷共富、同寒共暖,才受到广大人民群众的热爱和拥护。

---

① 吕日周:《长治,长治:一个市委书记的自述》,中国工人出版社,2003,第 162 ~ 163 页。

其次，吕日周坚持权力共享、责任共享，善于依靠多元监督力量保持权力的规范运作。他担任市委书记伊始，就把 2000 年定为长治的创造环境年。他明确指出，环境不宽松是制约长治市经济发展的瓶颈，环境不宽松是腐败现象、飘浮作风、浮夸行为、官僚主义、民负过重诸种问题重叠的后果。因此，转变干部作风是推动长治发展的快捷方式。而干部作风问题的根源之一是监督不力，没有监督机制。为此，长治市委努力调动包括新闻舆论监督在内的社会监督力量，使权力运行于有效的监督之下。新闻媒体的监督对象上至四套班子领导，下至一般干部，大至全市各级部门各单位各方面的工作，小至各家各户的各种行为；监督的办法则是：所有新闻单位划分责任区，建立责任制；舆论监督要采取通报、排队、曝光、追踪报道等形式；各新闻单位都要设立监督举报电话，接受群众来信来访；各媒体每月刊播批评报道不得少于 20 件；对全市的各项工作采取明察暗访；采取"一事一报、一报一追、一追一果"的办法，实行全方位、全过程的监督；凡被新闻媒体批评的人和事，有关部门都要实行联动，严肃处理。到 2001 年，长治市委又进一步提出了"五大监督体系"的构想：以纪检、监察机关牵头的党政监督；以人大牵头的法律和工作监督；以政协和统战部门牵头的民主监督和民主党派监督；以新闻媒体牵头的舆论监督；以信访部门牵头的群众监督。从长治的实践来看，切实保证了群众的知情权、参与权和监督权，公共权力的行使就得以规范，当地的经济与社会发展也就有了根本保障。

再次，吕日周坚持能力共享、利益共享，促进当地经济的发展。在他主政原平期间，县委新班子带领全县人民，进行了综合改革的探索和实践，通过"搭台唱戏"，有力地促进了国营经济、区域性合作经济和个体经济的同步发展。农村的"搭台唱戏"，不是以行政命令的手段要各行各业支援农业，而是由集体拿出一定的场地、资源、资金，吸收农民参与，或由农民承包经营，兴办企业，以合同制、承包制联结各个生产力要素，使各种所有制内各种生产力要素合理流动并重新组合起来。经济融合而产生的企业，不仅调动和集中了农民的财力，使全民的、集体的、个体的种种劳动要素综合在一起，而且也把本地和外地的人才调动了起来，把本地和外地的技术激发了出来。通过组织实业，原平县回答了大包干后农村向何处去的问题。这是利益的结合，优势的结合，农民称之为"政治上联盟，经济上联利，思想上联心，管理上联营"。通过各种利益相辅相成，相得益彰，三年间，贫穷的原平县实现了"咸鱼翻身"，工农业经济获得了长足发展，财政收入相当于周边 12 个县的总和，人民生活水平也有了明显提高。此后，原平的经验在全国产生了较大影响。理论界普遍认为，"搭台唱戏"有普遍深刻的社会内容，就是：干部群众为了摆脱贫困，走向富裕，冲破旧观念束缚，打破行业、行政区域、城乡、所有制以及干群、脑体界限，使资源、资金、技术、人才等生产力要素在更大范围内合理流动，实现最佳结合，把潜在的生产力变成现实的生产力。

最后，吕日周坚持资源共享、知识共享的原则，善于利用各种资源促进社会公共事务的解决。2001 年，在吕日周担任长治市委书记之初，就发现落后地区存在教育"三难"问题，即欠发教师工资、学校危房、学生辍学。针对学校危房问题，他要求教育局对全市情况做调查摸底。结果显示，全市中小学危房总面积 37 万平方米，危房率占到 4.4%，不论是维修，还是改造、新建，共需资金 1.4 亿元。面对巨大的资金缺口，在国家补助资金和省配套资金均未到位的情况下，如何保证危房改造任务如期完成？他们的工作思路是，变"有多少钱办多少事"为"办多少事找多少钱"。其具体的做法是：一是建立市、县两级帮扶制度。将市直党政机关、社会团体、事业单位、效益好的厂矿企业与危房学校挂钩，实行结对帮扶，在财力和物力上给予大力支持。二是动员全市干部群众捐钱捐物，支持危房改造。三是利用撤并乡镇之际，将闲置的办公场所优先划拨给学校，或变卖这些场所和设施，筹资进行危房改造。四是启动学校后勤社会化工程，吸纳社会资金。这样，只用了短短 4 个月的时间，长治市 13 个县、市、区共筹集资金 6900 万元，对全市 652 所中学实施危房改造，总面积达 19.6 万平方米，提前一年超额完成了预定的中小学危房改造任务。如果拘泥于依靠政府进行财政投入，长治市艰巨的中小学危房改造工程就不可能如此高效、圆满地完成。

治理时代，人们的生活生产环境具有高度不稳定性和高风险性。在价值多元、利益多元的时代里，我们不仅需要共享型领导明确目标、确定方向，更需要共享型领导倡导平等、建立互信的氛围，还需要共享型领导长袖善舞、整合资源，协同政府系统内部和社会各界的力量，勇敢面对困难，共同应对风险，协力促进经济发展和社会进步。一句话，我们的时代需要更多的像吕日周一样的共享型领导。

（二）最富争议的市委书记：仇和

仇和，1957 年出生于江苏省北部盐城市滨海县的农村，父母都是地道的农民。1982 年 1 月参加工作。先后工作于江苏省农业科学院、江苏省科委计划处等单位。1996年12月至2000年12月期间担任中共宿迁市委常委、沭阳县委书记；2001年8月至2006年4月担任中共宿迁市委书记；2006年1月至2007年12月担任江苏省人民政府副省长；2007年12月由江苏省副省长改任中共云南省委常委、昆明市委书记。2004年2月，《南方周末》的一篇题为《最富争议的市委书记》的文章引发了一场全国范围的大讨论，仇和成了"铁腕官员""另类官员"的代表。在我们看来，仇和除了为社会公众所关注的领导风格之外，他也具备共享型领导的诸多特质，这可以从他主政一方时的几项改革实践中反映出来。

仇和的改革是从沭阳开始的，为期4年的改革，让沭阳发生了天翻地覆的变化。俗话说，新官上任三把火，仇和来沭阳不到一年就放了5把大"火"。仇和到沭阳后烧的第一把火是整治环境和交通。仇和初到沭阳时觉得这里就像一个大垃圾堆，整个县城破烂不堪，他上任后晚上夜巡城区，结果在路边4次踩到大便。于是，县委、县政府召开了城区环境整治工作会议，动员全县机关干部每人当一周清洁工，随后打响了一场以"干干净净过元旦，整整齐齐过春节"为口号的全城大清洁活动。清洁活动整整持续了一周，这让所有沭阳的干部和百姓一下把注意力集中到了热爱家乡、美化家乡上。全县5000多名干部当一周清洁工还不算，这次会议还规定，所有财政供养人员必须利用周末进行义务奉献劳动，这一规定整整持续了两年，为全面整治县域政治、经济和社会环境奠定了基础，开了个好头。对任何地方领导者来说，都存在下令容易而执行难的问题。仇和当然知道这一点，他没有说"给我上"，而是说"跟我上"，率先垂范。清扫劳动都是按责任分片包给全县各机关、企事业单位、街道办事处的。仇和本人出现在了自己的责任区内，别的领导干部自然不能缺席。

虽然沭阳地处苏、鲁、皖三省和徐州、淮阴、连云港三市大小三角的中心，区位优势十分明显，又处于多条铁路干线和国道的必经之处，但始终没有享受到交通便利的好处。1997年以前的沭阳几乎"无路可走"，全县黑色路面只有56公里，其中的34公里严重破损，人均拥有量仅为全省平均水平的1/8；72%的行政村未通砂石路，民间俗谚说"汽车跳，沭阳到"。仇和深刻地认识到"要想富，先修路"这句话的道理。1997年6月19日，县委、县政府召开了全县交通建设动员大会，宣布同时开工改造铺设205国道、沭宿路、沭海路、304省道、307省道共5条152公里公路，吹响了交通大会战的号角。1998年和1999年，沭阳又在此基础上对城乡结合区域

267公里的公路进行了黑色化改造。到2000年，全县共改造和铺设黑色路420公里、水泥路156公里、乡村砂石路1400多公里，分别是1996年以前的9倍、11倍和7倍，初步实现了市县公路等级化、县乡公路灰黑化、乡村公路砂石化、全县公路网络化。① 在没有钱的情况下，路是怎么修起来的呢？仇和的第一招是大量无偿使用人力，用足"两工"（即农民义务工和劳动积累工），当时沭阳每年可用"两工"达到1575万个工日。仇和的第二招是有偿借贷，即向全县财政供养人口借贷，以后连本带息逐步返还。同时还号召干部们"捐款"，通过这种方式也筹集道路建设资金约2000万元。随着当地财力的改善，修路资金主要筹措方式变成了积极争取省市资金支持、银行贷款，以及政府牵头组建交通工程股份有限公司，出台社会筹资入股的政策，实行股份化运作。正是通过诸多超常规运作方式的组合，沭阳仅用几年时间就高质量地完成了以前根本无法想象的建设任务。

宿迁由于建市很晚，1999年前是江苏省唯一一个没有高校的地级市。直到2000年11月8日，中国矿业大学宿迁职业技术学院和徐州师范大学宿迁分校挂牌成立，才结束了该市没有高校的历史。但与其他地区相比，宿迁高等教育刚刚起步，要在较短的时间内实现其他市属高校几十年才能完成的事业并超越它们，只能走突破传统观念、体制、机制束缚的道路。仇和采取的做法是，举全市之力，与8所省属高校共同投资建设宿迁学院，由每所高校发挥自身优势援建一个系，并用8所高校的名义招收本科生，并发原校毕业文凭。此外，根据高校优势及宿迁地区经济建设的人才需求，宿迁学院设置了27个本科专业，着力为地方建设培养"下得去、用得上、留得住"的应用型人才。宿迁作为一个财政较为困难的市，在兴办高等学校上单纯依靠政府投入力量有限。为了加快宿迁学院的建设步伐，他们在合作方式上采取了股份制，其中宿迁市政府投资1亿元，占1/3股份，8所高校共同投资1亿元，占1/3股份，8所高校的无形资产再占1/3股份，实行董事会领导下的院长负责制，董事长由江苏省教育厅厅长担任。学院采取公有民营的运作机制，也就是用市场机制来运作公有资产。由于股份合作制与公办民营的运行机制解决了办学经费和建设的投入，8校联建又保证了师资队伍和管理干部的来源，宿迁学校的发展驶入了快车道。在办学规模上，在校本科生从2002年的1000人猛增到2003年的4000人，到2005年已达万人。可以说，

---

① http://baike.baidu.com/view/56900.htm，最后访问日期：2013年1月8日。

宿迁在一缺资金、二缺师资、三缺品牌的情况下，迅速崛起了一所拥有万名学生的高校，正是仇和善于整合各种资源，协同多种力量的共享型领导方式所结出的硕果。①

1997年以前，沭阳经济排全省倒数第一；全县38个乡镇有8个是省级贫困乡镇。为了切实促进当地经济发展，仇和采取了强力推进招商引资，大力促进民营经济发展等一系列措施。同时还通过企业改制来盘活存量资产。仇和所提出的方针是"彻底改、改彻底"，即"从今以后，不许政府再创办纯国有企业，现有企业的改制原则是能卖不股、能股不租、以卖为主"。在具体实施中，沭阳则坚持因企制宜，挖掘内力；彻底放开，启动民力；全面开放，广借外力。为了保持社会稳定，沭阳县将资产处置收入主要用于补缴"两金"，同时允许主管部门在系统内调剂余缺。到2006年底，宿迁市除3家国有控股企业外，其他工商企业均已改制成民营企业，彻底实现了仇和当初所提出的改革目标。当然，仇和也因此而多了一个"私有化改革"的标签。但他的看法是，"不要把产权制度改革与私有化等同起来，这是两码事。我们国家最大的国有资产是什么，不是国有企业而是国有土地，最大的集体资产不是集体企业而是集体土地"。"政府公有制有什么？有资产也叫有，有资本也叫有，有资本比有资产更安全"②。

正是因为政绩突出，尽管争议声不断，仇和本人却不断升迁。2008年9月，在中国即将迎来改革开放30周年之际，中国改革与发展高峰论坛在北京举行，仇和荣获中国改革功勋（贡献）人物奖。他是获此殊荣者中唯一在任的地方省部级领导干部，唯一的省会城市书记。关于仇和的领导风格与特质，在记者们的总结中可见一斑。"仇和既是一个有坚定的目标、信念的理想主义者，又是一个深谙国情、适应环境的现实主义者；……既讲原则，在大是大非问题上不肯让步，又善变通，屡踩'红线'而不倒；既有超前的民主思想，又在现阶段十分崇尚个人权威的树立；……总而言之，他是一个思想解放、锐意进取而又不时给人留下'口实'的体制内人"。

（三）汶川地震中的总理：温家宝

2008年5月12日，汶川地区发生8.0级地震，给人民造成了巨大的

---

① 参见包永辉、徐寿松《政道：仇和十年》，浙江人民出版社，2009，第87~89页。
② 参见包永辉、徐寿松《政道：仇和十年》，浙江人民出版社，2009，第112页。

人员伤亡和经济损失。在地震之后，中国政府在温家宝总理的带领下，打了一场漂亮的治理之战。温家宝总理临危不乱，通过统筹规划、建立目标、沟通协调、建立信息中心等途径联合政府各部门、NGO、民间自救组织和群众，形成多主体共同参与救援与灾后重建，展现了温家宝总理的共享型领导风范，展现了中国政府危机处理能力的提升，展现了多治理主体共同合作的精神，展现了中国公民社会的成长景象。在地震救援和震后重建工作中，温家宝总理采取的几条措施值得后人借鉴。

1. 信息中心

温家宝总理在接到通知后，马上乘飞机赶赴现场。之后，主持建立信息中心：建立抗震指挥部，收集、发布震区信息；开通汶川地震专题网站，公开抗震过程和震区情况；中央媒体启动重大突发事件应急机制，新华社在18分钟后发布快讯，中央电视台24小时不间断现场直播、现场访谈。信息中心的及时建立帮助国民乃至世界了解震区客观实际，缓解了人们的紧张恐慌心情，避免了谣言弥漫，以开放的心态迎接天灾的挑战，赢得了震区及全国的稳定、人民对政府的信任和世界对中国的信任。这是能取得抗震救灾工作全面胜利的重要基础。

2. 建立网络

12日，温家宝总理赶赴地震现场，在都江堰的抗震帐篷里召开国务院抗震救灾指挥部会议，规划安排抗震工作，并强调"当前第一位工作是抓紧时间救人"。在"救人"工作上，各政府部门、武装部队、消防、国际救援组织、NGO、志愿者等众多主体参与其中，温家宝总理全局思考、部署全面，促成抗灾救灾网络。每个主体都是处于网络中的节点位置，相互之间平等合作，共享知识、共享信息，实现了"救人"的网络化发展。

3. 沟通机制

沟通是领导者"激励与鼓舞"。沟通能够使参与抗震救灾的主体明确目标和各自承担的责任，给共同愿景赋予意义，像温家宝总理对"以人为本"的反复强调，以及在废墟上对还被埋在废墟中的儿童的呼喊。另外，沟通还给治理主体的行动赋予意义，就像温家宝总理对军队说的"人民养着你们，你们看着办吧"，实际上是一种激励和鼓舞。温家宝总理等公共领导者有效利用沟通机制，团结各方力量，明晰抗震救灾目标，鼓舞人民和救援人员，宣传政府理念和协调各方利益，实现对整个抗震救灾工作的有效领导。

4. 达成契约

汶川地震牵涉面广、参与主体众多。面对广泛治理主体的参与,温家宝总理坚持"救人"这个共同目标,与各个治理主体建立平等合作机制,让政府各个部门与 NGO、志愿者和其他地方支援相互配合、建立合作机制、协调统一矛盾,达成有规则地一致合作来"抗震救人"的公共治理目标。这一目标的确立为协调各种矛盾冲突提供了标准和规范,一定程度上约束着各治理主体趋向公共目标的实现,维护当地的正常生活生产秩序。

5. 持续跟进

温家宝总理主持国务院抗震救灾总指挥部会议共 26 次,针对抗震救灾的前期救援,中期临时住房搭建、医疗用品调运、灾区民众心理恢复,后期震后灾区重建的规划及实施方案等一系列问题进行长期持续跟进,并且及时发布消息,建议志愿者、公益组织等分步骤、分批次进驻灾区,在"救人"的同时保障生者的生活、心理状况,保证灾区的稳定和持续发展。这些领导者的持续跟进,巩固了社会中各治理主体的合作关系,发挥了各个主体的优势,确保目标政策的一步步执行,推动了灾区治理问题的解决和人民安居乐业的重新建立。

汶川地震抗震救灾的成功是全国共同努力的结果,是世界共同合作的结果,但温家宝总理作为重要领导者的作用不可忽视,而上文中的信息中心、建立网络、沟通机制、达成契约、持续跟进,都是温家宝总理可以实现有效领导的途径,在实现共享型领导的实践中,应该重视这些途径,促进公共领导者的转型。

第四节 走向共享型领导

共享型领导是治理背景下新型的领导模式,无论在理念上还是在现实层面都与治理时代高度契合。但共享型领导在公共组织的顺利运行推广还受部分约束条件的影响。治理实践存在的层次多样、主体多样、治理问题复杂等,可能都会影响到共享型领导的效果,这就需要实践中的领导者根据自身实践,领会共享型领导的精神,结合共享型领导的实现路径,走切合实际情况的领导之路。

一 实现共享型领导的约束条件

共享型领导本质上是系统整合的领导模式,最终目标就是促成各治理主体相互合作,共同治理。在中国,实现共享型领导有一些重要的约束条件。

(一) 合作机制及合作的最大限度

合作是博弈论中的重要概念,意为"为共同的目的而一起行动"。合作是社会成员追求自身利益的自然结果,在社会生活中普遍存在。

在治理背景下,合作是网络治理的核心和本质。治理主体多元化,政府不再是唯一控制中心了,政府部门、第三部门、社会团体、公民个人等都会成为治理的主体。社会问题和社会事务的复杂性超出了任何一个治理主体的治理能力,只有相互合作、互换资源、共享信息才能解决。而网络化治理是一种非正式的合作关系,各个主体之间的权责关系、利益分配、沟通协调等都需要合作机制的规范和调整。然而,符合这样的利益需求的合作机制还处于不断博弈中,没有定论。再加上各个主体之间的文化、价值观等互不相同,这增加了合作的难度,对共享型领导促成合作带来很大的挑战。

(二) 各治理主体的共同目标难以确立

目标是各治理主体理性做出自己行为的依据和动力。不同的治理主体有着不同的价值观、思维和能力,而相互之间的平等关系又决定了共同目标不能是行政指派的。

共同治理的目标是治理主体间合作的基础和根本。如何协调各方利益、达成共识挑战着共享型领导。在合作体系中,共享型领导要时时明确共同目标、化解主体间的冲突、维持合作关系。治理时代的不稳定性、风险性和各种诱惑随时影响着治理主体,增加了维护合作的难度,对共享型领导实际调节冲突的能力提出了更高的要求。

(三) 政府改革与公民社会建设问题

罗伯特·阿克塞尔罗德认为:"具有预见能力的参与者在了解合作理论的真谛后,可以加快合作的进化。"[①] 政府改革和公民社会建设对共享型领导的建设是一种重要的约束条件。各治理主体掌握不同的资源、享有不同的权力、分享不同的信息,就拥有了不同的谈判能力、合作意识和话语权。

在传统中国,政府一直是社会管理的控制中心,拥有绝对的管理权力。而公民社会目前仍处于初级阶段,力量比较弱小,发展不平衡,具有明显的

---

① 〔美〕罗伯特·阿克塞尔罗德:《合作的进化》,吴坚忠译,上海人民出版社,2007,第16页。

过渡性。这两种力量的不均等与治理时代治理主体的平等观念相违背。所以政府应该改革，在内部去除官本位思想、建立平等观念的同时要引导、保护和培育公民社会，促成平等治理主体的出现。在平等地位的基础上，政府和公民社会应该相互信任，简化社会复杂性，有效解决集体行动的困境，降低合作成本和维持合作长期化。政府改革的进程和公民社会的建设成为共享型领导实现的要求和动力。

（四）领导者个人的有限理性

H. A. 西蒙以"理性有限论"为基础提出了"满意决策理论"，缓解了环境的限定作用，却严格了对人的要求，认为人的理性都是有限的。领导者由于存在人之为人的基本生理限制，从而引起了认知限制、动机限制，这些限制相互影响、相互作用，使领导者本身也存在有限理性。

共享型领导对组织内统一协调、组织间合作都有重大作用，领导者个人的有限理性致使共享型领导也存在一定的缺陷，只能实现满意决策，而不能达到完全理性的最优机制。

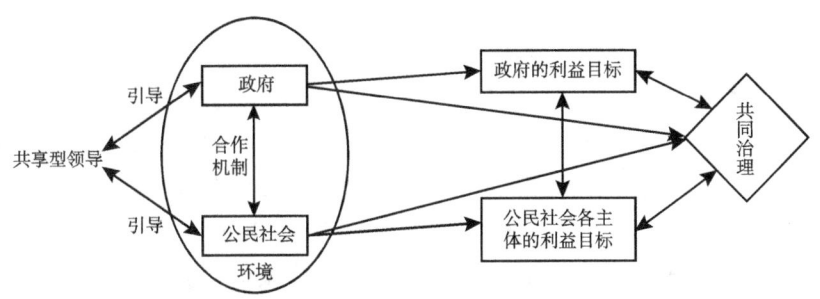

图 10 - 2　共享型领导运行模式

综上所述，共享型领导模式的实现不是一帆风顺的，在实现过程中要充分考虑约束条件的限制。继续研究最佳的合作机制、寻找制定共同目标的具体操作方法、推动政府放权改革和大力建设公民社会、采用有效监督机制和约束机制防止领导者的个人理性缺失带来的危害，这些问题都要在实现共享型领导者道路上慢慢解决。

二　共享型领导的实现路径

共享型领导的实现是个系统化工程，不仅仅需要领导者的努力，还要社会、政府和公民创造良好的外部环境，变约束条件为推动力。但是，在这些影响实现的因子中,领导者个人的转变居于核心位置,是共享型领导实现的关键力量。下文将以良好成熟的外部环境为前提,通过阐述领导者个人在思维、价值观、能力、素质方面的转变,说明建设共享型领导的途径。

(一) 组织环境的变革

能够自我指导又具有多方面知识和多种技能的领导者在公共部门是非常稀缺的。许多政府组织本身就缺乏有效的协同管理能力,更谈不上网络管理所要求的更为奥妙复杂的各种能力。建立这样的能力不仅要求范围广泛的培训和人员录用策略,还要有一个成熟的文化变革。

1. 变革录用制度

以政府为代表的公共部门越来越需要依赖伙伴关系来完成其政策目标,这种复杂的治理环境需要更多与之相适应的共享型领导者,为了解决这一问题,首先需要相应的部门制定人力资本战略规划,再根据各组织和部门工作中所需要的各种新的技能,采取多种措施去招募和录用具备这些技能的人员。美国内政部的做法十分典型,他们以招募4C型人才为基本目标,也就是录用具有节约(conservation)、沟通(communication)、协作(collaboration)和合作(cooperation)能力的人才。其中一个创造性的做法是在财务管理领域引进了一个实习项目,雇用正在读工商管理硕士的学生作为暑期实习生,请他们为每一个国家公园制订商业计划。这些学工商管理的学生会帮助公园的管理者更富创造性地思考如何在资源固定的情况下满足不断增长的各种需求。英国的中央政府则是在20世纪90年代中期创办了一个叫作"英国伙伴关系"的组织,其员工职业背景多为投资银行家、律师、管理咨询师和工程师,他们负责规范合同与说明书、提供服务台性质的支持、总结最佳实践和在机构内外进行一次半年以内的轮岗制度。通过这些方式,英国伙伴关系试图帮助政府各个机构成为更精明的服务买家,因为这些人都有运行服务项目的商业经历,正好填补了中央政府所缺少的主要能力。

2. 变革管理制度

与治理环境相适应的领导者具有"连接者"(connectors)的特点,他们会毫无困难地从一种组织环境转换到另一种组织环境。在一个网络化的世界中,政府需要更多的"连接者",这些人的背景和气质能够让他们跨公共部门、私人部门和非营利部门建立伙伴关系,并能够平衡这些关系以建设互惠互利的网络。为此,政府需要采取更为灵活的人事管理制度,创造更多的就业机会和更多的职业发展途径,允许管理人员更加轻松地游离于公共部门、私人部门和非营利部门,以承担各种时间上互不相连的项目。可以采取的办法包括建立跨机构、跨部门的项目团队,建立在公共部门与其他部门之间的"轮岗制度",等等。

3. 变革培训制度

为了更好地满足当今公共管理者的培训需求,还应该向各级管理人员提供更多、更适合的培训,帮助他们学习如何组建和管理受益于大众的复杂的伙伴关系。其培训课程当中应包括强调网络组织所需技能的更宽泛的内容,如合同管理、谈判技巧、在伙伴关系中合作以及商业管理能力的开发等。比如,在美国,哈佛大学肯尼迪政府学院设计了一个有关协作治理的项目,就是为了培养学生掌握各种网络管理必备能力并围绕这些能力展开相关研究。建立公共政策学院的目的也是想通过联系商学院同行或开发协作治理项目的方式来满足政府对拥有复杂商业管理能力人才的迫切需要。英国政府面临的挑战是承认向自组织网络转变所造成的对中央行动的限制,并且探索管理这些网络的新工具。博弈、共同行动、相互调节以及网络化是公共管理者必需的新的技艺。①

(二) 领导者个人的转变

1. 培养合作共赢、系统整合思维

治理时代,各个治理主体处于平等地位,共享型领导不能像传统领导模式中的领导者一样,依靠控制和命令来履行职责,而是必须学会用系统整合的思维看到治理主体间的矛盾冲突、利益共识,学会倾听和磋商技巧,在与其他行动者的对话中发挥核心的引导作用,促成并维持长期合作。这是治理时代,边界模糊、主体依赖性增强的客观要求,是实现领导者走向共享型领导的必要转变。联合国秘书长潘基文能够获得连任,这种思维起到了重要作用。潘基文指出,"我联合国人民"要求当今世界的领导人发挥作用。所以在就职演说中,他提出了五大任务:可持续发展、预防、建立一个更安全和更有保障的世界、支持转型期国家和通过与妇女、青年人共同努力并为他们服务,积极推进各个领域的工作。这五大任务体现了可持续观念、危机意识合作观念和互帮互助的价值观,用全球视野看待世界问题,用合作观念整合世界资源,用共赢思维联合各国力量,共同

---

① 〔英〕R. A. W. 罗茨(罗伯特·罗茨):《新的治理》,木易编译,《马克思主义与现实》1999 年第 5 期。

实现安全和平的世界。

2. 转变价值观念，培育公共精神

价值观念是对政治、道德、金钱等事物是否有价值而进行主观判断后，形成的主观看法。① 价值观是价值观念的系统化、理论性。价值观念是后天形成并随社会环境的变化而变化的。一个组织的生命力、持久活力很大程度上依赖于价值观。领导者的价值观在组织中会影响到组织成员的价值观，关系到组织的目标实现情况和组织的长久发展问题。在传统中国，公共领导者往往是以功名、义利为价值判断，"十年寒窗无人问，一举成名天下知""学而优则仕"，这样的观念是传统官僚主义的真实反映，也符合当时的社会追求，为功名而服务大众。治理时代，政府等公共部门不再是社会唯一的管理中心和控制中心，公共部门是提供公共服务的服务性组织。这一时期，公共领导者应该建立以公共精神为核心的价值观，用平等、宽容、大爱、包容、共享的心态对待组织成员和其他治理主体，坚持民主、法治、公正、责任的价值判断，做好治理时代的公共领导者。比如，中国台湾 TVBS 电视台曾做过一次广泛的民意调查，请大家投票选出他们心中最好的领导人，结果蒋介石得票 9%，蒋经国得票 49%，李登辉得票 12%，陈水扁得票 8%。常被人误解为有"省籍情结"的台湾本地民众，并没有把票都投向本省人。蒋经国之所以得票居首，首先是因为他任内政绩突出，通过"十大建设"和"新竹科学园区"建设，创造了台湾的经济起飞奇迹，同时更是因为他审时度势，高瞻远瞩，在 1987 年宣布"解严"，开放党禁，并在晚年开放老兵返乡探亲，这种顺应历史潮流的施政原则为他赢得了台湾民众的怀念。

3. 包容并学习不同思维方式，融会中西思维，发扬女性思维优势

思维方式影响行为方式，领导者的思维影响着领导方式。中西思维在很多方面有不同，如中国"重义轻利"、言语"意会性"，而西方"重利轻义""直观性"。很难说哪种思维优于另一种，共享型领导应该学会汲取西方思维中的优势，比如谈判的时候一定要将利益摆在首位，不能因为和气就隐藏自己的想法，这样才能有利于谈判的进行，有利于双方达成最优的行动方案。传统中国是男权社会，女性在公共部门中的比例还很小。但现代男女平等，共享型领导要充分发挥女性领导者的思维优势。女性思维优势主要表现在三个方面：情感优势、智力优势和意志优势。感情细腻利于处理好各种

---

① http://baike.baidu.com/view/3108496.htm，最后访问日期：2013 年 1 月 8 日。

关系；形象思维强，接受新事物快；善于捕捉信息，处理复杂工作；意志坚强、抗挫能力强。世界不乏优秀的女领导者，英国铁娘子撒切尔夫人、美国铁女人卡拉·希尔斯等，体现了女性思维的优越性。

4. 完善技能三角，增强谈判技巧，调整能力结构。共享型领导是公共部门的领导者，在治理时代应该具备技术水平、道德水平和领导能力这"技能三角"。

技术水平能保证公共组织领导者有效完成公共治理；好的道德素养促使领导做正确的事；领导能力则是处理治理时代各治理主体间的矛盾冲突，促成合作，共同治理。在这个过程中谈判技巧的增强和能力结构的调整都很重要。领导者要充分把握沟通谈判技巧，增强讨价还价、争取资源、建立利害关系及调解冲突的能力，还要树立全球视野，有远见、重组织文化、熟规则，培养有效促进谈判合作需要的各种技巧。中国政坛中的"铁女人"吴仪曾经在1991年和美国的谈判中显示出高超的谈判技巧，为国家争得利益的同时促成了中美知识产权上的共识。

在治理的时代背景下，公共领导者为了适应平等、开放、合作、网络化和多主体的时代背景，应该向共享型领导转变，用公共精神武装自身，用合作思维实现共赢，用价值观管理组织内外，用共享学习分享知识分享权力，用批判精神看待"和谐"化解深层冲突。只有这样，才能在不同治理主体间平等对话、协商对策、处理分歧、实现合作，促进共同治理社会问题和管理社会事务，齐心协力促进公共利益的实现。

参考文献

英文文献

Adrian Davies, *Best Practice in Corporate Governance: Building Reputation and Sustainable Success*, Gower Publishing Limited, 2006.

B. Guy Peters, Donald J. Savoie, *Governance in the Twenty-First Century Revitalizing the Public Service*, McGill-Queen's University Press, 2000.

Donald F. Kettl, *The Transformation of Governance: Public Administration for Twenty-First Century America*, The Johns Hopkins University Press, 2002.

Jan Kooiman, *Modern Governance: New Government-Society Interactions*, Sage, 1993.

Stephen Bainbridge, *The New Corporate Governance in Theory and Practice*, Oxford University Press, 2008.

Stephen P. Osborne, *The New Public Governance?: Emerging Perspectives on the Theory and Practice of Public Governance*, Routledge, 2010.

Thomas Risse, *Governance Without a State?: Policies and Politics in Areas of Limited Statehood*, Columbia University Press, 2011.

William G. Tierney, *Governance and the Public Good*, State University of New York Press, 2006.

B. Guy Peters and John Pierre, "Governance without Government? Rethinking Public Administration," *Journal of Public Administration Research and Theory: J-PART*, Vol. 8, No. 2 (Apr., 1998).

Chris Ansell and Alison Gash, "Collaborative Governance in Theory and Practice," *Journal of Public Administration Research and Theory: J-PART*, Vol. 18, No. 4 (Oct., 2008).

Daniel Wolfish and Gordon Smith, "Governance and Policy in a Multicentric World ," *Canadian Public Policy / Analyse de Politiques*, Vol. 26, Supplement: The Trends Project (Aug., 2000).

Donald F. Kettl, "The Transformation of Governance: Globalization, Devolution, and the Role of Government ," *Public Administration Review*, Vol. 60, No. 6 (Nov. - Dec., 2000).

Matthias Benz and Bruno S. Frey, "Corporate Governance: What Can We Learn from Public Governance?" *The Academy of Management Review*, Vol. 32, No. 1 (Jan., 2007).

Richard Callahan, "Governance: The Collision of Politics and Cooperation," *Public Administration Review*, Vol. 67, No. 2 (Mar. - Apr., 2007).

Richard Rose, "A Global Diffusion Model of E-Governance ," *Journal of Public Policy*, Vol. 25, No. 1 (Jan. - Apr., 2005).

Robert D. Shriner, "Governance Problems in the World of the Future," *Public Administration Review*, Vol. 33, No. 5 (Sep. - Oct., 1973).

Stephen K. Bailey, "Improving Federal Governance," *Public Administration Review*, Vol. 40, No. 6 (Nov. - Dec., 1980).

中文文献

阿尔恩特、欧曼:《政府治理指标》,杨永恒译,清华大学出版社,2007。

〔美〕安瓦·沙:《公共服务提供》,孟华译,清华大学出版社,2009。

〔美〕安瓦·沙主编《发展中国家的地方治理》,刘亚平、周翠霞译,清华大学出版社,2010。

〔美〕安瓦·沙主编《工业国家的地方治理》,周映华、张建林译,清华大学出版社,2010。

〔美〕奥斯本、普拉斯特里克:《政府改革手册:战略与工具》,谭功荣等译,中国人民大学出版社,2004。

〔美〕保罗·A.萨巴蒂尔编《政策过程理论》,彭宗超等译,三联书店,2004。

〔德〕贝亚特·科勒-科赫等:《欧洲一体化与欧盟治理》,顾俊礼等译,中国社会科学出版社,2004。

〔美〕博克斯:《公民治理:引领21世纪的美国社区》,孙柏瑛等译,中国人民大学出版社，2005。

〔美〕查尔斯·林德布洛姆：《决策过程》，竺乾威等译，上海译文出版社，1988。

丹尼尔·伊拉扎：《联邦主义探索》，彭利平译，上海三联书店，2004。

〔美〕德博拉·斯通：《政策悖论：政治决策中的艺术》，顾建光译，中国人民大学出版社，2006。

〔澳〕多莱里等：《重塑澳大利亚地方政府：财政、治理与改革》，刘杰等译，北京大学出版社，2008。

法国更新治理研究院编《治理年鉴2007》，金俊华译，新星出版社，2007。

法国更新治理研究院编《治理年鉴2008》，金俊华、林晓轩、王忠菊译，新星出版社，2009。

法国更新治理研究院编《治理年鉴2009~2010》，金俊华译，吉林出版集团有限责任公司，2011。

〔美〕菲利普·库珀：《合同制治理——公共管理者面临的挑战与机遇》，竺乾威、卢毅、陈卓霞译，复旦大学出版社，2007。

〔美〕菲沃克：《大都市治理：冲突、竞争与合作》，许源源等译，重庆大学出版社，2012。

〔美〕斯蒂芬·戈德史密斯等：《网络化治理：公共部门的新形态》，孙迎春译，北京大学出版社，2008。

〔美〕格伦·廷德：《政治思考：一些永久性的问题》（第6版），王宁坤译，世界图书出版公司北京公司，2010。

〔英〕哈耶克：《法律、立法与自由》（第一卷），邓正来等译，中国大百科全书出版社，2000。

〔美〕汉密尔顿等：《联邦党人文集》，程逢如等译，商务印书馆，1982。

〔美〕卡尔·帕顿、大卫·沙维奇：《公共政策分析和规划的初步方法》（第二版），孙兰芝等译，华夏出版社，2002。

〔美〕凯特尔：《权力共享：公共治理与私人市场》，孙迎春译，北京大学出版社，2009。

〔德〕康保锐：《市场与国家之间的发展政策：公民社会组织的可能性与界限》，隋学礼译校，中国人民大学出版社，2009。

〔英〕克里斯托弗·波利特等：《公共管理改革：比较分析》，夏镇平译，上海译文出版社，2003。

〔美〕莱斯特·M.萨拉蒙等：《全球公民社会：非营利部门视界》，贾西津等译，社会科学文献出版社，2007。

〔美〕莱斯特·M.萨拉蒙：《公共服务中的伙伴——现代福利国家中政府与非营利组织的关系》，田凯译，商务印书馆，2008。

〔美〕莱斯特·M.萨拉蒙、王浦劬等：《政府向社会组织购买公共服务研究：中国与全球经验分析》，北京大学出版社，2010。

〔美〕李侃如：《治理中国——从革命到改革》，胡国成等译，中国社会科学出版社，2010。

〔美〕丽莎·乔丹等主编《非政府组织问责：政治、原则与创新》，康晓光等译，中国人民大学出版社，2008。

〔新加坡〕梁文松、曾玉凤：《动态治理：新加坡政府的经验》，陈晔等译，中信出版社，2010。

〔美〕罗伯特·达尔：《多头政体：参与和反对》，谭君久等译，商务印书馆，2004。

〔美〕罗伯特·A.达尔：《现代政治分析》（第6版），吴勇译，中国人民大学出版社，2012。

〔美〕罗伯特·古丁、汉斯－迪特尔·克林格曼主编《政治科学新手册》，钟开斌等译，三联书店，2006。

〔美〕马肖：《贪婪、混沌和治理》，宋功德译，商务印书馆，2009。

〔美〕迈克尔·罗斯金等：《政治科学》（第九版），林震等译，中国人民大学出版社，2009。

〔美〕迈克尔·麦金尼斯主编《多中心体制与地方公共经济》，毛寿龙译，上海三联书店，2000。

〔印度〕帕萨·查特杰：《被治理者的政治：思索大部分世界的大众政治》，田立年译，广西师范大学出版社，2007。

〔法〕皮埃尔·卡蓝默：《破碎的民主：试论治理的革命》，高凌瀚译，三联书店，2005。

〔日〕青木昌彦：《比较制度分析》，周黎安译，上海远东出版社，2001。

〔法〕让－皮埃尔·戈丹：《何谓治理》，钟震宇译，社会科学文献出版社，2010。

〔美〕斯蒂芬·L.埃尔金等：《新宪政论》，周叶谦译，三联书店，1997。

〔美〕斯科特·戈登：《控制国家：西方宪政的历史》，应奇等译，江苏人民出版社，2001。

〔美〕托马斯·R.戴伊：《理解公共政策》（第十版），彭勃等译，华夏出版社，2004。

〔美〕托马斯·R.戴伊：《自上而下的政策制定》，鞠方安等译，中国人民大学出版社，2002。

〔美〕威廉·H.邓恩：《公共政策分析导论》（第二版），谢明等译，中国人民大学出版社，2003。

〔美〕文森特·奥斯特罗姆：《复合共和制政治理论》，毛寿龙译，上海三联书店，1999。

〔德〕沃尔曼等：《比较英德公共部门改革：主要传统与现代化的趋势》，王锋等译，北京大学出版社，2004。

〔法〕夏尔·德巴什：《行政科学》，葛智强等译，上海译文出版社，2000。

〔美〕约翰·克莱顿·托马斯：《公共决策中的公民参与：公共管理者的新技能与新策略》，孙柏瑛等译，中国人民大学出版社，2005。

〔美〕约翰·W.金登：《议程、备选方案与公共政策》（第二版），丁煌等译，中国人民大学出版社，2004。

〔美〕约瑟夫·S.奈、约翰·唐纳胡主编《全球化世界的治理》，王勇等译，世界知识出版社，2003。

〔美〕詹姆斯·E.安德森：《公共决策》，唐亮译，华夏出版社，1990。

〔美〕詹姆斯·M.布坎南、戈登·塔洛克：《同意的计算——立宪民主的逻辑基础》，陈光金译，中国社会科学出版社，2000。

〔美〕詹姆斯·N.罗西瑙主编《没有政府的治理——世界政治中的秩序与变革》，张胜军等译，江西人民出版社，2001。

〔英〕詹宁斯：《法与宪法》，龚祥瑞等译，三联书店，1997。

〔美〕B.盖伊·彼得斯：《政府未来的治理模式》，吴爱明等译，中国人民大学出版社，2001。

〔美〕B.盖伊·彼得斯、弗兰斯·K.M.冯尼斯潘：《公共政策工具——对公共管理工具的评价》，顾建光译，中国人民大学出版社，2007。

〔美〕E. 奥斯特罗姆等：《制度激励与可持续发展》，陈幽泓等译，上海三联书店，2000。

〔英〕M. J. C. 维尔：《宪政与分权》，苏力译，三联书店，1997。

〔美〕R. D. 帕特南：《使民主运转起来》，王列等译，江西人民出版社，2001。

〔美〕S. 布莱克编《比较现代化》，杨豫等译，上海译文出版社，1996。

〔美〕S. 亨廷顿等：《现代化：理论与历史经验的再探讨》，罗荣渠主编，上海译文出版社，1993。

〔美〕V. 奥斯特罗姆：《美国联邦主义》，王建勋译，上海三联书店，2004。

〔美〕V. 奥斯特罗姆等：《美国地方政府》，井敏等译，北京大学出版社，2004。

蔡定剑：《中国人民代表大会制度》，法律出版社，2003。

蔡拓：《全球治理与中国公共事务管理的变革》，天津人民出版社，2005。

柴盈：《中国农村基础设施治理与供给制度创新研究》，经济科学出版社，2009。

陈国申：《从传统到现代：英国地方治理变迁》，中国社会科学出版社，2009。

陈喜强：《中国城市基层社区组织身份治理模式研究》，中国经济出版社，2011。

陈秀山、张可云：《区域经济理论》，商务印书馆，2003。

陈振明：《公共政策分析》，中国人民大学出版社，2002。

褚松燕：《中外非政府组织管理体制比较》，国家行政学院出版社，2008。

崔浩、李继刚、黄红华等：《浙江农村公共产品供给与治理研究》，光明日报出版社，2008。

邓国胜：《事业单位治理结构与绩效评估》，北京大学出版社，2008。

邓小平：《邓小平文选》，人民出版社，2002。

丁茂战：《我国政府社会治理制度改革研究》，中国经济出版社，2009。

丁卫：《复杂社会的简约治理》，山东人民出版社，2009。

丁元竹：《问责性、绩效与治理：中国非政府公共部门治理状况研究》，中国经济出版社，2005。

董克用：《公共治理与制度创新》，中国人民大学出版社，2004。

董礼胜：《欧盟成员国中央与地方关系比较研究》，中国政法大学出版社，2000。

冯钢：《转型社会及其治理问题》，社会科学文献出版社，2010。

冯兴元、〔瑞典〕柯睿思、李人庆：《中国的村经组织与村庄治理》，中国社会科学出版社，2009。

甘峰：《内发式发展与公共治理》，人民出版社，2009。

高新军：《美国地方政府治理：案例调查与制度研究》，西北大学出版社，2007。

顾丽梅：《公共政策与政府治理》，上海人民出版社，2006。

顾丽梅：《治理与自治：城市政府比较研究》，上海三联书店，2006。

郭定平：《上海治理与民主》，重庆出版社，2005。

郝志东、廖坤荣：《两岸乡村治理比较》，社会科学文献出版社，2008。

何增科：《公民社会与治理》，社会科学文献出版社，2011。

侯伊莎：《透视"盐田模式"——社区从管理到治理体制》，重庆出版社，2006。

胡鞍钢、王绍光、周建明：《第二次转型：国家制度建设》，清华大学出版社，2003。

胡兆量：《中国区域发展导论》，北京大学出版社，1999。

黄晓东：《社会资本与政府治理》，社会科学文献出版社，2011。

金太军：《村庄治理与权力结构》，广东人民出版社，2008。

金心异：《深圳转型：城市治理模式的革命》，海天出版社，2010。

经济合作与发展组织：《分散化的公共治理：代理机构、权力主体和其他政府实体》，国家发展和改革委员会事业单位改革研究课题组译，中信出版社，2004。

敬乂嘉：《合作治理——再造公共服务的逻辑》，天津人民出版社，2009。

康之国：《构建城市和谐社区与社区治理创新研究》，知识产权出版社，2008。

柯武刚、史漫飞：《制度经济学：社会秩序与公共政策》，商务印书馆，

2000。

孔繁斌：《公共性的再生产——多中心治理的合作机制建构》，江苏人民出版社，2008。

郎友兴：《区域治理与绩效》，浙江大学出版社，2011。

李慧凤、许义平：《社区合作治理实证研究》，中国社会出版社，2009。

李继凯主编《中国农村治理创新模式：坊子村务契约化管理模式研究》，经济日报出版社，2007。

李建华：《公共治理与公共伦理》，湖南大学出版社，2008。

李明强、贺艳芳：《地方政府治理新论》，武汉大学出版社，2010。

李强：《中国社会变迁30年（1978~2008）》，社会科学文献出版社，2008。

李瑞昌：《政府间网络治理：垂直管理部门与地方政府间关系研究》，复旦大学出版社，2012。

林尚立：《社区民主与治理》，社会科学文献出版社，2003。

刘剑雄：《财政分权、政府竞争与政府治理》，人民出版社，2009。

刘君德等：《中外行政区划比较研究》，华东师范大学出版社，2002。

刘明珍：《公民社会与治理转型——发展中国家的视角》（译文选编集），中央编译出版社，2008。

刘淑妍：《公众参与导向的城市治理：利益相关者分析视角》，同济大学出版社，2010。

刘伟红：《社区治理——基层组织运行机制研究》，上海大学出版社有限公司，2010。

刘玉能：《民间组织与治理：案例研究》，社会科学文献出版社，2012。

卢福营：《当代浙江乡村治理研究》，科学出版社，2009。

卢福营：《冲突与协调——乡村治理中的博弈》，上海交通大学出版社，2006。

陆道平：《乡镇治理模式研究——以昆山市淀山湖镇为例》，社会科学文献出版社，2006。

罗震东：《中国都市区发展：从分权化到多中心治理》，中国建筑工业出版社，2007。

罗中枢、王卓：《公民社会与农村社区治理》，社会科学文献出版社，2010。

麻宝斌：《社会正义与政府治理：在理想与现实之间》，社会科学文献出版社，2012。

马斌：《政府间关系：权力配置与地方治理——基于省、市、县政府间关系的研究》，浙江大学出版社，2009。

马西恒：《社区治理创新》，学林出版社，2011。

马运瑞：《中国政府治理模式研究》，郑州大学出版社，2007。

庞中英：《全球治理与世界秩序》，北京大学出版社，2012。

邱梦华：《城市社区治理》，清华大学出版社，2013。

瞿同祖：《清代地方政府》，法律出版社，2003。

上海社会科学院世界经济与政治研究院编《全球治理与中国的选择》，时事出版社，2010。

邵鹏：《全球治理：理论与实践》，吉林出版集团有限责任公司，2010。

沈荣华、金海龙：《地方政府治理》，社会科学文献出版社，2006。

史云贵：《中国现代国家构建进程中的社会治理研究》，上海人民出版社，2010。

舒庆、周克瑜：《从封闭走向开放——中国行政区经济透视》，华东师范大学出版社，2000。

孙柏瑛：《当代地方治理》，中国人民大学出版社，2004。

孙兵：《区域协调组织与区域治理》，上海人民出版社，2007。

孙荣、徐红、邹珊珊：《城市治理：中国的理解与实践》，复旦大学出版社，2007。

唐皇凤：《社会转型与组织化调控——中国社会治安综合治理组织网络研究》，武汉大学出版社，2008。

唐丽萍：《中国地方政府竞争中的地方治理研究》，上海人民出版社，2010。

唐铁汉、袁曙宏：《社会治理创新》，国家行政学院出版社，2007。

陶希东：《转型期中国跨省市都市圈区域治理——以"行政区经济"为视角》，上海社会科学院出版社，2007。

田小穹：《民族地区社会治安综合治理研究》，中央民族大学出版社，2010。

汪新生：《中国——东亚区域合作与公共治理》，中国社会科学出版社，2005。

王春福:《农村基础设施的多中心治理》,中国社会科学出版社,2010。

王辑思总主编、庞中英分册主编《中国学者看世界·全球治理卷》,新世界出版社,2007。

王强:《政府治理的现代视野》,中国时代经济出版社,2010。

王诗宗:《治理理论及其中国适用性》,浙江大学出版社,2009。

王巍:《社区治理结构变迁中的国家与社会》,中国社会科学出版社,2009。

王习明:《川西平原的村社治理》,山东人民出版社,2009。

王勇:《政府间横向协调机制研究——跨省流域治理的公共管理视界》,中国社会科学出版社,2010。

吴锦良:《走向现代治理:浙江民间组织崛起及社会治理的结构变迁》,浙江大学出版社,2008。

吴群刚、孙志祥:《中国式社区治理:基层社会服务管理创新的探索与实践》,中国社会出版社,2011。

吴新叶:《农村基层非政府公共组织研究》,北京大学出版社,2006。

吴志成:《治理创新——欧洲治理的历史理论与实践》,天津人民出版社,2003。

肖唐镖:《当代中国农村宗族与乡村治理——跨学科的研究与对话》,中国社会科学出版社,2008。

谢庆奎等:《中国地方政府体制概论》,中国广播电视出版社,1998。

徐现祥、王贤彬:《中国地方官员治理的增长绩效》,科学出版社,2011。

徐湘林、格勒、赵建民:《民主、政治秩序与社会变革》,中信出版社,2003。

徐湘林:《转型期的政治建设与政府治理》,社会科学文献出版社,2011。

徐勇:《乡村治理与中国政治》,中国社会科学出版社,2003。

严强:《国家治理与政策变迁》,中央编译出版社,2008。

杨冠琼、蔡芸:《公共治理创新研究》,经济管理出版社,2011。

杨宏山:《合作治理与社会服务管理创新:"朝阳模式"研究》,中国经济出版社,2012。

叶江:《全球治理与中国的大国战略转型》,时事出版社,2010。

尹冬华：《从管理到治理：中国地方治理现状》，中央编译出版社，2006。

于建嵘：《岳村政治》，商务印书馆，2001。

于水：《乡村治理与农村公共产品供给》，社会科学文献出版社，2008。

余逊达、赵永茂：《参与式地方治理研究》，浙江大学出版社，2009。

俞可平：《国家治理评估——中国与世界》，中央编译出版社，2009。

俞可平：《敬畏民意——中国的民主治理与政治改革》，中央编译出版社，2012。

俞可平：《增量民主与善治》，社会科学文献出版社，2005。

俞可平：《中国公民社会的兴起与治理的变迁》，社会科学文献出版社，2002。

俞可平主编《治理与善治》，社会科学文献出版社，2000。

袁金辉：《冲突与参与：中国乡村治理改革30年》，郑州大学出版社，2008。

张宝锋：《现代城市社区治理结构研究》，中国社会出版社，2006。

张丙宣：《科层制、利益博弈与政府行为——以杭州市J镇为个案的研究》，浙江大学出版社，2011。

张昕：《转型中国的治理与发展》，中国人民大学出版社，2007。

张永忠：《中国—东盟政府间经济合作机制：区域公共治理的法制化路径》，暨南大学出版社，2007。

赵树凯：《乡镇治理与政府制度化》，商务印书馆，2010。

郑杭生：《中国社会发展研究报告（2007）——走向更加有序的社会：快速转型期社会矛盾及其治理》，中国人民大学出版社，2007。

周弘：《欧盟治理模式》，社会科学文献出版社，2008。

周红云：《社会资本与中国农村治理改革》，中央编译出版社，2007。

朱贵昌：《多层治理理论与欧洲一体化》，山东大学出版社，2009。

邹谠：《二十世纪中国政治》，香港：牛津大学出版社，2002。

党秀云：《公共治理的新策略：政府与第三部门的合作伙伴关系》，《中国行政管理》2007年第10期。

顾建光：《从公共服务到公共治理》，《上海交通大学学报》（哲学社会科学版）2007年第3期。

孔繁斌：《多中心治理诠释——基于承认政治的视角》，《南京大学学报》2007 年第 6 期。

麻宝斌、李辉：《协同型政府：治理时代的政府形态》，《吉林大学社会科学学报》2010 年第 4 期。

聂平平：《公共治理：背景、理念及其理论边界》，《江西行政学院学报》2005 年第 4 期。

孙柏瑛：《当代政府治理变革中的制度设计与选择》，《中国行政管理》2002 年第 2 期。

孙柏瑛、李卓青：《政策网络治理：公共治理的新途径》，《中国行政管理》2008 年第 5 期。

俞可平：《治理和善治：一种新的政治分析框架》，《南京社会科学》2001 年第 9 期。

俞可平：《中国治理变迁 30 年（1978～2008）》，《吉林大学社会科学学报》2008 年第 3 期。

俞可平：《中国治理评估框架》，《经济社会体制比较》2008 年第 6 期。

张康之：《论社会治理中的协作与合作》，《社会科学研究》2008 年第 1 期。

张康之：《走向合作治理的历史进程》，《湖南社会科学》2006 年第 4 期。

张立荣、冷向明：《当代中国政府治理范式的变迁机理与革新进路》，《华中师范大学学报》（人文社会科学版）2007 年第 2 期。

索 引

人名

A

罗伯特·阿克塞尔罗德 328
埃尔夫斯特罗姆 2
赫尔穆特·安海尔 79

B

詹姆斯·S. 鲍曼 308
B. 盖伊·彼得斯 33，209，305，338
理查德·D. 宾厄姆 149
莱斯特·布朗 87

C

蔡拓 71，84，87，90，339
曹俊汉 29，53，92
陈振明 25，339

D

R. B. 登哈特 149，301
丁元竹 69，269，340

E

恩斯利 310

F

E. 费利耶 32

费孝通 212
乔治·弗雷德里克森 312

G

马克·盖尔宗 307
让-皮埃尔·戈丹 117，337
斯蒂芬·戈德史密斯 125，299，314，336

H

尤根·哈贝马斯 19
W. E. 哈拉尔 6，186
戴维·赫尔德 23，90，91，94
胡鞍钢 128，340
克里斯托弗·胡德 125，194

J

吉登斯 89，229
罗伯特·基欧汉 87
鲍勃·杰索普 7，38，39，119

K

皮埃尔·卡蓝默 19，337
弗莱蒙特·E. 卡斯特 302

凯克特 19
唐纳德·F. 凯特尔 35
埃尔克·克莱曼 29
詹·库伊曼 28, 32, 118

L

来福特维奇 15, 18
克里斯托弗·理查德 249
李允杰 36
林尚立 70, 150, 213, 221, 228, 232, 233, 341
罗伯特·罗茨 8, 17, 331
罗珀 310
罗森布罗姆 34
詹姆斯·N. 罗西瑙 8, 54, 84, 90, 95, 98, 338

M

V. 马西克 310
迈克尔·麦金尼斯 200, 337
托尼·麦克格鲁 90
毛寿龙 68, 200, 337, 338
弗朗索瓦－格扎维尔·梅里安 183
小科尼利厄斯·F. 墨菲 91
莫汉·莫纳辛 15

N

约瑟夫·奈 87
倪世雄 101
皮帕·诺里斯 186
诺斯 251

P

罗伯特·帕特南 53

皮尔斯 311, 316

Q

丘昌泰 36

S

莱斯特·萨拉蒙 79, 192
E. S. 萨瓦斯 200
彼埃尔·德·塞纳克伦斯 22
桑德斯 215
沙普夫 158
彼得·圣吉 309
斯蒂海尔德 317
杰夫·斯特劳思曼 40
格里·斯托克 8, 17, 38
大卫·斯维尼 307
孙柏瑛 24, 34, 69, 70, 181, 201, 335, 338, 342, 345

T

F. 滕尼斯 211, 213
约翰·克莱顿·托马斯 34, 338

W

蒙哥马利·范·瓦特 306
王浦劬 76, 274, 337
马克斯·韦伯 53, 283

X

谢庆奎 150, 343
休顿 310
休斯 31
徐晓林 277, 278

徐勇 31，61，69，70，235，343

Y

亚里士多德 81
杰弗里·叶 307
郁建兴 69，70，248，252
俞可平 7～9，11，19，38，39，55，58，61，66，68，70，90，94，99，113，118，119，153，273，344，345

Z

张成福 34，37，312
张康之 213，216，345
周志忍 200，242，249，270，305
竺乾威 125，126，336

关键词

C

参与 1，4，7～11，13～16，18～21，24，27，28，30，32～35，38，39，42～44，46，48～52，54，55，57，58，61～67，69，70，74，75，77～84，88，89，91～93，95～97，100～105，107～112，115，116，119，138，142～144，148，151，153，156，158～161，164，169，172，181～183，185～187，189，192～194，196，197，199～203，206～208，211，212，214～219，221～223，226，228～231，234～238，241，246～253，263～265，267～269，271，278，280，283～288，297，298，301，302，305，310，312，315～317，321，326，327，328，337，338，341，344
城市化 45～47，52，164，171，177，190，212，213，236

D

地方治理 4，17，21，22，24，34，64，69，70，79，80，97，152，179～187，189，190～209，335，339，342，344
电子政务 57，60，65，274～282，287～297
电子治理 25，65，272～274，276～287，290～298

F

法治 6，8，11，14，50，55，56，59，62，66，75～77，82，130，131，136，142，143，237，238，273，312，332
府际关系 147，149～153，187，190，201
府际合作 147，150～153，168，170，173，176
福利国家 3，6，24，51，115，117，180，183，187，188，241，300，337
服务型政府 55，57，66，77，81，133，136，141，142，293，297

G

个人主义 27，74，88
公共 1～4，6～11，12，13～15，17～26，28，30～45，46，47～49，51～54，

55, 56, 57, 59～71, 72, 73～82, 84, 89, 90, 93, 94, 97, 100, 101, 105, 106, 109, 110, 115, 117, 119, 120, 124～128, 132, 135, 138, 141, 142, 146～153, 155, 156, 157, 165, 166, 168～171, 174, 176, 177, 179～187, 188, 189～205, 207, 209, 211～214, 217, 218, 222, 228～232, 234～238, 240～242, 247, 249～257, 259～271, 273, 274, 275, 277, 278～280, 281, 282～287, 289, 291～295, 297～298, 300～310, 312～322, 326, 327, 330～333, 335～341, 342, 343, 344, 345

公共服务 4, 8, 10, 11, 13～15, 18, 20, 23, 24, 26, 28, 32, 33, 34, 36, 39, 45, 48, 49, 51～53, 57, 59, 60, 62, 63, 67, 70, 74, 77, 78, 80, 81, 115, 117, 124, 125, 128, 132, 135, 138, 141, 142, 146, 147, 149, 151, 153, 165, 166, 171, 177, 179, 180, 187, 189～191, 193～195, 197～201, 204, 205, 209, 234, 235, 237, 240～242, 249, 250, 252, 257, 258, 259, 262, 263, 266～269, 280, 287, 291, 293, 294, 301, 302, 304, 306～308, 312, 332, 335, 337, 340, 344

公共管理 3, 4, 6, 8, 9, 12, 14, 15, 18～21, 23, 25, 31, 32, 45～47, 51, 62, 65, 66, 72, 73, 75, 77, 78, 94, 124, 125, 126, 138, 152, 153, 157, 183, 188, 193～195, 199～201, 204, 209, 211, 249, 261, 274, 277, 279, 282, 283, 287, 302, 304, 310, 317, 331, 336～339, 343

公共选择 4, 6, 17, 20, 193

公共政策 1, 15, 19, 26, 35, 64, 82, 100, 127, 199, 298, 305, 331, 336, 338～341

公共治理 1, 4, 9, 10, 15, 18, 19, 35, 37, 40, 41, 55, 56, 66, 73, 155, 199, 212, 241, 264, 281, 301, 306, 327, 333, 336, 340～345

公民治理 18, 335

公平 16, 19～21, 29, 36, 37, 45, 46, 53～56, 59, 66, 73, 78, 80, 92, 93, 95, 98, 99, 104, 125, 132, 144, 151, 169, 172, 201, 237, 266, 277, 285, 289, 305, 310

共享型领导 25, 299, 306, 307, 310～320, 322, 323, 325～333

公正 6, 11, 48, 59, 78, 82, 95, 98, 99, 104, 110, 132, 143, 144, 177, 209, 273, 312, 332

管理 1～15, 18～21, 22, 23～27, 31, 32～58, 61～71, 72, 73, 75～82, 84, 87, 88, 90, 91, 93, 94, 96, 102, 104, 105, 111, 112, 114～120, 123～125, 126, 129, 132, 134～138, 140, 142, 146, 149～153, 155, 157, 158, 159, 162, 163, 165～168, 170, 175, 180～206, 208～213, 215～220, 222～246, 249, 250, 253～260, 261, 262～264, 266～270, 273～281, 283, 284, 287, 289～291, 293～295, 297, 299～302, 304, 305～319, 321, 324, 328, 330～333, 336～338, 339～341, 343～345

国家治理 22, 23, 24, 27, 28, 54, 55, 58, 75, 85, 87, 113～120, 123, 124, 126～130, 138～141, 144, 150,

159，160，195，197，213，317，319，343，344

国家主义 27，28，87，156，157，188

H

和谐社会 55～57，66，78，131，135，179，180

合作治理 77～79，82，100，120，126，147，148，153，154，161～164，186，206，211，267，317，340，341，343，345

K

跨域治理 23，147，152，153，176，309

L

廉政 61，131，142

M

民生 24，43，48，56，80，128，135，142，176，187，195，210，215，230，234，288，305，322

民主 3，6，10，14，15，19，22，23，27，38～39，42～44，46，51，53，55，56，58～64，70～72，76，78，80，81，88，89，92，93，96，100～101，103，106，111，115，116，118，122～124，126，130，131，136，138，142～144，147，156，159，165，182，184，186，194，196，198，206，207，213～218，221，222，228，229，232～235，238，243，250，256，263，271，273，276～281，283，286，291，296，298，312，321，325，332，337～341，343，344

Q

区域治理 22～23，54，70，145，147，149，153，154，158，161，164，168，195，197，317，319，341，342

全球化 2～4，11，22，23，26，29，35，45～47，53，54，65，70，80，85，86，87，88，89，90，91，92，95，96，99，101，103～105，107～110，112～115，118，124，138，141，147，148，151，153，161，180～183，192，194，195，197，198，241，285，299～302，307，338

全球治理 4，8，9，11，18，22，26，29，53，54，64，67，70，71，80，83～112，153，195，197，317，319，339，342，343

S

善政 11，19，21，33，40，57，280，297

善治 7，8，11，13～15，18，19，25，27，38～40，42，52，59，61，64，66，68，69，71，82，84，86，100，104，109，118，209，218，247，260，261，273，277～280，282，287，295，296，311，318，344，345

社区 1，9，11，18，20，21，22，24～26，28，36，39，48～50，58，62，63，70，79，80，126，138，152，179，184，185，190，192，195，196，199～201，208，210～238，317，319，335，339～344

社区治理 22，24，48，63，70，80，

138,210~219,221~238,317,319,340~344

社群主义 27,28

T

统治 2,7,8,10~13,15,18~21,27,29~31,33,35,38,50,61,68,69,72,84,88,90,106,114,117~120,148,182,183,185,214,280,286,297,301,318

W

网络治理 12,39,74,84,156,160,328,341,345

X

新公共管理 3,4,6,8,12,14,18,21,25,31,32,124,125,126,183,193,194,199,211,249,304,310,317

行政体制 11,35,44,74,132~134,140,142,166,169,183,206,207,217,228,295,297

行政学 2,25,26,34,35,114,155,157,247,249,257,273,339,342,345

Y

应急机制 326

Z

政治学 2,7,9,27,31,51,59,68,81,87,99,213

制度主义 27,28

治理 1~4,6~15,17~33,35~44,47~49,50,51~56,58~82,83,84~95,96,97~106,107,108~121,123~130,135,136,138~142,144~148,149,150,152~168,170,179,180~187,190~197,198,199~219,221~265,267~288,290~306,308~320,322,326~333,335~345

治理危机 1,2,273

自组织网络 7,8,18,19,25,27,193,220,223,331

组织治理 22,24,25,80,136,140,239,240,243~258,260~263,264,265,268~271,300,317,319

图书在版编目(CIP)数据

公共治理理论与实践/麻宝斌等著.—北京：社会科学文献出版社，2013.7（2021.8 重印）
（公共治理与公共政策丛书）
ISBN 978-7-5097-4686-8

Ⅰ.①公… Ⅱ.①麻… Ⅲ.①公共管理-研究-中国 Ⅳ.①D63

中国版本图书馆 CIP 数据核字（2013）第 114199 号

·公共治理与公共政策丛书·

公共治理理论与实践

著　　者 / 麻宝斌 等

出 版 人 / 王利民
项目统筹 / 袁卫华
责任编辑 / 袁卫华

出　　版 / 社会科学文献出版社·人文分社（010）59367215
　　　　　　地址：北京市北三环中路甲29号院华龙大厦　邮编：100029
　　　　　　网址：www.ssap.com.cn
发　　行 / 市场营销中心（010）59367081　59367083
印　　装 / 北京虎彩文化传播有限公司

规　　格 / 开本：787mm×1092mm　1/16
　　　　　　印张：22.75　字数：395千字
版　　次 / 2013年7月第1版　2021年8月第11次印刷
书　　号 / ISBN 978-7-5097-4686-8
定　　价 / 79.00元

本书如有印装质量问题，请与读者服务中心（010-59367028）联系

▲ 版权所有 翻印必究